테슬라
전기차 전쟁의 설계자

**Power Play by Tim Higgins**

Copyright © 2021 by Tim Higgins

All rights reserved including the right of reproduction in whole or in part in any form.
This Korean edition was published by LIONBOOKS in 2023 by arrangement with Doubleday, an imprint of the Knopf Doubleday Group, a division of Penguin Random House, LLC through KCC(Korea Copyright Center Inc.), Seoul.

이 책은 (주)한국저작권센터(KCC)를 통한
저작권자와의 독점계약으로 라이온북스에서 출간되었습니다.
저작권법에 의해 한국 내에서 보호를 받는 저작물이므로 무단전재와 복제를 금합니다.

# TESLA
# 테슬라
### 전기차 전쟁의 설계자

## POWER PLAY
TESLA, ELON MUSK, AND THE BET OF THE CENTURY

**실리콘밸리 스타트업을 세계 최고 자동차 기업으로 만든
일론 머스크와 테슬라 사람들 이야기**

팀 히긴스 지음 | 정윤미 옮김

라이온북스

부모님에게 이 책을 바칩니다.

차례

프롤로그　　　　　　　　　　　　　　　　　　　　　　　9

## 1부
### 더없이 비싼 자동차

1장　이번에는 잘될지도 모르지　　　　　　　　　　　25
2장　EV1의 유령　　　　　　　　　　　　　　　　　37
3장　불장난　　　　　　　　　　　　　　　　　　　55
4장　비밀스럽지 않은 계획　　　　　　　　　　　　71
5장　미스터 테슬라　　　　　　　　　　　　　　　83
6장　맨 인 블랙　　　　　　　　　　　　　　　　　101
7장　흰고래　　　　　　　　　　　　　　　　　　117
8장　죽기 아니면 까무러치기　　　　　　　　　　145

## 2부
### 최고의 자동차

9장　특수부대　　　　　　　　　　　　　　　　　165
10장　새로운 친구와 오래된 적　　　　　　　　　178
11장　로드쇼　　　　　　　　　　　　　　　　　189
12장　애플 따라 하기　　　　　　　　　　　　　205
13장　주당 50달러　　　　　　　　　　　　　　220
14장　울트라 하드코어　　　　　　　　　　　　241

| 15장 | 1달러 | **256** |
| 16장 | 막대한 수익 | **271** |
| 17장 | 텍사스 중심부를 향해 | **282** |

## 3부
## 모두를 위한 자동차

| 18장 | 기가 | **295** |
| 19장 | 해외 진출 | **310** |
| 20장 | 차고의 야만인 | **324** |
| 21장 | 진통 | **340** |
| 22장 | SE-X를 모면하다 | **359** |
| 23장 | 방향 전환 | **377** |
| 24장 | 지옥에 떨어진 일론 머스크 | **400** |
| 25장 | 사보타주 | **425** |
| 26장 | 트위터에 불어닥친 허리케인 | **433** |
| 27장 | 큰 파도 | **456** |
| 28장 | 중국 진출 | **480** |

| 에필로그 | **499** |
| 작가의 말 | **516** |
| 감사의 말 | **518** |

## 프롤로그

2016년 3월, 저녁 바람이 선선한 날이었다. 수많은 테슬라 지지자가 테슬라 디자인 스튜디오에 모여들었고, 일론 머스크가 마련된 무대에 모습을 드러냈다. 그는 제임스 본드처럼 검은색 슈트를 차려입고 옷깃을 한껏 치켜세웠다. 오래전부터 꿈꾸던 전기차 모델3를 많은 사람에게 공개하는 자리였다. 10년의 노력이 드디어 결실을 맺는 순간이었다.

디자인 스튜디오는 로스앤젤레스 공항 근처로, 머스크의 비상장 로켓 회사인 스페이스엑스와 같은 단지에 있었다. 테슬라 창업주에게는 영혼의 고향과도 같은 곳이었다. 또한, 폭스바겐 비틀을 재해석하고 마쓰다의 부활에 크게 공헌한 자동차 디자이너 프란츠 폰 홀츠하우젠Franz von Holzhausen이 팀원들과 함께 머스크의 이상을 자동차로 실현한 마법의 장소이기도 했다. 그들 사이엔 혁신적이고 화려한 전기자동차를 선보이려는 열망이 넘친다는 공통점이 있었다. 경쟁업체들은 전기자동차 하면 실험실에서나 가능한 일이라며 오랫동안 외면해왔다. 두 사람은 그런 업체들이 생각하듯 첨단 기술이 낳은 기괴한 자동차와는 전혀 다른 모습을 구상했다.

수백 명의 고객이 이 행사에 참석했다. 머스크가 여는 파티는 절대

놓쳐서는 안 되는 자리였다. 테슬라에서건 스페이스엑스에서건 머스크가 개최하는 행사에는 실리콘밸리 사업가, 할리우드 유명 인사, 테슬라에 충성도가 높은 고객 및 자동차 애호가들이 모여들었다. 지금껏 테슬라는 고급 자동차의 틈새시장을 공략해서, 캘리포니아 환경보호론자들이 꿈꾸던 전기차를 부자들의 허영심을 채워주는 도구로 슬며시 바꿔놓았다. 차고에 BMW, 메르세데스 같은 고급 휘발유 자동차를 여러 대 보유하며 재력을 과시하는 사람들에게 전기차는 또 하나의 필수품으로 자리 잡았다.

최저가 3만 5,000달러를 보장했던 모델3는 정작 다른 약속을 제시했다. 모델3는 누구나 탈 수 있는 완전 전기차를 만들겠다는 머스크의 야심이 반영된 작품이었다. 4도어 소형차를 시도한 건 차라리 도박이었다. 포드, 도요타, 폭스바겐, 메르세데스·벤츠, BMW, 제너럴모터스 같은 쟁쟁한 제조업체들이 버티고 있는데 그들을 제치고 매출을 확보해서 현금을 벌어들이겠다는 발상은 용감무쌍한 도전이었다. 모델3를 통해 테슬라가 자동차 업계에 제대로 안착하느냐가 결정될 것 같았다.

108년 전에 헨리 포드가 모델T를 출시했을 당시 나이를 떠올려보면, 머스크는 그보다 1살 어렸다. 그날 밤 화려한 테크노 음악을 배경으로 머스크가 무대에 등장하자, 테슬라 팬들은 열성적으로 환호했다. 머스크가 새로운 자동차 시대를 열었음을 모두에게 인정받는 순간이었다.

그는 세상을 바꾸는 일, 더 정확히 말해 세상을 구하는 일이 자신의 사명이라고 여겼다. 물론 그 사명을 추구하는 과정에서 큰 부를 거머쥐기를 개인적으로 바랐을 것이다. 이런 사명을 지지하는 사람들이 모여서 그의 야망을 현실로 바꿔주었다. 자동차 업계, 기술 전문기업, 벤처캐피털 등 다양한 분야의 사람들이 그의 곁에 모여들었다. 머스크가 가장 신뢰하는 친동생 킴벌도 그중 한 사람이었다.

이날 머스크는 무대에 서서 이산화탄소 때문에 대기오염이 갈수록 악화하고 있다는 자료를 제시하며 지구환경이 얼마나 훼손되었는지 신랄하게 비판했다. "이는 전 세계의 미래에 중대한 사안입니다"라고 머스크가 말하자 청중석에서 큰 박수가 터져나왔다.

정성껏 준비한 동영상을 통해 모델3가 처음으로 공개되었다. 차량 외부와 내부가 모두 미래의 등불을 훤히 밝히는 것만 같았다. 기존의 어떤 차량과도 비교할 수 없을 만큼 세련된 곡선 처리가 돋보였다. 기존 차량에서 볼 수 있는 계기판은 모두 사라지고 비행기 조종석에 설치된 스크린처럼 커다란 태블릿 화면이 중앙에 놓여 있었다. 캘리포니아주 해안의 구불구불한 도로를 따라 주행하는 모델3의 모습이 화면을 가득 채우자 청중석에서 또 한 번 환호성이 터져나왔다. 누군가 "당신이 정말 해냈군요"라고 크게 소리쳤다.

분위기를 완전히 장악했다고 확신한 머스크는 테슬라에 예약금으로 1,000달러를 건 고객이 11만 5,000명을 넘었다고 발표했다. 회사로서는 1억 1,500만 달러의 자금을 확보한 것이었다. 그는 몇 주 안에 예약자가 50만 명을 넘어설 거라고 자신했다. 이는 실로 놀라운 수치였다. 작년에 미국에서 판매된 도요타의 패밀리 세단 캠리보다 32퍼센트나 높은 매출이었다. 하지만 이 판매량은 어디까지나 예약 건수였고, 차가 생산되려면 2년 이상 기다려야 했다.

테슬라 팀은 2017년 연말까지 수천 대를 완성하겠다는 목표를 세우고 차근차근 차량을 생산할 준비를 시작했다. 2018년에는 매주 생산량을 조금씩 늘려서 그해 중반에는 매주 5,000대를 생산할 계획이었다. 한 주에 5,000대, 곧 일 년에 26만 대라는 수치는 자동차 업계에서 통용되는 벤치마크였다. 또한 주요 자동차 업체의 생산공장이 활기차게 돌아가고 있는 걸 의미하는 지표이기도 했다. 일론 머스크와 테슬라가 이 목표를 달성하면, 테슬라는 동종업계에서 신흥강자로 인정받을 수 있었다.

하지만 머스크는 여기에 만족할 사람이 아니었다. 그는 2020년이면 실리콘밸리 외곽에 있는 공장 한 곳에서 한 해에만 50만 대를 생산하게 될 거라고 호언장담했다. 미국에 있는 대부분의 생산공장에서 쏟아내는 물량의 2배에 해당하는 규모였다.

일론 머스크가 아닌 다른 사람이 이렇게 큰소리쳤다면 미치지 않았냐고 분명 질타가 쏟아졌을 것이다.

대개 새로운 차를 설계하고 완성해서 고객에게 배송하기까지 5년에서 7년 정도 걸리기 마련이었다. 이 과정은 매우 지루하고 복잡한 절차를 거쳐야 하는 작업이었다. 신차는 자동차 대리점 쇼룸에 배치하기 전에 사막, 극지방, 산악지대 등에서 철저한 테스트를 거쳤다. 공급업체 수천 곳이 차량에 딱 맞는 부품을 제작하기 위해 각고의 노력을 기울여야 했다. 또한 그렇게 생산한 부품을 공장에 가져와서 완벽하게 조립하는 것도 정교한 기술은 물론 많은 인력을 투입해야 하는 일이었다.

스타트업을 향한 남다른 열정, 도무지 억누를 길 없는 야망, 확고한 사명을 응원이라도 하듯 그날 선주문이 쏟아져 들어왔다. 그러나 이런 상황에서도 냉혹하기만 한 재정적 현실은 부인할 수 없었다. 제너럴모터스, 포드, BMW 같은 기업들도 지난 백여 년간 겪어야만 했던 과정이었다. 자동차 생산은 잔인할 정도로 힘들고 자금이 많이 드는 사업이었다.

설상가상으로 머스크의 회계장부는 엉망이었다. 테슬라는 분기마다 평균 5억 달러를 쏟아부었지만, 손에 쥔 현금은 14억 달러뿐이었다. 일대 변화가 일어나지 않으면 2016년 연말 무렵엔 현금이 다 사라질 판이었다.

하지만 머스크는 세상에서 가장 가치가 높은 자동차 회사를 일으키려면 이 정도 위기쯤이야 감수할 만큼 배짱이 두둑해야 한다고 생각했다. 그의 신념은 가치를 낳았고, 가치에 비추어 새로운 시장을 열었다. 이 시장에서 현금이 창출될 터이므로 그 돈으로 차를 만들면 된다고 생각했다. 이렇게 그가 머릿속으로 그리는 그림은 예상보다 규모가 훨씬 컸다. 게다가 경쟁업체, 채권자, 고객, 특히 테슬라 주가가 폭락하면 공매도를 시도할 투자자들보다 항상 한발 앞서가야 한다는 부담감도 있었다.

한마디로 위험천만한 경주였고, 머스크도 이 점을 누구보다 잘 알고 있었다.

사실 테슬라를 운영하며 정말 힘들었을 때는 가장 무시무시한 버전의 치킨게임에 발목이 잡힌 느낌이었을 것이다. 모델3를 화려하게 공개하고 2년이 지난 2018년 6월, 실리콘밸리 외곽에서 30분 거리에 있는 테슬라 공장으로 그를 찾아갔다. 동굴처럼 공장 깊숙한 곳에서 만난 그는 지친 기색이 역력했다. 검은색 테슬라 티셔츠와 청바지를 입고서 185센티미터의 거구를 웅크린 채 아이폰을 만지작거리고 있었다. 그의 트위터 계정에는 공매도자들의 조롱이 끊이지 않았다. 세계에서 가장 영향력 있는 투자자 몇몇은 머스크가 얼마 버티지 못하고 실패할 거라고 주장했다. 이메일은 최근 해고된 직원이 절차를 함부로 무시하고 사람들에게 위험한 작업을 강요한다고 항의하는 메시지로 가득 차 있었다.

그의 어깨너머로 차체공장이 우뚝 솟아 있었다. 한쪽 끝에서 부품을 집어넣으면 반대편 끝으로 자동차를 뱉어내는 기계로 된 거대한 야수 같았다. 이 공장은 어쩌면 머스크의 야망을 가장 여실히 보여주는 장소일지도 모른다는 생각이 들었다. 2층으로 된 공장의 바닥과 천장에 천 개가 넘는 로봇 팔이 설치되어 차의 골격을 뚝딱뚝딱 만들어냈다. 로봇 팔이 프레임에 판금 조각을 용접하자 불꽃이 사방으로 튀면서 금세 매캐한 냄새가 공장을 뒤덮었고, 거기서 발생하는 소음에 귀가 먹먹해졌다.

차체공장에서 나온 자동차는 도장 작업장으로 이동했다. 펄 화이트, 미드나잇 실버 또는 테슬라의 시그니처 색상인 레이싱카 레드 중 한 가지로 색을 입히는 단계였다. 그다음 일반 조립라인으로 이동해서 약 450킬로그램이나 되는 배터리, 좌석, 대시보드, 디스플레이 등을 장착하면 제법 멋진 자동차가 완성되었다.

바로 이 지점에서 지금 몇 가지 문제가 발생했고, 머스크는 공장 바닥에서 홀로 잠을 청하며 고군분투하고 있었다. 조립라인에서 예상치 못한 말썽이 꼬리에 꼬리를 물고 이어졌다. 머스크는 로봇 의존도가 너무 높아서 문제라고 했다. 게다가 공급업체 수백 곳에서 1만 개의 부품을 공급받기 때문에 이미 출발점부터 지나치게 복잡한 상황이었다. 사실 어디를 둘러보나 크고 작은 허점이 하나씩 발견되었다.

머스크는 자기 몰골이 말이 아니라며 양해를 구했다. 갈색 머리는 한동안 빗질을 하지 않은 듯했고, 티셔츠도 사흘 연속 갈아입지 못했다. 이제 며칠 후면 만 나이로 마흔일곱이었다. 모델3 생산에 들어가야 하는데 예정보다 거의 1년이나 늦어진 상태였다. 소형차인 모델3에 테슬라의 운명이 달려 있었다.

그는 텅 빈 책상 앞에 털썩 주저앉았다. 옆에 놓인 의자에는 몇 시간

베고 잔 흔적이 보이는 베개가 놓여 있었고 샐러드는 반만 먹고 남긴 것 같았다. 그의 곁에는 항상 경호원이 대기하고 있었다. 하지만 테슬라는 파산하기 일보 직전이었다.

주변 상황과 달리 머스크는 이상하리만치 기분이 좋아 보였다. 그는 모든 일이 잘 풀릴 테니 아무 걱정할 필요가 없다고 했다.

그런데 몇 주 후에 그가 전화를 걸어왔는데 목소리가 매우 침울했다. 세상 사람들이 자신을 잡아먹지 못해 안달 난 것 같다며 "내가 이 짓을 간절히 원해서 하는 것도 아닌데 말입니다. 지속 가능한 에너지가 새로운 주류가 되어야 한다고요. 그 신념 하나로 이 모든 일을 버티고 있는 거예요."라고 억울하다는 듯 호소했다.

누가 그 말을 들었다면 '일론 머스크도 이제 바닥을 쳤구나' 하고 생각했을는지 모른다. 하지만 판세가 그 정도로 심각한 건 아니었다. 머스크의 싸움과 테슬라의 역사를 돌이켜보면 가장 중요한 질문은 바로 스타트업이 전 세계 경제에서 가장 규모와 영향력이 큰 분야 중 하나인 자동차 업계를 과연 정복할 수 있느냐였다. 이른바 자동차는 인류 역사를 바꿔놓은 발명품이었다. 많은 사람에게 이동성과 자율성을 제공하며, 현대 문명의 시작과 발전을 이끌어왔다. 사실 자동차가 세계경제의 성장을 주도했다고 해도 과언이 아니다. 디트로이트에서 중산층이 형성되고 주변 지역이 부와 안정성을 획득하는 데 역할을 톡톡히 했다. 디트로이트는 미국에서 가장 큰 산업단지 중 하나로, 연간 2조 달러의 수익을 창출했으며 미국인 20명 중 1명에게 일자리를 제공했다.

제너럴모터스, 포드, 도요타, BMW는 매년 수천만 대의 자동차를 설계, 제작 및 판매하는 글로벌 아이콘으로 성장했다. 이런 브랜드의 차를 산다는 건 단순한 구매 행동에 그치지 않고, 독립과 사회적 지위와 아메리칸드림을 이뤘다는 걸 상징했다. 그래서 이들 회사는 점차 전 세계 사람들이 꿈꾸는 브랜드가 되었다.

문제는 이들 브랜드 자동차가 세계 곳곳에 보급되면서 교통체증, 환경오염, 기후변화 등의 쟁점이 유례없는 수준으로 부각되었다는 점이다.

20대에 자수성가해서 백만장자가 된 머스크는 본인 재산으로 이 세상을 바꿔보겠다는 목표를 세웠다. 그는 전기자동차에 남다른 확신이 있었기에 망설임 없이 모든 재산을 쏟아부었고, 파산 위기가 닥쳐도 눈 하나 깜짝하지 않았다. 개인적으로 세 번 결혼했고(그중 두 번은 같은 사람과 결혼했다) 이혼을 겪었지만, 전기자동차를 향한 열정은 식을 줄 몰랐다.

마이스페이스처럼 사용자가 많은 소셜네트워크를 직접 꾸리거나, 온라인 플랫폼에서 자동차와 아파트 물량을 잔뜩 확보한 다음 택시 카르텔이나 호텔산업을 인수하는 결정은 누군가에게 쉬운 일일지 모른다. 하지만 세계에서 가장 큰 기업이 백여 년에 걸쳐 힘들게 터득한 기술이나 제품에 도전장을 내미는 행보는 감히 상상조차 하기 힘든 일이다.

사실 자동차를 판매해서는 이윤이 많이 남지 않는다. 차량 한 대를 팔아서 얻는 평균 영업이익이 2,800달러였다. 하지만 이 정도 이익을 남기는 데만도 일주일에 5,000대를 생산할 수 있는 공장을 세우고, 이를 유지 및 가동하는 능력을 갖춰야 했다. 설령 공장을 돌리더라도 생산량을 소화할 구매자를 확보해야 한다는 어려움이 따랐다.

생산 과정이나 매출에서 문제가 발생하면 곧장 돌이키기 어려운 사태로 이어진다. 공장 가동이 중단되거나 생산된 차량을 자동차 대리점으로 옮기지 못하거나 고객이 차량을 인수하지 못하는 상황이 생길 수 있는데, 문제가 지속하는 동안에도 하루하루 비용이 쌓인다. 자동차 업계에서는 고객이 지불한 대금이 자동차 대리점을 거쳐 제조업체로 이동하는데, 이런 현금 흐름은 기업의 생명줄과도 같다. 이 대금을 받아야 새로운 자동차 개발에 나설 수 있다. 여기에는 막대한 투자금과 매몰 비용이 들어가기 때문이다.

제너럴모터스는 2016~17년 두 해 동안 신차 개발에 총 139억 달러를 쏟아부었다. 그렇게 해서 2016년에 90억 달러의 이익을 얻었으나, 이듬해에는 39억 달러의 적자를 기록했다. 이렇게 해마다 수익이 크게 달라질 수 있는 사업이다 보니 가장 규모가 큰 기업마저도 현금을 대거 확보하지 못하면 버티지 못한다는 사실은 그리 놀라운 일도 아니었다. 2017년 제너럴모터스의 현금 보유액은 200억 달러, 포드사는 265억 달러였다. 도요타와 폭스바겐은 2017년 회계연도를 마감할 때 계좌에 430억 달러가 들어 있었다. 이렇게 자동차 제조업은 진입장벽이 무척 높아서, 미국에 마지막으로 진입한 새로운 주류 브랜드로 1925년에 설립된 크라이슬러가 지금껏 버티고 있었다. 머스크는 사람들이 자신더러 터무니없는 짓을 한다며 손가락질한다고 언급하면서, 아직 파산하지 않은 미국 자동차 회사는 포드와 테슬라뿐이라고 강조하곤 했다. 그러하니 맨 정신으로는 이 경쟁에 뛰어들기 어렵다는 말이 나온다. 실제로 일각에서는 일론 머스크가 제정신이 아닐 거라고 생각한다. 하지만 머스크는 주춤하지 않고 과감하게 도전장을 내밀었다. 실리콘밸리의 숭고한 이상을 안고 디트로이트의 가혹한 현실을 정면 돌파하기로 마음먹은 것이었다. 그는 테슬라를 통해 전기자동차를 실현할 수 있다고 굳게 믿었다. 또한 자신이 만든 전기차의 연비는 휘발유 차량과 비교도 되지 않을 만큼 탁월하리라고 확신했다. 연비 말고도 차량 외관이나 기술에서도 휘발유 자동차를 제칠 자신이 있었다. 전기자동차를 몰면,

고객은 매년 수십억 달러의 기름값을 아낄 수 있고, 나아가 지구환경도 지킬 수 있었다.

하지만 이런 약속이 가끔은 머스크의 무자비한 사업 야망이나 지나친 요구 조건을 슬쩍 가려주는 우산처럼 사용되었다.

생각보다 많은 사람이 테슬라의 최종 목표를 잘못 알고 있거나 과소평가한다. 억만장자 중 환경보호에 관심 있는 사람이 전기차를 새로운 장난감으로 여긴다든지 진보 성향의 헤지펀드 투자자들이나 관심을 보일 거라고 생각한다. 중년의 위기를 겪는 사람들에게 새로운 페라리가 나타난 모양새라고 비유하는 사람도 있다.

고작 이런 틈새시장을 보고 테슬라를 세웠을까? 절대 그렇지 않다. 사실 테슬라의 운명은 대중을 위한 전기차라는 콘셉트로 설계된 모델3에 달렸다. 몇 년 전에 한 월스트리트 은행가도 이렇게 한탄했다. "포르쉐나 마세라티처럼 매년 5만 대만 생산하는 초호화 자동차 생산업체가 되지 않으려면, 3만 달러짜리 자동차를 대량 공급하는 기업으로 거듭나야 할 겁니다."

바로 그 변곡점을 결정하는 대상이 모델3였다.

머스크는 끈질기게 모델3 개발에 매달리며 다소 의뭉스러운 방법을 동원해서 경쟁업체와 업계 종사자들을 모두 긴장하게 만들었다. 여느 자동차 업체 경영진과 달리 머스크는 캘리포니아 기업들을 모방한 형태로 의사결정을 내렸는데, 이는 충분한 시간을 들여서 세부사항을 확인하는 방식과는 거리가 멀었다. 그는 잘못된 선택이라도 신속하게 결정하고, 문제가 생기면 그 즉시 취소하면 된다고 여겼다. 그럴 만도 한 것이, 스타트업은 시간이 곧 돈이었다. 특히 하루에도 수백만 달러를 써야 하는 신생 자동차 제조사는 마음이 급할 수밖에 없었다. 머스크는 한 번의 성공이 또 다른 성공으로 수월하게 이어진다고 굳게 믿었다. 다양한 모델을 연이어 출시하고 전기차에 대한 선입견을 보란 듯이 무너뜨리면서, 그런 생각은 더욱 강해졌다.

테슬라의 초기 고급 모델이 대성공을 거두자, 경쟁업체들이 분주하게 움직이기 시작했다. 2018년에 세계 최대 규모의 자동차 제조사들이 전기차 개발에 다급히 뛰어들었다. 한 연구 결과를 보면 이들은 2022년 말까지 순수 전기차와 플러그인 하이브리드 전기차를 개발 및 출시할 목적으로 1,000억 달러 이상 투자했다. 분석가들은 2025년 무렵이 되면 500종 이상의 전기자동차가 판매되고, 전 세계에서 판매되는 차량 5대 중 1대가 전기차일 것으로 예측한다.

하지만 머스크는 이들이 선뜻 흉내 낼 수 없는 자신만의 브랜드 강점을 만들어냈다. 사실 전기자동차라는 시대정신은 머스크가 단독으로 창출하고 구현해낸 개념이다. 여기에는 아마도 수많은 사람이 전적으로 동의할 것이다.

바로 이 점 때문에 2018년 들어 투자자들이 머스크의 신념을 열정적으로 후원했고, 테슬라의 시장가치가 미국의 모든 자동차 제조사를 앞지르게 되었다. 테슬라가 연간 수익을 달성하거나 차량 판매가 본궤도에 오르기도 전에 그런 현상이 벌어졌다. 주가가 그처럼 상승했다는 건 투자자들이 테슬라에서 전기차 혁명을 주도하리라고 확신한다는 뜻이었다. 테슬라는 수십억 달러의 자금을 확보한 덕분에 생존 확률이 희박했는데도 살아남아서 오늘날과 같은 성장을 이룩했다.

대체로 자동차 제조사는 분기별 실적에 따라 냉혹한 평가를 받기 때문에 미래의 기대치가 낮다. 하지만 투자자들은 테슬라를 자동차 제조사가 아닌 기술회사로 생각한다. 이런 분위기는 2018년에 머스크에게 우호적으로 작용했다. 투자자들이 테슬라를 포드처럼 평가했다면 테슬라 가치는 600억 달러가 아닌 60억 달러에 그쳤을는지 모른다. 이와 반대로 제너럴모터스가 테슬라처럼 평가되었다면 430억 달러가 아닌 3,400억 달러의 가치를 인정받았을 것이다.

이렇게 분위기가 후끈 달아올랐지만, 테슬라도 다른 자동차 기업과 똑같은 재무 논리에서 벗어날 수 없었다. 신차를 출시한다는 건 사업을 확장한다는 뜻이어서, 잘못되면 치명적인 타격을 입을 수 있었다. 특히 테슬라처럼 제품라인이 적은 기업에는 위험부담이 클 수밖에 없었다. 기업이 성장할수록 수백만 달러에서 수십억 달러로 금액이 뛰기 때문에 위험부담도 증가하기 마련이었다.

머스크의 신념과 열정, 확고한 태도가 테슬라의 성장을 주도했다면, 그의 자만심과 집착, 옹졸함은 지금껏 테슬라가 쌓아 올린 금자탑을 단번에 무너뜨릴 수 있는 아킬레스건이었다.

머스크의 지지자와 반대자들은 그의 얘기를 질리도록 들을 수 있다. 그의 얼굴은 10년간 각종 잡지의 표지를 장식했다. 로버트 다우니 주니어는 영화 〈아이언맨〉에서 토니 스타크라는 인물을 연기할 때 머스크의 인생에서 영감을 얻었다고 밝혔다. 머스크는 애용하는 트위터에서 자신이 원치 않는 정부 규제기관을 거침없이 비판하고, 테슬라의 몰락을 기다리는 공매도자들을 공격했으며, 일본 애니메이션부터 마약 사용에 이르기까지 거의 모든 주제를 놓고 팬들과 농담을 주고받았다. 하지만 시간이 흐를수록 지치고 예민하며 스트레스에 시달리는 기색을 자주 엿보였다. 걱정에 짓눌려 절망하거나 불안에 떠는 약한 모습은 그를 대표하는 이미지가 되었다.

하지만 자동차 업계의 판도를 싹 뒤집어엎겠다는 야심만은 여전했다. 과연 머스크가 한때 불가능하다고 치부되던 전기차 사업을 성공으로 이끌지 아니면 오만함에 걸려 넘어질지는 지켜봐야 할 문제였다.

머스크는 최근 몇 년 사이 실리콘밸리에서 논란의 중심에 섰던 여러 인물 중 한 명이었다. 그는 언더도그, 반영웅, 사기꾼 중 어느 쪽일까? 혹여 세 가지 측면을 모두 지니고 있는 건 아닐는지.

# TESLA

## 1부

## 더없이 비싼 자동차

# 1장

## 이번에는 잘될지도 모르지

2003년 어느 여름날, J. B. 스트라우벨J. B. Straubel은 전기차 생각에 늦은 시간까지 잠을 이루지 못했다. 그는 로스앤젤레스에서 작은 임대주택에 살고 있었는데, 스탠퍼드대학교 솔라카solar car(태양광을 이용하는 전기자동차—옮긴이) 연구팀이 그날 저녁 시카고를 출발해서 주행을 마치고 곧장 그의 집에 모였다. 그 모임은 2년에 한 번씩 열었는데, 젊은 공학도들이 휘발유 차량의 대안을 마련하는 데 관심을 기울이도록 유도하기 위해서였다. 스트라우벨은 모교 연구팀의 맏형을 자처했다. 힘든 주행을 끝내면 많은 참가자가 그의 집에 집결해서 깊은 잠에 곯아떨어졌다.

정작 스트라우벨 본인은 자신의 프로젝트에 깊이 몰두하느라 스탠퍼드대학교 공과대학을 6년이나 다니면서도 연구팀 활동에 한 번도 참여하지 못했다. 그렇지만 자신의 집을 찾아온 손님들과 공통 관심사가 있었다. 위스콘신에서 유년 시절을 보낼 때부터 고이 품어온 그 꿈, 바로 전기로 구동하는 차를 발명하겠다는 포부였다. 그는 학교를 졸업하고 한동안 자리를 잡기 위해 로스앤젤레스와 실리콘밸리를 떠돌았다. 그렇긴 해도 이 세상을 바꿔놓겠다는 일념으로 무장한 이상한 과학자처럼 보이지는 않았다. 차분한 분위기에 중서부 지역 출신답게 깔끔하고 순박한 외모의 청년이었다. 그러나 구글 같은 스타트업에서 친구들과 함께 일하거나 보잉과 제너럴모터스 같은 대기업의 관료주의 분위기에 합류하자니 성에 차지 않았다. 자동차건 비행기건, 이 세상을 모조리 바꿔놓을 무언가를 직접 만들어내겠다는 야망이 있었다. 그는 꿈을 좇는 인생을 원했다.

스탠퍼드 연구팀도 경쟁자들과 마찬가지로 태양 전지판을 사용해서 에너지를 얻는 자동차를 설계했다. 구름이 잔뜩 낀 날이나 밤을 대비해서 일부 에너지를 저장해두는 소형 배터리도 장착했다. 하지만 태양광 자동차 경주대회였기 때문에 주최 측은 배터리 활용을 제한했다.

스트라우벨은 이런 금지야말로 잘못된 방침이라고 생각했다. 최근 몇 년 사이 개인용 가전제품이 보급되면서 배터리 기술이 눈부시게 발전했다. 그는 대회 주최 측에서 마음대로 정한 규칙에 얽매이지 않고 폭넓게 생각하려고 노력했다. 배터리 성능이 좋아지면, 예민하고 다루기 어려운 태양광 패널이나 변덕스러운 날씨에도 거리끼지 않고 자동차 주행거리를 늘릴 수 있었다. 어차피 태양을 멈춰 세울 수 없다면, 구태여 배터리 전력을 강화하지 않을 이유가 없었다. 그 배터리의 충전 방식은 중요한 문제가 아니었다.

그는 리튬이온을 사용하는 새로운 형태의 배터리를 연구했다. 10여 년 전에 소니가 캠코더에 이 배터리를 장착해서 인기를 끌었고, 그뒤로 노트북이나 다른 소비자 가전제품에도 이 배터리가 사용되기 시작했다. 리튬이온 건전지는 당시 시중에 나와 있던 충전식 배터리보다 훨씬 가볍고 용량도 컸다. 스트라우벨은 기존 배터리가 납산을 사용하고 벽돌 모양이라서 무거운 데다 용량이 그리 크지 않다는 점을 잘 알고 있었다. 30킬로미터가량 주행하고 나면 다시 충전소를 찾아야 했다. 하지만 리튬이온 배터리를 사용하면 그런 불편을 해소할 수 있으리라는 희망이 생겼다.

스트라우벨만 그렇게 생각한 게 아니었다. 그날 잠들지 못한 사람 가운데 스탠퍼드 연구팀 소속의 진 베르디체프스키Gene Berdichevsky라는 젊은이도 배터리에 관심이 많았다. 대화를 나눌수록 그는 스트라우벨의 구상에 깊이 매료되었다. 두 사람은 한참 열띤 토론을 이어갔다. 문제는 작은 리튬이온 배터리를 수천 개 연결해서 자동차가 주행할 만큼 전력을 확보하면 태양열 에너지가 아예 없어도 되는가였다. 두 사람은 단 한 차례의 충전으로 샌프란시스코에서 워싱턴DC까지 가려면, 배터리가 몇 개나 필요할지 계산해보았다. 그러고 나서 공기역학에 맞춰 어뢰 모양으로 설계한 자동차를 스케치했다. 운전자의 몸무게가 가볍다고 가정하면 0.5톤의 배터리를 장착한 전기자동차는 4,023킬로미터를 주행할 수 있다는 계산이 나왔다. 만약 이런 시도가 성공한다면 전 세계의 이목이 집중될 테고, 전기자동차를 향한 관심에 불을 지필 수 있었다. 한껏 들뜬 스트라우벨은 팀의 연구 주제를 태양광 발전에서 장거리 운행이 가능한 전기자동차로 바꾸자고 제안했다. 스탠퍼드대학교 동문회에서 자금을 지원받을 수 있다면 시도해볼 만했다.

두 사람은 스트라우벨이 실험을 거듭해온 리튬이온 배터리로 이야기꽃을 피우며 날을 지샜다. 그리고 손가락 길이의 배터리셀을 완전히 충전한 다음 스트라우벨이 이를 망치로 내리치는 장면을 녹화했다. 충격을 받자 불이 붙으면서 배터리 튜브가 로켓이 발사되듯 폭발했다. 이 광경을 지켜본 두 사람은 전망이 밝다고 생각했다.

스트라우벨은 베르디체프스키에게 "이건 포기할 수 없지. 우리가 해 봅시다"라고 말했다.

J. B. 스트라우벨은 위스콘신 출신으로 어린 시절 여름마다 버려진 기계 더미를 뒤져서 분해할 거리를 찾아내곤 했다. 그의 부모는 아들이 호기심을 마음껏 해소할 수 있도록 지하실에 작은 실험실을 꾸며주었다. 그는 전기로 움직이는 골프 카트를 조립하거나 배터리 실험을 하면서 화학에 매료되었다. 고등학생일 적에 한번은 저녁에 과산화수소를 분해해서 산소를 얻는 실험을 했다. 그런데 플라스크에 아세톤이 남아 있다는 사실을 까맣게 잊는 바람에 폭발성 혼합물이 생성되고 말았다. 폭발물이 터지면서 집체가 흔들리고 유리 파편이 사방으로 튀는 사이 그가 입고 있던 옷에 불이 붙었다. 다행히 화재경보기가 작동해서 그의 어머니가 지하실로 달려와 보니 아들의 얼굴에서 피가 철철 흐르고 있었다. 이렇게 해서 그는 무려 40바늘이나 꿰매야 했다. 지금도 스트라우벨은 점잖고 나이보다 어려 보이지만, 오른쪽 뺨의 흉터에서 알 수 있듯이 내면은 꽤 강인한 편이다.

그 사건을 계기로 화학에 잠재된 위험을 뼈저리게 느꼈다. 그는 1994년 스탠퍼드대학교에 입학했는데, 당시에도 에너지에 관심이 많았으며, 과학이론과 공학의 실제 활용 사이에서 접점을 찾는 일이 중요하다는 점을 깨닫고 더욱 학업에 열정을 불태웠다. 특히 에너지 저장과 재생 가능한 에너지 생성, 전력 생산용 전자기기, 마이크로컨트롤러에 흠뻑 빠져들었다. 하지만 뜻밖에도 자동차 역학 수업을 중도에 포기하고 말었다. 차량의 서스펜션과 타이어 움직임의 운동역학을 둘러싼 세부사항이 못 견디게 지루했기 때문이었다.

엄밀히 말해서 그는 자동차보다 배터리에 관심이 많았다. 엔지니어로서 휘발유 자동차는 지극히 비효율적이라고 판단했다. 석유 매장량은 한계가 있으며, 에너지를 얻으려고 석유를 연소시키면 유독성 이산화탄소가 발생해서 대기오염이 발생했다. 그가 전기자동차 개발을 두고 생각하는 구상은 완전히 새로운 자동차를 설계하는 차원이 아니라, 엔지니어링 문제를 해결하는 낡아빠진 방책을 새로 손보는 수준이었다. 좀 더 쉽게 설명하기 위해, 날씨가 추우니 방에 있는 탁자를 연료로 태워서 실내 공기를 덥힌다고 가정해보자. 그러면 실내가 따뜻해지긴 하겠지만 탁자를 못 쓰게 되고 방 안에도 연기가 꽉 들어차므로, 더 나은 해결책을 찾아야 한다.

대학교 3학년 여름에 교수의 소개로 로스앤젤레스에 있는 자동차 스타트업인 로젠모터스에서 인턴으로 일하게 되었다. 로젠모터스는 전설적인 우주항공 엔지니어인 해럴드 로젠Harold Rosen이 컴팩컴퓨터의 벤처투자자이자 대표인 친동생 벤 로젠과 손잡고 1993년에 설립한 회사였다. 두 사람은 오염물질을 거의 방출하지 않는 자동차를 생산하겠다는 포부를 안고 혼합형 전기 동력장치를 개발하고 있었다. 그들은 휘발유 터보 발전기에 플라이휠을 장착하려고 했다. 플라이휠은 회전속도가 빨라질수록 에너지 생성량이 증가하는 회전체를 말한다. 플라이휠을 차량에 부착하면 자동차 엔진이 가동하는 동안 주행에 필요한 전력을 계속 공급할 수 있다는 원리였다.

스트라우벨은 이렇게 자동차 업계에 발을 들였고, 해럴드 로젠 수하에서 일을 시작했다. 곧 스트라우벨은 플라이휠에 사용할 자기 베어링을 구상하고 검수장비를 만드는 데도 도움을 주었다. 그러는 동안 여름이 훌쩍 지나가버렸다. 스트라우벨은 학교로 돌아가서 자동차 전자부품 공부를 더 해야겠다고 생각했다.

그뒤로도 그는 원격으로 로젠의 일을 계속 도왔다. 그러던 어느 날 로젠의 회사가 폐업한다는 안타까운 소식을 듣게 되었다. 이때의 경험을 통해 아무것도 없는 상태에서 자동차 제조사를 일으키기가 얼마나 힘든 일인지 뼈저리게 깨달았다. 로젠모터스는 거의 2,500만 달러를 날린 셈이었다. 자신들의 구상을 증명하려고 새턴 쿠페에 시스템을 설치하기도 했고, 메르세데스·벤츠를 분해한 적도 있었다. 6초 만에 시속 96킬로미터까지 가속하는 자동차를 만들 수 있다며 자동차 제조사들과 기술 제휴를 모색하던 참이었다.

언론도 뜨거운 관심을 보였지만, 로젠모터스는 결국 설 자리를 찾지 못했다. 자동차 업계에 떠도는 유명한 농담이 있다. 얼마간이라도 돈을 벌려면 회사 규모를 크게 키워서 시작해야 한다고. 하지만 컴팩컴퓨터에서 벌어들인 1억 달러 중 일부를 로젠모터스에 투자했던 벤은 회사 폐업을 알리는 기사에서 낙관적인 발언을 했다. "주요 산업에서 사회에 기여하는 변화를 시도해볼 기회는 그리 많지 않습니다. 특히 공기를 깨끗하게 하고 석유 사용을 줄이려는 시도는 아주 드물지요. 이 회사는 세상을 완전히 바꿔놓을 기회를 손에 쥐고 있었습니다."

스탠퍼드대학교로 돌아온 후에 스트라우벨은 친구 대여섯과 함께 캠퍼스 바깥에 작은 집을 빌렸다. 여름에 값진 경험을 하며 많은 영감을 얻었지만, 로젠이 키운 플라이휠 구상이 현실적으로 너무 위험하다는 주장은 도무지 믿기지 않았다. 그는 차고에서 중고 포르쉐944를 순수 배터리 구동 차량으로 개조했다. 시작은 순조로웠다. 엉성하긴 해도,

납산 배터리를 장착한 자동차는 번아웃과 함께 엄청난 순간가속도를 선보였다. 핸들링이나 서스펜션은 아예 신경 쓰지 않고 자동차의 전자장비와 배터리 관리장치에만 집중했다. 모터를 손상하거나 배터리를 과열시키지 않고도 충분한 동력을 이끌어내는 방법을 찾는 일이 관건이었다. 그는 실리콘밸리에서 자신과 관심사가 비슷한 엔지니어들과 자주 만났는데, 그들에게서 전기자동차 대회가 있다는 얘기를 들었다. 100여 년 전 헨리 포드가 주말마다 트랙에 나와서 능력을 과시했듯이, 스트라우벨도 동료들과 함께 자동차 경주대회에 참가했다. 그는 배터리가 과열되어 녹아내리지 않게 하는 것이 경주대회에서 승리하는 비결임을 깨달았다.

이렇게 전기자동차 연구를 이어가던 중, 앨런 코코니Alan Cocconi라는 엔지니어를 알게 되었다. 그는 제너럴모터스에서 실패한 전기차 EV1 프로젝트에 도급업자로 참여한 경험이 있었다. 1996년 코코니의 사업장은 로스앤젤레스 시내에서 약 50킬로미터 떨어진 샌 디마스에 있었는데, 그곳에서는 전기자동차에 흥미를 불러일으킬 만한 방안을 연구하고 있었다. 그는 당시 홈카 애호가들이 선호하던 키트카를 이용해서, 유리섬유 프레임으로 차대가 낮은 2인승 로드스터를 구현했다. 그리고 휘발유 엔진이 아닌 납산 배터리를 자동차 문에 설치해서 동력원으로 사용했다. 이 로드스터는 놀랍게도 4.1초 만에 96킬로미터까지 가속할 수 있어 슈퍼카와 비교해도 손색이 없었다. 한 차례 충전하면 112킬로미터가량 주행했다. 일반 휘발유 차량에 비하면 주행거리가 턱없이 짧지만, 처음치고는 나름 괜찮은 성과였다. 게다가 자동차 경주에서 페라리, 람보르기니, 코르벳 등을 제치면서 사람들에게 강한 인상을 남겼다. 그는 자신의 연노랑 차를 티제로tzero라고 불렀는데, 이 용어는 경과 시간이 0일 때 시작점을 가리키는 수학기호였다.

그런데 2002년 후반부 들어 코코니의 사업장에 위기가 닥쳤다. 고객인 자동차 제조사들은 차량의 동력원을 휘발유에서 전기로 바꾸는 데 그다지 관심이 없었다. 그들의 관심사는 전기차가 아닌 무공해 연료 기술이었다. 게다가 티제로를 만들려면 시간이 오래 걸리고 비용도 만만치 않았다. 하지만 코코니는 개의치 않았다. 한동안 리튬이온 배터리로 원격 조종이 가능한 비행기 설계에 열중하다가, 이제는 티제로의 납산 배터리를 다른 대체재로 바꾸는 작업을 시작했다.

스트라우벨은 대학을 졸업하고 로스앤젤레스와 실리콘밸리를 오가면서 코코니의 사업장을 자주 들르다가, 코코니의 구상에 관심이 생겼다. 그래서 지난 2003년 여름밤에 스탠퍼드대학교 태양광 자동차 연구팀과 열띤 토론을 벌였던 크로스컨트리 자동차에 관한 아이디어를 코코니에게 제안했다. 이 자동차를 제작하려면 배터리를 약 1만 개 연결해야 하고, 비용은 약 10만 달러가 들 것으로 예상했다. AC 프로펄전 팀은 스트라우벨의 열정적인 모습에 호감을 느끼고 그의 아이디어가 시도해볼 가치가 있다고 판단했다. 문제는 자금을 어디서 구하느냐였다. 코코니는 스트라우벨을 영입하고 싶었지만, 그럴 재정적 여력이 없었다.

스트라우벨 역시 본격적으로 직장생활을 시작할 준비가 되지 않았다고 느꼈다. 사실, 이전 상사인 해럴드 로젠과도 일을 계속하고 있었다. 이제 70대에 접어든 로젠은 무선 인터넷 접속을 제공하기 위해 초고도 하이브리드 추진형 항공기를 제작하려고 준비 중이었다.

스트라우벨은 리튬이온 배터리가 로젠에게도 쓸 만하겠다고 생각했다.

로젠과 스트라우벨은 우주항공 벤처기업을 목표로 삼고 투자자를 찾아 나섰다. 그러던 중 스트라우벨은 팰로앨토에서 한 사업가 얘기를 들은 기억이 떠올랐다. 일론 머스크는 지역 공항을 사용하는 비행클럽 회원이었는데 괴짜로 알려져 있었다. 머스크는 예정보다 비행을 늦게 마치고 돌아와서, 다음 비행 순서를 기다리던 클럽 회원들의 원성이 높다는 걸 알고, 프런트로 큼직한 꽃바구니를 보낸 일화가 있었다. 더 최근에는 페이팔이라는 신생기업 관계자로 뉴스에 등장했다. 이베이가 페이팔을 15억 달러에 인수했는데, 머스크는 이 돈으로 로켓 회사를 시작했다. 그는 이렇게 남들이 말도 안 된다고 생각하는 거대한 사업을 벌이곤 했다. 두 사람은 머스크야말로 그들에게 걸맞은 투자자라고 판단했다.

그해 10월 스트라우벨은 스탠퍼드대학교에서 기업가정신 수업을 여러 개 수강하다가, 당시 32세였던 머스크의 강연도 듣게 되었다. 머스크는 "우주에 관심이 많은 분이라면 이 시간을 좋아하게 되실 겁니다"라며 강연을 시작했다. 스페이스엑스라는 로켓 제조사를 어떻게 설립하게 되었는지 설명하기에 앞서 자신의 성장 과정을 언급했는데, 허레이쇼 앨저Horatio Alger의 성장소설을 떠올리게 하는 내용이 많았다. 머스크는 남아프리카공화국에서 유년 시절을 보내고 17세에 혼자 캐나다로 이민을 왔다. 그뒤 다시 미국으로 건너와 펜실베이니아대학교에서 학부 과정을 마쳤다. 학교를 졸업하고 곧바로 가장 친한 친구인 로빈 렌Robin Ren과 함께 미국을 횡단해서 서부로 넘어간 다음, 스탠퍼드대학교에 입학했다. 머스크는 배터리 기술을 혁신하겠다는 꿈을 안고 에너지 역학을 깊이 공부할 생각이었다. 하지만 단 이틀 만에 학교를 그만두었다. 1990년대 후반에 닷컴 열풍이 불어닥치기 직전이었다.

강연하던 날 머스크는 검은색 옷을 입고 있었는데, 셔츠 단추를 다

잠그지 않아서 유럽의 한 나이트클럽을 찾은 사람처럼 보였다. 스트라우벨은 그의 창업 이야기를 귀 기울여 들었다. 머스크에 따르면, 당시 샌드힐로드에 있던 벤처투자자 중 인터넷을 향한 머스크의 열정에 공감하는 사람은 아무도 없었다. 그래서 머스크는 기존 미디어 기업이 월드와이드웹에 맞춰 콘텐츠를 바꾸는 데 일조하면 가장 빨리 돈을 벌 수 있겠다고 생각하고, 동생 킴벌과 함께 집투Zip2를 창업했다. 출발지와 목적지를 입력하면 찾아가는 방법을 지도로 상세히 보여주는 최초의 이 웹 프로그램은 많은 사람의 눈길을 끌었고, 시간이 흐르면서 보편화되었다. 당시 전화번호부 형태의 사이트를 구상 중이던 나이트 리더Knight Ridder, 허스트Hearst,《뉴욕타임스》같은 신문사에는 상당히 유용한 기능이었다. 두 사람은 현금을 확보하기 위해 한 치의 망설임도 없이 회사를 매각했다. 머스크는 "현금이야말로 제가 적극 추천하는 화폐입니다"라고 농담을 던지기도 했다. 은행 잔고가 2,200만 달러나 되는 현금 부자가 되고 나서도 머스크는 또 다른 회사를 차릴 생각밖에 없었다. 1999년 초반에는 현금자동인출기를 안전한 온라인 결제 시스템으로 바꾸겠다며 새로운 사업을 시도했다. 나중에 페이팔로 알려진 이 회사가 대단한 성공을 거둔 덕분에, 또 다른 야심을 펼칠 자금을 충분히 마련할 수 있었다.

사실 그는 '우주 탐사 계획이 왜 중단되었을까?' 하고 오랫동안 고민해왔다. "1960년대를 생각해보세요. 그때는 정말 아무것도 없었어요. 그래도 사람을 달에 보내는 데 필요한 기술을 다 발전시켰습니다. 그런데 1970년대, 80년대, 90년대에 옆길로 빠지고 말았어요. 지금은 달은 고사하고 지구 궤도에도 사람을 보내지 못하죠." 마이크로칩이나 휴대전화 같은 기술이 눈부시게 발전한 오늘날을 생각하면 우주항공 기술은 한참 뒤처진 상태다. 왜 이렇게 되었을까?

스트라우벨은 머스크의 말에 깊이 공감했다. 그는 자동차 산업을 보면서도 비슷한 답답함을 느꼈다. 강연이 끝난 후에 그는 머스크와 직접 대화를 나누려고 머스크를 따라갔다. 현대 통신위성 기술을 개발하는 데 공헌하며 우주항공 업계에서 인지도를 쌓은 로젠과 아는 사이라는 점을 내세워 머스크의 관심을 끌었다. 머스크는 로스앤젤레스에 있는 스페이스엑스의 로켓 제조공장을 둘러보러 오라며 두 사람을 초대했다.

스트라우벨은 로젠이 아무런 감흥도 없다는 표정으로 엘세군도의 예전 창고에 있던 스페이스엑스의 사무실로 걸어가는 모습을 지켜보았다. 로젠은 머스크가 세운 로켓 제작 계획의 허점을 하나하나 지적하며, 머스크의 예상보다 제작 비용이 훨씬 적게 들 거라고 주장했다. 로젠이 머스크에게 "당신 계획은 실패할 겁니다"라고 말하자, 스트라우벨은 당황하는 기색을 감추지 못했다. 하지만 머스크도 만만치 않았다. 그는 항공산업이 무선 인터넷을 제공할 수 있다는 로젠의 발상이 "매우 어리석다"고 맞받아쳤다. 그들이 점심식사를 하려고 자리에 앉을 무렵, 스트라우벨은 그날 공장을 찾아간 일 자체가 완전히 잘못된 선택이었다고 느꼈다.

어떻게든 대화를 이어가보려고 스트라우벨은 남다른 애정을 품고 있는 본인의 프로젝트 이야기를 꺼냈다. 미국을 횡단할 수 있는 전기자동차를 만드는 것이 꿈이라고 밝히고, 리튬이온 배터리를 사용하기 위해 AC프로펄전이라는 업체와 협력하게 된 과정을 들려주었다. 이 시도가 성공해야만 자신의 꿈을 이룰 수 있다고도 덧붙였다. 스트라우벨은 별다른 기대 없이 건넨 말이었고, 주변 사람들에게도 그저 그런 이야기로 들릴 수 있었다. 하지만 머스크는 그 말을 듣고 눈빛이 달라졌다. 스트라우벨도 머스크의 표정이 달라진 순간을 분명히 알아차릴 수 있었다. 그는 스트라우벨이 하는 말을 한마디도 놓치지 않겠다는 표정을 지으며, 흥미롭다는 뜻으로 고개를 끄덕였다. 머스크의 마음이 활짝 열린 것이었다.

스트라우벨은 드디어 이상을 함께 공유할 사람을 만났다고 생각하며 스페이스엑스 공장을 나왔다. 점심식사 후에 그는 머스크에게 리튬이온 배터리로 작동하는 자동차의 실례를 보고 싶다면 AC프로펄전에 연락해보라고 간단히 이메일을 보냈다. 머스크는 스트라우벨에게 장거리 운행 시제품에 1만 달러를 기부하고 싶다면서, AC프로펄전에 직접 연락해보겠다고 답장을 보냈다. 머스크는 이메일에서 "이건 정말 멋진 아이디어입니다. 전기자동차가 실현되는 시점이 코앞으로 다가왔다는 생각이 듭니다"라며 관심을 드러냈다.

하지만 스트라우벨은 머지않아 머스크의 관심을 이끌어내기 위해 경쟁하게 될 줄은 꿈에도 생각하지 못했다.

## 2장

# EV1의 유령

테슬라모터스를 시작한 당사자는 일론 머스크도 J. B. 스트라우벨도 아니었다. 처음 밑그림을 그린 사람은 마틴 에버하드Martin Eberhard라는 중년 남성이었다. 21세기가 시작될 무렵 그의 인생에는 많은 변화가 일어났다. 막 시작한 사업체를 매각했고, 14년간의 결혼생활에도 종지부를 찍었다. 그는 실리콘밸리 위쪽에 있던 집만 남기고 나머지 재산을 모두 아내에게 넘겨주었다. 건축가인 동생이 직접 지은 집이었고 날씨가 쾌청하면 태평양이 한눈에 내려다보일 정도로 전망이 좋았다. 기술 전문 스타트업 지원센터에 가려면 삼나무가 빽빽하게 들어선 구불구불한 길을 한참 운전해야 했다. 덕분에 앞으로 어떻게 살아야 할지, 무슨 일을 해야 할지 찬찬히 생각할 수 있었다. 사실 마흔셋의 나이에 어느 분야로 가야 할지 막막했다. 로스쿨도 잠시 고려해보았지만, 새로 사업을 시작해보고 싶은 생각이 더 컸다.

이렇게 앞날을 고민하던 중 당장 해결하고 싶은 욕심 한 가지가 생겼다. 바로 빠르고 멋진 스포츠카를 사고 싶어졌던 것이다.

에버하드는 희끗희끗한 머리와 수염 때문에 1980년대 코믹 시트콤 〈패밀리 타이즈Family Ties〉에서 아버지 역할을 맡은 배우처럼 보였다. 그는 점심때마다 오랜 친구인 마크 타페닝Marc Tarpenning과 머리를 맞대고 무슨 차를 살지 고민했다. 두 사람은 5년 전인 1997년에 출판업계를 싹 뒤집어엎겠다는 야심 찬 목표를 세우고 누보미디어NuvoMedia Inc.를 설립했다. 둘 다 독서량이 많고 여행을 자주 다니는데, 장거리 여행을 할 때마다 책을 들고 다니기가 너무 힘들어서 '책을 디지털화하면 되지 않을까?' 하고 생각했다.

그렇게 해서 로켓 이북Rocket eBook이 탄생했고, 아마존의 킨들을 포함한 모든 유사품의 전신이 되었다. 두 사람은 2000년 닷컴 버블이 터지기 전에 1억 8,700만 달러를 받고 회사를 매각했는데, 매수한 기업은 디지털 혁신보다 특허에 더 관심이 많은 것 같았다. 사실 이 회사는 시스코, 반스앤노블을 비롯한 외부 투자자의 의존도가 높아서, 두 사람에게는 지분이 거의 없었다. 말하자면 페이팔을 매각했을 무렵의 머스크처럼 대단한 부자가 아니었다. 더구나 에버하드는 뒤이어 이혼을 해서 재산의 상당 부분을 아내에게 넘겨준 처지였다.

에버하드는 속도가 빠르기로 유명한 자동차를 모두 훑어보고 타페닝에게 연비를 따지며 불평을 늘어놓았다. 수동 변속기가 장착된 2001년식 포르쉐911은 운전이 수월하진 않았지만, 펌프에서 휘발유를 빨아들였다. 시내를 주행할 때는 연비가 1갤론, 즉 3.78리터에 24.1킬로미터였고, 고속도로에서는 연비가 37킬로미터까지 높아졌다. 하지만 페라리와 람보르기니는 연비가 17.7킬로미터에 그쳤다. 이보다 더 인기가 많은 2001년식 BMW3 시리즈는 도심과 고속도로를 주행할 때 연비의 평균을 계산하면 1갤런에 약 32킬로미터였다.

2002년만 해도 지구 온난화는 문화를 주제로 대화를 나눌 때 많이 거론되는 소재가 아니었지만, 에버하드는 이를 뒷받침하는 연구가 여럿 있다는 사실을 알고 있었다. 그는 과학계에서 제시하는 합리적인 주장을 믿는 편이어서, "이산화탄소가 대기 중으로 계속 흘러 들어가도 아무 일 없을 거라고 여긴다면 정말 어리석은 짓이다"라고 말했다. 또한 그는 미국과 중동이 갈등을 빚는 이유가 석유에 의존한 탓이라고 굳게 믿었다. 타페닝도 그 점에서는 에버하드와 생각이 같았다.

뼛속까지 엔지니어인 에버하드는 이론상 전기자동차와 휘발유 자동차 중 어느 쪽이 더 효율적인지 연구하기 시작했다. 그는 매우 복잡한 스프레드시트를 만들어서 자동차가 소모하는 에너지의 총량과 자동차에서 배출하는 온실가스의 총량을 비교한 값인 연료 효율성을 계산해 보았다. 그 결과, 앞으로 전기에 초점을 맞춰야 한다는 결론을 얻었다. 그런데 한 가지 문제가 남아 있었다. 전기자동차 중에는 그의 취향에 맞는 모델이 없었다. 포르쉐처럼 잘빠진 외관을 찾기가 쉽지 않았다.

다행히 에버하드와 비슷한 생각을 하는 사람들이 또 있었다. 캘리포니아에서 더 개선된 전기자동차를 기대하는 목소리가 점차 높아지고 있었다. 스타트업 지원센터에서 함께 근무했던 동료 스티븐 카스너Stephen Casner도 그중 한 명이었다. 카스너는 제너럴모터스가 아직 초기 단계인 전기차 시장에 처음 선보인 EV1을 대여해보고는 전기자동차에 완전히 매료되었다. 그는 매년 열리는 전기자동차 경주대회에 참석했다가 J. B. 스트라우벨이라는 스탠퍼드대학교 졸업생이 전기자동차로 개조한 포르쉐를 보게 되었다. 새크라멘토에서 열린 드래그 레이싱에서 그 차는 최고 속도를 기록하며 대회 참가자들의 이목을 끌었다.

에버하드는 시승하려고 EV1에 앉아서 내부 곳곳을 눈여겨보았다. 일단 외관이 주는 느낌은 스포츠카보다는 2인용 우주선에 더 가까웠다. 공기역학에 따라 미끄러지듯 달리는 느낌을 연출하기 위해 차체를 눈물 모양으로 만들었는데, 바닥이 거의 땅에 닿다시피 했다. 뒷바퀴는 차체 패널에 반쯤 가려서 옆에서 보면 반쯤 감은 눈 같았다. 이런 디자인으로 다른 차보다 바람의 저항을 25퍼센트 낮추고 에너지 효율을 높여서, 배터리 개수를 줄일 수 있었다.

전기자동차를 만들려고 하는 사람이라면 차량의 무게와 효율성은 끊임없이 고민해야 하는 문제였다. EV1은 배터리팩 무게만 0.5톤이었는데, 당시 세단이 대개 1.5톤인 점을 고려하면 이 배터리팩 무게는 굉장히 부담스러운 수준이었다. 게다가 배터리팩이 차량 중앙에 설치되는 터라 2인승 좌석 사이에 작은 벽처럼 튀어나와서 안 그래도 좁은 내부를 더욱 답답하게 만들었다. 배터리팩 위쪽인 오른쪽 변속기어 근처에도 수십 개의 버튼이 있어서, 흔히 볼 수 있는 스포츠카라기보다는 공학용 계산기를 떠올리게 했다.

이런 문제가 있었지만, 에버하드는 차의 가속 능력에 몹시 감탄했다. 페달을 살짝 밟기만 해도 순식간에 속도가 붙었다. 제너럴모터스는 시속 96킬로미터까지 가속하는 데 9초도 걸리지 않는다고 주장했다. 게다가 휘발유 엔진처럼 빠른 가속에도 굉음이 발생하지 않았고, 부드러운 모터 소리가 편안한 주행감을 보장했다.

그러나 에버하드는 외관에 원하는 매끈한 느낌이 없어서 그다지 탐탁스럽지 않았다. 에버하드가 어떻게 생각하건 EV1은 이미 사라질 운명이었다. 제너럴모터스는 전기차를 실패한 사업으로 결론짓고 차량을 모두 회수하며 생산라인을 없애고 있었다. 그런데 대화를 나누던 중 카스너가 이웃에 사는 톰 게이지Tom Gage를 언급하며, 그가 로스앤젤레스에 있는 AC프로펄전이라는 회사를 통해 EV1 프로젝트에 참여한 초창기 엔지니어였다고 일러주었다. 앨런 코코니가 티제로라고 이름 붙인 전기차도 AC프로펄전 사업장에서 탄생한 차량이었다.

에버하드는 그 점에 관해 읽어본 후에, 직접 확인하려고 곧장 로스앤젤레스행 비행기에 몸을 실었다.

AC프로펄전에 도착해보니, 코코니와 게이지는 티제로 3대를 생산 완료해서 2대를 이미 판매했다. 판매가격은 한 대에 12만 달러였다. 연노랑이고 만화에나 나올 듯이 앞부분이 경사졌지만 차체의 전체 모양은 네모에 가까웠다. 차 문이 있던 자리에 납산 배터리가 28개 설치되어 있어, 에버하드는 〈듀크 오브 해저드Dukes of Hazzard〉(미국의 액션 코미디 드라마—옮긴이)를 떠올리게 하는 좁은 운전석을 드나들기 위해 몸을 잔뜩 구부려야 했다. 섬세함이나 안락함은 부족했지만, 가속에서는 흠잡을 데가 없었다. 클러치나 기어를 변속하지 않아도 마음껏 질주할 수 있는 차량이었다.

그러나 EV1과 같은 문제점이 여전히 남아 있었다. 티제로 역시 배터리가 부피도 크고 값비싸다는 제약이 있었다. 그 문제를 놓고 한창 대화를 나누던 중, 에버하드는 전자책 사업을 하면서 친숙해진 '리튬이온 배터리를 사용하면 어떨까?' 하는 생각이 들었다. 그래서 리튬이온 배터리를 제안했는데, 일순간 회의실에 침묵이 흘렀다. 다들 신경이 예민한듯 보여서, 코코니는 황급히 회의를 마무리했다.

에버하드가 돌아왔을 때 코코니는 그에게 무언가 보여주려고 준비하고 있었다. 사실 두 사람은 비슷한 생각을 하고 있었다. 원격 조종 비행기를 좋아하는 사람들도 비행기에 흔히 사용되는 니켈·금속 수소화물을 리튬이온으로 대체하면 유리한 점이 많다는 사실을 잘 알고 있었다. 리튬이온 배터리는 가격이 더 저렴한데 성능은 더 우수했다. 코코니는 노트북에 들어가는 배터리셀을 대량으로 연결해서 배터리팩을 만드는 발상을 시험해보았다. 우선 보조금을 약간 투자해서 배터리 60개를 연결해보았다. 그러고 나서 티제로도 리튬이온 배터리로 바꾸면 좋겠다고 적극 제안했다.

코코니의 생각대로 티제로의 납산 배터리를 노트북에 쓰이는 저렴한 배터리 6,800개로 교체할 수 있다면, 이론적으로는 훨씬 가볍고 주행거리도 긴 성능 좋은 자동차가 완성되는 터였다. 유일한 문제점은 AC 프로펄전의 자금이 바닥났다는 것이었다. 캘리포니아주 규제 당국에서 전기자동차 의무화를 추진하지 않게 되자, 최대 고객 중 한 곳인 폭스바겐AG가 계획을 철회했다. 폭스바겐은 캘리포니아주에서 매출을 늘리고 차량 배기가스에 부과되는 벌금을 피하려고 VW 차량을 전기차로 전환하는 작업을 함께 추진하다가 태도를 바꾼 것이었다. 이런 상황에 놓인 코코니는 직원 일부를 감축하는 등, 사업장을 살리려고 갖은 애를 써야 했다.

에버하드는 티제로를 원했기에 여기에 자금을 투자할 각오가 되어 있었다. 그는 일단 10만 달러를 지급했고, 티제로를 리튬이온 배터리로 전환해서 계속 사업장을 운영할 수 있도록 추가로 15만 달러를 지원했다. 그는 이 사업장을 제대로 된 자동차 업체로 키우는 데 자신이 일정한 역할을 할 수 있겠다고 생각했다. 과거에는 책을 무겁게 들고 다니는 고충을 해결하기 위해 타페닝과 손잡고 회사를 꾸렸다면, 이제는 완전히 새로운 문제를 해결할 기회가 찾아온 셈이었다. 그는 이번에 새로

이 회사를 세우면 중년의 위기를 한 방에 해결하게 되리라고 생각했다.

사실 전기자동차는 자동차가 처음 등장했을 때부터 거론되어온 발상이다. 1840년대 중반에 배터리로 구동하는 차량을 만들려는 시도가 있었다. 1900년대 초반에는 헨리 포드의 아내가 전기자동차를 보유하고 있었다. 핸드 크랭크, 소음, 휘발유 차량에서 나는 기름내를 싫어하는 여성들에게 전기자동차는 매력적인 옵션이었다. 헨리 포드가 모든 사람이 좋아하는 휘발유 차량인 모델T를 출시해서 큰 성공을 거두며 휘발유 차량과 전기차를 저울질하는 토론에 종지부를 찍었다. 포드모터스는 점차 증가하는 중산층에 부담스럽지 않은 가격대의 자동차를 대량 생산했고, 자동차 업계와 차량 연료를 제공하는 사업체는 모두 화석연료에 집중하게 되었다. 전기자동차는 가격이 여느 세단의 거의 3배 수준인 데다 한 차례 충전으로 고작 80킬로미터밖에 주행할 수 없어서, 사람들의 관심을 끌기에는 역부족이었다.

1990년대에 들어서야 비로소 순수 전기자동차가 재등장할 듯이 보였다. 제너럴모터스가 1990년 로스앤젤레스 모터쇼에서 콘셉트카를 소개하며 자동차 업계를 깜짝 놀라게 하더니, 곧 생산에 돌입했다. 그렇게 해서 1995년에 EV1이 세상에 선을 보였다.

EV1에 내재된 문제는 수치와 관련 있었다. 전기자동차 제조사가 겪는 주요한 문제점은 순수 전기자동차의 배터리 때문에 수만 달러나 치솟는 차량 가격이었다. 단돈 몇 달러를 아끼려고 자동차의 특정 기능을 삭제해버리는 대기업 재정 담당자가 보기에 이 점은 결코 용납할 수 없는 사안이었다. 제작비를 수천 달러나 늘려버리는 발상을 실행으로 옮기기는 어려웠다. 더군다나 전기차는 고객이 넘어야 할 장애물이 한두 가지가 아니었다. 가장 곤란한 점은 전기차를 충전하러 어디로 가야 하는가였다. 100여 년간 노력한 끝에 미국 곳곳에 주유소가 마련되었지만, 전기차에는 아무런 소용이 없었다.

EV1을 설계할 때, 엔지니어들은 배터리 수를 줄일수록 원가가 절감된다는 공식에 따라 움직였다. 하지만 배터리 수를 줄이면 주행거리마저 줄어들어서 이러지도 저러지도 못하는 상황이었다.

리튬이온 배터리로 주행거리 문제를 해결해도 어려움은 여전히 남아 있었다. 리튬이온 배터리가 다소 저렴하지만, 휘발유 자동차에 비하면 여전히 비용 측면에서 불리했다. 에버하드는 이 문제를 오래 연구한 끝에, 제너럴모터스를 포함한 여러 자동차 업체가 일반 소비자에게 전기자동차를 보급하려다가 실패했다는 결론에 이르렀다. 배터리 비용을 줄이려고 소비자층을 확대하다 보니 많은 점을 타협하게 되었고, 그래서 결국 상위층 구매자에게는 매력을 잃고 중하위층 구매자에게는 여전히 비싼 자동차가 된 것이다.

에버하드는 소비자용 전자제품 부문에서 근무할 때 자동차 업체가 이미 잘못된 방향으로 가고 있다는 낌새를 알아차렸다. 기술 부문에서는 프리미엄 제품을 먼저 선보이고 나서 일반 소비자를 겨냥해 성능이나 가격을 낮추는 전략이 최신 경향이었다. 새로운 제품이 나오면 웃돈을 내고서라도 남들보다 먼저 신기술을 손에 넣으려는 얼리어답터들이 문전성시를 이뤘다. 일반 소비자에게 친숙해지는 건 그다음 순서였다. 전기자동차도 이런 추세를 따르지 않을 이유가 없었다.

그는 도요타 프리우스의 매출을 보고 영감을 얻었다. 프리우스는 제동과 휘발유 엔진을 가동해서 생성된 전력을 온보드 배터리에 저장하는 방식으로 연료 소모를 절감하는 하이브리드 자동차였다. 원래 저렴한 차량인 코롤라에 고가의 친환경 파워트레인을 장착한 프리우스를 구매한 사람도 도요타의 최고급 브랜드인 렉서스를 구매한 사람들만큼 크게 편향되어 있었다. 일례로 환경 문제에 관심 있다는 걸 대중에게 알리고 싶어 하는 영화배우들이 그 차를 몰고 할리우드에 나타났다. 에버하드는 팰로앨토의 거친 도로를 돌아다니며, 집 앞에 프리우스가 BMW와 포르쉐하고 나란히 주차된 모습을 사진에 담았다. 그는 프리우스 구매자를 자신의 잠재고객으로 여겼다. 성능이 뛰어난 차량을 선호하되 자동차 배기가스로 인한 환경오염을 걱정하는 사람들이었다.

고가의 전기 스포츠카를 개발하는 동안에는 예전처럼 배터리 가격을 낮추는 문제로 고심할 필요가 없었다. 에버하드가 알기로, 스포츠카를 구매하는 사람들은 성능이 뛰어나고 브랜드 가치가 높으면 다른 데는 그다지 신경 쓰지 않았다. 에버하드는 고급 전기차 시장의 잠재력이 크다고 확신하고, 타페닝에게 테슬라모터스라는 회사를 함께 시작해보자고 제안했다. 회사명은 전 세계 가정에 전력을 공급하는 교류전류 시스템을 설계한 니콜라 테슬라의 이름에서 빌려왔다. 두 사람은 2003년 7월 1일 델라웨어에 회사를 등록했다. 147년 전에 니콜라 테슬라가 출생한 날짜를 기준으로 볼 때 겨우 9일 정도 차이가 난다. 그들은 자동차 업계에 뛰어드는 데 필요한 사항을 본격적으로 조사하기 시작했다.

물론 초반에는 두 사람 다 아는 것이 하나도 없었지만, 오히려 그 점을 큰 자산으로 여겼다. 제너럴모터스 같은 대기업이 달라진 고객 취향이나 장기 부채, 높은 인건비, 감소하는 시장점유율에 대처하려고 발버둥 치면서 자동차 업계의 구조에 변화가 일어났다. 오랫동안 자동차 회사는 부품 계열사가 제공하는 부품으로 자동차를 조립하는 수직통합 방식을 고수했다. 하지만 비용을 줄이려면 부품 계열사를 회사와 분리해서 각자도생하게끔 조치해야 했다. 이 형국을 지켜본 에버하드는 테슬라가 비록 중소기업이지만 대기업에서 생산하는 스포츠카의 부품과 동일한 제품을 구매할 수 있겠다고 확신했다.

게다가 자동차를 직접 제작할 필요도 없었다. 누보미디어에서 전자책 리더기를 만들 때도 두 사람이 직접 제품을 조립하진 않았다. 소비자용 전자제품 업체가 대개 그렇듯이, 이들도 제3자에게 외주로 작업을 맡겼다. 자동차 업계에는 외주업체가 거의 없었지만, 다행히 영국의 스포츠카 제조사인 로터스가 외주 서비스를 제공한다는 점을 알게 되었다.

로터스는 얼마 전에 로드스터 엘리스의 새로운 버전을 출시했다. 테슬라가 엘리스를 몇 대 구입해서 로터스에 디자인을 독특하게 변경해달라고 의뢰한 다음 기존 엔진을 코코니가 제작한 전기모터용 엔진으로 바꾸면, 고급 전기 스포츠카를 손에 넣을 수 있었다.

다른 업체도 전기자동차 제작에 관심을 보였으나, 수익성 문제를 해결하지 못하고 포기했다. 에버하드는 실리콘밸리에서 쌓은 경험과 교훈을 100년 역사의 자동차 제조사에 적용해서 이 업계를 완전히 바꿔놓을 방안을 고심했다. 테슬라는 자산이 적지만 브랜드와 고객 경험에 중점을 두는 회사였기에, 시기가 적절해 보였다.

2003년 9월 AC프로펄전은 에버하드가 의뢰한 차량 전환 작업을 마무리했다. 결과물은 제법 만족스러웠다. 리튬이온 배터리를 장착한 신형 티제로는 무게가 226킬로그램이나 줄었고, 시속 98킬로미터까지 순간가속하는 시간도 무려 3.6초나 단축되었다. 마침내 티제로는 세계에서 가장 빠른 자동차 중 하나가 되었다. 또한 단 한 차례 충전으로 482킬로미터를 주행할 수 있었다. 코코니와 게이지가 구형 티제로로 운행했을 때 기록한 128.7킬로미터에 비하면, 주행거리가 놀라울 정도로 늘어난 것이었다.

에버하드는 아마추어 카레이서인 이안 라이트Ian Wright에게 시범 주행을 부탁했다. 라이트는 지금껏 이런 자동차는 한 번도 경험하지 못했다며 놀라워했다.

휘발유 자동차의 순간 가속 최대치를 확인하려면 성능이 뛰어난 자동차와 숙련된 운전자가 필요하다. 운전자는 속도를 높이되, 적절한 순간에 클러치를 사용할 줄 알아야 한다. 클러치를 너무 빨리 밟으면 차가 전진하는 데 필요한 토크 값이 충분하지 않아서 속도가 떨어진다. 반대로 클러치를 너무 늦게 밟으면 타이어에서 연기가 나는 사태가 벌어진다. 이 모든 타이밍이 정확히 맞아떨어져야 엔진에 충분한 힘이 생겨서 타이어가 움직일 수 있었다. 자동변속기가 있으면 운전자에게 도움이 되겠지만, 휘발유로 움직이는 동력 시스템에서만 가능한 일이었다.

하지만 티제로는 달랐다. 에버하드와 라이트는 휘발유 자동차가 이런 단계를 통과할 무렵이면 전기차가 경쟁사보다 월등히 앞서게 될 거라고 예상했다. 자동차의 속도를 더 높여도 가속도는 변하지 않았다. 훗날 라이트는 "1단 기어에서 레이싱카처럼 느껴졌는데, 1단 기어로 시속 160킬로미터까지 속도를 높일 수 있었다"고 회상했다. 그는 곧 구상하던 스타트업을 버리고 에버하드와 타페닝에게 합류했다.

이런 점들이 스포츠카를 만들고 싶어 하는 에버하드의 포부와 잘 맞아떨어졌지만, 티제로는 게이지와 코코니에게 전혀 다른 가능성을 열어 보였다. 그들은 배터리 신기술로 일상생활에 적합한 전기자동차를 만들고자 했다. 리튬이온 배터리를 사용하면 해당 기술로 레이싱카부터 출퇴근 자가용까지 모두 가능한 주행거리를 구현할 수 있었다.

양측이 함께 큰 진전을 이룬 건 사실이지만, 이제는 각자의 길을 가야 할 시기였다. 게이지와 에버하드는 동업은 어렵지만 적어도 협업은 계속할 수 있다는 점에 동의했다. 에버하드는 자신이 개발하려고 하는 로드스터에 들어갈 모터와 전자부품을 게이지에게 구매할 수 있었다. 하지만 독점 거래는 아니고, AC프로펄전에서 원하는 대로 선택할 수 있었다.

둘 사이에는 공통된 문제점이 있었는데, 바로 아이디어가 아무리 좋아도 자동차를 생산할 만한 자금이 없다는 것이었다. 일단 사업을 시작하는 데만 수백만 달러가 필요했다. 두 사람은 적어도 같은 투자자를 두고 경쟁하지 않겠다는 신사협정을 맺었다.

AC프로펄전은 스트라우벨의 추천을 받고 즉각 일론 머스크를 투자자 후보로 거론했다. 게이지가 요 몇 년 전에 출시된 웹 검색엔진 구글(지금의 알파벳)의 공동 창업자인 래리 페이지에게 티제로를 보여주었을 때도 머스크의 이름이 등장했다. 티제로의 시연을 지켜보고 깊은 인상을 받았지만 래리 페이지는 투자하지 않았다. 본인 회사가 상장을 불과 몇 달 남겨둔 상태여서 부담스러웠을 것이다. 그는 "일론 머스크가 돈을 좀 가지고 있어요"라며 머스크를 추천했다.

패킷디자인의 공동 창업자인 주디 에스트린Judy Estrin은 에버하드에게 "자동차 제조업에 대해 좀 아세요?"라고 물었다. 에버하드는 테슬라에 본격적으로 합류하기 전에 패킷디자인에서 근무한 이력이 있었다. 주디는 에버하드의 프레젠테이션을 진지하게 들었다. 평소 그녀는 에버하드를 기업가로서 자질이 뛰어나고 위험을 감수하는 배포도 크다며 높이 평가하고 있었다. 이제 전기자동차에 집중할 시기가 되었다는 그의 주장에는 공감할 수 있었다. 하지만 아무리 낙관적으로 보려 해도 자동차 회사를 설립하는 건 만만치 않은 일이었다.

에버하드와 동업자들은 자금을 구하려고 백방으로 뛰어다니면서 비슷한 걱정을 들었다. 친구이자 패킷디자인에서 함께 근무한 동료인 로리 욜러Laurie Yoler가 인맥이 넓어서 실리콘밸리의 여러 투자자들과 만날 수 있는 자리를 주선해주었다. 스타트업은 대개 창업자의 개인 자금을 종잣돈으로 끌어다 쓰거나, 든든한 후원을 받는다는 점을 강조하기 위해 친지와 가족의 도움을 받았다. 그리고 나서 몇 차례에 걸쳐 투자자들에게 후원을 요청했다. 그때마다 창업자는 다른 사람이 지분을 매입할 수 있도록 본인 지분을 일부 매각했고, 기존 투자자는 투자금을 늘리거나 아니면 보유한 주식의 가치가 하락하는 상황을 감내해야 했다. 벤처투자자는 스타트업에 투자하기 위해 펀드를 운용해서 수백만 달러를 끌어모은 다음, 대기업이 스타트업을 인수하는 시점이나 8~12년인 펀드 수명이 끝나기 전 특정 시점에 기업공개를 해서 현금을 회수하고 발을 빼는 것이 일반적이었다.

초창기를 돌아보면, 페이스북(지금의 메타)처럼 소프트웨어에 기반한 스타트업의 성공 여부는 수익이 아닌 사용자 기반의 확장성에 달려 있었다. 마크 저커버그는 하버드대학교 기숙사 방에서 처음 페이스북을 만들었는데, 처음 5년간은 전혀 수익을 내지 못했고, 그후로도 기업공개를 할 때까지 수년간 비슷한 형편이었다. 아마존도 10년이 훌쩍 지난 뒤에야 연간 수익이 발생했다. 10년간 아마존은 현금을 투자해서 사용자 기반을 확장하고 유례없는 규모의 물류와 디지털 인프라를 구축하며 성공의 발판을 마련했다. 사실 특정 시점에 사업이 큰 전환점을 맞이하기 전까지는 밑 빠진 독에 물 붓는 심정으로 현금을 들이부어야 한다.

투자자들이 보기에 자동차 제조사는 구미가 당기는 대상이 아니었다. 우선 오랫동안 신규 자동차 업체가 성공을 거둔 사례가 한 차례도 없었다. 게다가 자동차 제조업은 자본 집약 산업이라서 투자자가 큰 수익을 기대하기 어려웠다. AC프로펄전은 기껏 부품 공급업체가 되기를 희망했지만, 그마저도 쉽지 않았다. 그들이 만든 부품이 실제 차량에 쓰이기까지 10년 이상 걸릴지도 모를 일이었다. 10년은 여느 벤처투자자가 기다리기에 너무 긴 시간이었다. 그러던 중 2004년 3월 말 화요일 오후에 에버하드는 게이지에게서 짧은 이메일을 받았다. 게이지는 일론 머스크에게 연락해보면 좋겠다면서 이렇게 덧붙였다. "머스크는 당신이 지금껏 테슬라모터스에서 무슨 일을 해왔는지 궁금해할 겁니다."

에버하드는 그 이메일을 보고 여러 해 전 스탠퍼드대학교에서 일론 머스크의 강연을 들은 기억이 떠올랐다. 당시 머스크는 우주를 여행하고 화성을 방문하자는 이야기를 했다. 그런 사람이라면 남들이 무모하다 여기는 발상을 무턱대고 배척하지는 않을 성 싶었다.

그런데 이메일에는 AC프로펄전이 머스크를 설득해보려 했지만, 그의 마음을 돌리지 못했다는 내용은 빠져 있었다. 당시 머스크는 게이지에게 전기자동차를 생산하려면 고급 모델로 시작해서 점차 대중화하며 단계를 낮추는 방법이 최선이라고 말했다. 머스크는 모르고 있었지만, 이는 에버하드의 소신과 일맥상통하는 얘기였다. 에버하드는 영국 자동차 업체인 노블의 스포츠카를 전기자동차로 바꿔보려고 엔진을 제외한 채 스포츠카 한 대를 수입할 생각도 하고 있었다. 이렇게 하면 멋진 외관을 보장할 수 있었다. 하지만 게이지와 코코니는 이런 방식에 흥미를 느끼지 못했다.

테슬라의 소규모 팀과 머스크는 방향이 거의 같았기에 신속하게 만나서 이야기를 나누게 되었다. 타페닝은 가족과 선약이 있어서, 에버하드와 라이트 둘이서만 여러 달 공들여 완성한 사업계획서를 품에 안고 비행기로 로스앤젤레스에 갔다. 미리 계산해보니 로드스터라는 스포츠카 한 대를 제작하는 데 4만 9,000달러가 필요했다. 총비용 중에서 배터리 비용이 차지하는 비율이 40퍼센트로 가장 높았다. 물론 배터리 공급업체는 디지털카메라나 휴대전화처럼 배터리셀을 하나만 사용하지 않고 수천 개를 연결해야 하는 제품이 생긴다면 두 팔 벌려 환영할 터였다. 생산량이 증가하면 할인을 받을 수도 있겠지만, 그래도 부담이 컸다. 차 한 대를 만드는 데 약 2만 3,000달러가 들었는데, 로터스 같은 외부 기업에서 차체를 매입하고, 나머지 기본 부품을 사려면 어쩔 수 없었다. 이렇게 차량을 완성하면 승인된 대리점 몇 군데에만 6만 4,000달러에 공급하고, 대리점은 고객에게 한 대당 7만 9,999달러에 판매할 예정이었다. 이 계산대로라면 테슬라는 전기차 한 대마다 1만 5,000달러의 이윤을 얻게 되고, 연간 300대만 판매하면 손익분기점을 맞출 수 있다. 이 수치는 미국 고급 스포츠카 시장의 약 1퍼센트에 불과했다.

회사를 시작하려면 총 2,500만 달러의 자금이 필요하다는 결론에 이르렀다. 2006년이면 손익분기점에 도달할 테고, 그때부터는 수익이 발생하겠다는 계산이 나왔다. 일단 엔지니어를 고용하고, 수작업으로 프로토타입을 만들기 위해 700만 달러를 모금한 다음, 다시 연말까지 추가로 800만 달러를 투자받아서 차량을 최종 개발하고 추가 프로토타입을 구상하는 데 투입할 생각이었다. 그러고 나면 9개월 후에 다시 500만 달러를 모금해서 공장 설비를 마련하고 재고를 확보한 다음, 첫 번째 투자를 받은 날로부터 2년이 지난 시점인 2006년 3월에 마지막으로 500만 달러를 더 확보해서 본격적인 생산에 들어간다는 것이 그들의 계획이었다.

목표는 단순하고 명확했다. 세계 최고의 스포츠카를 표방한 멋진 차를 만들어서 7만 9,999달러에 판매하는 것이었다. 4년간 목표 판매량은 565대였다. 돈도 벌고 세상도 뒤집어놓을 수 있었다. 이보다 더 쉬운 일이 있을까 싶을 정도로 계산은 단순했다. 하지만 그때는 계산에 사용된 수치가 틀렸다는 사실을 미처 깨닫지 못했다.

머스크는 이 사업에 관심이 많았지만, 여전히 의뭉스러운 부분도 있었다. 엘세군도에 있는 그의 스페이스엑스 사무실에는 비행기 모형이 곳곳에 놓여 있었다. 그들은 통유리로 된 회의실에 둘러앉았다. 머스크는 "두 분의 자신감이 얼마나 대단한지 저를 한번 설득해보십시오"라며 자금이 얼마나 필요하냐고 물었다. "지금보다 2배, 5배, 아니 10배는 어떻습니까?"

두 사람은 얼른 이렇다 할 대답을 내놓지 못했다. 그저 로스앤젤레스 모터쇼에서 임원들을 괴롭혔고, 로터스와 연락을 주고받으며 엘리스를 개발하는 데 2,500만 달러도 들지 않았다는 소식을 들었다는 말만 늘어놓았다. 머스크는 이들을 믿어도 되는지 불안불안하다는 표정을 지으며, 지금 두 사람한테 가장 큰 위험은 예상보다 훨씬 더 많은 돈이 들 수도 있다는 사실을 두 사람이 모른다는 점이라고 지적했다. 그의 예상은 적중했다. 그렇다 해도 머스크가 사업에 쏟는 관심이 줄어든 건 아니었다.

그들은 로드스터 이후의 계획을 논의했다. 에버하드는 2단 변속기를 갖추고 차량 내부 디자인을 개선해서 수억 원을 호가하는 다른 스포츠카와 경쟁할 수 있는 최고급 자동차에 도전하든지, 아니면 약간 눈을 낮춰서 아우디A6를 구매할 만한 소비자를 겨냥해 4인승 쿠페를 만들어야 한다고 주장했다. 어쩌면 SUV도 괜찮은 생각이라고 덧붙였다. 일단 회사가 대량 생산에 들어가면 부품과 제조 비용을 낮출 수 있어 '후속' 차량을 좀 더 저렴한 가격에 선보일 수 있었다. 에버하드가 이끄는 테슬라는 전기자동차를 도입하는 로드맵과도 같은 존재였다. 낡은 보물지도처럼 어떤 부분은 명확하지 않았고, 지도의 특정 부분에서 출발한 가정이 옳은지 그른지도 알 수 없었다. 하지만 핵심 부분, 즉 앞으로 나아갈 방향은 분명히 제시하고 있었다. 로드스터가 그 시작점일 터였다.

2시간 반 뒤에 머스크는 해보고 싶다고 의사를 밝혔다. 물론 자리를 비운 타페닝과 이야기를 나눠봐야 할 문제였다. 머스크도 조건을 내걸었다. 자신이 회장을 맡아야 한다고 못 박았다. 게다가 머스크의 아내인 저스틴이 쌍둥이를 출산하기 위해 제왕절개를 앞두고 있어, 계약 여부를 열흘 안으로 결정해야 했다.

에버하드와 라이트는 의기양양해져서 회의실을 나섰다. 에버하드는 "이제 회사 자금 문제는 해결됐네"라고 말했다.

머스크가 마무리 작업에 공을 들이는 동안, 테슬라 팀도 부지런히 움직였다. 욜러는 머스크에 대해 수소문해보더니 에버하드에게 머스크가 굉장히 까다롭고 고집 센 사람으로 알려져 있더라고 일러주었다. 당시에는 머스크가 페이팔 최고경영자CEO 자리에서 어떻게 물러났는지 세간에 거의 알려져 있지 않았다. 페이팔 이사회에서 머스크가 신혼여행을 떠난 사이 그의 경영 방식이 마음에 들지 않는다며 CEO 자격을 박탈했다는 것이 정설이다. 그러고 나서 곧 회사가 이베이에 매각되었고 머스크는 어마어마한 부를 거머쥐었지만, 제 손으로 일으킨 회사의 통제권을 완전히 잃고 깊은 무력감에 빠졌다. 이 아픔은 그가 성장하는 계기가 되었다. 머스크는 스스로 세운 회사를 뺏기는 아픔을 평생 잊지 않았다.

욜러는 걱정을 떨칠 수 없었다. 에버하드도 머스크 못지않게 까다롭고 고집이 셌다. 주변에서 위험하고 어리석은 짓이며 믿을 만한 근거가 없다고 뜯어말려도 직감을 믿고 밀어붙이는 기업가들은 대부분 그런 성향을 보였다. 에버하드는 욜러에게 "당신이 직접 머스크와 얘기를 해보세요"라고 부탁했다. 그녀는 머스크와 통화하면서 금세 마음이 편안해졌다. "이번 통화는 정말 인상적이었어요. 그가 이렇게 말하더군요. '나는 엄청난 부를 자랑하는 이사회 임원이자 투자자가 되려는 겁니다. 내가 원하는 건 그뿐이에요.'"

이들은 신속하게 거래를 마무리지었다. 초기 투자금 650만 달러 중에서 머스크가 635만 달러를 내놓았다. 에버하드는 7만 5,000달러를 기부했고, 나머지는 소액 투자자들의 도움을 받았다. 머스크가 CEO를 맡았고 타페닝이 사장에, 라이트가 최고운영책임자COO에 이름을 올렸다. 욜러는 물론이고 에버하드의 오랜 친구이자 멘토인 버나드 체Bernard Tse도 이사회에 합류했다. 새로 취임한 회장의 수표가 입금된 날 밤에 머스크를 제외한 나머지 사람이 모두 에버하드가 임대한 멘로파크의 작은 집에 모였다. 그들은 샴페인을 돌리며 회사의 첫걸음을 자축했다. 오롯이 그들의 힘으로 시작한 이 사업은 이렇게 성공적인 첫발을 내디뎠다.

## 3장

## 불장난

　J. B. 스트라우벨이 멘로파크에 마련한 방 세 칸짜리 주택 밖에는 나무 상자에 든 전기자동차 중고 모터가 어지러이 쌓여 있어, 주변의 흰색 담장하며 가지런히 정돈된 잔디밭과 뚜렷한 대조를 이루었다. 스트라우벨은 제너럴모터스의 실패작인 EV1에서 버려지는 모터를 오랫동안 수집해왔다.

　이렇게 중고 모터를 수집한 건 순전히 호기심 때문이었다. 제너럴모터스가 2003년에 EV1 프로그램을 철회하자, 디트로이트의 자동차 업체가 모든 차량을 회수해서 폐차장으로 보내버렸다. 경악한 소비자들은 단체로 격렬히 반발했다. 이 소식을 들은 스트라우벨은 제너럴모터스 자동차를 수리하는 새턴 대리점에 가면 EV1의 여벌 부품을 얻을 수 있겠구나 하고 생각했다. 이전에 포르쉐를 개조했듯이, EV1의 부품을 확보해두면 휘발유 자동차를 전기자동차로 개조하는 데 쓰일지도 모를 일이었다. 그의 직감은 적중했다. 그는 현지에 있는 새턴 대리점을 찾아가서 건물 뒤편에 버려진 모터를 발견했다. 억세게 운이 좋다는 생각에 몹시 흥분한 그는 대리점 주인과 담판을 지어서 이렇게 희귀한 보물을 얻어야겠다고 마음먹었다. 그런데 대리점 주인은 예상치 못한 반응을 보였다. "저건 폐기물이잖아요. 원하면 그냥 가져가세요."

스트라우벨은 잠시도 머뭇거리지 않고 미국 서부 지역에 있는 새턴 대리점 중 EV1을 수리했던 곳을 모두 확인해서 일일이 방문했다. 그렇게 발품을 팔아서 100여 개의 모터를 수집했다. 그중 몇 개는 구동 원리를 연구하려고 직접 분해했고, 몇 개는 전기차를 좋아하는 주변 사람에게 팔기도 했다. 그는 남아 있는 모터로 전기자동차 프로젝트를 계획했다. 해럴드 로젠과 함께한 점심식사를 계기로 일론 머스크에게 전기자동차 한 대를 팔아넘긴 일이 떠올랐기 때문이다. 머스크에게 전기자동차를 팔지 못했더라면 그날 함께 식사하는 자리를 마련한 의미가 없었을 것이다.

2003년 초에 실리콘밸리로 돌아왔을 때, 스트라우벨은 머스크가 투자한 1만 달러를 손에 쥐고 있었다. 그 자금으로, 한 차례만 충전해도 미국을 횡단할 수 있는 전기자동차 프로토타입을 만들기 시작했다. 스탠퍼드대학교 재학생들이 관심을 보이면 그들을 끌어들일 수 있도록 스탠퍼드대학교 태양광 자동차 연구팀이 사용하는 차고 근처에 집을 구했다. 이사를 마친 스트라우벨은 그동안 수집한 자동차 모터를 진열하고 차고에 작업장을 꾸민 다음, 자신의 차에 동력원으로 사용할 배터리팩을 만들기 위해 리튬이온 전지를 연결하는 방법을 실험하기 시작했다. 그때는 머스크가 전기자동차 회사에 막대한 자금을 투자했으며 그 회사가 자신이 심혈을 기울이는 것과 유사한 기술을 개발하고 있다는 사실을 전혀 알지 못했다.

2004년에 마틴 에버하드라는 사람에게 연락을 받았을 때 그가 소스라치게 놀란 것도 이해할 만한 일이었다. 에버하드는 최근에 테슬라모터스라는 전기자동차 회사를 시작했다면서, 스트라우벨에게 함께 일할 의향이 있는지 물었다. 스트라우벨은 제 귀를 의심했다. 전기자동차 업계에는 자신이 모르는 사람이 없는데, 에버하드라는 이름은 낯설었다. 더욱 놀랍게도, 테슬라모터스는 자신의 집에서 고작 1~2킬로미터 거리에 있었다. 스트라우벨은 놀란 가슴이 진정되기도 전에 자전거를 타고 그곳으로 달려갔다.

그는 에버하드, 마크 타페닝, 이안 라이트를 한자리에서 만났다. 이들은 전기자동차라는 자기네 꿈을 실현하는 데 힘을 보태줄 직원을 찾고 있었다. 사실 일손이 상당히 많이 필요했다. 이들은 저마다 자동차 전문가라는 자부심이 있었다. 에버하드는 수년 전 일리노이대학교에 재학할 당시 기숙사 방에서 1966년식 포드 머스탱의 일부를 복원한 경험이 있고, 라이트는 한가할 때면 자동차 경주대회에 참여하곤 했다. 하지만 자동차를 제작한 경험은 거의 없었다.

당시 테슬라의 과제는 나중에 본격적으로 자동차를 제조할 때 사용할 시운전 차량, 곧 프로토타입을 만드는 것이었다. 로터스 자동차의 차체에 AC프로펄전의 전기모터를 탑재한 다음, 노트북용 배터리 수천 개를 연결해서 동력으로 사용할 계획이었다. AC프로펄전의 티제로를 통해 리튬이온 배터리를 사용할 수 있다는 점은 이미 확인했다. 프로토타입을 완성하는 데 일 년 정도 투자할 자금도 확보되어 있었다. 만약 계획대로 일이 잘 풀리면 투자자들에게 프로토타입을 보여주고 또다시 투자를 받아내어, 로터스에서 본격적으로 제조할 수 있도록 실제 자동차를 개발할 생각이었다. 일이 순조롭게 풀리면 2년 이내에, 그러니까 2006년에는 전기자동차를 생산할 수 있었다.

스트라우벨은 AC프로펄전에 근무하는 사람들의 추천을 받아서 테슬라에 합류했다. 에버하드와의 첫 만남에서도 알 수 있듯이, 두 사람은 같은 이상을 연구하면서도 서로에 대해 전혀 알지 못했다. 물론 AC프로펄전의 앨런 코코니와 톰 게이지하고는 두 사람 다 각각 아는 사이였다. 그리고 둘 다 일론 머스크와 거래한 경험이 있었다.

회의를 마치고 나오는 길에도 여전히 스트라우벨은 어안이 벙벙했다. 자기 집 뒷마당에서 이 모든 일이 진행되고 있었고 친분 있는 사람들이 관련되어 있는데도, 정작 자신만 이 사실을 몰랐다는 게 이해되지 않았다. 그는 머스크에게 전화를 걸어서 "이게 현실이라니 도무지 믿을 수가 없군요"라고 말하고 이런저런 질문을 마구 던졌다. "이 일이 합법적입니까? 진정코 머스크 당신이 하는 일이 맞습니까? 정말 이 사업에 아낌없이 투자할 생각입니까? 시간이 오래 걸릴 텐데, 끝까지 우리와 함께할 겁니까?"

머스크는 이 모든 일이 현실이라며 그를 안심시켰다. "나는 누구보다 이 일에 진심입니다. 우리는 이 일을 꼭 해야 합니다. 당신도 우리와 같이하든지 아니면 스페이스엑스로 들어오세요."

스트라우벨은 테슬라에 합류하기로 마음먹었고, 엔지니어로 정식 채용되었다.

그밖에도 이미 에버하드는 친구나 누보미디어에서 함께 일했던 동료들을 테슬라로 영입하고 있었다. 이 노력은 자동차 제조사로서 전자제품을 바라보는 소비자의 시각을 폭넓게 이해하는 데 도움이 되었다. 타페닝은 사장이었지만, 적합한 인물을 찾을 때까지 소프트웨어 개발을 주도하고 최고재무책임자CFO 역할도 맡아야 했다. 이안 라이트는 엔지니어를 감독하기로 했고, 에버하드의 이웃사촌인 랍 퍼버Rob Ferber가 배터리 개발을 추진했다.

팀이 자리를 잡은 후 스트라우벨이 처음으로 맡은 업무는 테슬라에서 AC프로펄전으로 수표를 직접 전달하는 일이었다. 이 업무는 기술 라이선스 계약과 관련된 일이었다. 스트라우벨은 샌 디마스에서 1박에 40달러짜리 모텔에 묵으며 AC프로펄전의 전기모터와 기타 부품의 설계를 반대로 바꿔놓았다. 스트라우벨로서는 이래저래 꿈이 실현되는 순간이었다. 그는 친구들과 함께 AC프로펄전에 근무하며 급여도 받고 있었다. 에버하드와 라이트는 이미 영국에 건너가서 로터스와 맺기로 한 계약을 확정 지었고, 로터스는 첫 번째 엘리스를 샌 디마스로 실어 보냈다. 스트라우벨과 AC프로펄전 팀이 공동으로 작업을 시작했다. 우선 휘발유 엔진을 뜯어내고 전기모터와 배터리가 들어갈 공간을 마련했다. 하지만 이내 스트라우벨은 테슬라의 첫 번째 난관에 부딪히게 되었다.

멘로파크에 있는 스트라우벨의 집 뒤편에 잔뜩 쌓인 EV1 모터는 대형 제조업체가 얼마나 정밀하고 균일하게 모터를 제작하는지 보여주는 사례였다. 반면 AC프로펄전의 모터는 사뭇 달랐는데, 하나하나가 매우 독특하고 아름답게 공들여서 만든 보석과도 같은 작품이었다. 그런데 바로 그 점이 문제였다. 에버하드는 로드스터를 연간 수백 대씩 판매할 계획이었기에 AC프로펄전의 모터는 여기에 맞지 않았다. 스트라우벨에게 필요한 건 보석이 아니라 톱니처럼 기계에 착착 들어맞는 튼튼한 부품이었다.

이 문제는 실제로 발생할 때 고민하고 해결하면 될 일이었다. 지금은 대량 생산을 고민할 단계가 아니라, 부족한 자금과 시간을 투자해서 테스트 뮬Test mule(차량을 출시하기에 앞서 시운전을 해보려고 만드는 차량—옮긴이)부터 제작해야 했다. 스트라우벨은 파워트레인의 작동을 책임졌다. 파워트레인의 형태는 따질 시기가 아니었다. 물론 이론상 테스트 뮬을 제작하는 건 어려운 일이 아니었다. AC프로펄전이 티제로에 들어갈 배터리팩을 이미 완성해놓았기 때문이다. 하지만 그들은 테슬라처럼 조급해하지 않았다. 오히려 도요타의 사이언을 전기차로 개조하는 작업이나 전혀 다른 프로젝트에 더 관심이 있는 듯 보였다. 그래서 AC프로펄전이 테슬라의 로드스터를 우선시하지 않은 것도 그리 놀랄 일은 아니었다. 어찌 보면 로드스터도 AC프로펄전 처지에서는 경쟁사의 차량일 뿐이었다.

에버하드의 형편도 그리 녹록지 않았다. 라이트와 함께 영국에서 돌아올 때, 로터스로부터 힘에 부치는 통지를 받고 기운이 쏙 빠진 상태였다. 엘리스의 외관을 로드스터로 탈바꿈하는 작업이 에버하드의 원래 계획에서 가장 핵심 부분이었다. 그런데 차체는 고사하고 문짝 하나의 디자인을 바꾸는 데만도 엄청난 비용과 시간이 든다는 사실에 망연자실했다. 말 그대로 엘리스에 손을 댈수록 비용은 눈덩이처럼 불어났다. 게다가 로터스는 에버하드의 원래 사업 계획과는 비교도 안 되는 거액을 요구해왔다. 로터스와 회의를 하는 동안, 두 사람은 생각보다 훨씬 많은 자금을 모아야 한다는 사실을 깨달았다.

만약 자금을 확보하지 못하면, 라이트의 말마따나, "모든 일이 수포로 돌아갈" 판이었다.

작은 팀 내부의 긴장감도 날로 높아졌다. 2004년 가을에는 엘리스 차체를 로스앤젤레스 북쪽에서 실리콘밸리로 옮겨왔다. 에버하드가 실리콘밸리 근처에 있는 창고 하나를 개조해서 작업장과 사무실로 만들어놓은 것이었다. 스트라우벨이 제안한 대로, 유명한 디자인 회사인 아이디오 출신의 데이브 라이언스Dave Lyons를 채용해서 엔지니어 인력을 보강했다.

배터리팩은 예상보다 훨씬 규모가 큰 프로젝트였다. 스트라우벨은 시운전 차량에 장착할 배터리팩을 직접 만들고 있었는데, 그 배터리팩을 개조 차량에 맞춰 손보기로 마음먹었다. 이미 전자부품과 모터에 깊숙이 관여하고 있었고, 이제는 본격적으로 배터리 작업을 이끌어갔다. 그는 스탠퍼드대학교 친구들에게 도움을 요청했고, 그들은 맏형이 필요한 순간에 스트라우벨을 찾았다. 그의 집 차고는 테슬라의 또 다른 연구소가 되었다. 작업장에는 웬만한 장비가 다 갖춰져 있었고, 거실은 사무실처럼 사용되었다. 진 베르디체프스키는 스트라우벨처럼 오래전부터 전기차에 관심이 많았고, 스탠퍼드대학교 태양광 자동차 연구팀의 일원이었다. 그는 부모에게 나중에 다시 학업을 이어가겠다고 약속하고서 학교를 중퇴하고 테슬라에 합류했다. 스트라우벨이 뒷마당 수영장 부근에서 배터리셀을 일일이 이어 붙이는 작업을 할 때, 베르디체프스키는 스트라우벨의 주방에서 시리얼을 먹곤 했다.

서서히 팀 분위기가 삐걱거리기 시작했다. 어떤 팀원은 스트라우벨이 스탠퍼드대학교 출신 팀원을 늘려나가며 자신의 영향력을 강화해서 라이트의 입지를 위협한다고 생각했다. 사실 그 두 사람은 배터리를 공기와 냉각수 중 어느 것으로 냉각해야 하는가와 같은 기술 문제를 놓고 의견이 엇갈렸다. 심지어 라이트는 한참 어린 스트라우벨에게 혹시 자신의 자리를 노리냐고 노골적으로 물었고, 스트라우벨은 당혹한 표정을 감추지 못했다. 정작 스트라우벨은 테슬라에서 일하는 것이 오랜 소망이었을 뿐, 다른 야심은 없었다.

라이트는 스트라우벨하고만 부딪히는 게 아니었다. 엔지니어링 작업에 돌입하자, 카레이서로 활동한 라이트의 경험이 서서히 부각되기 시작했다. 일부 팀원은 라이트가 피트 크루만큼 능숙한 자질을 요구한다고 느꼈다. 예를 들어 라이트가 그들에게 차체의 무게중심을 계산하라고 하면, 그들은 어찌할 바를 모르고 쩔쩔매다가 겨우 인터넷을 검색해보곤 했다. 엔지니어링 팀을 구성한 지 채 몇 달도 되지 않았는데 벌써 팀을 떠나는 사람이 생겨났다.

스트라우벨과 타페닝은 커피를 마시며, 성격이 강한 사람들이 과연 얼마나 서로 잘 지낼 수 있을지 궁금해했다. 에버하드와 라이트가 툭하면 서로 부딪히는 건 공공연한 비밀이었다. 뼛속까지 엔지니어인 에버하드가 세부사항에 연연할라치면, 라이트는 에버하드가 CEO 역할에 충실해야 한다고 여겼다. 그는 에버하드의 신념에 의문을 품으며, 전기로만 구동되는 슈퍼카를 제외하면 다른 시장은 없을 거라고 생각했다.

그해 후반부에 스트라우벨은 머스크에게 한 통의 전화를 받았다. 머스크는 진행 상황 전반과 더불어, 에버하드와 라이트가 서로 별문제 없이 잘 지내냐고 물었다. 아무것도 눈치채지 못한 스트라우벨은 라이트가 엔지니어들의 신경을 건드리는 것 같아서 걱정이지만, 에버하드는 괜찮다고 답했다. 그럴 만도 한 것이 스트라우벨은 에버하드하고 서로 잘 맞는 편이었다.

바로 다음 날 라이트가 해고되었다. 그제야 스트라우벨은 머스크가 전화한 이유를 깨달았다. 알고 보니 라이트가 아무도 모르게 로스앤젤레스에 가서 머스크에게 에버하드를 CEO 자리에서 끌어내리자고 제안했다고 한다. 일 년도 채 되지 않은 회사인데, 벌써 내부에서 이런 음모가 발생한 것이다. 이런 사정은 향후 몇 년간 기업 문화를 결정하는 주요 특징이 된다. 이번 일을 겪으면서, 스트라우벨과 여러 직원은 머스크가 자신이 투자한 회사에서 무슨 일이 벌어지는지 캐내기 위해 엔지니어들에게 거침없이 손길을 뻗치는 사람이라는 사실을 알게 되었다.

그러나 그날 팀은 라이트가 빠져서 전반적으로 안도하는 분위기였다. 다들 에버하드의 집에 모였고, 휴가철이 시작되었다며 기쁨을 만끽했다. 그는 개조한 차량의 최종적인 외관을 놓고 아이디오에 근무하는 친구와 머리를 맞대고서 몇 가지 테마를 구상했는데, 이날 파티에서 그동안 노력한 결과물을 보여주고 투표에 부쳤다. 프리우스처럼 첨단 기술 느낌을 주는 디자인보다는 마쓰다 미아타처럼 생겼지만 각진 헤드라이트가 달린 디자인이 많은 표를 얻었다.

이제 본격적으로 경주용 차를 개조할 시간이 다가왔다. 가장 먼저 차를 분해해야 했다.

에버하드는 배터리팩을 만들기 위해 독보적인 기술력을 갖춘 한국의 대기업 LG화학에서 약 7천 개의 배터리를 확보했다. 플라스틱 재질로 개별 포장된 배터리셀이 멘로파크에 도착했다. 테슬라의 사무직원인 콜레트 브릿지먼Colette Bridgman이 점심으로 먹을 피자를 잔뜩 주문했다. 사무실 직원들은 모두 조각칼을 들고 조심스럽게 케이싱과 배터리를 분리했다. 이 과정에서 배터리셀이 손상되면 화재가 발생할 우려가 있어, 다들 아주 조심스럽게 작업해야 했다.

그해 봄에 모두의 노력이 드디어 결실을 보았다. 자동차가 거의 완성된 것이다. 엘리스의 엔진을 전기모터 및 배터리팩으로 교체하는 작업이 성공적으로 마무리되었다.

하지만 스트라우벨은 시운전에서 문제점을 발견했다. 몇 달간 공들여 개조했는데도 여전히 외관이 엘리스처럼 보였다. 그는 예전에 전기 자동차를 수없이 운전해본 경험이 있었다. 하지만 테슬라의 미래가 이 차의 성능에 달렸으므로, 현장 분위기는 꽤 엄숙했다. 첫 번째 시운전을 지켜보려고 회사 사람들이 모두 작업장 밖에 모여 있었다.

스트라우벨은 바닥에 거의 달라붙다시피 하는 로드스터에 올라타서, 엔지니어와 대화하려고 창문을 내렸다. 출발 시간이 되자, 그가 액셀러레이터를 밟았다. 차는 창고가 죽 늘어선 거리로 곧장 내달렸다. 다들 엄청난 순간가속도에 깜짝 놀랐는데, 그럴 때조차 아무도 소리를 내지 않아서 침묵이 흘렀다. 차를 바라보던 에버하드는 눈물을 글썽이며 이렇게 말했다. "이건 테슬라가 옳다는 것을 보여주는 최초의 증거입니다." 다음으로 시운전할 차례가 된 그는 운전대에서 손을 떼기 싫다고 말했다. 일정이 한참 밀렸고, 자금도 바닥을 드러내고 있었다. 그렇게 녹록지 않은 상황이었지만, 이 자동차는 커다란 이정표가 되어주었다. 이 자동차라면 얼마든지 투자를 받아낼 수 있었다. 그들은 성공의 희열과 함께 깊은 안도감을 느꼈다.

머스크도 이런 진전에 기쁨을 감추지 못했다. 거의 일 년 전에 에버하드가 영국에 다녀와서 계획보다 더 많은 자금이 필요하다고 말했을 때, 머스크는 속상했지만 그렇게 놀라지는 않았다. 처음부터 머스크는 새 차 개발 비용으로 잡은 2,500만 달러가 너무 적은 금액이라고 말했었다. 또한 이 팀이 성공할 확률은 10퍼센트 남짓이라고도 생각했다. 하지만 개조한 경주용 차를 보고 희망을 발견한 터라, 이들이 2차 투자자 모집에서 목표로 잡은 투자금 1,300만 달러의 상당 부분을 자신이 부담하겠다고 나섰다. 2차 모집에서는 안토니오 그라시아스Antonio Gracias를 비롯한 새로운 투자자도 등장했다. 그라시아스는 시카고에서 투자회사를 운영하는데, 머스크 못지않은 거액을 이 회사에 투자했다.

스트라우벨도 노고를 높이 평가받아서 최고기술책임자CTO로 승진했다.

이제 다음 과제는 실질적인 로드스터, 즉 로터스 공장에서 생산하게 될 버전을 개발하는 일이었다. 그런데 이들이 성공의 기쁨을 만끽하는 사이, 회사의 사활을 가르는 문제가 발생했다.

LG화학이 큰 충격에 휩싸인 채 테슬라에 배터리를 반납해 달라고 강력히 요구하는 서한을 보내왔다.

테슬라가 자체적으로 리튬이온 배터리팩을 생산할 수 있다는 점을 입증했지만, 배터리 업계는 셀을 잘못 취급할 때 발생할 수 있는 위험 때문에 골머리를 앓고 있었다. AC프로펄전도 요 몇 달 전에 사고를 겪으면서 배터리의 위험성을 절감했다. 당시 배터리 업계에서는 이런 사고가 증가하는 추세였다. 로스앤젤레스에서 파리로 가는 길에 멤피스에 들러 연료를 채우던 페덱스FedEx 비행기에 AC프로펄전의 배터리를 싣다가 배터리에서 화재가 발생했다. 미국 교통안전위원회National Transportation Safety Board는 즉각 조사에 나섰고, 향후 배터리 운송 방식을 놓고 논란이 커졌다. 애플처럼 개인용 전자기기를 생산하는 기업은 리튬이온 배터리를 쓰는 기기가 과열되면 화재로 이어질 수 있다며 리콜했다. 2004년과 2005년에 애플은 LG화학에서 생산한 배터리를 쓰는 노트북을 15만 대 이상 리콜했다.

LG화학은 실리콘밸리의 한 스타트업이 자사 배터리를 대량 구매해서 차 한 대에 모두 장착할 계획이라는 소식을 듣고 법무팀을 통해 배터리셀을 반환해 달라고 요청하는 서한을 보내왔다. LG화학은 이 실험의 화재 위험이 높아서 연루되고 싶지 않다는 의사를 분명히 밝혔다.

에버하드는 LG화학의 요청을 무시했다. 그에게는 다른 선택의 여지가 없었다. 테슬라에서 더 나은 배터리 공급업체를 찾을 수 있다고 장담했지만, 그의 예상과 달리 배터리 공급업체를 찾기는 쉽지 않았다. 이번에 배터리를 확보하지 못하면 추후에 더 많은 배터리를 공급해줄 업체를 아예 찾지 못할 수도 있는 상황이었다.

이렇게 리튬이온 배터리에 모든 관심이 집중된 상태에서, 스트라우벨은 예전 로스앤젤레스 집에서 베르디체프스키와 함께 전기자동차를 구상하며 자축하는 의미로 배터리셀에 불을 붙였던 일을 떠올렸다. 망치로 배터리셀을 내리치면 제법 볼 만한 장면이 연출된다. 사람들은 자동차가 큰 충격을 받을 수도 있다고 생각하지만, 사실 그보다 더 은밀한 위험도 존재한다. 자동차의 배터리팩을 만들려면 배터리를 빽빽하게 채워야 한다. 스트라우벨은 이런 상태에서 배터리 하나가 과열되면 어떤 문제가 발생할지 궁금해졌다.

2005년 어느 여름날, 베르디체프스키와 스트라우벨은 이 궁금증을 해소하기로 마음먹었다. 두 사람은 사무실에 아무도 없는 걸 확인하고, 접착제로 이어 붙여서 큰 벽돌 모양이 된 배터리를 들고 주차장으로 갔다. 멀리서 열을 가하기 위해 배터리 하나에 코드를 칭칭 감았다. 안전거리를 충분히 확보한 뒤에 히터를 켰다. 그러자 코드로 감은 배터리셀 온도가 순식간에 섭씨 130도까지 치솟는가 싶더니 배터리 전체가 굉음을 내며 폭발했다. 폭발이 일어나는 순간 배터리 겉면이 로켓처럼 하늘 높이 솟구쳤다. 금세 배터리팩 안에 있던 다른 배터리셀에 불이 옮겨붙어서 공중으로 날아올랐다. 그야말로 눈 깜짝할 사이에 모든 배터리셀에 불이 붙었고 귀청을 찢을 듯한 폭발음이 연이어 터졌다.

스트라우벨은 이 어설픈 불꽃놀이가 무엇을 뜻하는지 잘 알고 있었다.

만약 현실에서 비슷한 충돌사고가 발생하면 테슬라는 돌이킬 수 없는 종말을 맞게 될 터였다. 바로 다음 날 에버하드에게 실험 이야기를 들려주며, 그로 인해 포장도로가 검게 그을리고 여기저기 움푹 팬 자국을 보여주었다. 에버하드는 더 조심하라고 당부하면서도 테스트를 더 늘릴 필요성을 부인할 수 없었다. 그는 실험 장소로 쓰라고 실리콘밸리 위쪽 언덕에 외딴집을 마련해주었다. 이번에는 구덩이를 깊이 파고 그 안에 벽돌 모양의 배터리셀을 집어넣은 다음 플렉시 유리로 구덩이를 덮었다. 이번에도 셀 하나에만 열을 가했는데, 또다시 배터리 전체로 불이 붙어서 폭발이 연속해 일어났다. 스트라우벨이 지적한 대로 매우 걱정스러운 상황이었다. 그제야 이들은 배터리를 더 정확히 이해하기 위해 전문가가 필요하다는 점을 인정했다.

며칠 후, 배터리 전문가들이 한자리에 모였다. 그들도 최고라고 자부하는 배터리 제조사에서 생산한 셀에도 가끔 결함이 발생해서 단락이나 화재 가능성이 있다는 점을 잘 알고 있었다. 하지만 그럴 확률은 지극히 낮았다. 한 전문가가 이렇게 말했다. "그건 정말이지 아주 드문 일입니다. 그러니까 제 말은 배터리셀 100만 개당 1개 정도라는 겁니다." 하지만 테슬라는 자동차 한 대에 약 7천 개의 배터리셀을 집어넣을 계획이었다. 베르디체프스키가 스트라우벨 옆에 앉아서 계산기를 꺼내 들었다. 그는 수많은 자동차 중 딱 한 대의 배터리셀 한 개에 불이 붙을 확률을 놓고 "150대 중 1대꼴로 화재가 발생할 수 있어"라고 말했다.

더 나아가 결함 있는 배터리를 장착한 자동차를 대량 생산할 위험도 있고, 만약 불이 붙기라도 하면 연쇄반응이 일어나서 손꼽히는 부자들의 차고를 폭파하는 것은 물론이고, 저택까지 완전히 불태울 가능성도 있었다. 그런 사고가 발생하면 헤드라인 뉴스를 장식할 것은 불 보듯 뻔한 일이었다. 이럴 가능성이 거론되자 실내 분위기는 싸늘해졌다. '어떻게 해야 결함 있는 배터리셀을 장착하는 일이 없도록 방지할 수 있을까?' 이 과제를 시급히 해결해야 했다.

하지만 여기에는 정답이 없었다. 어떤 배터리셀이 과열되어 주변 배터리까지 모조리 폭발시킬지 아무도 예측할 수 없었다. 사실 과열로 에너지가 폭발할 가능성은 늘 존재했다.

스트라우벨과 팀원들은 잔뜩 풀이 죽은 모습으로 업무에 복귀했다. 그야말로 테슬라의 최대 위기였다. 제한된 자원을 고갈시키고 로드스터 개발을 방해할 수 있는 어려운 문제 하나를 해결하면 되는 상황이 아니었다. 그럴싸한 해결책으로 대충 무마하고 넘어갔다가 몇 년 후에 테슬라 자동차가 폭발하기라도 하면, 회사는 금방 무너질 터였다. 단지 테슬라만 실패하는 데서 끝나지 않고, 전기자동차를 향한 그들의 꿈이 또 한 세대 늦춰질 가능성도 있었다. 사람이 다치거나 죽을 위험은 물론이거니와, 전기자동차라는 이상이 산산조각 날 수도 있었다.

제대로 된 자동차 제조사가 되려면 GM이나 포드와 같은 다른 업체가 100년 이상 씨름해온 큰 문제, 즉 도로에 내놓는 자동차의 안전성이라는 과제를 해결해야 했다. 과열과 폭발이라는 문제만 해결하면 진정한 돌파구를 찾는 셈이었다. 그러면 테슬라가 향후 몇 년간 다른 자동차 업체와 완벽하게 차별된 기업으로 자리매김할 수 있었다. 리튬이온 배터리를 전기자동차에 장착한다는 발상은 수많은 사상가의 업적에 비할 만큼 매우 현명한 선택이었다. 이제 테슬라의 놀라운 혁신을 완성하려면, 자동차를 시한폭탄으로 전락시키지 않으면서 이 배터리를 활용할 방법을 찾아야만 했다.

그들은 로드스터 프로젝트를 전면 중단하고 해결책을 마련하기 위해 특별 위원회를 구성했다. 화이트보드를 설치해서 지금까지 파악한 점과 앞으로 더 연구해야 할 점을 구분해 정리했고, 매일 실험을 거쳤다. 연쇄반응을 억제할 수 있는 이상적인 거리를 찾으려고, 매번 배터리셀의 간격을 조금씩 변경했다. 그들은 배터리 위로 공기를 흐르게 하거나 액체 튜브가 배터리 윗면을 스치게 하는 등, 다양한 방법으로 배터리 과열을 막아보려 했다. 또한 소방관 훈련에 사용하는 패드를 가져와서 화재가 발생하면 어떻게 되는지 확인하려고 일부러 배터리팩에 불을 붙이기도 했다.

실험을 거듭하는 과정에서 문제의 심각성이 여실히 드러났다. 아이디오에서 테슬라로 합류한 라이언스는 자신의 아우디A4 차량 뒷좌석에 실험용 배터리를 실어놓았는데, 거기서 뭔가 타는 냄새가 나는 것 같았다. 배터리셀 하나가 과열되어 열폭주하기 직전이라는 신호였다. 그는 즉시 차를 멈추고 배터리를 뜯어내어 바닥으로 던져버렸다. 조금만 늦었더라면 바로 차가 불길에 휩싸일 뻔했다.

스트라우벨은 마침내 한 가지 해결책에 집중하기 시작했다. 배터리셀이 뜨거워지는 건 막을 수 없지만, 연쇄반응을 일으키는 온도에 도달하는 것만 막을 수 있다면 어느 정도 승산이 있었다. 수많은 시행착오 끝에 배터리셀 사이를 몇 밀리미터 간격으로 띄우고 액체를 채운 튜브 사이에 밀어넣은 다음, 배터리팩 안에 브라우니 반죽처럼 생긴 미네랄 혼합물을 넣어서 발열 시스템을 완성했다. 결함 있는 배터리셀이 과열되더라도 에너지가 인접한 셀로 분산되므로 폭발로 이어지지 않는다는 원리였다.

몇 달 전만 해도 작업장을 만드느라 이리저리 뛰어다녔는데, 이제는 완전히 다른 문제로 고심하고 있었다. 스트라우벨은 흥분을 감추지 못했다. 이제 배터리 공급업체의 신뢰를 얻을 방법을 찾아야 했다. 에버하드를 통해 소식을 들어보니 기존 제조업체는 테슬라의 사업에 관심이 없었다. 한 공급업체 간부는 에버하드에게 이렇게 말했다. "당신들은 가진 게 별로 없어서 잃을 것도 없겠지만 우리는 달라요. 당신네 자동차가 폭발하면 우리도 소송에 휘말릴 겁니다."

일리 있는 말이었다. 사실 에버하드는 공급업체가 기꺼이 협조하리라고 전제하고 사업 계획을 세웠다. 하지만 현실에서는 관심을 보이는 업체를 찾기 어려웠다. 차량 한 대에만 수천 개의 배터리를 장착하지만, 다른 배터리 구매자에 비하면 테슬라의 구매량은 턱없이 적었다. 게다가 배터리를 구매하고 나서 제대로 결제할 확률도 낮았다. 한마디로 테슬라모터스는 성공할 가능성이 거의 없는 업체로 비쳤다. 그렇지만 테슬라에는 아직 로드스터가 남아 있었다. 그 차량으로 시선을 끌 수만 있다면 공급업체가 테슬라를 대하는 태도에 확신을 심어줄 수도 있을 듯 보였다. 전기차가 환상만은 아니라고 세상 사람들을 일깨우는 것이 그들의 숙제였다.

# 4장

## 비밀스럽지 않은 계획

　일론 머스크는 캐나다 온타리오주 퀸스대학교에 다니던 시절, 기숙사로 돌아가던 길에 저스틴 윌슨이라는 매력적인 여성을 만났다. 데이트 신청을 해야겠다는 생각이 들었고 "우리가 예전에 파티에서 만나지 않았던가요?"라고 말을 걸었다. 함께 아이스크림을 먹으러 가자는 말에 저스틴은 고개를 끄덕였지만, 정작 약속한 장소에 나타나지 않았다. 머스크는 몇 시간 후에 도서관에서 책에 얼굴을 파묻은 채 스페인어를 공부하는 그녀를 찾아냈다. 머스크가 가볍게 기침 소리를 내자 저스틴은 고개를 들었다. 머스크가 다 녹은 아이스크림 두 개를 들고 그녀 앞에 서 있었다.

　나중에 저스틴은 그 시절을 회상하며 이렇게 말했다. "남편은 거절을 받아들일 줄 모르는 사람이었어요."

　머스크는 학부 과정을 마치기 위해 펜실베이니아대학교로 옮길 예정이었다. 하지만 둘은 계속 연락을 주고받았고, 결국 사귀게 되었다. 저스틴은 머스크를 따라 실리콘밸리로 자리를 옮겼다. 스탠퍼드대학교에 딱 이틀 출석하고 자퇴한 머스크는 곧 성공 가도를 달리기 시작했다. 집투를 매각한 돈으로 대저택을 사들이고 100만 달러를 호가하는 맥라렌 F1 스포츠카도 장만했다. 얼마 전까지만 해도 사무실에서 쪽잠을 자고 YMCA에서 샤워하던 사람이라고는 도저히 믿을 수 없을 만큼 파격적인 행보였다. 1999년 차를 넘겨받던 날, 머스크는 정신을 차릴 수 없었다. CNN 카메라 촬영팀이 실리콘밸리에서 엄청난 부를 거머쥔 그의 이야기를 포착하려고 시도했기 때문이었다. 당시 영상을 찾아보면 머리가 상당히 벗겨진 머스크가 어색한 표정으로 기자와 대화를 나누던 모습을 확인할 수 있다. 그는 포부를 밝히면서 언젠가는 《롤링스톤》 표지도 장식하고 싶다고 덧붙였다.

그는 막대한 재산 대부분을 엑스닷컴x.com이라는 회사에 투자했다. 엑스닷컴은 2000년까지 컨피니티Confinity Inc.라는 경쟁사와 합병하려고 준비 중이었는데, 합병으로 탄생한 회사가 바로 잘 알려진 페이팔이다. 그해 1월에 합병거래를 성사시키고, 윌슨과 결혼하기 바로 전날에야 세인트 마틴에 도착했다. 결혼 직전에 챙겨야 할 것이 한두 가지가 아니었다. 특히 두 사람은 혼전계약서의 서명 증인이 되어줄 공증인을 찾지 못해 몇 시간씩 섬을 돌아다녀야 했다. 피로연에서 춤을 추며 머스크는 신부에게 이렇게 속삭였다. "우리 둘의 관계에서 내가 우두머리야."

머스크는 새로 합병한 회사를 운영하기 위해 그해 9월까지 신혼여행을 미루었다. 그런데 호주에 도착해서 페이팔 이사회가 그의 CEO 직함을 박탈했다는 소식을 듣고, 즉시 캘리포니아로 돌아왔다. 이 부부는 몇 달 후에 다시 신혼여행을 떠났는데, 이번에는 머스크가 남아프리카공화국에서 말라리아에 걸려 죽음의 문턱까지 가야 했다. 이런 일이 잇따르자, 머스크는 인생의 의미를 다시 생각해보았다. 그리고 아내와 함께 로스앤젤레스로 떠났다. 실리콘밸리를 벗어나서 새로 시작해보자는 의미였다. 그곳에서 스페이스엑스 사업을 본격적으로 구상했다. 그는 재사용이 가능한 로켓을 만들 수 있을뿐더러, 우주여행 비용을 지금 업계가 쏟아붓는 금액보다 훨씬 낮출 수 있다고 확신했다. 그래서 직접 우주항공 업계에 뛰어들었는데, 실리콘밸리에서 유명한 지역인 샌드힐 로드의 벤처투자자들도 모두 고개를 가로젓는 특이한 사업에 선뜻 투자해서 엄청난 부를 거머쥔 괴짜 투자자라는 평판을 얻었다.

스페이스엑스와 테슬라 말고도, 머스크는 사촌인 린던 리브Lyndon Rive와 피터 리브Peter Rive에게 태양광 패널을 판매하는 회사를 시작해보라고 권했다. 테슬라의 미래에 그런 기업이 필요하다고 판단한 것이다. 그는 고객이 태양광 패널로 테슬라의 전기자동차를 충전해서 배기가스가 전혀 발생하지 않는 세상을 그리고 있었다.

마틴 에버하드와 J. B. 스트라우벨이 이끄는 팀에서 2006년 초반에 좋은 성과를 내자, 테슬라에 거는 머스크의 야망은 더욱 커졌다. 프로토타입 자동차가 완성되었고, 이제 로드스터, 곧 엔지니어링 시제품이라는 새로운 이정표를 개발하는 작업이 진행되고 있었다. 내부에서는 이 로드스터를 EP1이라고 불렀는데, 그것을 최종적으로 만들려는 참이었다. 물론 프로덕션카production car(대중에게 판매하려고 동일 모델로 대량 생산하는 자동차—옮긴이)를 만들기 전에 형태를 대략 잡아보는 작업이었다. EP1은 초기 투자자와 공급업체는 물론 고객을 상대로 홍보할 때 사용할 프로토타입이라는 점에서 매우 중요한 자동차였다.

머스크는 이미 로드스터의 후속 작품 이야기를 꺼냈다. 2년 전에 에버하드가 작성한 사업계획서에도 회사의 미래가 간략히 언급되어 있었다. 하지만 그 계획서에는 희망사항만 잔뜩 나열되어 있어, 사실관계가 빈약했다. 그런 까닭에 예상 비용을 비롯해서 계획에 포함된 가설의 상당 부분이 틀렸다는 사실이 금세 드러났다. 그들은 로드스터를 출시하려면 2006년까지 2,500만 달러만 조달하면 된다고 생각했다. 수익은 그후에 발생하리라고 예상했다. 2006년 초반에 회사가 확보한 자금은 2,000만 달러였는데, 실제로 필요한 금액에 한참 못 미치는 규모였다. 하는 수 없이 2007년에 생산을 시작하기로 했다. 예산은 초과했고 일정은 계속 뒤로 밀리고 있었다.

이사회 임원인 로리 욜러도 머스크에게 본인 자금이나 부유한 지인에게만 기대지 말고 투자자의 범위를 넓히라고 조언했다. 그저 돈 많은 괴짜들이 허영심을 채울 만한 프로젝트에 투자하도록 유도해서 될 문제가 아니었다. 샌드힐로드에서 저명한 사람이 투자했다는 소문이 돌면, 회사는 자금에 더해 인지도도 한층 높일 수 있었다. 사실 테슬라는 직원을 모집하고 공급업체를 물색하기 위해 인지도를 넓히는 일이 더 시급했다.

투자자는 당연히 로드스터의 후속 작품이 무엇인지 궁금해했다. 현금 투자를 받아내려면 일회성 자동차 제조사가 아니라는 점을 납득시켜야 했다. 원래 사업계획서에 따르면 2007년 예상 수익이 2,700만 달러였는데, 자동차 제조사치고 매우 적은 액수였다. 수천만 달러를 내놓는 투자자 입장에서는 위험을 감수할 만한 규모가 아니라서 그들의 마음을 얻기에 턱없이 부족했다. 테슬라로서는 사업 계획을 전면 수정해서 연간 매출액을 10억 달러 수준에 맞출 정도로 급성장해야 했다.

그래서 머스크는 새로운 전략에 주력하기 시작했다. 제목은 "테슬라모터스의 기밀 마스터플랜"으로 거창했으나 내용은 실소가 터질 만큼 단순했다.

1단계. 대략 8만 9,000달러부터 시작하는 고가의 스포츠카를 제작해서 시선을 사로잡는다.
2단계. 독일산 고급 자동차와 경쟁할 수 있는 고급 세단을 제작해서 기존 스포츠카의 절반 가격인 4만 5,000달러에 판매한다.
3단계. 훨씬 더 저렴한 가격으로 대중에게 판매할 수 있는 제3세대 자동차를 만든다.

수정한 사업 계획에서는 로드스터 판매 수익을 2008년 1억 4,100만 달러로 예상했다. 그리고 2011년에 들어서면 세단을 출시해서 회사 총수익을 거의 10억 달러로 늘릴 수 있다고 보았다. 이렇게 냅킨에 대충 끄적인 메모처럼 단순한 계획이었지만 기업의 향후 10년을 이끌어가는 청사진이 되었다.

머스크는 업계에서 판매하는 자동차의 종류를 바꾸는 데 그치지 않고 판매 방식에도 변화를 시도할 생각이었다. 그는 자동차를 구매하는 경험이 달라져야 할 때가 되었다며, 테슬라가 그 경험을 주도해나가기를 원했다. 에버하드가 설문조사를 해보니 머스크의 생각이 옳았다. 몇 개월 전에 에버하드는 빌 스미스Bill Smythe와 마주 앉아 대화를 나눈 일이 있는데, 빌은 메르세데스 대리점을 직접 운영하며 평생을 자동차 업계에 몸담은 전문가였다. 테슬라에서 복잡한 대리점 모델을 들여다보던 중, 조언이 필요하면 찾아가보라며 스미스를 소개받았다. 그래서 에버하드가 자동차 업계의 소매 부문을 살펴보려고 오랫동안 실리콘밸리에서 자동차 대리점을 운영해온 스미스를 찾아가게 되었다.

에버하드가 처음 생각한 전략은 실리콘밸리, 베벌리힐스, 뉴욕시, 마이애미처럼 부유한 지역에서 대리점을 선별해 부자들에게 로드스터를 판매하는 것이었다. 테슬라는 벤틀리나 로터스처럼 초고가 브랜드를 판매해본 경험이 풍부한 이국적인 자동차 대리점을 찾고 있었다. 그런 대리점은 노련한 기술자를 따로 두고 있어서 초고가 차량을 다루는 솜씨가 남달랐다. 대리점 판매가는 테슬라의 대리점 출고가에 1만 5,000달러를 더한 7만 9,999달러가 적당할 성싶었다. 신생 브랜드 기업과 협업하게끔 유도하려면 이처럼 대리점에 일반적인 총이윤을 훨씬 넘어서는 이익을 보장해야 했다.

미국의 자동차 제조사는 오랫동안 제3자가 운영하는 대리점망을 통해 신차를 판매해왔다. 자동차 대리점은 제조업체와 프랜차이즈 계약을 맺는데, 계약서에는 양측이 사업을 하며 지켜야 하는 내용이 아주 세세히 나열되어 있었다. 이 방식은 헨리 포드가 등장해서 자동차를 대량 생산하기 시작한 시절부터 여러 세대를 거치며 지속된 관행인데, 제조업체에만 유리했다. 대리점에 자동차를 선적하는 순간 제조업체로서는 차량 판매가 예약된 것이나 다름없었다. 실제로 차를 판매하는 부담은 오롯이 대리점 몫이었다.

여기에는 공장 생산량을 최대한 늘려서 대량 판매를 유도해야 공장 수익을 최대화할 수 있다는 생각이 자리 잡고 있다. 하지만 포드모터스는 자금과 조직력이 부족해서 미국의 모든 도시에 매장을 마련할 수 없었다.

그래서 포드사는 합리적인 가격의 세단인 모델T를 판매해서 수익을 끌어올리려는 미국 전역의 중소기업 경영인의 지원을 받아 새로운 제국을 건설했다. 처음에는 대리점이 호황을 누렸으나 대공황이 닥치면서 큰 어려움을 겪었다. 포드사는 경기가 불황이라고 공장 설비를 그대로 놀릴 수 없었다. 이대로 가다가는 금세 현금이 바닥을 드러낼 판이었다. 그래서 공격적으로 대리점마다 차를 억지로 밀어 넣었고, 모든 거리에 대리점을 연다는 목표로 대리점망을 적극 확장했다.

하지만 이런 행보는 자충수였다. 100년 뒤에 스타벅스가 비슷한 실수를 저질렀는데, 매장 수가 고객 수요보다 많아진 것이다. 결국 스타벅스는 재정적 타격을 견디지 못하고 철수했다. 하지만 프랜차이즈 자동차 대리점은 개인 소유라서 불황기에 의지할 데가 전혀 없었다. 그렇다고 주문을 철회하면 자동차 제조사가 연말에 계약을 갱신하지 않을 우려가 있었다. 계약이 갱신되지 않으면 대리점은 그때까지 투자한 자금을 회수할 방법이 없었다. 2차 세계대전이 끝나고 나서 포드사와 제너럴모터스 사이의 판매 경쟁에 불이 붙었다. 매출 압박은 갈수록 커졌고, 그런 만큼 대리점들은 소비자에게 차를 떠안기다시피 했다. 이런 형국에서 손해를 보지 않으려고 대리점마다 판매가격을 파격적으로 낮추고 다른 데서 이를 만회하려 했다. 이를테면 거래를 원하는 고객에게 낮은 금액을 제시하고 수수료를 높이는 식이었다. 하지만 이런 수법을 어설프게 시도했다가는 고객에게 반감을 살 우려가 컸다.

오랫동안 부당한 대우를 견디다 못한 대리점들은 활로를 찾기 위해 전국 곳곳에서 뭉치기 시작했다. 중소도시에서 쉐보레나 포드 대리점을 운영하는 사람이라면 현지에서 가장 잘나가는 사업가로서 많은 직원을 거느리고 거액의 광고비를 지출하며 자선단체와 스포츠 리그에도 적잖은 금액을 기부할 가능성이 컸다. 더러는 이들이 주의회 의원을 겸직했다. 그래서 미국 곳곳에 관련 법이 제정되기 시작했다. 자동차 제조사가 대리점을 개설할 때 위치를 제한하는 법도 있었고, 제조사가 소비자에게 직접 판매할 수 없도록 금지하는 법도 있었다.

21세기가 시작될 무렵에 이대로는 더 지속할 수 없다는 목소리가 높아졌다. 여전히 제조사와 대리점은 서로 떼려야 뗄 수 없는 사이였다. 하지만 제아무리 훌륭한 시스템이라도 100년이 지나면 시대의 흐름에 맞지 않는 것이 당연했다. 게다가 제조사와 대리점 사이에는 특성상 늘 긴장감이 흘렀다. 대다수 대리점은 본인들은 제조사와 별개며 스스로 대리점을 개설해서 책임지고 있으므로, 본인들이 원하는 방식으로 대리점을 운영해야 마땅하다고 여겼다. 하지만 제조사의 태도는 달랐다. 그들은 대리점이 마치 본사 소속이기라도 하듯이 통제권을 행사하고 싶어 했다. 제너럴모터스는 쉐비를 구매한 고객이라면 미국 어느 대리점에서나 동일한 경험과 대우를 받아야 한다고 생각했다. 그것이 바로 제품과 마케팅에 수십억 달러를 투자해서 쌓아 올린 기업의 이미지였다.

이 모든 국면에서 가장 손해를 보는 당사자는 고객이었다. 그들이 자동차를 구매하는 과정은 치과에서 진료를 받을 때보다 조금 나은 경험일 뿐이었다.

에버하드는 스미스의 맞은편에 앉아서 대리점과 협업해야 하는 이유를 자세히 들었다. 스미스는 대리점이 고객에게 테슬라 브랜드의 얼굴과도 같은 역할을 한다고 설명했다. 그는 메르세데스 같은 고급 차량을 판매해서 큰 부를 일군 터라 대리점에 편향된 태도를 보였고, 본인도 그 점을 인정했다. 그러면서 일부 대리점이 수상쩍은 행동을 할 수도 있으니 조심하라고 당부했다.

에버하드는 "그렇다면 어떤 대리점이 믿을 수 있습니까?" 하고 물었다. 그랬더니 스미스는 시선을 아래로 떨구며 "사실 믿을 만한 대리점은 하나도 없어요"라고 대꾸했다.

에버하드는 스미스를 만난 일을 머스크에게 보고했고, 이사회 임원들은 앞으로 테슬라가 자동차를 직접 판매까지 해야 한다는 에버하드의 말을 듣고 놀란 표정을 감추지 못했다. 이렇게 테슬라는 또다시 미지의 영역에 발을 들이게 되었다. 전기차를 만드는 건 사실 지난 수십 년간 여러 차례 시도된 일이었다. 하지만 제조사가 직접 고객에게 차를 판매한 사례는 유례를 찾아볼 수 없었다.

머스크는 사이먼 로스먼Simon Rothman을 이사회에 합류시키며, 자동차를 구매하는 소비자의 경험을 바꿔놓겠다는 본인의 결심이 얼마나 확고한지 보여주었다. 하버드대학교 출신으로 매킨지에서 고문을 지낸 로스먼은 당시에 급성장하던 전자상거래 소매업을 지지하는 실리콘밸리만의 신조를 정립하고 나서 이베이의 자동차 시장을 만들어냈다. 이 공간은 중고차를 사고파는 사이트였는데 한 달에 10억 페이지뷰를 달성하는가 하면 연매출이 140억 달러에 이르렀다. 이 수치는 회사의 전체 매출에서 3분의 1에 해당하는 큰 규모였다. 그는 차량 판매와 관련해서 자동차 업계의 많은 전문가하고는 사뭇 다른 관점을 이사회에 제시했다.

머스크와 이사회 임원들은 로드스터를 판매할 매장을 실제로 마련해야 하는지 아니면 전자상거래로도 충분할지를 놓고 열띤 토론을 벌였다. 머스크는 온라인 전용 판매를 주장했으나, 에버하드를 포함한 임원들은 새로운 기술을 소개하려면 구매자가 직접 전기차를 손으로 만져보는 경험이 필요할 거라고 우려를 나타냈다. 차량을 충전하는 과정은 물론 일반 차량과 전기차의 운행 방식이 어떻게 다른지 일일이 설명해주는 영업팀이 필요했다. 대리점 또한 브랜드의 정통성을 확립하는 데 필수였다. 차량에 문제가 생겨도 대리점에 가면 해결된다는 보장이 있어야 구매자를 안심시킬 수 있었다.

변호사가 관련 규정을 살펴보더니 캘리포니아주에서는 테슬라가 직영판매를 할 수 있다고 알려주었다. 지금까지 프랜차이즈 대리점과 단 한 차례도 거래한 적이 없으니 대리점 판매를 줄일 우려가 없다고 캘리포니아주에 주장할 만했다. 이제 남은 49개 주의 관련 규정을 파악하는 일이 남았다.

로드스터를 완성하고 후속 작품으로 고급 세단인 모델S를 개발하고 회사 소유의 대리점망을 구축하려면 머스크의 막대한 재산을 다 쏟아부어도 안 될 만큼 거액의 자금이 필요했다. 그래서 머스크와 팀원들은 실리콘밸리에서 새로운 투자자를 물색하기 시작했다.

샌드힐로드에서는 클라이너 퍼킨스Kleiner Perkins만 한 영향력을 지닌 사람도 없었다. 그는 구글과 아마존의 초창기 투자자이기도 했다. J. B. 스트라우벨이 테슬라에 합류하기 전에 생계를 꾸리려고 컨설팅 분야에서 경력을 쌓은 덕분에 클라이너 퍼킨스와 인맥이 닿았다. 그래서 퍼킨스의 운영 파트너이자 소프트웨어 회사인 오라클의 2인자 출신인 레이 레인Ray Lane이 에버하드를 면담하러 왔다. 에버하드의 똑똑한 면모가 레인에게 긍정적으로 작용했다. 에버하드가 대화를 나누며 이러저러한 구상을 속사포처럼 떠들었는데, 그게 또 레인의 마음을 사로잡았다. 두 사람은 회의가 끝난 뒤에도 대화를 이어갔고, 레인은 테슬라를 실사할 팀을 구성하기로 마음먹었다. 사실 레인의 펀드회사에서는 자동차 회사에 투자할 의사가 전혀 없었다. 자동차 회사에는 막대한 투자금이 필요한 데다 수익이 발생하려면 여러 해를 기다려야 한다는 점을 잘 알고 있었다. 그런데 직접 눈으로 확인해보니 몹시 흥미로웠다. 오라클 시절부터 레인은 포드사 CEO였던 자크 나세르Jacques Nasser, 포드사 링컨·머큐리 사업부 책임자였던 브라이언 켈리Brian Kelley를 포함해서 디트로이트 자동차 업계의 고위 경영진을 여럿 알고 있었다. 그래서 이들에게 테슬라라는 기업을 평가할 테니 도와 달라고 요청했다.

원래 투자하기 전에 해당 기업의 흠결이나 미흡한 점을 찾아내려고 실사를 벌인다. 그런데 한 참가자의 말을 빌리면, 에버하드가 실사 과정을 지켜보며 정이 뚝 떨어졌다는 표정을 지었다. "마틴은 점점 적대적이고 호전적으로 변했습니다.…… 완전히 엉망진창이 되어버렸죠." 나세르는 로터스의 플랫폼에서 작업하면 결국 문제가 될 거라고 경고했다. 프랜차이즈 대리점을 회피하는 테슬라의 태도를 어떻게 생각하냐는 질문을 받고 나세르는 포드사에 근무할 때 대리점과 언성을 높여서 자신의 경력에 큰 오점을 남겼다며 그러지 말라고 조언했다.

그렇긴 해도 레인에 따르면 협상은 순조롭게 진행되고 있었다. 그런데 머스크가 가치 평가 문제에 개입하면서 사정이 달라졌다. 머스크는 이들의 경쟁사인 밴티지포인트에서 테슬라 가치를 7,000만 달러로 평가해주겠다고 제안해왔다고 밝혔다. 당시 레인이 제시한 평가가액은 겨우 5,000만 달러였다.•

레이 레인의 투자 파트너들도 정식으로 투자를 제안할지 여부를 두고 의견 일치를 보지 못했다. 레인은 당시에 파트너 절반이 반대했다고 회상했다. 그들은 에버하드가 과연 CEO로 적임자인지 의문을 제기했다.

---

• 훗날 머스크는 클라이너퍼킨스 회장인 존 도어에게 "레인이 아니라 당신이 테슬라 이사회에 합류한다면 가치 평가가 더 낮아져도 받아들일 용의가 있다"고 말했다. 그러나 도어는 투자 동료인 레인의 의사를 따르겠다고 태도를 밝혔다.

심지어 한 투자자는 "그 사람은 그냥 정신 나간 과학자처럼 보이던데요"라고 투덜댔다. 테슬라 팀과 회의를 할 때 에버하드가 나서서 디트로이트 자동차 업계의 노련한 임원들은 전혀 도움이 안 된다고 딱 잘라 말하는 태도를 보고 굉장히 불쾌한 사람들도 있었다.

이렇게 반대하는 의견이 많았지만, 총책임자인 존 도어 John Doerr는 긍정적이었다. 그러나 최종 결정은 레인 손에 넘어갔다. 그가 좋다고 하면 투자를 진행하는 것이었다. 하룻밤 곰곰이 생각한 끝에 레인은 머스크와 에버하드에게 여기서 멈추겠다고 의사를 밝혔다.

레인은 당시 상황을 이렇게 설명했다. "정말 흥미로운 사업이었습니다. 나도 함께하고 싶었어요. 그런데 파트너들이 원치 않는 투자를 내 마음대로 진행할 수는 없었습니다."

그래서 머스크는 밴티지포인트캐피털파트너스 VantagePoint Capital Partners로 눈을 돌렸다. 테슬라가 이들을 선택한 이유는 단순했다. 밴티지포인트가 새로이 무언가를 부담스럽게 요구하지 않았기 때문이었다. 배터리는 이미 검증된 기술이었고, 전기차 수요도 충분히 납득할 만한 수준이었다. 테슬라는 이 두 요소를 새로운 방식으로 결합할 뿐이었다. 밴티지포인트는 머스크와 손잡고 4,000만 달러라는 자금을 확보하는 데 앞장섰고, 이를 계기로 테슬라 이사회에 합류했다. 하지만 훗날 머스크는 이들이 이사회에 합류하도록 허용한 일을 두고두고 후회하게 된다.

## 5장

## 미스터 테슬라

일론 머스크가 신혼여행을 떠나며 자리를 비웠을 때 마틴 에버하드는 동료에게 이렇게 속마음을 털어놓았다. "일론 머스크는 완벽한 투자자라고 할 수 있지." 초반에는 머스크도 에버하드를 높이 평가했고 칭찬을 아끼지 않았다. 하루는 밤에 두 사람이 머리를 맞대고 어떤 문제를 고심하고 있었는데, 머스크가 불쑥 이런 말을 했다. "이 세상에서 정말 위대한 제품을 만들어내는 사람은 손에 꼽을 정도입니다. 제가 보기에는 당신이 바로 그런 사람이에요." 두 사람은 경력이 비슷했다. 물론 성공 규모를 놓고 보면 에버하드의 이력은 머스크와 비교할 수준이 결코 아니었다. 어쨌거나 두 사람 다 언론 분야에서 스타트업을 시작한 적이 있는데, 그때 머스크는 전화번호부를 활용했고 에버하드는 출판업계로 진출했었다. 고객의 욕구가 무엇인지 고민하고 엔지니어링 솔루션을 추구하는 점도 비슷했다. 무엇보다도 두 사람은 미래에는 전기차가 대세일 거라고 굳게 믿었다. 둘 다 비범하고 유머 감각이 있었지만 일에서는 매우 까다로웠다. 자기주장이 지나치게 강했고, 어리숙한 사람을 대할 때 인내심이 부족한 점도 비슷했다.

직원들은 머스크가 가끔 이사회에 참석할 때를 제외하고는 그를 거의 볼 수 없었다. 하지만 머스크는 엔지니어링 작업의 아주 세세한 부분까지 관심을 보였으며 밤늦은 시간에 이메일로 에버하드와 많은 이야기를 주고받았다. 그는 저렴한 유리섬유 말고 슈퍼카에 사용하는 가볍고 튼튼한 탄소섬유로 로드스터의 차체를 만들어야 한다며 강력히 밀어붙였다. 그러고는 에버하드에게 이렇게 통지했다. "스페이스엑스에 있는 소프트 오븐을 사면 연간 500대의 차체 패널을 만들 수 있을 겁니다! 오븐은 5만 달러밖에 안 해요. 진공펌프, 저장 냉동고 등 다양한 장비를 사들이면 5만 달러가 더 들 거고요. 누가 이런 게 어려운 일이라고 하거든 헛소리 집어치우라고 하세요. 집에 있는 오븐으로도 얼마나 다양한 걸 만들어낼 수 있는지 생각해보세요."

두 사람이 자동차 업계에 발을 들였을 때 바로 이런 부분들에 가장 먼저 관심이 갔다. 이런 발상에서 출발해 로드스터를 차별화하는 결정을 내리곤 했다. 하지만 훗날 이런 점이 두 사람의 업무관계에 종지부를 찍게 되는 원인으로 작용했다. 아무튼, 두 사람은 서로의 집을 방문해서 저녁식사를 같이하고, 개인적으로 좋은 일이 생기면 축하해주고, 힘든 시기에는 서로를 다독였다. 머스크는 로스앤젤레스에 있는 스페이스엑스에서 주로 시간을 보냈다. 당시 그 회사는 이륙할 때 폭발하지 않는 로켓을 개발하려고 고심하고 있었다. 실리콘밸리에서 북쪽으로 560킬로미터 떨어진 테슬라는 에버하드가 도맡았다.

에버하드가 자동차 전문 기술자는 아닌데도 주변 사람들은 그의 엔지니어링 기술에 탄복했다. 그는 문제에 정면으로 맞서서 해결책을 찾아내는 능력이 탁월했다. 하지만 가끔씩 동료와 의견이 엇갈릴 때는 매우 퉁명스러웠다. 한번은 회의 중에 누군가가 "샌카를로스에 이사 온 지 얼마 되지 않았으니 새로 마련한 사무실에 태양광 패널을 설치하는 건 어떨까요?"라고 제안했다. 그러자 에버하드가 "왜 그런 멍청한 짓을 해야 하지?"라고 대꾸했다. 이렇게 감정적으로 부딪힐 때도 에버하드의 열정과 진부한 농담 덕분에 어색한 분위기가 그럭저럭 무마되었다. "니콜라 테슬라가 지금 살아 있다면 뭐라고 했을까? '내가 왜 이런 관 속에 누워 있지?'라고 하지 않았을까?"

에버하드에게 테슬라는 인생의 모든 것이었다. 사실 스타트업을 일으킨 사람은 대부분 그런 심정일 것이다. 그는 주말마다 친구들을 초대해서 회사 차고에 세워둔 로드스터의 최초 엔지니어링 프로토타입을 자랑했다. 그때가 2006년 초반이었고, 로드스터가 아직 제대로 자태를 갖추기도 전이었다. 패킷디자인에서 함께 근무했으며 에버하드를 AC프로펄전에 소개해준 스티븐 카스너도 프로토타입이 거의 완성될 무렵 테슬라의 이 작품을 몰래 볼 기회를 얻었다. 이들은 오랜 시간 함께 일하며 돈독한 사이가 되었다. 어느 월요일 아침에 사무직원인 콜레트 브릿지먼이 출근해서 보니, 사무실 천장에 장난감 총 흔적이 가득했다. 알고 보니 J. B. 스트라우벨, 진 베르디체프스키와 스탠퍼드 연구팀 몇몇이 주말 내내 사무실에 틀어박히느라 쌓인 스트레스를 풀려고 술래잡기를 하며 장난감 총을 서로에게 마구 쏘아댔던 것이다.

에버하드는 브릿지먼을 통해 엔지니어들 사이의 유대감을 쌓을 수 있었다. 그녀는 직원들이 매주 모여 개인 생활을 털어놓는 자리를 마련했다. 에버하드는 두 번째 결혼을 계획할 때도 브릿지먼에게 조언을 구했다. 그의 여자친구는 몇 년 전에 테슬라를 구상하고 있다면 추진해보라고 응원해준 사람이었다. 에버하드는 실리콘밸리 북쪽 언덕에 있는 자택에서 결혼식을 치렀다. 스트라우벨은 그 자리에 참석했고, 일론 머스크는 초대를 받았지만 참석하지 못했다.

테슬라는 2006년 여름에 처음으로 로드스터를 외부에 공개하려고 준비 중이었다. 하지만 경험 부족이 발목을 잡았다. 테슬라가 안고 있던 여러 문제점 가운데 차량 변속기가 가장 중대한 사안이었다.

자동차 변속기는 모터에서 생성된 동력을 변환해서 차축을 회전시키는 장치고, 차축이 돌면 바퀴가 회전하게 된다. 일 년 전 시운전 차량에는 혼다에서 분리한 1단 변속기를 장착했으나, 로터스 출신 엔지니어들로 구성된 영국 테슬라 팀은 처음부터 2단 변속기를 설계했다. 하지만 이 선택은 논란의 여지가 있었다. 로드스터의 핵심은 빠른 오프라인 가속과 높은 최고 속도를 제공한다는 데 있고, 그들은 여느 자동차처럼 기어가 많이 필요하지 않다는 점을 잘 알고 있었다. 휘발유 차량은 변속기에 여러 단계의 기어가 있는데, 이 기어는 가속이나 속도 유지에 필요한 에너지를 전달한다. 기어를 낮추면 가속에 필요한 토크가 생성되고, 기어를 높이면 바퀴가 이미 빠르게 회전하는 상황에서 속도를 더 끌어 올릴 수 있다. 반면에 전기모터는 토크가 즉각적으로 생성되기 때문에 최고 속도에 도달하는 과정에서 여러 번 기어를 바꿀 필요가 없다.

그런데 영국 테슬라 팀이 2단 변속기가 없으면 4.1초 안에 96킬로미터까지 순간가속한 다음 그 속도를 유지해서 주행하기 어려울 거라고 주장했다. 그들은 컴퓨터 시뮬레이션으로 1단 기어에서 2단 기어로 부드럽게 넘어가는 과정을 보여주기까지 했다.

한편, 변속기 프로토타입은 2006년 5월에야 샌카를로스에 도착했다.

아이디오에서 엔지니어로 근무하다가 캘리포니아 팀 선임 연구원으로 합류한 데이브 라이언스가 프로토타입을 보는 순간 뭔가 잘못되었다는 걸 알아차렸다.

그는 "액추에이터는 어디에 있지?"라고 물었다. 변속기는 있었지만, 이를 축에 연결하는 부품이 없었다.

영국에 연락해보았으나, 액추에이터는 상대방이 생산하는 줄 알았다는 주장만 팽팽하게 맞설 뿐 해결책이 보이지 않았다. 마감일이 코앞이라 일단 그해 여름에 예정된 공개행사에서 차를 시연하기 위해 임시로 방편을 마련하고, 추후에 변속기 문제를 제대로 풀 해결책을 다시 연구해야 했다.

이렇게 테슬라가 로드스터를 최초로 공개하려고 준비하는 도중에, 머스크가 에버하드에게 출고가를 확인하면서 친구들에게 차량 가격이 8만 5,000달러부터 시작할 거라고 얘기해두었다고 전했다. 그러자 에버하드가 차량 출고가를 지나치게 콕 짚어 제시하지 말라고 주의를 주었다. 배터리 공급업체를 확보하기 어려운 데다 변속기 문제가 발생해서 예전에 출고가로 예상한 약 8만 달러가 부족할지도 모른다는 불안감이 들었기 때문이다. 에버하드는 최저 8만 5,000달러에서 최고 12만 달러라고 대충 얼버무리는 게 좋겠다고 덧붙였다.

그는 머스크에게 "8만 5,000달러로는 부족할지도 모릅니다. 저는 몹시 불안해요"라고 거듭 강조했다.

테슬라는 꼬박 3년간 '은폐 모드'를 유지했다. 실리콘밸리의 스타트업은 으레 그렇게 했다. 창업자는 초기 자금을 끌어오느라 바쁜 데다, 초반에 불가피하게 발생하는 실수가 널리 알려져서 불필요한 피해를 보지 않으려고 몸을 사렸다. 일단 이 단계가 지나가면, 대개 투자자나 고객을 더 유치하려고 외부 노출을 최대한 늘리는 방향으로 전환했다. 테슬라는 로드스터 사전판매라는 단순 명료한 목표를 내세웠다. 사전 주문 장부가 두꺼워질수록 부품 공급업체에 테슬라의 존재감을 또렷이 각인할 수 있었다.

물론 위험이 전혀 없는 것은 아니었다. 소프트웨어와 달리 테슬라는 로드스터가 완벽히 준비되기 전에도 여러 중요한 단계를 거쳐야 했다. 물론 에버하드와 머스크는 하루빨리 로드스터를 고객에게 선보이고 싶었지만, 테슬라의 신차 출시 로드맵은 대략 다음과 같은 단계로 구성되었다.

- 차의 외관을 보여주는 프로토타입을 제작, 시연한다.
- 실제 주행이 가능하도록 엔지니어링 요소를 모두 갖춘다.
- 본격적인 생산에 돌입한다.
- 제품을 출시한다. 기존 차량에 싫증을 느끼는 사람들과, 이미 돈을 썼지만 제품에 만족하지 못하는 까다로운 상류층 구매고객에게 긍정적인 반응을 끌어낸다.
- 후속 차량을 개발하기 위해 이 과정을 반복한다.

과정이 복잡하긴 해도 걸림돌이 될 만한 요소는 없었다. 로드스터 공개가 매우 중요한 사안인 건 모두가 잘 알고 있었다. 하지만 일부 직원은 에버하드가 머스크의 눈치를 보며 그가 만족해하는지 확인하느라 진땀을 흘리는 모습을 의아하게 생각했다.

머스크는 성대한 파티를 열어서 로드스터를 공개하려고 나섰다. 파티 장소 꾸미기부터 다과에 이르기까지 아주 세세한 점 하나까지도 머스크의 개인 비서가 일일이 확인했다. 물론 손님 명단은 머스크가 직접 작성했다. 파티 장소는 샌타모니카 공항으로 결정지었다. 그들은 공항 격납고를 대여하고 빨간색과 검은색 로드스터 프로토타입을 각각 1대씩 준비해서 파티를 찾은 손님들에게 시승 기회를 제공하는 행사를 기획했다. 손님에게는 수표책을 준비해 오라는 메시지를 보내면서, 10만 달러를 예치하면 2007년에 차량을 처음 출시하는 즉시 구매할 수 있는 고객 명단에 이름을 올려주겠다고 약속했다. 이 파티를 연 날로부터 두세 달 안에 100대를 예약판매하는 것이 그들의 목표였다. 테슬라의 마케팅을 전담한 제시카 스위처Jessica Switzer는 출시에 앞서 자동차 업계의 관심을 끌기 위해 디트로이트에 있는 홍보대행사와 계약을 맺었다. 하지만 머스크가 계약 이야기를 듣고 바로 파기해버렸다. 자동차가 완성되기도 전에 마케팅에 돈을 쓰기 싫다는 뜻이었다. 그는 자신이 프로젝트에 참여했다는 사실과 로드스터 자체만으로도 충분히 화젯거리가 되리라고 생각했다. 스위처가 에버하드의 승인을 얻어서 자동차와 브랜드를 검증하려고 포커스그룹에 이미 돈을 써버린 일도 아주 못마땅해했다. 머스크는 에버하드에게 스위처를 해고하라고 지시했다. 에버하드는 큰 충격을 받았지만, 눈물을 삼키며 지시를 따를 수밖에 없었다.

콜레트 브릿지먼은 원래 사무직원으로 테슬라에 취직했으나, 이제는 마케팅 업무를 맡고 있었다. 그녀가 바로 행사의 총괄 책임자였다. 외부 홍보업체를 다시 구했지만, 이번에도 머스크는 행사를 불과 며칠 앞두고 외부업체를 향해 불만을 드러냈다. 그럴 만도 한 것이 주요 신문들이 앞다투어 테슬라를 기사로 다루었는데, 《뉴욕타임스》가 에버하드를 사장이 아닌 회장으로 소개하며 머스크는 아예 언급조차 하지 않았다. 머리끝까지 화가 난 머스크는 홍보업체에 이렇게 이메일을 보냈다.

"《뉴욕타임스》 기사는 매우 모욕적이군요. 이렇게 황당한 일이 또 있을까요. 만약 이런 사태가 반복된다면, 그런 기사가 나오는 즉시 테슬라와 귀사의 업무관계는 끝나는 겁니다."

행사 당일이 되자, 머스크는 약간 어설프긴 하지만 자신만의 매력을 발산하기 시작했다. 그는 아내가 곧 세쌍둥이를 출산한다는 이야기로 사람들의 흥미를 끌어냈다. 사실 그에게는 이미 쌍둥이가 있었다. 손님 중에는 디즈니 CEO인 마이클 아이즈너Michael Eisner, 이베이 창업자인 제프 스콜Jeff Skoll, 〈웨스트 윙〉에 출연한 배우 브래들리 휘트포드Bradley Whitford, 프로듀서 리처드 도너Richard Donner, 배우 에드 비글리 주니어Ed Begley Jr., 당시 캘리포니아 주지사였던 아놀드 슈왈제네거가 있었다. 하지만 그날 밤 최고 스타는 에버하드였다. 그는 전기차와 테슬라를 소개하는 역할을 맡았는데, 이제 순수 전기차의 시대가 왔다고 말할 수 있는 이유를 아주 열정적으로 설명했다. "전기 스포츠카는 이 나라에서 사람들이 운전하는 방식을 근본적으로 바꾸어놓았습니다."

브릿지먼은 엔지니어들이 직접 나서서 전기차 구조를 각각 설명할 수 있도록 격납고 공간을 몇 구역으로 나누었다. 유례없는 신기술이 도입된 차량이라서, 고객들이 거액을 투자하려면 약간의 사전 지식이 필요할 거라고 판단했기 때문이다. 모든 직원이 고객들을 친절하게 응대하려고 노력했다. 그곳에는 매출 현황을 보여주는 화면이 따로 설치되어 있었다.

하지만 에버하드, 머스크, 엔지니어들이 하는 말은 손님들 귀에 거의 들리지 않았다. 그들의 관심은 온통 로드스터에 쏠려 있었다. 로드스터는 전기자동차 업계의 눈길을 사로잡았고, 아마추어가 만든 것 같은 티제로와는 딴판이었다. 실제 스포츠카와 흡사해서 어느 부자가 사람들에게 깊은 인상을 남기려고 로데오 드라이브를 주행하는 모습을 상상할 수 있을 정도였다. J. B. 스트라우벨이 입고 있던 약간 헐렁한 검은색 버튼다운 셔츠에는 테슬라를 뜻하는 'T'가 쓰여 있었다. 그는 주지사가 시승할 수 있도록 로드스터까지 안내하는 임무를 맡았다. 많은 사람이 지켜보는 가운데 차가 격납고 밖으로 나왔다. 차체에는 소음이 거의 없었다. 스트라우벨이 운전석에 앉았고, 아놀드 슈왈제네거는 옆에 탔는데 몸집이 커서 차 안에 끼인 사람처럼 보였다. 실제로 그의 무릎이 대시보드에 맞닿았다. 사람들 틈에서 누군가가 "어서 속도를 높여봐요"라고 소리쳤지만, 스트라우벨은 묵묵히 기다렸다. 공항 활주로를 향해 차를 먼저 세워야만 나중에 차가 내달릴 공간을 확보할 수 있었다. 그는 원하는 위치에 도착하는 순간 액셀러레이터를 힘껏 밟았다. 그러자 로드스터에 금세 속도가 붙었다. 모터에서는 우주선에서나 나올 것 같은 굉음이 터졌다. 순식간에 얇은 먼지구름과 타이어 소리만 남긴 채 차는 사람들 시야에서 완전히 사라졌다. 사람들은 일제히 환호성을 질렀다.

아무도 골프 카트라고 놀릴 수 없었다. 에버하드, 머스크, 스트라우벨이 꿈꾸던 이상이 실현된 것이었다. 4년 전에 에버하드가 찾으려 했을 때는 존재하지 않던 실제 전기 스포츠카였다. 가격이 엄청나게 비싸지만, 번개처럼 빠른 속도는 내세울 만했다. 스트라우벨이 시승을 마치고 돌아왔을 때 주지사는 함박웃음을 짓고 있었다.

시승은 대성공이었다. 순식간에 고속 주행 상태로 진입해서 날아갈 듯한 속도를 유지했다. 이 점은 어떤 영업사원도 달성할 수 없는 홍보 효과를 거두었다. 파티가 한창 무르익을 무렵 예약자는 이미 20명을 넘어섰다. 그들은 작은 현금 상자에 10만 달러짜리 수표를 밀어 넣었다.

그날 밤에 머스크는 로드스터의 판매 홍보에만 골몰하지 않고 테슬라의 앞날을 위해 원대한 계획도 세웠다. 참석자들은 특별한 스포츠카를 소유하게 될 테고, 회사는 그 판매 대금으로 다른 친환경 자동차에 투자할 자금을 확보하게 될 터였다. 며칠 후 머스크는 테슬라 공식 홈페이지에 회사의 사명, 곧 3단계 전제를 설명하는 글을 올리고 제목을 "테슬라모터스의 기밀 마스터플랜"이라고 붙였다.

"급성장하는 기술회사답게 모든 잉여금을 연구개발에 투입해서 비용을 낮추고 최대한 빨리 후속 제품을 시장에 선보일 수 있도록 정진한다. 테슬라 로드스터 스포츠카를 구매하는 고객은 사실 저렴한 패밀리카를 개발하는 데 얼마간 보조금을 보태는 셈이다." 여기에 머스크는 또 하나의 목표를 제시했다. 그는 '배기가스를 아예 배출하지 않는' 전력을 생산하고 싶었다. 그래서 회사 블로그에 자신이 최근에 투자한 솔라시티SolarCity라는 태양광 패널 생산업체를 언급했다. 솔라시티는 머스크의 두 사촌이 일반 가정에 태양광 패널을 설치하겠다는 목표를 세우고 설립한 벤처기업인데, 하루 발전량으로 80킬로미터가량을 주행할 수 있었다. 훗날 머스크는 테슬라와 스페이스엑스에 이어 솔라시티의 회장도 맡게 된다. 머스크는 그저 외관만 번지르르한 스포츠카를 판매하려고 나선 게 아니었다. 화석연료 없이도 전기를 생산할 수 있다는 개념을 판매하려는 것이었다.

이 발상은 캘리포니아에서 각광을 받았다. 행사가 끝난 뒤에도 이른바 시그니처 에디션인 100대 한정판을 사겠다는 주문이 끊이지 않았다. 〈걸스 곤 와일드Girls Gone Wild〉의 제작자인 조 프랜시스Joe Francis는 무장 요원을 대동한 트럭에 현금 10만 달러를 실어서 샌카를로스로 보내왔다. 거액의 현금을 보고 깜짝 놀란 마크 타페닝은 곧장 은행으로 달려가서 계좌에 입금했다. 슈왈제네거는 샌프란시스코에서 열린 모터쇼에 가서 입에 침이 마르도록 테슬라를 칭찬하고, 자신도 한 대 예약하겠다며 돈을 보내왔다. 배우인 조지 클루니도 예약을 걸었다. 단 3주 만에 테슬라는 1차 판매량 100대를 모두 소진했다.

로드스터의 등장이 성공리에 마무리되면서, 에버하드에게 모든 관심이 집중되었다. 블랙베리 광고에 나오는가 하면 〈투데이〉에 출연했고, 콘퍼런스에서 정기적으로 연설하며 자동차의 미래를 둘러싼 자신의 소신을 마음껏 표현했다. 그는 테슬라의 얼굴과도 같은 존재로 각인되었다. 아내는 결혼 선물이라면서 "미스터 테슬라"라고 쓰인 자동차 번호판을 내밀었다.

이제 본격적으로 로드스터를 생산하는 일만 남았다.

테슬라에 관심이 쏟아지고 주문도 늘어났지만, 한편에서는 새로운 조사가 실시되었다. 한번은 테슬라를 예약구매할 의향이 있는 한 고객이 밴티지포인트에 이메일을 보내왔다. "이런 질문을 하면 실례인 줄 알지만 귀사의 의견을 듣고 싶습니다.…… 귀사가 테슬라의 전기자동차인 로드스터를 예약할 마음이 있는 고객이라면, 이 회사가 부도를 내서 내가 예치한 거액의 보증금을 손해 보지나 않을까 걱정하시겠습니까?…… 로드스터를 예약구매하고 싶지만, 테슬라가 과연 믿을 만한 기업인지 좀 더 지켜봐야겠다는 생각도 듭니다. 어떻게 해야 좋을지 모르겠어요."

이 이메일은 머스크와 에버하드는 물론 밴티지포인트에서 새로 임명한 테슬라 이사회 의장인 짐 마버Jim Marver에게도 전달되었다. 밴티지포인트의 분석가는 이렇게 덧붙였다. "이런 요청에는 어떻게 답신해야 할지 모르겠습니다. 고객의 예치금이 위험할 수 있으니 기다려 달라고 하든지, 아니면 우리가 어떤 보호책을 마련해줘야 할 것 같아요."

하지만 머스크의 태도는 매우 완강했다. "테슬라는 분명 모든 사람이 깜짝 놀랄 만한 차를 선보일 거고, 대성공을 거둘 겁니다. 다만 돈이 예치되거나 다른 방식으로 보장되지 않는다는 점은 분명히 해둡시다. 나는 100대 한정판인 시그니처 에디션을 구매하라고 권할 겁니다. 시간이 갈수록 그 차의 가치는 치솟을 테니까요."

이번에 밴티지포인트 경영진은 돈이 에스크로 계정에 예치되지 않고 회사의 운영자금과 뒤섞인다는 사실을 알고 경악했다. CEO인 앨런 살츠먼Alan Salzman은 이런 방식으로 가면 불필요한 위험을 떠안게 된다며 강력하게 불만을 표시했다. 이 사건은 밴티지포인트와 테슬라 사이에 발생한 갈등의 첫 신호탄이었다.

프로토타입이 완성되었지만, 머스크의 요구사항은 자꾸만 늘어났다. 머스크가 자동차 외관을 처음으로 감상하고 있으려니 불만스러운 요소가 여럿 눈에 띄었다. 그는 거침없이 변경사항을 지적했다. 2005년에는 유쾌한 태도를 보이며 전기차를 개발할 수 있다는 생각에 들떠 있었지만, 지금은 에버하드가 자신처럼 조급해하지 않는 것 같아 불만스러웠다. 머스크가 보기에는 차에 올라타기가 힘들고 의자도 불편한 데다 다른 고급 차에 비해 내부 인테리어가 조악했다. 2006년 가을에 대시보드의 질적 수준을 놓고 의견을 주고받다가 마침내 머스크가 에버하드에게 화를 내고 말았다. 그는 이메일로 이렇게 쏘아붙였다. "이건 정말 중요한 사안입니다. 그런데 당신은 알아차리지도 못하니 정말 답답하군요."

하지만 에버하드도 물러서지 않았다. 테슬라가 계획대로 2007년 여름에 생산을 시작하려면 시간이 채 일 년도 남지 않았기 때문에 더 중요한 문제부터 개선하고 나서 대시보드로 넘어가야 한다고 맞받아쳤다. "비용이나 일정에 차질을 빚지 않고 생산을 시작하기 전에 문제를 해결할 방법은 하나도 없다고 봅니다. 지금 생산을 앞두고 해결해야 할 난제가 얼마나 많은지 모릅니다. 비용 문제도 심각하고 변속기, 에어컨 등 공급업체 문제도 해결해야 하는데 허점 많은 디자인에 로터스의 안정성까지 그야말로 첩첩산중입니다. 저는 과연 2007년에는 생산을 시작할 수 있을지 고민하느라 밤잠을 설칩니다."

그는 간절한 어조로 설명을 이어나갔다. "저와 우리 팀의 명예를 걸고 말씀드리는데, 저는 대시보드나 생산 이후에 제가 수정하고 싶은 다른 항목을 생각하느라 시간을 허비하진 않습니다. 일단 선적이 시작되면 살펴야 할 일이 정말 많습니다. 짬이 나면 그런 것들을 챙기느라 바쁠 겁니다."

에버하드는 머스크가 조급해하지 않도록 진정시키려고 한 말이었지만, 머스크의 화만 돋운 꼴이 되었다. "나는 당신에게 그 일은 생산하고 나서 처리할 수 있으며 소비자가 실제로 차를 건네받기 전에 개선될 거라고 통보하려던 참이었어요. 나는 그 문제를 생산에 들어가기 전에 처리하라고 요구한 적이 없습니다. 내 말을 오해해서 이런 식으로 나오는 까닭이 뭔지 모르겠군요."

테슬라는 직원 수를 계속 늘려나갔다. 2006년 말이 되자, 직원들은 모두 에버하드가 힘들어하는 모습을 목격할 수 있었다. 그는 두 손으로 머리를 감싼 채 사무실에 주저앉아 있거나 손가락으로 턱수염을 배배 꼬면서 허공을 바라보곤 했다. 늦은 밤에는 절망스러운 목소리로 이사회 임원인 로리 욜러에게 전화를 걸어서 머스크가 이것저것 변경하라고 요구하며 자신을 강하게 압박한다고 호소했다. 머스크는 주말에 로드스터 프로토타입을 시승해보고 로터스 좌석이 안락하지 않다는 점을 알아챘다. 좌석을 주문 제작하려면 추가 비용이 100만 달러나 발생하는데, 회사 주머니 사정이 여의치 않았다. 로드스터는 타고 내리기가 다소 불편했다. 특히 머스크의 아내인 저스틴 같은 사람들에게는 그 점이 엄청나게 부각되었다. 먼저 좌석이 땅에 붙다시피 해서 앉으려면 다리를 한참 구부려야 했다. 그래서 스포츠카가 아니라 고급 구동장치가 달린 썰매 위에 주저앉는 느낌을 주었다. 또한 엘리스의 원래 디자인을 보면 도어 프레임의 턱이 높아서 기어오르다시피 해서 차에 타야 했다. 머스크는 이 턱을 5센티미터 정도 낮추자고 했는데, 그러면 프로젝트 비용이 200만 달러나 늘어났다. 머스크는 특별한 헤드라이트도 장착하자고 했는데, 그러면 또다시 50만 달러가 추가되었다. 차 문에 기계적인 누름 버튼이 아닌 전기로 작동하는 특수 래치를 적용하는 바람에 또다시 100만 달러의 비용이 발생했다. 유리섬유 대신 탄소섬유를 사용하면서 한 대당 가격이 3,000달러 더 인상되었다.

머스크는 로드스터의 모든 것을 통제하려고 들었다. 그가 잘못했다는 말은 아니지만, 분명 지나친 면이 있었다. 에버하드는 욜러에게 이렇게 속내를 털어놓았다. "일론 머스크가 모든 구상을 툭툭 던지는데, 나는 그 사람이 바라는 만큼 발 빠르게 움직일 수가 없어."

2006년 11월 말에 그는 이사회에서 프레젠테이션을 진행하며, 로드스터 한 대를 제작하는 데 드는 비용을 처음에는 4만 9,000달러로 예상했으나 지금은 8만 3,000달러까지 불어났다고 설명했다. 이 금액은 애초 계획한 2007년 여름이 아닌 이듬해 가을부터 생산에 들어가서 12월 말까지 매주 30대를 생산한다고 가정할 때의 비용이었다. 하지만 이 계산에도 허점이 많았다. 차량 부품 상당수가 아직 선정되지 않았고, 공급업체와도 계약이 불투명했다. 에버하드는 내년 안에 비용을 6,000달러 정도 줄였으면 하고 바랐다.

남은 문제 중 하나는 전기 파워트레인, 즉 배터리와 모터였다. 이 부분은 자동차에서 가장 비싼 시스템이었다. 배터리셀은 가격이 테슬라에서 처음 예상한 비용의 두 배였다. 상용 배터리를 저렴하게 확보할 생각으로 테슬라를 설립했는데, 이제 와서 보니 같은 ID로 판매되는 배터리조차 서로 다를 정도로 배터리 격차가 심했다. (예를 들어 18밀리미터×65밀리미터의 배터리 ID는 18650이었다.) 제조업체마다 생산 방식이 달라서 배터리가 자동차에 미치는 영향도 제각각이었다. 스트라우벨 팀은 여러 제품을 실험하면서 산요를 포함한 몇몇 업체의 배터리 성능이 좋다는 점을 파악했다. 그런데 배터리 업체들이 테슬라의 제약을 알게 되면 테슬라가 협상력을 잃을 우려가 있었다. 안 그래도 업체들이 테슬라를 잡아놓은 물고기라고 생각하는 터였다. 한편, 진 베르디체프스키를 포함한 일부 직원은 배터리 공급업체 수가 너무 적다고 걱정하며 다른 대안을 개발할 수 있도록 자금을 요구했지만, 에버하드가 거절했다. 다른 뜻이 있어서가 아니고 단지 회사 자금이 바닥나서 그랬을 뿐이다. 사실 그들은 테슬라의 사양과 가격에 딱 맞춤한 공급업체를 찾느라 애를 먹고 있었다. 파워트레인이 자동차의 핵심 요소인데, 그게 불안정한 상태였다.

2006년 11월 이사회에서 에버하드가 드러낸 허점을 뒷수습하는 건 머스크 몫이었다. 밴티지포인트의 짐 마버는 에버하드가 비용 관련 질문을 받고 제대로 답변하지 못했다며, 이를 문제 삼으려 했다. 그러자 머스크가 그를 안심시키며 이렇게 말했다. "지난번 이사회에서 에버하드가 자동차 가격을 잘 몰라서 대답을 못 한 게 아닙니다. 그는 특정 사분기의 생산량을 구체적인 수치로 설명하려다 보니 불편했던 것뿐이에요." 하지만 머스크도 입 밖으로 꺼내놓지 않았을 뿐, 회사가 어떻게 돌아가고 있는지 의문스러웠다. 몇 주 후에 머스크는 로터스를 방문해서 회의에 참석했는데, 그 자리에 에버하드는 오지 않았다. 머스크는 테슬라에서 프로젝트를 진행하는 시기에 대해 로터스가 어떻게 생각하는지 알아볼 참이었다.

로터스 이사인 사이먼 우드Simon Wood는 회의에 들어가기 전에 에버하드에게 이메일을 보내어 부정적인 의견을 제시하며 이렇게 언급했다. "당신도 충분히 상상할 수 있겠지만, 일론 머스크가 로터스에서는 생산 시기를 어떻게 생각하는지 물어서 우리 입장이 꽤 난처합니다. 저는 이번 일이 귀하의 팀에서 추진하는 계획과 상충한다는 점도 잘 알고 있습니다."

파워포인트 슬라이드는 시작부터 머스크에게 경고를 날렸다. 우드의 의견이 "다소 비관적으로 들릴지 몰라도, 이 프로젝트에 참여하는 로터스의 핵심 임원들이 대체로 어떻게 생각하는지 잘 보여주고" 있었다. 로터스는 우려사항을 850여 가지 제시하며, 최악의 경우 자동차의 기능이 아예 소실될 가능성, 관련 규정을 위반할 소지, 고객 만족도를 해칠 결격사항, 간단한 수리가 필요한 부품 등을 지적했다. 한 주에 25가지씩 해결하더라도 생산에 돌입하기까지 30주 이상을 확보해야 한다는 계산이 나왔다. 이 모든 사항을 정리하면 로터스는 2007년 크리스마스까지 로드스터를 28대가량 생산할 수 있다고 내다보았다. 하지만 테슬라의 계획에 따르면 연말까지 한 주에 최대 30대를 생산해야 했다.

이런 우려 속에서도, 2007년 초반에 테슬라 이사회는 이듬해에 기업 상장이 가능하리라고 판단했다. 그래서 1월에 마버가 제안한 대로 이사회에서 은행 관계자를 만났다. 그들은 대출을 받아서 일정 가액에 소유주 지분으로 전환하는 방식을 논의했다. 이렇게 하면 회사를 공개 상장할 기반을 마련하는 동안 대출을 상환해서 큰 지출을 피해갈 수 있겠다고 계산한 것이다. 또한 마버는 에버하드에게 앞으로 몇 주간 뉴욕시에서 열리는 투자회의에 참석해서 연설하면 어떻겠냐고 제안했는데, 머스크는 에버하드가 로드스터 프로젝트에 집중해야 해서 그런 일정에 시간을 허비할 수 없다고 반대했다. 머스크가 보기에는 뉴욕시 회의에 참석해봐야 홍보활동이나 투자금 확보에는 별가치가 없었다. 그래서 이사회에 이렇게 말했다. "지금 에버하드가 로드스터 문제로 신경 써야 할 게 한두 가지가 아닙니다. 이미 계획이 많이 지체되었고 앞으로도 그럴 가능성이 크지 않습니까."

시간이 흐르면서 이사회는 점점 계획을 구체화해나갔다. 그해 봄에 머스크는 이사회에 나가서 테슬라가 2008년 3월이나 4월쯤 기업공개IPO를 할 예정이고 그때까지 사업을 잘 유지하려면 7,000만 달러에서 8,000만 달러의 투자금을 조달해야 한다고 설명했다. 마감 일자가 자꾸만 뒤로 밀리는 듯이 보였다. 마버는 로드스터 착수금으로 모아둔 자금을 다 써버리면 절대 안 된다고 주장하며, 이사회에서 이렇게 말했다. "10월쯤 로드스터를 선적할 수 있다면 더 바랄 게 없겠죠. 아무튼 다수가 그때까지 이 돈을 써버리면 안 된다고 의견을 모았습니다. 예를 들어 사업 계획에 따라 로드스터 25대를 선적하면 올해 확보한 자금 중 250만 달러를 지출하게 됩니다. 가을에 좋은 평가를 받아서 민간 자본을 유치하려면 지금 좀 더 신중해야 합니다." 하지만 그는 일이 지연되거나 투자자들의 마음이 변해서 유입되는 현금이 줄거나 대출이 막힐까 봐 걱정했다.

결국 이사회는 머스크가 제안한 규모보다 적은 금액을 목표로 잡았다. 테슬라 가치를 2억 2,000만 달러로 계산해서 4,500만 달러를 끌어모으기로 의결했다. 이 결정은 그해 여름에 테슬라가 생산을 시작할 수 있다는 가정에서 출발했으나, 실제 시기는 여전히 불투명했다. 이렇게 빠듯한 일정, 생산라인의 차질, 불확실한 자금력 등은 모두 테슬라가 근본적인 문제를 안고 있다는 증거였다. 하지만 그 문제가 정확히 무엇인지 꼬집어 말하기는 어려웠다. 그나마 다행스럽게도, 머스크는 누구에게 이 문제를 상의해야 할지 잘 알고 있었다.

# 6장

## 맨 인 블랙

안토니오 그라시아스는 테슬라에 투자하기 6년 전에 시카고에서 스위스로 가는 비행기에 몸을 실었다. 그 여행은 그라시아스의 인생은 물론이거니와 전기자동차 제조사의 운명까지 완전히 바꿔놓는 계기가 되었다. 1999년 어느 봄날, 그는 저녁 시간에 맞춰 들레몽이라는 작은 마을에 도착했다. 그는 4년 전부터 소규모 산업 공장을 사들이기 시작했는데, 당시에는 시카고대학교 법학대학원에 다니는 학생이었다. 이제 마지막으로 인수한 공장을 직접 살펴보러 온 참이었다. 1990년대 후반은 전자제품과 자동차 부품을 공급하는 영세 제조업체 처지에는 매우 힘든 시기였다. 대기업들이 물량을 앞세워 공급가격을 거듭 내리도록 영세 제조업체에 강요했다. 미시간주 그랜드래피즈의 공장지대에서 유년기를 보낸 그라시아스는 바로 그런 기류에서 사업 기회를 포착했다. 이렇게 영세한 가족 사업장은 현대화 과정을 살짝 거친 다음 구조조정을 통해 비용을 낮추고 새로운 관점을 제시하면 크게 달라질 수 있었다. 그라시아스는 이런 판단을 실행하기 위해 공장을 직접 둘러보러 들레몽까지 날아온 터였다. 사실 이번에 인수한 공장은 시카고 근처의 자동차 프레스 공장을 매입하려고 세운 더 큰 계획의 첫 단추였다.

공장 관리자와 함께한 저녁식사 자리에 엔지니어링 컨설턴트인 팀 왓킨스Tim Watkins가 합류했다. 그는 공장 운영을 돕기 위해 바로 몇 달 전에 채용된 직원이었는데, 영국 태생으로 영화 〈에덴의 마지막 날Medicine Man〉에 출연한 배우인 숀 코너리를 닮은 얼굴에 긴 머리를 하나로 묶고 있었다. 그날은 위아래로 검은색 옷을 입고 패니팩을 메고 있었다. 왓킨스의 첫인상은 그리 마음에 들지 않았지만, 식사하며 대화를 나눠보니 서로 생각이 비슷한 듯했다. 둘은 경영 및 기술과 관련해서 같은 책을 읽었고, 서로 생각하는 방향이 같았다.

당시 28세였던 그라시아스는 독특한 경로를 거쳐 제조업계에 발을 들였다. 부모가 모두 이민자 출신인 그라시아스는 디트로이트에서 태어났으나 미시간주 서부에서 자랐다. 아버지는 신경과 전문의였고 어머니는 속옷 매장을 운영했는데, 그라시아스는 학교에 다녀와서 어머니의 매장 일을 돕곤 했다. 십 대 시절에는 야구 카드를 사 모으는 또래들과 달리, 주식을 사들였다. 그가 가장 자랑스러워하는 주식 투자처는 애플이었다. 골드만삭스에서 2년간 근무하다가, 1995년 법학대학원에 진학했다. 변호사가 될 생각은 없었지만, 이미 돌아가신 어머니를 위한 결정이었다. 그의 부모는 자녀들이 모두 의사나 변호사가 되기를 희망했다.

법학대학원에 다니면서도 사업을 해보고 싶은 마음, 특히 뭔가 만들어보려는 생각을 도무지 떨칠 수 없었다. 결국, 돌아가신 어머니 마리아 그라시아스의 이름을 따서 MG캐피털이라는 투자회사를 설립했고, 1997년 골드만삭스에 근무하던 친구가 동업자로 합류했다. MG캐피털은 그라시아스의 개인 자금 13만 달러에다 27만 달러를 투자받아서 사업을 시작했다. 처음 인수한 회사는 캘리포니아주 가데나에 있는 전기도금업체였는데, 그 업체의 운영자는 난관에 부딪힌 기업을 되살려낸 경험이 풍부했다. 그라시아스는 법학대학원에 다니면서 투자회사를 운영하고 있었기에, 이 도금업체를 인수한 건 그에게 커다란 행운이었다. 그러다가 파산 사건에 휘말렸는데, 아무도 거들떠보지 않는 기업과 얽히게 되었다. 여느 때라면 회사의 연수익인 1,000만 달러에 몇 배를 곱한 금액을 지불했겠지만, 두 사람은 거액의 부채를 떠안아야 하는 조건을 감수하면서까지 회사의 자산가치를 보고 인수하기로 결정했다.

그러나 곧 그들은 이 분야에 대해 아는 바가 너무 없다는 사실을 절감하게 되었다. 그라시아스는 학생 신분이었지만 수업을 다 포기하고 캘리포니아 공장 현장에서 일하며 데이비드 삭스David Sacks라는 친구에게 많은 도움을 받았다. 그는 그라시아스에게 학교 상황을 알려주고 모든 학점을 좌우하는 학년말 시험을 준비할 수 있게 도와주었다. 가데나에서는 매일 스타벅스 커피를 마시며 쥐어짠 힘으로 시급 노동자들과 머리를 맞대고 공장 생산량을 늘릴 방안을 연구했다. 당시 전기도금 수요는 날로 증가하는 추세였고, 특히 전자제품 제조사의 수요가 많았다. 처음에는 무모한 행동처럼 보였던 사업이 순식간에 현금 지급기처럼 돈을 긁어모으기 시작했다. 너도나도 MG 제품을 구매하려고 줄을 섰고, 연간 매출액이 3,600만 달러에 육박했다. 그라시아스가 들레몽에서 저녁을 먹던 날을 기준으로 MG캐피털은 이미 기업을 5곳이나 인수한 상태였고, 그 수익으로 법학대학원 시절에 만난 친구 삭스가 근무하는 스타트업 코피니티에 투자했다. 코피니티는 머스크의 엑스닷컴과 합병하면서, 페이팔의 전신이 되었다. 이 과정에서 그라시아스의 이름이 머스크 귀에 들어갔다.

식사를 끝내고 공장 관리자와 왓킨스는 그라시아스를 새 공장으로 안내했다. 토요일 늦은 저녁은 가동하지 않는 상태에서 공장 설비를 둘러보기에 알맞은 시간이었다. 현지 노동법은 저녁이나 주말 근무를 허용하지 않았다. 하지만 출입문에 가까워질수록 그라시아스는 어두운 공장에서 낮게 새어 나오는 기계 돌아가는 소리를 듣고 깜짝 놀랐다. 안으로 들어가서 불을 켜 보니 놀라운 광경이 펼쳐졌다. 완전 자동화 시스템을 갖추고 있어, 아무도 지켜보지 않는데도 기계가 돌아가고 있었다.

라인 속도와 공정을 개선할 수 있는 최신 기술을 연구하며 세계 곳곳의 공장을 직접 돌아보았지만 완전 자동화 시스템은 처음이었다. 공장에 개인용 컴퓨터가 보급되지 않던 시절이었으나, 왓킨스는 가동을 중지하고 유지보수 작업을 해야 하는 시점을 예측하는 알고리즘을 만들어서 자동화 시스템을 구현했다. 설비가 4시간 자동으로 운행되고 나면 직원들이 출근해서 8시간 교대근무를 했고, 교대가 모두 끝나면 다시 기계가 자동으로 운행되는 방식이었다.

당시 근무시간은 최대 16시간으로 제한되어 있었다. 그런데 왓킨스는 공장을 24시간 내내 가동할 방안을 직접 찾아냈고, 이 시스템은 운영비 절감에 큰 도움이 되었다.

그라시아스는 이렇게 회상했다. "태어나서 그런 건 어디서도 본 적이 없어요." 이 광경은 그의 경력에서 가장 의미심장한 발견이었다. 중요한 건 공장이 아니라 그 뒤에 숨은 혁신가였다. 그라시아스는 몇 달 동안 왓킨스를 설득해서 MG캐피털로 영입했고, 그에 힘입어 미국 전역에 있는 자신의 공장이 안정적으로 성장하게 되었다. 두 사람의 관계 덕분에 그라시아스와 동업자는 MG캐피털의 포트폴리오에 들어 있던 기업들을 매각해서 9배의 이익을 얻으며, 대성공을 거두었다. 눈부신 성과를 내세워서, 그들은 1억 2,000만 달러를 투자받았다. MG캐피털은 밸러Valor로 이름을 바꾸었고 왓킨스가 파트너로서 이사회에 합류했다. 두 사람은 급속도로 친해져서 시카고에서는 한동안 룸메이트로 생활하기도 했다. 함께 발전하면 좋겠다는 마음이 서로 통했다. 더는 부실한 공장을 사들여서 운영하지 않았고, 주로 기업에 투자하며 자신들의 전문지식을 제공해서 기업이 개선 및 발전하도록 돕는 일을 찾았다. 계획에서 가장 중요한 사안은 외부에 널리 알려지지 않는 것이었다. 설립자들이 세간의 이목을 원치 않았으므로 그들을 불편하게 만들 만한 상황을 피해야 했다. 그들은 공장 자동화처럼 일상적인 처리 절차를 둘러싼 전문지식을 제공하고자 했는데, 이 정보는 회사를 일으킬 수도 망칠 수도 있었다. 2005년에 머스크는 그라시아스와 몇몇 친구에게 테슬라에 투자하라고 권유했다. 그라시아스는 한 치의 망설임도 없이 그 제안을 받아들였다.

2007년에 머스크가 그라시아스에게 손을 내민 것도 그리 놀랄 일은 아니었다. 당시 테슬라는 분명 어려움을 겪고 있었다. 같은 해에 그라시아스는 이사회에 합류했고, 마틴 에버하드가 날로 성장하는 회사를 경영하느라 힘겨워하는 것도 알아차렸다. 누가 봐도 창업자는 이 형세를 감당하지 못하고 있었다. 그라시아스와 왓킨스는 바로 그 부분에 힘을 보태줄 적임자였다. 머스크는 두 사람이 회사 장부를 꼼꼼하게 검토해서 테슬라의 근본 문제가 무엇인지 알아내주기를 원했다.

실리콘밸리에서 스타트업이 창업자의 능력만으로는 감당이 안 될 정도로 비대해지고 복잡해지는 일은 드문 현상이 아니었다. 에버하드도 2007년에 그런 역치를 경험하게 되었다. 에버하드는 물론 머스크도 그 점을 분명히 인식했다. 두 사람은 새로운 CEO를 영입하고 최고재무책임자도 고용하기로 결정했다. 사실 처음 회사를 세울 때도 언젠가는 이런 변화가 필요하리라고 짐작했다. 이렇게 하면 에버하드는 로드스터의 뒤를 잇는 테슬라의 신형 자동차를 개발하는 데 오롯이 집중할 수 있었다. 지난해에 머스크가 발표한 비밀스럽지 않은 마스터플랜에서도 언급했듯이, 부자들이 가지고 노는 장난감을 만드는 데 그치지 않고 어엿한 자동차 제조사로 성장하는 것이 궁극의 목표였고, 이를 위해 가장 중요한 작업이 바로 신차를 개발하는 일이었다. 사내에서는 모델S를 화이트스타WhiteStar라고 불렀는데, 머스크는 모델S의 진행 상황이 도무지 미덥지 않았다. 테슬라의 미래에 모델S는 중심축과도 같이 중요한 제품이었다. 로드스터는 소수의 부유한 얼리어답터가 아니고서는 욕심낼 수 없지만, 모델S는 대중을 겨냥한 자동차였고, 테슬라를 상징하는 모든 요소를 대중에게 각인할 기회였다. 따라서 모델S에서는 어떤 실수도 용납할 수 없었다.

프로젝트 총괄 책임자인 론 로이드Ron Lloyd는 기술업계 출신이었지만 자동차 전문가 위주로 팀을 꾸리고, 디트로이트 교외에 커다란 사무실을 차렸다. 머스크는 이 사무실을 처음 둘러보고도 별다른 감흥을 느끼지 못했다. 로이드가 이끄는 팀에서 여러 미흡한 점을 드러냈는데, 엔지니어 한 명이 프레젠테이션 자료에서 오타를 미처 발견하지 못한 일도 머스크 눈 밖에 난 이유였다.

이 팀은 디트로이트 자동차 업체나 공급업체에서 근무하던 사람들이 대부분이어서, J. B. 스트라우벨이 맡고 있는 실리콘밸리 출신의 엔지니어팀과는 분위기가 사뭇 달랐다. 엔지니어들은 스탠퍼드대학교를 졸업하고 곧바로 테슬라에 합류했거나, 다른 직장에서 근무한 경험이 있더라도 한두 군데에 불과했다. 테슬라는 초반에는 디트로이트 출신 엔지니어를 꺼렸지만, 백지상태에서 신차를 개발하려다 보니 엔지니어에게 기대는 의존도가 나날이 높아질 수밖에 없었다. 2007년에 디트로이트는 여러 해 내리 매출 신기록을 달성하며 승승장구하던 터라, 그 시기에 전기자동차를 만드는 캘리포니아의 스타트업에 합류하는 건 매우 이례적인 행보였다. 제너럴모터스와 포드사는 회사 기반에 조금씩 균열이 가고 있었지만, 여전히 자동차 업계를 장악하고 있었다. 그래서 제너럴모터스, 포드, 크라이슬러에서 넘어온 엔지니어와 임원 출신은 평생 보장되는 일자리에 넉넉한 연금까지 기대할 수 있었다. 실제로 제너럴모터스는 제너러스모터스Generous Motors(후하게 베푸는 자동차─옮긴이)라는 별명이 붙을 정도로 직원 복지가 우수했다. 그런 회사를 포기하고 앞으로 망할지도 모르는 스타트업으로 자리를 옮기는 건 상상하기 힘든 선택이었다. 반면에 실리콘밸리 팀은 사업의 성공 여부에 따라 실직할 위험을 늘 안고 사는 것이 숙명이었다. 설령 지금 사업이 실패하더라도 더 좋은 아이디어로 재기할 수 있다는 희망이 위험 감수에 따르는 보상으로 여겨졌다. 실패는 흔히 겪은 자연스러운 과정이었다.

머스크는 사무실을 나서면서 에버하드에게 "직원을 모두 해고하세요. 한 명도 빠짐없이 전부 다요"라고 말했다. 하지만 에버하드는 머스크의 지시를 따르지 않았다. 이전에도 머스크의 지시를 어긴 적이 많았다. 에버하드는 아직 이들이 필요했다.

머스크가 보기에 디트로이트 팀은 자동차의 성능을 낮추면서까지 비용 감축에 지나치게 집착했다. 그들은 포드사의 퓨전 세단 프로그램에서 부품을 공급받기로 계약하고 아주 만족스러워했다. 하지만 테슬라는 로드스터를 만들어봤기 때문에, 다른 기업에서 차체를 구매해 살짝 손보는 정도로는 문제가 해결되지 않는다는 사실을 누구보다 잘 알고 있었다. 게다가 차체를 테슬라답게 바꿀수록 비용은 늘어났다. 결국 디트로이트 팀은 대형 자동차 업체들이 늘 그래왔듯이, 기존 부품을 활용해서 직접 차를 만들기로 했다. 부품 공급업체들은 소규모 스타트업에 협조할 마음이 없었을뿐더러, 공급업체에 독특한 부품을 수주하기보다는 직접 제작하는 편이 비용 측면에서 훨씬 유리했다. 한마디로 이 팀은 레고 자동차를 다 분해한 다음, 그 부품을 사용해서 상상 속의 자동차를 새로 만들어야 했다. 문제는 그들이 생각하는 자동차의 이미지가 머스크 마음에 쏙 들지 않았다는 데 있었다.

머스크는 에버하드에게 로이드의 방식이 불만스럽다고 말했다. 로이드는 쥐꼬리만 한 예산으로 머스크의 사치스러운 취향에 걸맞은 결과를 만들어내기 위해 고군분투하고 있었다. 머스크는 2007년 어느 봄날 저녁에 이렇게 기록했다. "론이 우리가 모델S를 다른 5만 달러짜리 고급 자동차처럼 만들 수 없을 거라고 떠드는 소리를 여러 번 들었다. 배터리 비용을 제하고 나면 남는 돈이 거의 없다는 게 그 이유였다. 이 점에 매달리면 절대 제대로 된 차를 만들지 못한다. 그래서 내가 고급 차의 구동계 비용을 추정할 때 이의를 제기한 것이다. 나는 우리 제품과 고급 휘발유 차량의 구동계 비용에 큰 차이가 없을 거라고 확신한다."

머스크의 고민을 한마디로 요약하면 다음과 같다. "내가 확실하게 해두고 싶었던 점은 대다수 미국 자동차가 형편없으며 이를 개선할 방법을 우리 직원들이 파악해야 한다는 것이다. 그들에게 필요한 건 좋은 제품을 알아보는 감식안이다."

디트로이트 팀이 불만스럽긴 해도, 머스크는 자동차를 만들어본 경험이 테슬라에 매우 중요한 자산임을 잘 알고 있었다. 그는 적은 자본으로 멋진 자동차를 만들어낸 경험이 있는 사람이 CEO가 되면 좋겠다고 생각했다. 로드스터를 개발하면서 비용이 그야말로 순식간에 감당 못 할 지경까지 치솟을 수 있다는 점을 여실히 깨달았다. 이렇게 엄청나게 초과 비용이 발생하는데도 로드스터는 머스크 마음에 들지 않는 점이 많았다. 그는 차량 내부 인테리어가 전혀 고급스럽지 않은데 가격은 고급 자동차 수준이라고 꼬집었다.

머스크는 CEO로 초빙할 만한 인물을 찾던 중 하우 타이탕 Hau Thai-Tang이라는 제품개발자가 포드에서 이룩한 업적을 보도한 기사를 읽고 그에게 관심이 생겼다. 2005년에 타이탕의 프로필에 또 하나의 특별한 이력이 추가되었는데, 그가 포드사의 신형인 머스탱 개발을 감독했던 것이다. 이 프로젝트는 한동안 비밀리에 추진되다가 최근에 와서 언론의 큰 관심을 받았다. 머스크는 타이탕에게 테슬라를 둘러보러 주말에 잠깐 실리콘밸리에 와 달라고 요청했다. 타이탕은 테슬라 자동차를 직접 운전해보았다. 에버하드는 그렇게 운전이 거친 사람은 난생처음 보았다고 회상했다. 타이탕은 시승을 하고 나서 개선해야 할 점을 줄줄이 읊었다. 서스펜션에 문제가 있고, 차체 뒤편이 지나치게 무겁다는 식이었다. 하지만 타이탕은 칭찬도 아끼지 않았다. "정말 대단하군요. 깜짝 놀랐습니다."

아쉽게도 그는 포드를 떠날 마음이 전혀 없었다.* 영입에는 실패했지만, 머스크와 에버하드는 적어도 테슬라가 옳은 방향으로 나아가고 있다는 확신을 얻었다. 게다가 하우 타이탕은 다른 방법으로 도움을 주었다.

테슬라에서 CEO로 맞이할 인재를 물색하는 데 나서줄 헤드헌터를 추천해준 것이다.

테슬라가 에버하드를 대신할 인물을 찾는다는 소문이 퍼져나가자, 6월에 기자 두 명이 회사 홍보팀을 찾아왔다. 외부 사람들까지 알게 되었다는 사실에 에버하드는 적잖은 스트레스를 받았다. 그는 이사회에 이렇게 이메일을 보냈다. "도대체 이 정보가 어떻게 외부로 유출되었는지 모르겠군요. 이사회나 헤드헌팅 회사 중에 정보를 흘린 사람이 있겠지요. 더 말할 필요가 없겠군요. 이미 외부에도 다 알려졌고, 언론사에서는 실제로 내가 곧 떠나는지 말해 달라며 테슬라 직원들을 괴롭히고 있습니다. 상황이 이러면 내 역할을 제대로 해내기가 더 어렵습니다. 솔직히 너무 실망스럽고 화가 납니다."

그러나 머스크는 회사가 공개적으로 얼마나 세밀한 검증을 거쳤는지 생각해보면 이 정도는 '그리 놀랄 일도 아니'라며 에버하드의 말을 막아섰다. "가장 좋은 방법은 이 문제의 선두에 나서서 현실을 받아들이는 거야. 구글 창업자인 래리 페이지와 세르게이 브린도 그렇게 했잖아." 머스크는 그들이 에릭 슈미트Eric Schmidt를 CEO로 영입하고 그에게 권한 전반을 넘긴 일을 언급했다. "구글이 새로운 CEO를 물색한다는 소

---

● 2007년 봄 타이탕은 남미에 파견되어 제품개발을 감독했고, 이를 계기로 더 중요한 업무를 차례차례 맡았다. 2019년에는 포드의 수석 제품개발 책임자가 되었다.

문이 주변에 싹 퍼졌었지. 그러고도 구글은 한참 후에야 적임자를 찾았어. 그때까지 래리가 구글을 이끌었지만 아무 문제도 없었어."

두 사람은 그렇게 한참 대화를 나누었다. 에버하드는 이사회 임원 하나가 정보를 흘린 것이 틀림없다며 이렇게 말했다. "나를 조금만 더 배려해줬더라면 정말 좋았을 텐데. 지난 5년간 나는 테슬라모터스에 모든 걸 바쳤어. 그런데 이제 와서 이사회에서 나를 해고할 거라고 보도하는 언론 기사를 보니 마음이 너무 아프네(언론에서 실제로 '해고'라는 표현을 사용했다).'"

머스크는 외부에 그가 해고당하는 것처럼 비치지 않도록 신경 쓰겠다며 에버하드를 위로했다. 그리고 에버하드에게 이렇게 메시지를 보냈다. "CEO로 마땅한 사람을 찾아보자고 몇 달 전에 제안한 사람은 바로 에버하드 당신이야. 내가 먼저 CEO를 바꾸자고 한 게 아니잖아. 어쨌든 나는 당신이 이 문제를 편안하게 받아들였으면 좋겠어."

에버하드는 도움이 필요한 상황인 점은 알아차렸지만, 본인 마음에 드는 조건에 따라 새로운 자리로 옮겨가고 싶었다. 구글 창업자들과 자신의 처지를 비교해서 한 말은 그에게 그다지 위로가 되지 않았다. 그들이 노련한 경영전문가에게 자리를 내어준 건 맞지만, 그들은 이중 소유권 형태로 주식의 절반 이상을 확보하고 있어서 구글을 상장기업으로 전환한 뒤에도 실질적인 통제권을 쥘 수 있었다. 하지만 에버하드에게는 그런 기회가 돌아가지 않았다. 테슬라의 최대 주주는 머스크였고, 앞으로 회사 안에서 에버하드의 입지는 머스크 손에 달려 있었다.

에버하드는 마음이 착잡했지만 아무렇지 않은 척하며 지냈다. 6월 19일에 직원들을 결집할 목적으로 전체회의를 소집해서 본격적인 생산에 들어가기 전에 해결해야 할 사안이 얼마나 많은지 차근차근 설명했다. 우선 자동차 변속기의 꼬임을 제거해야 하고, 소규모 대리점망을 구축해야 했다. 자동차의 안정성을 높이고, 엔지니어링 문제를 모두 해결하고, 영국 공장으로 부품을 배송하는 일에도 집중해야 했다.

그는 모든 직원에게 "1순위 작업에 집중하세요"라고 주문했다. "전기차의 생존 가능성이나 교통의 미래"는 말할 필요도 없이 그들의 일자리가 위태로웠다.

전체 직원회의로는 충분하지 않다고 생각했는지, 회의를 끝내고 곧바로 팀에 후속 이메일을 보내어 이렇게 당부했다. "(제너럴모터스의 CEO인) 릭 왜고너Rick Wagoner는 지난 11월에 지금이 바로 자동차의 전환점이라고 말했습니다. 내연구동을 전기구동으로 바꾸는 작업은 말이 마력으로 넘어온 사건만큼이나 중대한 변화입니다. 로드스터가 성공리에 출시되면 테슬라모터스와 여러분은 역사의 변동을 이끌어낸 주역으로 기억될 겁니다. 설령 그렇게 되지 않더라도…… 터커Tucker와 드로리안DeLorean을 생각해보세요. 우리는 그런 회사들보다 훨씬 낫잖아요. 로드스터도 그들이 내놓은 자동차와는 비교도 안 될 만큼 우수하죠. 세상 모든 사람이 그 점을 알아볼 수 있게 만들어봅시다!"

팀 왓킨스는 예의 바르기로 정평이 나 있었지만, 가끔은 지나치게 무뚝뚝했다. 그는 혀를 내두를 정도로 자기 관리가 철저하고 매사에 정확했다. 일례로 혈당이 급격히 치솟으면 건강에 좋지 않다는 사실이 널리 알려지기도 전에 그는 이미 그렇게 짐작하고 하루에 섭취하는 음식을 세심하게 기록했다. 그가 메고 다니는 가방에는 영국에 있는 어머니 댁 근처 상점에서 사온 귀리가 들어 있었다. 최근 몇 년은 여행과 출장의 연속이었다. 그라시아스가 그를 파견해서 주요 거점을 일일이 방문하게 했는데, 이런 생활을 하는 동안 그는 지칠 대로 지쳤다. 몸만 힘든 게 아니었다. 불편한 진실을 발견해서 그라시아스에게 보고하면, 그로 인해 누군가가 해고되는 상황을 지켜봐야 했다. 세월이 흐르면서 그에게는 또 다른 습관이 생겼다. 출장지에 가면 현지 옷가게에서 검은색 티셔츠와 검은색 청바지를 샀다. 그러고는 마치 허물을 벗듯이 입고 있던 옷을 모조리 벗어버렸다. 새로운 업무를 시작할 때마다 이런 과정이 반복되었다.

2007년 7월 샌카를로스에 있는 테슬라 본사를 처음 방문했을 때 이곳에서도 문제점을 포착하고 즉시 그라시아스에게 연락했다. 테슬라는 어떤 부품도 자재명세서를 작성해놓지 않았다. 자동차에 쓰이는 모든 부품의 협상 단가와 단순 회계자료만 보관하고 있어서, 직접 자재명세서를 만들어야 했다. 게다가 로터스 관계자는 계획대로 8월 말까지 로드스터 생산에 들어가기는 어렵다고 경고했다. 디자인을 두고도 테슬라의 최종 승인이 나지 않아서 공급업체가 일부 부품을 제작하지 못하고 대기 중이었다. 팀 역시 2단 변속기 문제를 해결할 제대로 된 대안을 여전히 고심하고 있었다.

왓킨스가 이곳을 파악하는 동안, 에버하드가 이끄는 팀도 똑같은 작업을 수행하고 있었다. 그래서 테슬라의 재정 상태를 누가 먼저 파악할 것인지를 놓고 말하자면 경쟁 구도가 형성되었다. 테슬라에서는 기업공개를 준비하려고 회계팀을 증원하고 있었다. 하버드대학교 경영대학원을 갓 졸업한 라이언 퍼플Ryan Popple이 공개 상장에 필요한 장부 작업을 맡게 되었다. 그런데 퍼플은 출근한 첫 주에 테슬라가 겉모습과는 달리 내부 사정이 썩 좋지 않다는 사실을 알게 되었다. 그가 맡은 첫 번째 임무는 회사의 재정 모델, 즉 사업 현황 문서를 작성하는 일이었다.

현재 사용하고 있는 모델을 보여 달라고 했더니 "그건 한마디로 쓰레기라서 볼 필요 없어요"라며 냉담한 반응이 돌아왔다. 퍼플은 모든 부서를 일일이 돌아다니며 스트라우벨과 그의 동료들에게 예산 현황을 자세히 물었다. 하지만 다들 비슷한 반응을 보였다. "나는 잘 모르겠어요. 그런 건 들어본 적도 없어요."

7월 말에 회계팀은 외부에서 자문을 얻어 새로운 측정 결과를 내놓았다. 회계팀이 이사회에 제출한 보고서를 보면, 최초 생산 목표량을 50대로 잡을 경우 차량 한 대당 총재료비가 11만 달러에 달했다. 데이브 라이언스와 J. B. 스트라우벨은 공학적으로 비용을 줄여보려고 애쓰고 있었는데, 생산량이 증가하면 한 대당 제작비가 줄어들리라고 예측했다. 보고서는 이렇게 마무리었다. "두 사람이 이 문제에 심혈을 기울이고 있으므로 보름 안에 결과가 나오리라 예상합니다. 일정 수준 이상을 생산하면 한 대당 가격을 좀 더 '정확하게' 파악할 수 있을 겁니다."

보고서는 그해 남은 기간에 현금을 얼마나 소진할지도 예측했다. 5월에 4,500만 달러를 확보했으나, 영업팀이 받아온 고객 예치금 3,500만 달러를 제외하면 같은 해 9월에 다시 현금 보유량이 바닥을 드러내게 된다. 특단의 조처를 내리지 않으면 연말에 고객 예치금마저 동이 날 판이었다.

달리 말해서 테슬라는 또다시 자금 문제에 부딪혔다. 5월에 머스크는 한 번에 8,000만 달러를 확보해야 한다고 강력히 주장했지만, 이사회는 그보다 적은 금액으로도 일 년은 버틸 수 있다고 판단했다. 하지만 이 판단은 실제 비용을 부정확하게 추정해서 내린 결과였다. 물론 이제는 비용을 제대로 계산할 수 있지만 당시에는 그러지 못했다. 그들은 자동차를 생산하려면 그야말로 현금을 들이부어야 한다는 무서운 진실을 깨달았다.

여기서 절감한 사실이 또 있다면, 그건 이런 우려사항을 예견할 수 있는 노련한 CFO를 아직 고용하지 않았다는 점이었다. 더구나 비용을 제대로 추적할 수 있는 회계 시스템도 체계가 잡히지 않았다. 직원회의에서 에버하드는 이처럼 암울한 전망에 크게 동요하는 기색이었다. 그는 생산 책임자에게 이렇게 말했다. "이게 다 사실이면 자네와 나는 둘 다 잘리겠군."

에버하드는 7월에 열린 이사회에 참석했는데, 당시 분위기가 썩 좋지 않았다. 배터리팩 비용만 여전히 2만 달러가 넘는데도, 로드스터를 6만 5,000달러에 판매하자고 제안했지만 다들 선뜻 동의하지 않았다. 한 달 뒤 상황은 에버하드에게 더 불리하게 돌아갔다. 왓킨스가 초반에 파악한 내용이 이사회에서 거론되었고, 전망은 테슬라 내부의 예상보다 더 암울했다. 그는 100대를 생산한 이후에는 한 대당 비용이 12만 달러가 되리라고 계산했는데 여기에는 간접비가 빠져 있었다. 생산량이 늘면 비용은 줄겠지만, 수익은 기대할 수 없었다. 그런데 회사가 예상한 배송량을 기준으로 할 때, 간접비를 고려하면 초기에 생산되는 차량 한 대당 비용이 무려 15만 달러에 육박했다. 게다가 왓킨스는 그해 가을에 본격적인 생산에 돌입할 방법을 아직 찾지 못했다.

이사회는 큰 충격에 휩싸였다. 에버하드는 상황이 그렇게 암울하지 않다고 반박했지만, 자신의 운명을 거스르기에는 역부족이었다. 8월 7일에 머스크는 언론 단체에 연사로 초청되어 로스앤젤레스로 간 에버하드에게 전화를 걸어 안타까운 소식을 전했다. CEO를 에버하드가 아닌 다른 사람으로 교체하기로 결정한 것이었다. 임시 CEO는 최근에 와서 테슬라에 투자한 마이클 마크스Michael Marks가 맡기로 했다. 마크스는 플렉스트로닉스의 CEO였는데, 퇴임 전에 전자제품 제조사로서 이 회사의 입지를 세계적인 수준으로 끌어올려 놓았다. 테슬라는 퇴직한 마크스를 서둘러 영입했다.

에버하드는 그 소식을 듣고 소스라치게 놀랐다. 다른 이사회 임원에게 연락해보았더니 아직 모르는 눈치였다. 머스크는 8월 12일에 이사회를 소집해서 에버하드의 CEO 사임을 승인하고 기술 부문 사장으로 보직을 변경할지 논의하자고 했다. 하지만 머스크는 마음속으로 이미 결정을 내려놓고, 이사회 전날 저녁에 몇몇 임원에게 이렇게 말했다. "에버하드는 자신의 대외 이미지와 사내 직함에만 지나치게 신경 쓰고 있어요. 그보다는 회사의 중차대한 사안에 집중해야 하는데 말이죠. 개인적으로 그와 대화할 기회가 생기면 로드스터를 예정된 시일까지 제대로 만드는 일에 열중하라고 조언해주세요. 그 문제를 잘 해결하면 사내에서 그의 평판이나 입지가 가장 높아질 텐데, 정작 본인은 잘 모르는 것 같아요."

하지만 이 일이 공식화되기도 전에 마크스는 샌카를로스에 있는 테슬라 사무실로 와서 그곳을 돌아보고 있었다. 그리고 8월 8일에 머스크에게 최대한 서둘러서 대화를 나누면 좋겠다고 서한을 보냈다. "이미 아시겠지만, 지금 회사에 여러 문제가 쌓여 있습니다. 그중 몇 가지는 제 예상보다 훨씬 심각하고 시급해 보입니다."

# 7장

# 흰고래

 J. B. 스트라우벨과 테슬라의 CEO 마이클 마크스는 디트로이트로 향하는 전세기에 몸을 실었다. 얼마 전에 강등된 마틴 에버하드도 동행했다. 갸름한 얼굴에 머리가 살짝 벗어진 마크스는 요즘 들어 해외 사업 때문에 쌓인 피로가 얼굴에 고스란히 드러났다. 테슬라 사무실에서는 그가 가장 연장자인 듯했다. 그럴 만도 한 것이 테슬라에 근무하는 수십 명의 엔지니어는 대개 스탠퍼드대학교를 졸업하고 막바로 테슬라에 들어온 청년들이었다. 반면에 마크스는 마이크로소프트용 엑스박스Xbox 게임 콘솔, 휴렛팩커드 프린터, 모토로라 휴대전화를 제작한 플렉스트로닉스를 10년 이상 운영한 경력자였다. 에버하드와 타페닝은 로드스터를 준비하면서 자동차 업계에서 플렉스트로닉스 같은 제3의 제조업체를 찾을 수 있을 줄 알았는데, 그만 한 기업이 손에 꼽을 정도로 극소수라는 사실을 알고 깜짝 놀랐다.

새로 부임한 대표는 신경전에 시간을 허비하지 않았다. 그는 직원들 사이에 긴장감이 없다고 판단하고 직원회의에서 호되게 질책했다. "이 회사에는 눈에 띄는 점이 몇 가지 있습니다. 향후 성장 가능성이 매우 높죠. 하지만 잠재력에 비해 열심히 노력하는 자세가 보이지 않습니다. 정식 근무시간을 정하겠습니다. 그 시간에는 각자 자리를 지켜주기 바랍니다."

8월에 로드스터를 시장에 선보이지 못할 것이 확실해지자, 그는 출시를 6개월 뒤로 미루었다. 팀에 문제를 해결하고 비용을 절감할 방안을 찾을 시간을 주기 위해서였다. 특히 당장 해결해야 하는 과제를 따로 정리해서 "마크스의 목록"이라고 불렀다. 가장 중대한 사안은 엔지니어링 문제인 변속기였다. 마크스도 제조업에서 잔뼈가 굵은 사람이지만 자동차 제조에는 문외한이었다. 다행히 제너럴모터스 CEO인 릭 왜고너와 친분이 있어 그에게 조언을 구할 수 있었다.

두 사람은 하버드대학교 경영대학원 동기였다. 마크스는 플렉스트로닉스에서 근무하던 시절에 왜고너를 잠깐 찾아간 적이 있다. 그래서 배터리 예찬자인 스트라우벨도 (조언을 듣기 위해) 디트로이트로 향하는 전용 제트기에 함께 오르게 되었다.

공항에 도착해서 보니 그들을 맞으러 검은색 자동차들이 대기하고 있었다. 차를 타고 제너럴모터스의 시내 본사인 르네상스센터로 향했다. 한때 서부의 파리라고 불리던 지역인데, 건물이 대부분 비어 있어서 도심이 텅 빈 듯했다. 수년간 그대로 방치된 탓에 나무들이 웃자라서 고층 건물 지붕을 뒤덮고 있었다.

제너럴모터스 고위 경영진 전용 차고에 자동차가 멈춰 서자, 그들은 내려서 전용 엘리베이터를 타고 CEO의 사무실이 있는 꼭대기 층으로 올라갔다. 입구에 들어서니 디트로이트강이 내려다보였고, 제너럴모터스의 자동차 모형이 창가에 진열되어 있었다. 듀크대학교 신입생 시절에 농구를 즐겼던 왜고너가 세 사람을 반갑게 맞아주었다. 그는 제너럴모터스에 재직하며, 재무부를 거쳐 다국적 기업의 CEO로 성장했다.

이렇게 테슬라 팀이 이곳을 방문한 건 2007년의 일인데, 당시 제너럴모터스는 사업에 촉각을 곤두세우고 있었다. 이미 수년간 부채, 인건비, 연금 부채 등이 증가해서 회사의 앞날에 먹구름이 드리워 있었다. 매출이 감소 추세에 있어서, 이러다가 결국 파산할지도 모른다는 소문이 돌았다. 하지만 왜고너는 다시 예전처럼 되살아날 거라며 자신만만한 태도를 보였다.

스트라우벨은 왜고너가 풍기는 대기업 중역의 화려한 생활 방식에 눈이 휘둥그레졌다. 지금껏 살면서 한 번도 보지 못한 광경이었다. 호화로운 회의실에 들어서니 음식이 잔뜩 차려져 있었다. 반면에 스트라우벨은 이 자리에 오려고 재킷 하나도 겨우 마련한 형편이었다. 테슬라가 맞서야 할 대기업을 제 눈으로 확인하기는 처음이었다. 얼마 전까지만 해도 자신은 친구들과 함께 집 차고를 작업장 삼아 일했는데, 그에 비하면 제너럴모터스는 한없이 낯설기만 한 거대한 기업이었다. 대화가 무르익자 마크스는 왜고너에게 테슬라가 변속기 문제로 고전하고 있다며 친구로서 조언을 부탁해도 되는지 물었다.

"물론이죠. 우리는 80년간 변속기 문제를 다뤘으니까요."

스트라우벨은 이번 출장에서 마크스가 정확히 무엇을 노리는지 알 수 없었다. 하지만 마크스와 에버하드 사이에 고조되는 긴장감을 느낄 수 있었는데, 여기까지 오는 동안에도 두 사람은 내내 말다툼을 벌였다. 에버하드가 CEO에서 사장으로 강등되는 과정은 그리 순탄치 않았다.

그 일로 직원들이 양측으로 갈리면서 감정의 골이 깊어졌다. 에버하드와 오랫동안 친분을 쌓은 직원들은 그를 열렬히 지지했다. 하지만 이제 새로운 리더십이 필요한 때가 되었다고 생각하는 직원들도 있었다.

두 사람의 갈등은 또 다른 균열이 생기고 있다는 증거였다. 에버하드가 일론 머스크에게 전기 스포츠카를 구상해서 제시했을 때만 해도 두 사람은 같은 이상을 추구하는 듯이 보였다. 그런데 갖은 고생 끝에 회사를 세우고 나니 회사의 야망, 곧 머스크의 야망이 한껏 부풀어 올랐다. 하지만 그 야망은 현실 앞에서 처참히 부서지고 말았다. 로드스터는 엉망이었고, 미래의 모든 계획은 무산될지도 모를 형편이었다. 일이 이 지경이 되도록 테슬라는 도대체 뭘 하고 있었냐는 질문에 이제 마크스가 대답해야 했다. 이렇게 떠안은 책임은 결코 달갑지 않았다. 앞으로 이러이러할 가능성이 있다고 생각하는 여유는 사치였다. 당장 최악의 결과부터 막아야 했다. 머스크가 오랫동안 그려온 큰 그림과 전혀 다른 방향을 제안해야 했는데, 그러면 마크스의 앞날에 먹구름이 드리울 터였다.

왜고너는 단지 옛 친구를 따라잡으려는 경쟁심 때문에 테슬라의 사업에 관심을 보인 게 아니었다. 일여 년 전 세상에 선보인 로드스터는 제너럴모터스에 크나큰 자극이 되었다. 왜고너가 크라이슬러에 재직할 당시 밥 루츠Bob Lutz가 바이퍼라는 스포츠카 사업을 주도했다. 그는 회사를 다시 일으켜 세우려고 밥을 부사장으로 영입했다. 밥은 우선 캘리포니아 지사에 근무하던 프란츠 폰 홀츠하우젠이라는 젊은 디자이너에게 연락해서 2도어 로드스터인 폰티악 솔스티스를 만들게 했다. 얼마 후 폰 홀츠하우젠은 마쓰다의 북미 디자인 책임자가 되었다. 밥은 2002년 디트로이트 모터쇼에서 솔스티스로 자동차 업계를 깜짝 놀라게 하고 싶었다. 그렇게 해서 대기업도 발 빠르게 움직일 수 있다고, 아직 완전히 죽지 않았다고 보여줄 생각이었다.

그런데 캘리포니아에 있는 무명의 스타트업인 테슬라에서 순수 전기차인 로드스터를 소개하자, 당시 75세였던 밥은 저런 애송이도 해내는데 우리 회사는 왜 못 하냐며 역정을 냈다. 그는 그때를 이렇게 회상했다. "나는 큰 기회를 빼앗긴 기분이었다. 실리콘밸리의 스타트업이 이 문제를 해결했으니 이제 아무도 전기차는 불가능하다고 나를 말릴 수 없었다."

해병대 전투기 조종사 출신인 밥은 환경운동가와는 거리가 멀었다. 그는 지구 온난화가 "말도 안 되는 헛소리"라고 일갈했으며, 거대한 V16 엔진을 보란 듯이 자기 사무실에 전시해놓았다. 그때는 마케팅을 이해하는 사람이 거의 없던 시절인데, 밥은 마케팅을 훤히 꿰뚫고 있었다. 그는 제너럴모터스가 주도권을 잃었다는 걸 알고 있었다. 당시 디트로이트에는 작은 신생기업에 불과한 테슬라가 성공하리라고 믿는 사람은 거의 없었다. 다들 도요타라는 또 다른 대기업이 제너럴모터스의 뒤를 잇겠거니 생각했다. 2006년에 제너럴모터스는 76년간 지켜온 세계 최대 규모의 차량 생산업체라는 명성을 도요타에게 뺏기고 말았다. 도요타는 프리우스 하이브리드 세단을 앞세워 최첨단 기술을 선도하는 기업이라는 이미지를 얻었고, 제너럴모터스는 멸종 위기의 공룡과도 같은 존재로 전락했다. 심지어 〈전기자동차를 누가 죽였나? Who Killed the Electric Car?〉라는 다큐멘터리 영화에서 제너럴모터스는 EV1의 전기 코드를 뽑아버리는 악당으로 등장했다.

스트라우벨이 디트로이트를 방문하기 몇 달 전에 밥은 2007년 디트로이트 모터쇼에 참석했다. 고급 회색 양복을 차려입고 눈이 부실 정도로 새하얀 셔츠에 보라색 타이를 맨 밥은 세간의 이목이 쏠린 기자회견에 나서서 제너럴모터스가 지향하는 전기자동차인 쉐보레 볼트를 공개했다. 이 세단은 한 차례 전기 충전으로 64킬로미터를 주행할 수 있으며, 이후에는 차량 내부의 휘발유 엔진에서 전력을 생산하는 방식이었다. 이런 매시업은 스트라우벨이 고심하고 있는 배터리 고비용 문제를 해결하는 방책으로 여겨졌다.

볼트와 로드스터는 차체 무게가 완전히 달랐다. 로드스터가 매끈함과 고급스러움을 추구한다면 볼트는 누구나 편하게 탈 수 있는 자동차라는 이미지를 선택했다. 테슬라는 빠듯한 예산으로 허덕였지만, 제너럴모터스는 자금이 풍부하고 차량 제조사로서 수십 년의 경험을 보유하고 있었다. 그런데도 테슬라를 유심히 지켜본 사람은 마치 잠에서 깨어난 골리앗을 보는 느낌을 받았다.

테슬라는 로드스터가 아직 생산 단계에 돌입하지 않았는데도, 생산 후속 단계에 회사의 에너지를 쏟기 시작했다. 우선 피스커 코치빌드Fisker Coachbuild라는 외부 디자인 업체와 손잡고 모델S 세단의 외관을 구상하기 시작했다. 2년 전에 이 회사를 창업한 네덜란드 출신의 전문 디자이너인 헨리크 피스커Henrik Fisker는 애스턴마틴의 디자인 부서 책임자로서 V8 밴티지 콘셉트카를 디자인하고 DB9 쿠페를 시장에 선보이며 많은 관심을 받았다. 피스커를 선택한 건 최첨단 기술보다는 아드레날린이 폭발하는 전율을 자아내는 디자인을 중시하는 테슬라다운 행보였다.

이번에는 밑바닥부터 시작해서 자동차를 직접 만들어야 했으므로 비용을 추산하는 데 오랜 시간이 걸리지 않았다. 이사회는 모델S에 약

1억 2,000만 달러를 투자하면 된다고 판단했고, 로이드는 이사회의 조건을 이행할 방법을 찾느라 분주했다. 테슬라가 로드스터를 제작할 때 시도했던 손쉬운 방법, 이를테면 외부업체와 협업하거나 부품을 대량으로 구매하는 방침 등은 대부분 기대만큼 잘 풀리지 않았다. 그래서 새로운 지름길을 찾아야 했다. 거액을 투자해서 직접 생산공장을 마련하지 않고도 자동차를 만들 방법이 있을까? 기존 자동차 업체의 부품 목록에서 필요한 사항을 가져다가 조립식 자동차를 만들 수는 없을까? 사실 이 고민은 디트로이트 팀이 포드사와 협력관계를 맺자고 제안할 때 언급한 방법이었다. 예상치 못한 참신한 아이디어도 많았지만, 거기에는 예상치 못한 문제점이 뒤따랐다.

테슬라가 창립하며 내건 기치는 순수 전기자동차가 미래를 주도한다였지만, 모델S를 맡은 팀은 그런 미래를 개척할 수는 없으리라고, 적어도 스타트업의 다음 과제로는 너무 거창하다고 생각하는 것 같았다. 여전히 배터리의 비용과 범위 사이에서 균형을 맞추기가 쉽지 않았다. 하이브리드 전기차를 놓고 제너럴모터스가 펼치는 주장에는 필연적인 논리가 있었다. 로이드는 플러그인 하이브리드를 둘러싼 세부사항을 모두 피스커와 공유했다. 테슬라는 이 계획을 철저히 기밀에 부치려 했으나, 전기자동차의 배터리와 전기모터에 더해서 기존 휘발유 탱크와 엔진까지 장착하려면 디자인팀에는 계획의 세부사항을 알려줄 수밖에 없었다.

그러나 피스커가 보낸 모델S 디자인을 보고 테슬라 팀은 혼란에 빠졌다. 로이드는 차량 앞쪽의 둥근 그릴 모양을 가리키며 못마땅한 표정을 지었다. 예전에 애스턴마틴에서 볼 수 있었던 매끈하고 세련된 라인 처리와는 완전히 거리가 멀었다. 로이드는 동료를 붙들고 이렇게 하소연했다. "도대체 피스커라는 작자가 뭘 해놓은 건지 모르겠군. 이렇게 꼴사나운 디자인이 말이 되기나 해?"

피스커의 스튜디오에 모여 디자인을 재검토하는 자리에서 머스크는 로이드가 불만을 터트리던 순간을 떠올렸다. 그는 포토샵으로 지상고가 낮은 2도어 맥라렌F1 스포츠카의 이미지를 늘려서 4도어 세단처럼 보이게 만들었다. 머스크의 포토샵을 지켜보던 헨리크 피스커는 화이트보드로 다가와서 굴곡진 몸매의 여성 실루엣을 그렸다. 당시 회의에 참석한 사람의 말을 빌리면, 피스커는 이렇게 설명했다. "디자이너가 옷을 만들 때 모두 이런 실루엣을 사용합니다." 그러고는 두루뭉술한 몸매의 여성을 하나 더 그렸다. "하지만 결국에는 이런 몸매를 지닌 여성도 입을 수 있는 옷을 만들어야 하죠. 그래야 후덕한 고객에게도 옷을 팔 수 있으니까요. 둘의 몸매는 딴판이지만 말입니다." 이 말을 듣고 머스크는 화가 나서 얼굴이 시뻘게졌다.

피스커는 디자인이 문제가 아니라고 맞섰다. 테슬라는 BMW 5 시리즈처럼 중형 자동차를 원했고 배터리를 차량 아랫부분에 장착할 계획이었다. 그런데 그렇게 하면 지붕 라인이 위로 솟아서 늘씬하게 빠지는 느낌을 줄 수 없었다. 테슬라 내부에서도 일부 직원은 둥글납작한 차체 외관을 보더니 흰고래 같다고 비아냥거렸다. 엔지니어링과 차량 제작에 드는 비용을 감당할 자금이 부족한 상황에서 자동차 외관에만 치중할 수 없었다. 마크스는 회사 재정을 검토하고, 테슬라가 모델S의 개발자금을 감당할 수 없다고 결론 내렸다. 그는 로이드에게 비용 일부를 충당하려면 파트너를 찾아야 한다고 설명했다. 그러려면 테슬라는 다시 디트로이트로 돌아가야 했다. 팀은 먼저 크라이슬러에 적극적으로 다가가기로 했다. 크라이슬러 경영진에게 이 기술을 자세히 알려주고, 차량 플랫폼을 공동으로 개발할지 논의하자는 게 테슬라의 작전이었다. 이렇게 하면 테슬라는 프로토타입의 패스트백 버전을 얻게 되고, 크라이슬러는 그들만의 세단을 만들 수 있었다.

그런데 2007년에는 크라이슬러도 내부적으로 큰 위기를 겪었다. 독일 모회사인 다임러크라이슬러에서 이 회사를 매각해버린 것이다. 가을 무렵 새로운 경영진을 맞이하게 된 크라이슬러는 테슬라와 협업하는 건에서 손을 떼기로 결정했다. 훗날 크라이슬러의 고위 임원은 새로 부임한 사장단에게 크라이슬러가 이 협업 프로젝트에 얼마나 많은 노력을 기울여왔는지 제대로 전달하지 못했다고 회상했다.

크라이슬러가 손을 뗐다는 소식을 듣고 로이드가 이끄는 팀은 충격에 휩싸였다. 크라이슬러가 전기자동차 프로그램을 염탐하려고 자신들을 이용했다는 느낌을 떨칠 수 없었다. 크라이슬러에서 전해온 청천벽력 같은 소식에 뒤이어 피스커에서도 비슷한 비보가 들려왔다. 2007년 2월부터 모델S의 디자인을 함께 개발해온 피스커가 갑자기 자체 하이브리드 전기차를 개발하고 있다고 발표하면서, 믿었던 동업자가 한순간에 경쟁업체로 돌변했다.

테슬라는 큰 충격에 빠졌다. 피스커는 2010년에 모델S 출시를 계획하고 있는 테슬라의 로드맵을 거머쥐고 있었다. 그들은 수 개월간 엔지니어링과 디자인 콘셉트를 공유했고 하이브리드 자동차를 제작하는 데 따르는 제약을 논의했으며 스포츠카에 맞먹는 성능을 지닌 차량을 어떻게 만들어낼지 함께 고민했다. 그러면서도 헨리크 피스커나 그의 팀원들은 비슷한 차량을 개발할 의향이 있다는 말을 한 번도 한 적이 없었다. 테슬라는 피스커와 작성한 계약서를 다시 검토했다. 피스커가 잠재적 경쟁사도 포함해서 다른 고객에게 받는 디자인 의뢰를 금지하지 않는 비독점 계약이었다. 또한 피스커가 직접 차량을 제작하는 사태와 관련해서도 아무런 언급이 없었다. 피스커가 디자인 회사인 데다 전기자동차를 개발한 경험이 아예 없어서 직접 전기차를 개발하겠다고 나서리라고는 꿈에도 생각지 않았다. 사실 두 팀은 모델S에 부착할 배지에 '피스커 코치빌드 디자인'이라는 문구를 집어넣을 계획이었다. 피스커 측에는 테슬라와 진행한 협업이 마케팅 전략인 셈이었다.

얼핏 보면 피스커가 테슬라를 모방한 것 같지만, 피스커의 전략은 여러 측면에서 머스크와 정반대였다. 머스크는 테슬라 제품을 구상하면서 로드스터를 작업할 때보다 더 많은 통제권을 틀어쥐려고 했다. 반면에 피스커는 차량 외관에만 집중하고 엔지니어링 부문은 대부분 공급업체에 위탁했는데, 이 전략은 테슬라의 현재 행보보다 마틴 에버하드가 맨 처음 테슬라를 구상하던 방식과 더 유사했다. 그런데 겉으로 드러난 이 배신이 전부가 아니었다. 테슬라가 미처 몰랐던 더 심각한 비밀이 있었다. 머스크가 일 년 전에 거절한 벤처캐피털 회사인 클라이너 퍼킨스에서 피스커에 투자한 것이다.

테슬라가 어떤 기업으로 성장할 것인가 하는 논란의 중심에는 스트라우벨이 있었다. 그가 이끄는 팀에서 만드는 배터리팩과 배터리셀 수천 개를 화재 위험 없이 다룰 수 있는 기술이 테슬라의 최대 강점이었다. 밴티지포인트의 투자자를 포함해서 일각에서는 과연 조만간 다른 기업에 배터리팩을 판매할 수 있을지 미심쩍어했다. 마틴 에버하드는 테슬라에서 해고되기 몇 달 전에 수정한 사업계획서를 제시하며 배터리팩를 판매해서 얻는 수익이 매년 8억 달러에 이를 것으로 추산했다. 이런 아이디어를 다른 회사에 홍보한 팀은 일찌감치 성공 가도에 들어섰다. 노르웨이의 전기자동차 스타트업인 씽크Think는 자사 소형 전기자동차에 배터리팩을 장착하려고 테슬라와 4,300만 달러의 계약을 맺었다. 볼트 프로젝트를 추진하던 제너럴모터스도 관심을 보였다. 스트라우벨은 본인 팀을 설득해서 다시 준비 작업에 들어갔다.

하지만 머스크는 이런 움직임이 탐탁지 않았다. 스트라우벨이 시간을 낭비하고 있다고만 생각했다. 마크스가 보기에도 이미 수백 건의 주문을 받아놓은 로드스터의 생산이 급선무였다. 고객이 불만을 터트리면 테슬라의 초기 평판에 흠집이 갈 수도 있다고 생각하니 머스크는 신경이 곤두섰다. 그는 에버하드에게 이렇게 물었다. "그들의 파워트레인에 말썽이 생기면 가장 먼저 우리 배터리를 의심하지 않겠어요? 그들이 우리 배터리에 문제가 있다고 주장하면 어떻게 대처할 겁니까?"

안토니오 그라시아스와 팀 왓킨스가 자금 문제를 둘러싸고 더 심각한 소식을 들고 왔다. 테슬라의 비용 구조를 깊숙이 파고들었더니, 로드스터를 완성하는 데 드는 비용이 얼마인지 제대로 파악하지 못한 것보다 더 심각한 문제가 발견되었다. 테슬라는 현재 재정 구조가 사상누각과도 같아서, 로터스 공장에서 자동차를 생산하기 시작하면 곧바로 파산할 가능성이 있었다.

실상은 이랬다. 테슬라가 일본 기업에 배터리를 주문하면, 태국에서 배터리를 배터리팩으로 조립해서 다시 영국으로 배송하고, 그곳에서 로드스터에 장착했다. 이렇게 완성한 로드스터를 다시 배편으로 캘리포니아까지 운반했는데, 이 모든 과정을 거치려면 여러 달이 걸렸다. 또한 테슬라는 차량를 판매해서 현금 수익을 올리기 전까지 부품 공급업체 3곳의 대금 결제를 미루고 있었다. 왓킨스가 계산해보니, 이 생산 주기를 현행대로 유지하려면 수억 달러가 필요한데, 테슬라 수중에는 수천만 달러도 없었다. 한마디로 비용이 아니라 현금 흐름이 문제였다.

그들은 여러 옵션을 검토했다. 머스크는 배터리팩을 생산하기에 더 유리한 여건을 캘리포니아에 조성해서 태국을 거치는 과정을 없애려고 했다. 그러면 테슬라 자동차를 영국에서 샌프란시스코까지 비행기로 운반할 수 있었다. 배터리가 미리 장착된 자동차는 규정에 따라 비행기로 운반할 수 없었다. 이렇게 운송 방식을 항공편으로 바꿔서 시간을 단축하면 회전 주기가 줄고 현금 보유량도 많이 필요치 않았다. 그는 스트라우벨 팀더러 실리콘밸리에 작업장을 마련하고 무엇보다도 중요한 배터리팩을 직접 생산하라고 종용했다. 하지만 마크스는 아시아 지역의 장점인 저렴한 노동력을 거론하며 그곳에 더 많은 공정을 맡겨야 한다고 주장했다. 이렇게 스트라우벨과 배터리팩을 놓고 팽팽한 줄다리기가 이어졌다.

이야기가 길어질수록 양쪽 모두 한 가지 사실을 명확하게 깨달았다. 마크스는 테슬라의 CEO로서 적임자가 아니었다. CEO 자리에 최단기간 머물렀다는 사실은 테슬라의 원대한 역사에서 좀처럼 눈길을 끌지 못하는 기록으로 남을 것이다. 그렇게 그는 회사 사정이 크게 악화할 수도 있는 위기의 순간에 잠시 등장했다가 자취를 감추었다.

테슬라의 세 번째 CEO로 맞아들이기 위해, 머스크는 베벌리힐스에서 알게 된 친구 제브 드로리Ze'ev Drori에게 연락했다. 그는 한때 기술 분야를 주름잡던 인물이었다. 그가 설립한 유명 반도체 회사인 MMIMonolithic Memories는 1987년 어드밴스드 마이크로 디바이시스Advanced Micro Devices에서 인수했다. 그뒤 드로리는 클리포드 일렉트로닉스Clifford Electronics의 지분을 인수해서 지배권을 확보한 다음 이 회사를 자동차 경보기 산업의 선두주자로 키워서 올스테이트Allstate Insurance에 매각했다. 자동차를 끔찍이도 좋아해서 포뮬러원Formula One(국제자동차연맹이 주관하는 세계 최고의 자동차 경주대회─옮긴이)에도 손을 뻗쳤다.

최고경영자가 바뀌더니 회사 비용을 절감하기 위해 필요한 절차라며 에버하드가 채용한 직원들을 거의 다 회사에서 내보냈다. 에버하드 본인도 예외가 아니었다. 2007년 늦가을에 자신이 세운 회사에서 나가라는 통지를 받았다.

그는 여러 달 내내 불편한 기색을 감추지 못했다. 자신이 쫓겨나는 사태는 어느 정도 예상된 결과였으나, 그렇다고 쉽게 받아들일 수 있는 문제가 아니었다. 한 달 전에 마크스가 에버하드에게 머스크가 끈질기게 공동 창업자인 에버하드를 축출해야 한다고 주장하고 있어 에버하드의 사내 입지가 상당히 불안하다고 알려준 터였다. 마크스는 에버하드에게 먼저 그만두면 퇴직금을 챙겨주겠다고 제안했지만, 에버하드는 고개를 가로저었다.

시간이 흐르면서, 머스크는 더 공격적으로 변했다. 그는 이사회 의장이었고, 테슬라 이사회 8석 중 자신을 포함해서 총 4석을 이미 직접 통제하고 있었다. 에버하드에 따르면, 그는 우선주 옵션의 상당량을 보통주로 전환해서 이사회 3석마저 집어삼키려 했다. 만약 그렇게 되면 머스크가 이사회 임원 8명 중 7명을 좌지우지해서 이사회 결정권을 완전히 장악할 수 있었다. 말하자면 에버하드를 제거할 수 있는 전권을 쥐는 셈이었다.

테슬라를 시작할 때 에버하드가 기틀의 전반을 잘 세웠다고 할 수 있다. 리튬이온 배터리의 잠재력을 알아보고 고급 전기 스포츠카라는 새로운 가능성을 추구한 점도 칭찬할 만했다. 하지만 자동차 제조는 매우 복잡한 과정인데도 대수롭지 않게 여겼고, 회사가 성장할수록 재무관리에 더 신경 썼어야 하는데 그러지 못하고 오점을 남겼다. 가장 큰 실수는 이사회의 통제권을 상실한 일로, 수년에 걸쳐 그의 목을 서서히 조여왔다. 머스크는 회사 자금을 마련할 때마다 지배력을 강화해나갔다. 실은 테슬라의 통제권을 누가 장악하느냐가 초미의 관심사였는데, 누가 봐도 에버하드가 머스크에게 패배한 것이 분명했다.

분위기는 불과 3년 반 만에 완전히 달라졌다. 그때 에버하드는 머스크 수중에 첫 번째 수표가 들어온 일을 축하하기 위해 샴페인을 터트렸고, 그가 직접 이사회에 영입한 친구들인 버나드 체와 로리 율러도 그 자리를 함께했다. 한동안 테슬라가 에버하드의 회사처럼 보였을지 모르나, 실은 머스크가 영향력을 차근차근 넓혀가고 있었다. 로드스터 디자인부터 테슬라의 미래, 즉 스포츠카 생산업체에서 세계시장에 진출하는 저렴한 전기자동차 생산업체로 탈바꿈하겠다는 목표에 이르기까지, 테슬라의 모든 것은 잘되든 못되든 머스크 손 안에 있었다.

머스크는 에버하드에게 최후통첩을 보냈다. 10만 달러 상당의 6개월 치 급여와 25만 주를 구매할 수 있는 옵션을 제안하며, 그날 당장 계약서에 서명하지 않으면 자신이 스톡옵션을 행사해서 에버하드가 아무것도 얻지 못하도록 만들겠다고 조건을 붙였다. 에버하드는 하는 수 없이 서명했고, 아내에게 선물로 받은 차량 번호판 '미스터 테슬라'가 부착된 마쓰다3을 몰고 집으로 돌아갔다. 에버하드는 더없는 절망감에 시달렸다. 그동안 가깝게 지낸 몇몇 이사회 임원에게 전화를 걸고 이메일을 보내보았지만 아무도 응답을 하지 않았다. 그는 테슬라 지지자들이 모여 있는 인터넷 대화방에서 위로를 얻다가, 며칠 뒤에 자신이 테슬라를 떠난다는 소문과 관련해 직접 답글을 남겼다. "네, 소문이 아니라 사실입니다. 저는 이제 테슬라모터스를 떠납니다. 직원도 아니고 이사회 임원도 아닙니다. 테슬라를 두고 어떤 비방도 하지 않겠다고 계약서에 서명한 터라 여기에 글을 남기는 것도 사실 조심스럽습니다."

"그렇다고 거짓말을 할 수는 없죠. 회사에서 저를 대우하는 태도를 보고 매우 실망했습니다. 이렇게 변화에 대처하는 방식이 가장 좋을 리는 없겠죠. 테슬라모터스, 테슬라 고객, 그리고 테슬라 투자자를 막론하고 누구에게도 바람직한 처리 방식이 아닙니다. 하지만 저는 여전히 테슬라 고객에게 강한 책임감을 느낍니다."

몇 주 후에 타페닝도 떠나겠다는 의사를 밝혔다. 에버하드의 고민을 잘 들어주던 둘도 없는 친구였다. 테슬라가 파산하지 않고 로드스터 생산에 본격적으로 돌입하기까지 할 일이 많이 쌓여 있었다. 그런데도 타페닝은 이제 로드스터를 생산할 채비가 끝났고 자신이 원하던 바를 다 이뤘다고 말했다. 에버하드를 지지하는 많은 사람이 타페닝도 떠나버린 테슬라는 이제 그들에게 무의미하다고 여겼다.

드로리가 CEO이긴 했지만, 머스크는 그에게 지배권을 넘겨주려 하지 않았다. 머스크가 드로리를 채용하기로 했다고 발표한 날, 두 사람은 스트라우벨과 데이브 라이언스를 대동하고 머스크의 개인 전용기에 올라 디트로이트로 향했다. 그곳에서 변속기 문제를 논의하기 위해 잡아놓은 회의가 있었다. 그런데 전용기 안에서 머스크는 몹시 불안하고 초조한 기색을 감추지 못했다.

라이언스는 이렇게 회상했다. "머스크는 이 모든 상황이 자기 뜻대로 되지 않자 매우 집착하기 시작했어요. 무엇보다도 통제권을 빼앗기고는 못 견디는 사람이었죠. 형세가 어떻게 돌아가는지 채 파악하지 못한 상태였어요. 전 재산을 다 걸었고 친구들까지 죄다 끌어들였으니 그들에게 한 약속은 무조건 지켜야겠죠. 개인적으로 투자한 액수도 절대 무시 못 할 수준이잖아요."

스트라우벨이 판단하기에 테슬라의 성공 가능성은 갈수록 곤두박질쳤다. 게다가 공급업체 네트워크를 개발하는 업무 때문에 아시아 지역을 도는 출장이 거듭되면서 피로가 누적되었다. 일찍이 에버하드는 테슬라와 계약하자고 하면 공급업체들이 두 팔 벌려 환영할 줄 알았는데, 현실은 전혀 달랐다. 배터리 제조업체들은 자사 평판에 좋지 않은 영향을 미치거나 골치 아픈 법적 소송 등에 휘말릴지도 모른다며 전기차 스타트업을 거들떠보지도 않았다.

파나소닉이 그렇게 부정적인 반응을 보이는 업체 중 한 곳이었다. 실리콘밸리에 있는 파나소닉 지사의 책임자는 커트 켈티 Kurt Kelty였다. 그는 파나소닉의 리튬이온 배터리로 새로운 사업을 시도해볼 의향이 있었으나, 테슬라 같은 스타트업에 번번이 퇴짜를 놓았다. 그러다 2006년 초반에 테슬라의 엔지니어가 켈티에게 색다른 제안을 했다. 켈티는 그를 콘퍼런스에서 만났는데, 그는 예전에 이름이 알려지지 않은 자동차 제조사에서 근무한 적이 있다고 했다. 켈티는 아직 외부에 공개하지 않은 로드스터 사진을 보게 되었는데, 상당히 흥미로웠다. 지금까지 그가 거절한 전기차 스타트업과는 사뭇 달랐고, 제대로 된 고급 자동차라는 느낌을 물씬 풍겼다.

테슬라 역사에서 아주 중대한 순간에 훌륭한 이력과 기술을 두루 갖춘 적임자가 이렇게 때맞춰 등장해서 회사의 승산을 높여주었다. 파나소닉에서 테슬라로 옮겨가는 켈티를 보고 파나소닉과 켈티의 가족은 적잖이 놀랐다. 그는 스트라우벨에게 꼭 필요한 비밀 병기가 되어주었다.

스트라우벨은 테슬라에 합류하기 전에는 아시아에 가본 적이 없었다. 그래서 공급업체를 물색하려고 중국과 일본을 돌아다니며 위스콘신주와 스탠퍼드대학교 교정과는 다른 세상을 경험하게 되었다. 반면,

켈티는 일본 문화에 심취한 사람이었다. 팰로앨토에서 십 대 시절을 보낸 그는 당시에 이미 사업을 시작했고, 스워스모어 칼리지에서 생물학을 공부했다. 그가 몰고 다닌 첫 번째 차인 1967년식 포드 머스탱은 손수 완벽하게 복원한 차량이었다. 일 년간 일본에서 유학하며 여자친구를 사귀었지만, 그녀의 부모가 딸이 외국인과 교제하는 것을 극구 반대했다.

2년 뒤에 켈티는 샌프란시스코에 자리를 잡고 수산물 수출하는 사업을 하면서 가끔씩 일본으로 출장을 다녔다. 일본에 가면 옛 여자친구를 만나서 커피를 마시곤 했다. 두 사람은 다시 사랑을 키워나갔고 여자친구의 부모가 완강히 반대하는데도 함께 미국으로 건너갔다. 샌프란시스코에서 일 년간 지내면서 두 사람은 서로를 깊이 사랑했지만, 평생을 함께하려면 결국 여자친구의 부모를 설득해야만 한다는 점을 깨달았다. 그래서 여자친구의 만류도 뿌리치고 홀로 일자리를 알아보러 일본으로 돌아갔다. 그런데 일본어 실력이 가까스로 맥주를 주문할 정도였기에, 우선 일본어 수업에 등록했다. 그리고 여자친구의 가족에게 좋은 인상을 심어주기 위해 대형 제조업체에 취직하겠다는 목표를 세웠다. 그렇게 해서 마침내 켈티는 파나소닉에 취직했고, 여자친구도 그의 곁을 지키려고 일본으로 돌아왔다. 그는 일본어가 유창하고 일본 문화에도 정통한 외국인으로 관심을 모았다. 파나소닉이라는 대기업에서 15년간 경력을 쌓았고, 아내가 늘 그의 곁을 지켰다. 결국 처가 식구들의 인정을 받게 된 두 사람은 아이 둘을 데리고 팰로앨토로 돌아왔고, 실리콘밸리에 파나소닉 연구소를 마련했다.

테슬라에 합류할 당시 41세였던 켈티는 스트라우벨을 새로운 세상으로 안내했다. 이력만 놓고 보면 두 사람은 서로 어울릴 법하지 않았다. 한 명은 세상 풍파를 겪어본 한 집안의 가장이었고, 다른 한 명은 온실

안 화초처럼 살아온 독신 남성이었다. 하지만 세상에 대한 호기심이 왕성하고 에너지 제품에 관심을 두고 있어, 서로 통하는 부분이 있었다. 두 사람은 협력해서 멋진 영업팀을 만들었다. 켈티가 업계 인맥을 활용해서 프레젠테이션 기회를 따냈다. 켈티가 먼저 일본어로 자신과 스트라우벨을 소개하고, 스트라우벨이 테슬라의 기술을 설명하면 모든 내용을 켈티가 통역했다. 스트라우벨은 기술을 완벽하게 이해하고 능숙하게 설명해서 좋은 인상을 남겼고, 일본 기업 문화에서 드러나는 미묘한 특성은 켈티가 맡아서 처리했다.

켈티는 여러 옵션을 검토하고 나서, 예전에 근무했던 파나소닉에서 배터리셀을 공급받는 방법이 최선이라고 결론 내렸다. 산요는 그다음으로 손꼽히는 대상이었다.

스트라우벨이 보기에 상황은 제자리걸음이었다. 배터리를 다뤄본 경험도 없고 전문지식도 없는 낮은 직급의 직원들과는 여러 차례 면담했지만, 진전이 없었다. 갈수록 시간만 낭비할 뿐이라는 생각이 들었지만, 켈티가 상황이 나아질 거라며 그를 다독였다. 일본 기업과 함께 업무를 추진하려면 일단 우호적인 관계를 형성하고 나서, 참신한 아이디어와 기술을 발전시키는 데 긴 시간을 투자해야 한다는 점을 켈티는 잘 알고 있었다. 테슬라의 엔지니어 문화에서는 도무지 이해할 수 없는 환경이었다. 그는 두 달에 한 번 아시아 지역을 방문했고, 예전 직장의 인맥을 통해 다양한 사람을 만날 방법을 찾아냈다. 회의 참석자는 언제나 예의 바르게 행동했지만, 확답은 내놓지 않았다. 그러던 중, 파나소닉의 배터리 총책임자가 에버하드에게 이메일을 보내왔다. 파나소닉은 테슬라에 배터리를 판매할 의향이 전혀 없으니 더는 언급하지 말라는 내용이었다.

이런 통지는 일본 기업 정서에 비추어봐도 상당히 이례적이었다. 하지만 켈티는 전혀 동요하지 않는 듯이 처신하며, 좀 더 기다려보자고 말했다. 대안으로 꼽았던 산요에서는 첫 만남 이후에 몇 달이 지나서 켈티와 스트라우벨에게 만나자고 연락을 해왔다. 산요의 태도는 예전과 확연히 달랐다. 두 사람은 오사카 본사 건물 맨 꼭대기에 있는 대회의실로 안내를 받아서 들어갔다. 전통 방식에 따라 산요 측 테이블과 두 방문객을 위한 테이블이 따로 마련되어 있었다. 이번에는 직급이 낮은 직원 몇몇이 아니라 관리자와 경영진이 30여 명 등장했다. 참석자를 모두 앉히려고 두 번째 줄부터 접이의자를 놓을 정도였다.

켈티와 스트라우벨이 평소처럼 프레젠테이션을 시작하자, 열폭주에 관한 질문이 쏟아졌다. 가끔 배터리 결함이 발생할 텐데, 테슬라는 그런 상황에서도 배터리팩 내부에 심각한 폭발이 일어나지 않도록 조치하겠다고 장담할 수 있습니까? 다른 기업과도 회의하면서 이미 받아본 질문이었고, 스트라우벨은 충분히 설득할 준비가 되어 있었다. 그런데 회의실 뒤편에 앉아 있던 중간 간부 한 사람이 먼저 해답을 말해버렸다. 두 사람은 깜짝 놀라지 않을 수 없었다. 그들이 제시하려는 내용을 산요 측에서도 이미 파악하고 있었다. 스트라우벨의 설명이 그들에게도 그리 생소하거나 어려운 내용은 아니었다. 스트라우벨이 그 문제를 해결할 방책을 가장 먼저 알아낸 건 맞지만, 그가 유일하진 않았다. 주변 배터리로 열폭주의 위험을 분산할 수 있다는 대목은 유례없이 놀라운 발상이었다. 2007년에 산요가 테슬라에 배터리를 공급하기로 결정하고 협상을 마무리 지었다.

하지만 너무 늦었을지도 모른다는 생각을 떨치기 힘들었다. 지난 3년간 스트라우벨에게 테슬라는 가족만큼 소중한 존재였다. 켈티, 진 베르디체프스키를 포함한 여러 사람과 인맥도 쌓았다. 돈이 생기면 무조건 테슬라 주식에 투자하고 봤다. 로드스터는 그가 모든 것을 바쳐서 키워온 꿈이었다. 그와 동료들은 헌신을 다해 업무에 매달리며 수많은 밤을 뜬눈으로 지새웠고 힘든 출장도 수없이 다녔다. 하지만 테슬라는 자꾸만 시동이 걸렸다 꺼졌다 하는 고장 난 자동차 같은 상황에서 벗어나지 못했다. 스트라우벨은 갈수록 테슬라가 자동차 업계에서 그의 첫 직장이었던 로젠모터스의 전철을 밟고 있다는 느낌이 들었다. 로젠모터스의 창업자들은 막대한 자금을 쏟아부었지만, 다 포기하고 회사를 접어야 했다.

스트라우벨은 일본 출장을 마치고 장시간 비행한 끝에 멘로파크에 있는 집으로 돌아왔다. 이상하게도 집 안에서 불빛이 하나도 보이지 않았다. 그제야 출장이 길어지는 바람에 전기세가 연체되었다는 사실을 알아챘다. 냉장고를 열어보니 음식이 모두 상해서 역한 냄새를 풍겼다. 그는 바닥에 주저앉아 어둠 속에서 가까스로 찾아낸 참치 통조림으로 허기를 달래며 이렇게 생각했다. '과연 테슬라가 성공할 수 있을까?'

자금 문제는 좀처럼 해결되지 않았다. 2008년 후반기에 계획대로 로드스터 생산에 본격적으로 돌입하려면, 그에 앞서 부실한 공급망을 정비할 자금이 더 필요했다. 이사회는 투자자에게 더 기대지 않고 테슬라 가치가 올라가면 대출을 늘려서 주식으로 전환하기로 의결했다. 머스크는 이미 엄청나게 줄어든 개인 재산을 바닥까지 싹싹 긁어왔다. 테슬라가 2008년 초반까지 확보한 1억 4,500만 달러 중 5,500만 달러는 머스크 주머니에서 나왔다. 게다가 스페이스엑스도 로켓 제작에 난항을 겪고 있었다.

이제 은행 잔액이 얼마간 남아 있고, 유럽에서 로드스터 주문이 들어오면 주문 예치금이 늘어날 가능성도 컸다. 차량 성능을 일부 개선해서 최종 출고가를 인상할 명분도 쌓았다. 머스크와 이사회는 재정 위기에서 벗어나 한시름 놓을 수 있었다. 그들은 로드스터가 시장에서 호평을 얻으면 2008년 연말쯤에 한 차례 더 투자자를 모으기가 수월할 거라고 전망했다. 그러면 2009년에 회사를 상장할 때 모델S의 출시를 앞두고 기대치가 한껏 높아질 수도 있었다. 피스커 때문에 이 계획이 한번 무산되었지만, 계획 자체에는 아무런 문제가 없었다. 머스크는 이제는 테슬라의 운명을 외부에 맡기지 말고 직접 개척해야겠다고 다짐했다.

에버하드가 채용한 사람들이 거의 다 빠져나간 뒤에, 새로운 CEO 드로리와 머스크는 사뭇 다른 방향으로 지도력을 재정비하기 시작했다. 에버하드는 자동차 업계보다는 기술업계에서 관리자를 채용했지만, 두 사람은 자동차 업계에서 노련한 임원들을 찾는 데 주력했다. 그러던 중 포드모터스 회계팀에서 근무하던 디팩 아후자Deepak Ahuja를 알게 되었고, 그에게 CFO를 제안했다. 사실 테슬라를 창립한 이후로 CFO는 늘 공석이었다. 전 제너럴모터스 디자이너에서 마쓰다 매니저로 변신한 프란츠 폰 홀츠하우젠은 피스커의 자리를 이어받아 디자인을 감독하게 되었다. 이제 그들은 모델S 작업을 재개하고 로드스터의 마무리 작업을 챙겨줄 노련한 제품관리자를 물색했다.

3월의 어느 날, 드로리는 《월스트리트 저널》에서 크라이슬러의 임원 동향을 다루는 기사를 읽게 되었다. 크라이슬러를 대표하는 엔지니어로서 24년간 근무한 마이크 도너Mike Donoughe가 새로운 기업주와 CEO가 등장하고 나서 갑자기 회사를 그만두었다는 소식이었다. 또 다른 매체에서는 크라이슬러가 도요타 캠리에 대항할 새로운 중형차를 개발하는 프로젝트D를 계획하고 있었는데, 이 프로젝트의 방향과 속도를 놓고 의견 차이를 보이다가 결국 도너가 회사를 떠났다고 보도했다.

드로리는 즉시 도너의 행방을 수소문하기 시작했고, 6월 무렵에 테슬라의 차량 엔지니어링 및 제조 담당 부사장으로 합류하기로 도너와 합의했다. 그때 도너는 41세였는데, 그가 요구한 연봉을 살펴보면 당시 스타트업이 경험 많은 임원을 고용할 때 어떤 고충을 겪었을지 대충 짐작할 수 있다. 도너의 연봉 32만 5,000달러는 전 CEO 마틴 에버하드의 연봉보다 훨씬 많은 액수였다. 도너는 한 주당 90센트 정도에 50만 주를 살 수 있는 옵션도 받았다. 이 옵션은 4년에 걸쳐 단계적으로 제공하기로 했다. 그밖에도 도너가 경쟁업체로 이직하면 계약을 위반했다고 간주해서 크라이슬러가 퇴직금을 삭감할 경우, 테슬라에서 차액을 보상해주기로 했다. 그렇다 쳐도 디트로이트에서 이런 보상금은 그리 큰 액수가 아니었다. 특히 실리콘밸리에서 생활비가 많이 드는 점을 고려하면 보상이 크지 않다고 말할 수 있었다.•

테슬라 처지에서는 그만큼 중요한 인물이었다. 도너는 모델S 개발을 포함해서 회사 운영의 상당 부분을 책임질 사람이었다. 하지만 이내 도너는 로드스터 프로그램을 수정하는 작업에 주력해야 했다.

로드스터와 관련된 회계 처리와 비용 산정을 전부 새로 해야 했다. 스트라우벨이 차를 분해해서 모든 부품을 펼쳐놓으면, 팀원이 각 부품의 현재 가격과 개선해야 할 사항을 메모지에 적어서 붙였다. 또한 매주 도너에게 업무 보고도 했다. 그러고 나서 더 저렴한 해결책과 더 저

---

• 이와는 대조적으로 《디트로이트 프리 프레스》는 2008년에 크라이슬러가 임원 50명에게 회사에 남으면 보너스를 지급하기로 약속했다고 보도했다. 2009년 파산 절차와 구조조정을 앞두고 임원들이 대거 빠져나갈까 봐 우려한 처사였다. 도너의 이전 동료는 기본급에 더해 20만 달러에서 거의 200만 달러 사이의 보너스를 받을 것으로 예상되었다.

렴한 공급업체를 물색하는 등, 비용을 절감할 방안을 고심했다.

도너는 매일 아침 회의를 열고 팀이 가장 중요하게 처리해야 할 사안을 결정했다. 그가 오전 6시에 모이자고 제안했지만, 직원들의 반발로 회의 시간을 7시로 늦추었다. 이런 점에서 알 수 있듯이, 도너는 아랫사람을 포용하는 성격이 아니었다. 도너가 합류하기 전에는 매월 5대였던 로드스터 생산량을 도너가 매월 20대로 늘리며 두더지게임을 뒤엎듯 판을 바꿨다. 테슬라 팀은 그동안 문제가 생기면 일단 묻어두기만 했다. 하지만 그렇게 해서는 같은 문제가 재발하는 사태를 막을 수 없었다. 도너는 문제의 싹을 아예 잘라서 두 번 다시 발생하지 않도록 전략을 수정했다.

그는 크라이슬러에 오랫동안 근무하면서 꾸준히 승진 가도를 달렸다. 처음에는 스털링하이츠에 있는 부품 조립공장에서 부품을 용접하는 차체라인의 교대작업을 감독했다. 작업 환경이 열악한데도, 시간당 부품 68개를 작업해야 했고 하나라도 놓치면 어마어마한 비용을 물어내야 했다. 그는 테슬라에서도 작업자가 그만 한 책임감을 지니고 업무를 처리해야 한다고 생각했지만, 테슬라 팀은 그렇게 엄격한 분위기에 익숙하지 않았다. 한번은 회의 분위기가 굉장히 경직된 가운데 엔지니어가 공급업체와 빚은 마찰을 처리할 방안을 마련해서 보고했다. 도너는 가만히 듣기만 하고 아무 말도 하지 않았다. 회의실에 있던 모든 사람이 숨죽이고 도너가 입을 열기만 기다렸다. 고작 몇 초가 흘렀지만, 그 순간이 너무나도 길게 느껴졌다. 마침내 도너가 한마디 했다. "공급업체에서는 뭐라고 하던가요?" 엔지니어가 아직 연락해보지 않았다고 하자, 그는 또다시 "공급업체에서는 뭐라고 하던가요?"라고 물었다. 엔지니어는 곧 연락해볼 참이었다고 대답했다. 하지만 그에게는 어설픈 변명으로 들렸다. 이 업체가 문제를 일으켜서 로드스터 생산에 차질이 생기는 판인데, 도대체 아직도 연락을 안 했다는 게 말이 되냐며 "지금 당장 가서 전화하세요!"라고 윽박질렀다.

테슬라가 안고 있는 골칫거리 중 하나는 필요한 부품이 제때 공급되지 않거나 부품의 디자인 결함으로 부품을 수리해야 한다는 점이었다. 로터스의 부품을 그대로 사용하려던 계획은 오래전에 폐기되었고, 이제 로드스터와 엘리스에 공통으로 들어가는 부품이 전체의 10퍼센트 미만이었다. 차체 중간에 450킬로그램이나 되는 배터리팩을 설치하고 수박 크기의 모터를 차량 뒤편에 배치하느라 구조 전반을 다시 만들어야 했다. 스포츠카에 골프 가방을 싣고 다니는 사람이 많다는 점을 고려해서 트렁크에는 여유 공간을 약간 남겨두었다. 전체적인 차체는 엘리스보다 15센티미터 길었다. 그대로 사용된 부품은 앞 유리, 대시보드, 상부 위시본 정도였다. 소프트톱과 사이드미러도 직접 개발해서 안전성 검사까지 진행하려면 비용이 많이 들기 때문에 기존 부품을 사용했다.

변속기가 계속 말썽이었다. 두 가지 방법을 시도했으나, 아직도 해결하지 못했다. 테슬라는 이 사안을 마그나Magna라는 대형 부품업체에 맡겼는데, 문제가 터져서 마그나를 상대로 소송을 걸었다. 테슬라에서는 마그나가 자사 최고의 엔지니어를 테슬라가 의뢰한 작업에 투입하지 않았다고 주장했다. 테슬라의 로드스터 출시가 지연되고 있다는 소문은 디트로이트에 금세 퍼졌다. 자동차 부품업체인 보그워너BorgWarner의 엔지니어들은 테슬라라는 스타트업에서 자사 변속기 때문에 애를 먹고 있다는 소식을 듣고 관심을 보였다. 그러던 중 테슬라의 지지자가 오랫동안 보그워너의 고위 임원이었던 빌 켈리Bill Kelley에게 드라이브트레인 연구개발팀을 동원해서 테슬라를 지원하면 어떻겠냐고 제안했다. 안 그래도 그는 이전부터 전기자동차의 등장에 대비해야 한다고 주장했지만, 초창기에 실패를 거듭하고 나서 이사회가 전기차라는 새로운 사업 분야에 투자하기를 꺼렸다. 그래서 이번에 테슬라의 애로사항을 해결해주면 이사회에 자신의 의견을 좀 더 강력히 제시할 수 있으리라고 생각했다.

켈리는 테슬라 홈페이지에 있는 연락처로 이메일을 보내어 도움을 주고 싶다고 의향을 밝혔다. 곧 테슬라에서 연락이 왔고 캘리포니아에 있는 팀을 방문해 달라고 요청받았다. 켈리는 만반의 준비를 하고 테슬라를 찾아갔지만, 환대는커녕 냉랭한 태도에 적잖이 당황했다. 머스크는 회의실 탁자 반대편 끝에 앉아서 눈을 내리깔고 30분이 지나도록 한마디도 하지 않았다. 한참 후에야 입을 열더니 "내가 왜 보그워너의 도움을 받아야 하죠?"라고 말했다.

켈리는 순간 어이가 없었다. 보그워너는 세계 최고의 실력을 자랑하는 드라이브트레인 공급업체 중 한 곳으로, 인디500 Indianapolis 500-Mile Race(미국 오픈휠 자동차 경주대회─옮긴이)의 우승자에게 수여하는 트로피에 보그워너의 이름을 새겨넣을 정도로 인정받는 기업이었다. 켈리는 보그워너가 엔지니어링을 전문으로 다루는 기업이며 현재 테슬라가 직면한 고충도 충분히 해결할 수 있다고 말했다. "우리 회사 실력은 다들 인정하는 수준입니다."

하지만 머스크는 변속기 제작 건은 리카도Ricardo라는 공급업체와 이미 계약을 맺었다고 대꾸했다. 켈리는 테슬라가 그 업체에 얼마를 지불하기로 했냐고 물었다.

"500만 달러를 내기로 했습니다."

이 말을 듣고 켈리는 "우리는 50만 달러에 가능합니다"라고 얼른 받아치면서 리카도와 경쟁하게 해 달라고 제안했다. 테슬라의 필요에 딱 맞는 변속기를 만들게 해서, 두 업체 중 더 나은 곳과 손을 잡으라는 얘기였다.

사실 머스크는 배터리 공급업체를 선정할 때 이런 방식을 시도해보라고 이미 테슬라 팀에 요구하고 있었다. 그는 업체 단 한 곳에 지나치게 의존하는 것은 바람직하지 않다고 생각했다. 이렇게 해서 리카도와 보그워너가 각자 변속기를 시험 제작하게 되었다. 결과는 보그워너의 승리였다.

이 문제가 해결된 사이, 직원들은 그동안 보잘것없던 생산량을 조금이나마 늘릴 준비를 시작했다. 머스크는 시카고에 있는 팀 왓킨스에게 연락했다. 테슬라가 차체 제작을 맡긴 영국의 하청업체가 고작 몇 개를 제작하고선 공급을 중단해버렸다. 차체가 공급되지 않으면 로터스의 생산 일정에서 테슬라가 맡은 부분은 포기해야 하는데, 이렇게 중도에 그만두어도 비용은 다 부담해야 했기에 진퇴양난이 될지도 모르는 형편이었다. 하지만 머스크는 이미 대책을 마련한 것 같았다. 그는 일이 이렇게 된 덕분에 프랑스에 가서 좋은 포도주를 맛볼 기회가 생겼다고 왓킨스에게 농담을 건넸다. 알고 보니 프랑스에서 새로운 공급업체를 이미 확보해둔 터였다. 그는 전용 제트기를 타고 시카고에 가서 왓킨스를 태운 다음, 기존 공급업체의 공장으로 날아갔다. 두 사람은 직접 설비를 챙겨서 새로 찾은 공급업체에 가져다주었다. 그곳 작업자들이 패널을 수작업으로 대충 만들고 있어서 왓킨스는 좀 더 지속 가능한 방법을 찾아야 했다.

로드스터를 완성하려면 넘어야 할 산이 너무 많아 보였다. 자동차 업계에 오랫동안 몸담은 도너 같은 경험자는 모델S 같은 미래형 자동차 개발을 무의미하게 여겼다. 그리고 첫 번째 시도가 실패했으니 두 번째도 실패할 테고 결국 그렇게 회사가 망할 거라고 생각했다. 디트로이트의 자동차 제조사들은 현재 제품라인 판매에 좋지 않은 영향을 미칠까 봐 향후 생산라인은 이야기하기를 꺼리는 분위기였다. 하지만 머스크는 그런 걱정을 할 겨를이 없었다. 로드스터는 생산 여부와 관계없이 이미 제 몫을 해내고 있었다. 머스크가 티제로를 계기로 테슬라의 가능성을 알아본 것처럼, 로드스터는 그가 다른 투자자들을 설득하기에 충분한 가능성을 열어젖혔다. 지금 그에게 필요한 건 모델S였다. 판매 수익도 올려야 하지만, 모델S를 통해 최대한 많은 사람에게 그의 회사가 어떤 가치를 추구하는지 알려야 했다.

모델S 프로토타입, 특히 어떤 크기로 제작할 것인가를 두고 격론이 벌어졌다. 머스크는 에버하드에게 디트로이트 팀을 모두 해고하라고 지시했지만, 도너는 팀을 그대로 유지하고 있었다. 캘리포니아의 일부 관계자는 여전히 디트로이트 팀에 불만을 품고 있었고, 스트라우벨도 그중 한 명이었다. 그들은 비밀이 많았고 지나치게 자신만만했으며, 스트라우벨이 이끄는 팀에서 이미 이룩한 성과마저 함부로 무시하는 경향이 있었다. 게다가 스트라우벨이 보기에 그들은 우유부단했다. 스트라우벨은 차량 크기를 두고 한 치도 양보하지 않았으며, 오직 테슬라의 근본 의미, 즉 새로움을 만드는 희열감을 되살리고 싶은 마음뿐이었다. 머릿속에는 '나는 얼른 가서 차를 만들고 싶은데 도대체 다들 왜 이러는 거야!'라는 생각이 가득했다. 결국, 그는 샌카를로스의 팀원들을 불러 모아서 아무에게도 알리지 않고 자기 생각대로 모델S 프로토타입을 만들기 시작했다. 모델S는 로드스터를 목표로 개발한 배터리 기술을 그대로 적용한 순수 전기자동차였다.

메르세데스CLS 대형 세단이 적절한 기준점처럼 보였다. 스트라우벨은 메르세데스의 엔진과 연료 탱크를 들여다보고 나서 전기자동차 프로토타입으로 개조하기 시작했다. 이전에도 여러 번 해본 작업이었지만 이번에는 정말 최고급 자동차를 만진다는 점이 큰 차이였다. 그들은 메르세데스의 고급스러운 요소를 그대로 살리고자 노력했으며 특히 내부 인테리어를 보존하는 데 심혈을 기울였다. 마침내 모든 작업을 끝내고 시승해보니 스트라우벨마저 감탄사를 쏟아낼 정도였다. 이번에 만든 전기차 프로토타입은 마법사의 손길이 스친 듯했다. 이것에 비하면 로드스터는 명함도 못 내미는 수준이었다. 대형 세단인데도 스포츠카와 맞먹는 힘을 발산했다. 로드스터는 승차감이 좋지 않은데, 전기차로 탈바꿈한 메르세데스는 정교하게 맞춘 서스펜션 시스템 덕분에 물 위를 미끄러지듯 부드럽게 도로를 질주했다.

머스크도 스트라우벨 못지않게 흥분했다. 한마디로 너무 좋아서 어쩔 줄 몰라 했다. 여러 번 운전해보더니 "이거야말로 모델S의 바람직한 자태야" 하고 감탄했다. 회계장부 안에서는 테슬라의 내부 사정이 엉망일지 모르나, 도로 위를 질주하는 프로토타입이 더할 나위 없이 완벽해서 모두 새로운 희망을 품게 되었다.

스트라우벨은 "일단 사람들이 이 차를 타보기만 하면, 그후로는 세상이 완전히 달라질 겁니다. 우리가 이 프로토타입을 정식 차량으로 만들기만 하면 충분히 가능한 일이죠"라고 말했다.

*8장*

## 죽기 아니면 까무러치기

　일론 머스크는 남아프리카공화국에서 유년 시절을 보냈다. 독서를 좋아하는 데다 읽은 내용을 스펀지처럼 흡수해서, 그의 어머니는 아들에게 백과사전이라는 별명을 지어주었다.

　그의 어머니는 이렇게 회상했다. "머스크는 어떤 질문을 받아도 척척 대답했어요. 그땐 인터넷이 없었지만, 만약 있었다면 아들에게 인터넷이라는 별명을 지어줬을 거예요." 하지만 머스크 본인은 어릴 때 힘든 일이 많았다고 회상한다. 수년간 여러 인터뷰를 통해 아버지와 사이가 좋지 않았고 학교에서는 동년배들에게 따돌림을 당했다고 언급했다. 부모는 1979년에 이혼했고, 그후 수년간 양육권 분쟁이 이어졌다. 당시 10살이던 머스크는 생활비가 부족해서 쩔쩔매는 어머니를 지켜보더니 자신은 아버지와 함께 살겠다고 말했다. 훗날 그의 어머니는 한 기자에게 이렇게 털어놓았다. "아이 아버지는 브리태니커 백과사전을 가지고 있었죠. 하지만 저는 그런 걸 살 형편이 못되었어요. 게다가 아버지 집에는 컴퓨터도 있었고요. 그 시절에는 컴퓨터가 굉장히 귀했어요. 아들이 그걸 얼마나 좋아했는지 몰라요.”

그 시기는 머스크가 성인이 된 후의 모습에 지대한 영향을 미쳤다. 어릴 때는 온갖 엉뚱한 생각이 넘쳐서 본인도 과연 자신이 제정신인지 의문스러울 정도였으나, 이제는 주변에서 미쳤다는 말을 들어도 굴하지 않고 자기 생각을 펼칠 만한 뚝심과 당당함을 갖추게 되었다. 여러 의미에서 그는 조만간 지구에 닥칠 재앙을 대비하는 일에 인생과 전 재산을 쏟아부었다. 스페이스엑스는 지구에 더는 살 수 없는 위기가 닥치면 사람들을 다른 행성에 살게 하려고 만든 기업이었고, 테슬라는 기후 붕괴로부터 지구를 살릴 기술을 개발하려는 노력의 일환이었다.

그런데 취미 삼아 시작한 테슬라가 이제는 모든 시간을 바치는 또 다른 직장이 되어버렸다. 수년 후에 테슬라 임원들은 머스크의 첫사랑이 스페이스엑스라는 농담을 던지곤 했다. 스페이스엑스가 머스크의 본처라면 테슬라는 또 다른 열정을 불러일으키는 매력 넘치는 애인이었다. 그런데 2008년에 머스크는 테슬라를 포기하지 않고 더 집착하기 시작했다. 로젠모터스가 재정 위기를 견디지 못하고 포기한 것과 대조되는 행보였다. 머스크는 테슬라의 재정 구조가 날로 악화하는데도 사업을 접으려고 하지 않았다.

2008년 여름은 테슬라와 머스크에게 최악의 위기였다. 4년간 테슬라에 바친 노력과 희생이 모두 물거품이 될지도 모르는 상황이었다. 저스틴과 함께한 결혼생활은 파국으로 치달아서 봄에 이미 이혼소송이 시작되었다. 한때 사업 동반자였던 마틴 에버하드는 해고 이후로 계속 앙심을 품고 블로그에 머스크를 공격하는 글을 올리고 있었다. 에버하드는 테슬라가 휘청거리는 모습을 계속 추적하면서 실리콘밸리의 주요 언론매체를 통해 머스크를 악당으로 몰아갔다.

테슬라 고객들 또한 차량을 주문할 때 걸었던 예치금이 잘못될까 봐 몹시 불안해했다. 머스크는 사비를 털어서라도 예치금을 지켜주겠다고 약속했다. "저는 회사에 필요하다면 뭐든 지원할 겁니다. 우리 회사가 돈 문제로 주춤할 일은 없을 겁니다." 그가 이렇게 보증하고 나서야 고객들의 반응이 한결 나아졌다. 예치금을 건 1,000여 명의 주문고객 중 취소를 요청한 사람은 30명뿐이었다. 그만큼 이 차는 고객이 포기하기에 너무 매력적인 대상이었다. 수년 전에 에버하드를 AC프로필전과 연결해준 스티븐 카스너도 로드스터를 손에 넣고 싶어 안달하며 이렇게 말했다. "나는 정말이지 그 차를 꼭 사고 싶어. 나도 나름의 원칙과 지조가 있는 사람이야. 사실 에버하드와의 우정을 생각하면 로드스터 주문을…… 취소하는 게 옳겠지. 테슬라가 에버하드를 어떻게 대했는지 잘 알지만, 그래도 이 차가 너무 가지고 싶어서 나도 어쩔 수가 없어."

첫 번째 로드스터가 여러 달 일찍 도착한 것도 여러모로 도움이 되었다. 2월에 머스크는 테슬라 팀을 이끌고 배송 현장에 나가서 직접 첫 번째 프로덕션카를 맞이했다. 당시 임원들은 이 프로덕션카를 P1이라고 불렀다. 이렇게 영국에서 도착한 차체에 엔지니어들이 서둘러 배터리 팩을 장착했다. 머스크는 직원과 기자 들이 모두 모인 자리에서 이렇게 설명했다. "한 가지를 확실히 해두겠습니다. 우리는 이런 자동차를 수천 대 제작할 겁니다. 이제 다음 목표는 모델S입니다." 그는 주변에 모여든 구경꾼들을 향해 이렇게 말했다. "그다음에는 모델3을 만들어야 하죠. 차례대로 진행하지 않고 동시에 투자할 겁니다. 다시 말해 모델S 작업이 끝날 때까지 모델3 작업을 미루지 않겠다는 뜻입니다."

도로 위의 모든 자동차가 전기차로 바뀔 때까지 테슬라는 멈추지 않을 거라면서, 그는 말을 이어나갔다. "이건 그야말로 시작에 불과합니다."

초반에 쏟아진 시승 후기는 꽤 긍정적이었다. 물론 테슬라가 무너지지 않고 이대로 유지할 것인지, 차량 변속기는 괜찮은지 우려하는 사람들도 있었다. 《모터트렌드》의 한 편집자는 시승하고 나서 이렇게 후기를 남겼다. "총알을 타고 날아가는 것처럼 순간 이동을 경험했다. 순간 가속도가 엄청나게 빠른 데다 속도가 계속 붙어서 저절로 머리가 뒤로 젖혀졌다." 록밴드 레드핫칠리페퍼스의 베이스 주자이자 플리Flea로 잘 알려진 마이클 발자리Michael Balzary도 프로토타입을 시승하고 나서 블로그에 후기를 올렸다. "이런 경험은 난생처음이야. 지금까지 운전해본 차들과는 완전히 달라. 이 차를 타보니 내 포르쉐는 골프 카트 같더라구!" 머스크는 〈투나잇 쇼〉의 진행자이자 자동차광으로 유명한 제이 레노Jay Leno에게 자신의 차를 한번 운전해보라고 넘겨주었다. 그는 연신 감탄하며 이렇게 말했다. "자네가 진정한 스포츠카를 만들어냈군."

여기까지 오는 길이 절대 쉽지 않았지만, 이제 끝이 보이는 것 같았다. 머스크는 1억 달러의 자금을 마련할 목적으로 골드만삭스와 거래를 주선했다. 투자자는 대부분 중국인이었다.

이렇게 현금이 들어오면 테슬라의 재정 위기도 어느 정도 해결되고 회사를 상장하는 데도 유리할 것 같았다. 일단 상장하고 나면 모델S 제작에 필요한 막대한 자금을 조달하는 일도 어렵지 않아 보였다. 게다가 그해 여름에 머스크는 런던의 한 나이트클럽에서 탈룰라 라일리Talulah Riley라는 영국 배우를 만나 사랑에 빠졌다. 그야말로 모든 일이 잘 풀리는 것만 같았다.

하지만 테슬라는 운수 좋은 날을 맞이하는가 싶더니 또다시 끝없는 추락을 겪기 시작했다.

2008년 9월 초 주말에 리먼브러더스가 무너진 사태를 시작으로 전 세계 금융시장이 혼란에 빠졌다. 이 몰락은 미국 역사에서 가장 큰 규모의 파산이었다. 신용시장은 얼어붙었고 제너럴모터스, 포드, 크라이슬러는 정부가 나서서 자동차 업계에 구제금융을 제공해야 한다고 주장했다.

제너럴모터스가 위기에 처했다면 테슬라는 이미 끝장났다고 봐야 했다. 기업과 투자자들이 허리띠를 졸라매기 시작했고, 중국 투자자와 머스크의 거래도 위태로워졌다. 머스크는 동료들에게 골드만삭스의 금융 담당자들한테서 연락이 오지 않는다며 투덜거렸다. 골드만삭스는 사업 안정화를 위해 워런 버핏의 버크셔 해서웨이에 50억 달러를 투자했다고 9월 말에 발표했다. 머스크가 골드만삭스에 연락할 무렵에는 경제 전망이 매우 좋지 않았다.

놀랍게도 골드만삭스는 졸라대는 머스크를 못 이기는 척하며 투자하겠다고 의사를 밝혔다. 하지만 테슬라를 지나치게 낮게 평가하는 조건이라서 머스크는 이 투자를 도저히 받아들일 수 없었다.

머스크는 샌카를로스의 회의실에 고위 임원들을 모아놓고 그 소식을 전했다. 이제 머스크가 사비를 더 꺼내놓아야 할 시점이었다. 게다가 회사 CEO를 누가 맡을지도 결정해야 했다. 그는 드로리를 내보내고 자신이 CEO가 되기로 결심했다. 이렇게 해서 테슬라는 채 일 년도 되지 않아서 네 번째 CEO를 맞이하게 되었다. 그는 고위 임원들에게 회사 자금을 확보하기 위해 대대적으로 직원을 감축하겠다고 통보했다.

테슬라의 생사는 모델S에 달려 있었고, 이제부터는 한 치의 오차도 없이 모든 과정을 성공시켜야만 했다.

테슬라의 상황을 요약하면 이랬다. 현금을 아끼기 위해 뼈를 깎는 아픔을 겪었고 로드스터를 예약한 고객들이 지레 겁을 먹고 예치금 환불을 요구하는 일이 없기를 두 손 모아 기도했다. 또한 세간의 관심을 테슬라로 끌어오기 위해 모델S의 디자인을 조속히 공개해서 예치금을 더욱 늘릴 계획이었다. 이렇게 되기만 하면 모델S를 생산하고 추가 투자자를 모집할 때까지 그럭저럭 버틸 수 있었다. 하지만 계획대로 되지 않으면 고객이 계속 늘어나도 결국 그들 돈을 떼먹게 될 가능성이 컸다. 만에 하나 고객의 예치금마저 돌려주지 못하는 형편이 되면 테슬라는 완전히 무너질 수밖에 없었다.

영업 및 마케팅 책임자인 대럴 시리Darryl Siry가 이런 계획에 반대 의사를 밝혔다. 그는 회사가 당장 자동차를 생산할 계획이 없는 채로 모델S의 예약금을 받으면 윤리에 어긋난다고 지적했다.

하지만 머스크는 "이렇게 하지 않으면 우리는 그냥 다 죽습니다"라고 응수했다.

테슬라는 즉시 행동에 들어갔다. 우선, 인력의 25퍼센트를 줄였다. 어쩔 수 없이 인력 감축을 둘러싼 소문이 돌기 시작했다. 실리콘밸리에 떠도는 각종 소문을 다루는 인터넷 매체 《밸리왜그》는 2008년 10월에 테슬라가 직원 100명을 내보내고 있으며 드로리도 테슬라를 떠난다고 보도했다. 머스크가 회사 블로그에 직접 글을 남겨서 대응하기로 했다. 그는 테슬라가 로드스터를 출시하고 파워트레인을 다른 기업에 판매하는 데 집중하겠다고 선언했다.

"지금은 매우 중요한 시기입니다. 전 세계 금융체제가 대공황 이후

최악의 위기를 겪고 있고, 경제 전반이 그 영향을 받고 있습니다. 최근 몇 주간 발생한 변화가 거의 모든 산업 부문에 영향을 미친다고 해도 절대 과언이 아닙니다. 실리콘밸리도 예외일 수 없습니다." 또한 그는 "테슬라의 성과를 매우 높은 수준으로 끌어올리기 위해" 인력을 "적정 수준으로 감축"하겠다고 덧붙였다.

"이번에 테슬라를 떠나는 직원들이 다른 기업에 가면 좋은 성과를 내지 못할 사람이라는 뜻은 절대 아니라는 점을 분명히 밝힙니다. 그들은 어딜 가든 두각을 드러낼 인재들입니다. 애석하지만 현재로서는 테슬라를 소수 정예 인원으로 운영한다는 경영방침에 철저히 따라야만 합니다. 그렇게 해야만 21세기 최고의 자동차 업체로 성장할 수 있습니다."

많은 사람이 머스크가 자사 직원의 등에 칼을 꽂았다고 생각했다. 그는 직원들의 실적을 헐뜯으며 그들을 몰아세웠다. 회사에 남은 사람들은 한자리에 모여서 머스크가 직접 회사 사정을 설명하는 얘기를 들었다. 그들은 회사가 매우 어려운 시기라고 짐작은 했지만, 얼마나 심각한지는 제대로 알지 못했다. 머스크는 로드스터 예약금으로 받은 돈에서 수백만 달러를 이미 써버렸으며 이제 수중에는 현금 900만 달러밖에 없다고 솔직히 털어놓았다.

많은 사람이 이 설명을 듣고 크게 동요했다. 이 회의 소문은 금세 《밸리왜그》까지 퍼졌고, 테슬라 내부 직원이 보낸 이메일이 공개되었다. 이메일에는 테슬라의 현금 보유량이 턱없이 부족한 상태며 주문 받은 예약금이 곧 바닥날지도 모른다는 우려가 담겨 있었다.

"실은 내가 친한 친구를 설득해서 테슬라 로드스터에 6만 달러를 쓰게 했다. 더는 방관자로 남아 있을 수 없다. 내가 몸담은 회사지만 대중을 속이고 소중한 고객에게 사기를 치도록 내버려두지 않을 것이다. 그들의 고객과 일반 대중은 테슬라에 아낌없는 지지를 보냈다. 이런 사람들에게 거짓말을 한다는 건 결단코 용납할 수 없는 일이다."

이 사건은 머스크를 당혹하게 만드는 선에서 끝나지 않았다. 모델S 주문을 받아서 현금을 확보하려던 그의 계획이 깨끗이 무산되고 말았다. 주문 예약금을 함부로 써버리는 기업이라고 소문이 나면 어떤 고객이 차를 사려고 하겠는가? 머리끝까지 화가 치민 머스크는 배신자를 찾으려고 개인 탐정을 고용해서 직원들을 조사했다. 연구개발 책임자인 펑 저우Peng Zhou가 회사 사정을 외부에 알렸다고 인정하며 사과했고, 머스크는 저우가 직접 작성한 사과문을 모든 직원에게 이메일로 전송했다. "지난달에 직원들을 해고할지 말지 결정하는 회의가 계속되어 정말 힘들었습니다. 단 한 주 만에 87명이 일자리를 잃었습니다. 제가 너무 화가 나서 어리석게도《밸리왜그》에 이메일을 보냈습니다. 저 때문에 우리 회사에 이렇게 심각한 문제가 닥치리라고는 미처 생각하지 못했습니다. 이메일을 보낸 것을 뼈저리게 후회하고 있습니다."

뒤늦은 사과는 아무 소용없었다. 저우는 즉시 쫓겨났다.

11월 3일 머스크는 회사가 "4,000만 달러의 자금"을 지원받았다고 발표했다. 이사회에서 새로운 채무 계획을 승인했다는 점 말고는 세부사항을 거의 밝히지 않았다. "현재 거의 모든 주요 투자자에게" 투자 약속을 받았다면서, 소규모 투자자에게도 여전히 기회가 열려 있다고 했다. 머스크는 "4,000만 달러는 우리에게 필요한 금액보다 훨씬 많은 돈"이지만 "이사회와 투자자들 그리고 저는 현금 보유량 확보를 매우 중시합니다"라고 덧붙였다. 실제 상황은 머스크의 말처럼 확실하지 않았다. 오히려 머스크는 투자자들에게 투자를 늘려 달라고 요청했다가 반대에 부딪혔다. 밴티지포인트의 앨런 살츠먼은 테슬라의 최대 투자자였는데, 이미 여러 달 전부터 머스크에게 불만을 품고 있었다. 머스크가 권력을 앞세워서 CEO 자리를 차지했다고 몹시 화를 냈고, 머스크가 스페이스엑스나 사촌들이 운영하는 태양광 회사인 솔라시티에 신경 쓰느라 테슬라 업무에 소홀할까 봐 마음을 놓지 못했다. 그는 머스크가 한 발 물러서지 않으면 추가 투자는 없을 거라고 으름장을 놓았다. 테슬라의 몇몇 임원은 살츠먼이 CEO 겸 대표가 되고 싶어 한다고 여겼다. 그렇게 두 사람 사이에는 한동안 긴장감이 돌았다.

그해 초반에 테슬라 이사회에서 밴티지포인트를 대표하던 짐 마버가 심각한 자전거 사고를 당해서 며칠 병원 신세를 지게 되었다. 짐 마버는 오래전 에버하드가 회사 재정을 제대로 파악하지 못하는 데다 로드스터 예약금에 손을 댄다며 심각한 우려를 표명한 일이 있었다. 마버가 병원에 있는 동안 밴티지포인트는 사업 진척 과정에 크게 실망하고 이사회에서 물러나기로 결정했다. 살츠먼은 "여러 위험과 기회 사이에서 균형을 잡아야 하는데 생각이 서로 맞지 않았다"고 설명했다.

그러나 살츠먼은 계속 투자에 깊숙이 관여했다. 살츠먼과 머스크는 사무실 밖에 있는 다른 직원들에게도 들릴 만큼 큰소리로 다투곤 했다. 무엇보다도 회사의 미래를 둘러싼 의견 충돌이 가장 심했다. 머스크는 테슬라를 세계적인 자동차 제조사로 키우고자 했다. 디트로이트에 터 잡은 내로라하는 대형업체와도 어깨를 나란히 하며 자동차 업계가 전기자동차 사업에 주력하도록 적극 유도할 생각이었다. 하지만 테슬라의 일부 직원이 짐작하기로 밴티지포인트는 그보다 더 안전한 목표를 지향했다. 이를테면 다른 자동차 제조사에 공급업체 역할을 하거나 아예 인수되는 방식이었다. 밴티지포인트 팀은 테슬라가 "자동차 업체가 아닌 자동차를 만드는 곳"이라고 테슬라 임원들 앞에서 거듭 언급하며, 로드스터가 성공을 거두면 다른 자동차 업체에 전기 파워트레인의 위력을 보여주게 될 거라고 강조했다. 그들이 만든 스포츠카가 거리를 활보하며 선사하는 장관은 소비자가 아닌 다른 자동차 업체를 겨냥한 작전이었다.

밴티지포인트는 테슬라가 차세대 보그워너로 성장하리라고 예상했지만, 머스크는 테슬라가 제너럴모터스의 뒤를 잇는 기업이 되기를 희망했다. 나중에 살츠먼은 자동차 제조사로서 더 큰 목표를 지향하는 데 협조하지 않았다는 주장은 사실이 아니라고 반박했으나, 2008년에는 아직 자동차로 수익을 내지 못해서 상황이 쉽지 않았다며, "사업의 제1원칙은 사업을 유지하는 것"이라고 밝혔다. 또한 전기자동차 부품을 다른 자동차 업체에 판매하는 전략은 마틴 에버하드가 2006년에 세운 사업 계획에도 포함된 내용이며, "지금 부족한 부분을 충당하고, 나아가 중요한 자금을 확보할 가능성을 높일 것"이라고 평가했다.

머스크가 개인적으로 큰 위험을 감수하고 있다는 사실은 최측근들만 알고 있었다. 어느 날 저녁 머스크가 다른 사람들과 모여서 가장 최근에 재무 상태를 예측한 자료를 검토하고 있는데, 그의 개인 자산관리사한테서 전화가 왔다. "네, 알아요. 요즘은 뭔가를 매각하는 사람이 없죠. 하지만 테슬라는 직원들에게 급여를 줘야 해요. 당장 뭐든 현금으로 바꿀 수 있는 걸 빨리 찾아보세요." 머스크는 직원 급여를 마련하려고 개인 수표를 발행했고, 업무 비용도 개인 신용카드로 처리하고 있었다.

로스앤젤레스로 돌아온 머스크는 베벌리힐스의 스테이크집에서 테슬라의 초기 투자자이자 가까운 친구인 제이슨 칼라카니스Jason Calacanis와 저녁을 먹었다. 머스크는 기분이 착 가라앉아 있었다. 세 번째 로켓

이 발사 직후에 폭발해버렸고, 한 번만 더 이런 사고가 생기면 스페이스엑스가 하염없이 추락할 수도 있었다. 칼라카니스는 테슬라에 남은 자금이 기껏해야 4주가량 버틸 정도라는 사실을 눈치챘고, 머스크에게 그게 정말이냐고 물었다.

머스크는 "아니, 3주밖에 못 버틸 거야"라고 대답했다.

그는 친구에게 빌린 돈으로 생활비를 충당한 지 한참 되었다고 털어놓았다. 앨 고어의 사위인 빌 리Bill Lee가 200만 달러를 투자했고, 세르게이 브린도 50만 달러를 투자했다. 일부 직원은 돈을 돌려받을 수 있다는 보장이 없는데도 수표를 써주었다. 그만큼 상황이 암울했지만, 머스크는 칼라카니스에게 뭔가 보여주고 싶다고 말했다. 그는 블랙베리를 꺼내 찰흙으로 만든 모델S의 사진을 공개했다.

"정말 멋지네. 이런 것을 만들려면 돈이 얼마나 들어?"

"300킬로미터 이상은 달릴 수 있을 거야. 내 생각에 한 대를 만들려면 5만 달러, 아니 6만 달러쯤 필요할 거야."

그날 밤 칼라카니스는 집으로 돌아와서 5만 달러짜리 수표 2장을 꺼내어 서명했다. 그는 머스크에게 보낼 메시지도 하나 작성했다. "일론, 정말 멋진 차더라고.…… 내가 두 대를 살게!"

수중에는 단 몇 주 분량의 직원 급여를 감당할 돈밖에 없었다. 그는 투자자를 모으기 위해 막판 서류 작업을 하던 중 밴티지포인트가 일부 서류에 서명하지 않았다는 사실을 알게 되었다. 그는 살츠먼에게 즉시 연락해서 어떻게 된 일이냐고 물었다. 살츠먼은 주요 거래 조건에 제시된 가치 평가에 문제가 있다며, 머스크가 다음 주에 회사로 와서 프레젠테이션을 해주면 이 문제를 해결할 수 있다고 말했다.

테슬라 입지가 불안정한 상태임을 고려할 때 이런 요구는 회사의 존립은 물론 머스크가 꿈꾸는 테슬라의 미래까지 위협할 수도 있다는 느낌이 들었다. "현재 은행 잔액이 다음 주 급여를 지급하기에도 부족합니다"라고 밝히며 다음 날 당장 찾아가겠다고 제안했지만, 살츠먼이 거부했다. 두 사람 다 자기주장이 강한 편이라서 처음부터 잘 맞지 않았고, 둘 사이에 보이지 않는 갈등의 골이 줄곧 깊어지다가 마침내 겉으로 불거진 셈이었다. 머스크는 살츠먼과 밴티지포인트가 테슬라를 파산으로 몰아서 집어삼키려는 전략일지 모른다고 생각했다. 아무것도 없이 벼랑 끝에 선 기분이었지만 어떻게든 돌파구를 찾아야 했다. 살츠먼이 자금을 내어주지 않으면 머스크는 현금을 확보할 다른 방안을 찾아야 했다. 밴티지포인트는 투자자였기에 머스크가 다른 투자자에게 자금을 요청하려는 시도를 아예 차단할 수 있었다. 그는 개인적으로 더 큰 위험을 감수하기로 마음먹고, 스페이스엑스에서 자금을 끌어다가 테슬라에 긴급 수혈했다. 이렇게 해서 일이 잘못되면 머스크는 돌이키기 힘들 만큼 심각한 타격을 입을 수도 있었다. 또한 그는 다른 투자자들에게 돈을 빌려주는 형태로 테슬라를 도와 달라고 제안하면서, 만약 거부하면 그들을 외면하고 다른 데서 4,000만 달러를 마련하겠다고 경고했다. 말하자면 투자자들의 경쟁심을 자극하는 심리전을 펼친 것이다.

위험한 도박이었지만 다행히 효과가 있었다. 다른 투자자들은 머스크가 제안한 대로 2,000만 달러를 맞춰주기로 했다. 하지만 살츠먼은 끝내 투자를 중단했다. 그는 파산할 위험이 있는 회사에 투자할 생각이 없다고 못 박으며, 자신은 결코 테슬라 경영권을 넘본 적이 없다고 반박했다. 밴티지포인트도 대출 형태로 투자에 참여했지만, 금액은 그리

크지 않았다. 거래는 크리스마스이브에 마감되었다.

콜로라도주 볼더에 사는 동생네 집에서 그 소식을 듣고 머스크는 눈물을 쏟았다. 전기자동차를 향한 자신의 꿈이 금방이라도 부서질 것만 같은 위기였는데, 여기서 간신히 벗어나게 된 것이다. 사실 전기자동차는 4년여 전에 스페이스엑스의 별도 프로젝트로 시작한 일인데, 이제는 그에게 가장 중요한 목표가 되어서 모든 시간과 자금과 열정을 다 쏟아붓고 있었다. 한마디로 머스크의 전 재산이 위태로운 지경이었다. 하지만 심각한 경기 불황에도, 다른 미국 자동차 업체와 달리 머스크는 파산을 막아냈다. 그해 12월에 연방의회는 제너럴모터스와 크라이슬러에 구제금융을 제공하는 방안을 거부했다. 조지 W. 부시 대통령이 임시 대출을 허용해서 한때 파산 위기를 모면했지만, 얼마 버티지 못하고 두 기업 모두 파산으로 치달았다.

하지만 테슬라는 여기에 발목 잡히지 않았다. 머스크는 본인 구상대로 테슬라를 재정비할 작정이었다.

그런데 테슬라에서 풀어야 할 까다로운 숙제가 또 있었다. 로드스터 가격을 대폭 인상해야 하는데, 그러면 도박에 나서는 것과도 같아서 결과를 예측할 수 없었다. 고객은 차량 출고가 연기된 터라 신경이 곤두서 있었고, 날로 악화하는 경기 불황도 무시할 수 없었다. 이미 수백 명의 고객이 주문을 취소했고, 주문 예약금은 거의 바닥을 드러냈다. 이제 머스크는 남아 있는 400대의 예약자에게 출고가를 인상하기로 마음먹었다. 주문을 취소하지 않은 고객들은 무조건 전기자동차를 사겠다는 작심으로 3만 달러에서 5만 달러가량의 예약금을 걸어놓은 사람들이었다. 게다가 맨 처음 주문한 선착순 100명에게는 특전을 제공한다는 이유로 예약금을 10만 달러나 받았다. 이제 와서 출고가를 높이면 위험천만할 수 있었다. 심지어 일부 예약자는 2008년에 로드스터 출고가가 9만 2,000달러에서 시작하는 줄로 알고 있었다. 고객 대부분에게 추후 가격 인상은 마지막 남은 지푸라기, 곧 견딜 수 없는 마지막 한계점이 될 가능성이 짙었다.

1월에 머스크는 고객들에게 이메일을 보내어 회사가 이렇게 극적인 단계를 밟는 이유를 설명했다. 또한 테슬라 영업사원들이 고객 수백 명에게 일일이 전화를 걸어서 차량 옵션을 고객이 직접 선택해야 한다고 통지했다. 지금까지 표준 옵션으로 제공한 사양은 앞으로 추가 옵션이 되고, 예전에 제공한 추가 옵션은 가격을 더 올린다는 내용이었다. 향후 출시되는 로드스터 가격은 최저 10만 9,000달러고, 추가 옵션을 선택하면 최대 2만 달러까지 더 늘어날 수 있었다. 2006년에 로드스터를 처음 소개할 때 8만 달러에서 시작한다고 공지한 출고가에 비하면, 무시할 수 없는 가격 인상이었다.

고객들의 반응은 제각각이었다. 오라클 공동 창업자인 백만장자 래리 엘리슨Larry Ellison은 고급 옵션을 모두 설치해 달라고 요청했다. 그렇게 해서 테슬라의 수익에 조금이라도 보탬이 되려는 마음에서였다. 또 다른 고객은 개인 블로그에 가격 인상을 알리는 테슬라의 이메일을 게시하고 이렇게 의견을 밝혔다. "이런 변화가 아주 불만스러웠다. 하지만 우리는 결국 옵션 추가에 동의하고 그만큼 돈을 더 내기로 했다. 이렇게 해주면 테슬라가 성공해서 전기자동차를 하루라도 빨리 받아볼 수 있으리라 생각한다." 이 글을 올린 톰 색슨Tom Saxton은 오래전에 로드스터를 예약한 고객이며, 테슬라와 관련된 인터넷 대화방과 블로그를 중심으로 활동하는 지역 커뮤니티 회원이었다. "가격 인상에 불평하고 반박하는 데 일주일씩 보내면 시간을 낭비할 뿐입니다. 특히 전기차 생산을 코앞에 둔 상황에서는 그럴 필요가 없죠."

그런데도 가격 인상에 부정적인 반응이 줄을 이었다. 테슬라 내부에서는 머스크가 직접 고객을 만나서 차근차근 설명하면 고객들 불안이 차츰 가라앉으리라고 예상했다. 예전에 마틴 에버하드를 해고한 직후에도 그 방법으로 우려의 목소리를 잠재웠다. 지금껏 고객들은 머스크를 영웅 대접했으나, 이번에는 짜증 섞인 얼굴로 불만을 토로했다.

하지만 머스크는 생산이 자꾸 지연되어 고객이 큰 불편을 겪고 있지만, 회사도 몹시 힘들다고 누차 강조했다. 그는 로스앤젤레스의 청중 앞에서 이렇게 호소했다. "저와 테슬라의 많은 직원이 얼마나 힘들게 버티고 있는지 말로 다 설명할 수 없습니다. 죽기 아니면 까무러치기로 버티고 있지요."

이렇게 2009년 초반에 테슬라는 로드스터를 판매하기보다 생산량을 늘리는 데 주력했다. 그래서 J. B. 스트라우벨도 모델S의 프로토타입 작업을 서둘러야 했다. 머스크는 또 다른 멋진 자동차를 완성해서 시장에 선보이고 싶어 했다. 당장 생산할 수 있는 차량을 마련하기에는 역부족이었으나, 머스크는 신차 발표회를 열고 싶어 했다. 그는 자신이 꿈꾸던 모델S와 견줄 만한 외관과 주행 경험을 제공하는 신차를 원했다. 허비할 시간이 단 1초도 없었다. 머스크는 바로 몇 달 후인 3월 말에 신차를 공개하기 위해 파티를 계획했다.

제너럴모터스 출신 디자이너인 프란츠 폰 홀츠하우젠은 스페이스엑스의 로켓 공장 한구석에 흰색 텐트를 쳐서 테슬라 작업장을 따로 마련했다. 테슬라 엔지니어들은 모든 옵션을 장착한 메르세데스·벤츠 세단을 가져다가 분해하기 시작했다. 메르세데스 차체 하단의 차대와 배선으로 테슬라 자동차의 기반을 잡고, 앞서 조용히 합의한 대로 유리섬유로 제작한 모델S의 차체를 여기에 결합할 계획이었다. 스트라우벨 팀은 기존 로드스터의 배터리팩과 모터를 새로운 차량에 장착할 방법을 찾아야 했다. 폰 홀츠하우젠이 낮에 디자인 작업을 하면, 밤에 엔지니어들이 모여서 모델S의 차체를 메르세데스의 차대에 고정해서 주행 가능한 상태로 만들 방법을 연구했다.

이들은 모델S를 공개하기 직전까지 밤낮없이 죽도록 고생했다. 저녁에 계획된 행사에 머스크는 로드스터 고객과 여러 귀빈을 초대했다. 스페이스엑스에 큰 행사장을 마련하고 오렌지 나무로 행사장 곳곳을 장식했다. 머스크가 직접 모델S를 몰고 행사장에 등장해서 사람들의 이목을 끌었다.

모델S는 사람들의 마음을 사로잡기에 충분했다. 외관은 애스턴마틴을 연상시킬 정도로 화려했고 내부 공간은 SUV에 견줄 정도로 넉넉했다. 테슬라는 산악용 자전거, 서핑보드, 50인치 텔레비전을 한꺼번에 실을 수 있다고 설명했다. 스트라우벨 팀은 배터리를 넣기 위해 로드스터처럼 트렁크 내부에 커다란 상자를 놓지 않고, 바닥 아래에 납작한 직사각형 상자를 설치하는 방법을 생각해냈다. 여느 휘발유 엔진에 비하면 초소형에 가까운 모터는 뒷바퀴 사이에 장착했다. 드라이브트레인 대부분이 후드가 아닌 차체 아래에 있어서 실내 공간이 넉넉했다.

머스크가 모델S에서 내리자 곳곳에서 환호성이 터졌다. 그가 처음 차를 몰고 나타날 때 연주된 베이스 소리를 능가하는 함성이었다. 머스크는 "지금 보시는 제품이 여러분 마음에 쏙 들었으면 좋겠습니다"라고 말했다. 그의 뒤에 서 있던 스트라우벨은 잔뜩 긴장해서 호주머니에 넣은 손을 한시도 가만두지 못했다.

"지금 보시는 제품은 세계 최초로 대량 생산하는 전기차가 될 겁니다.

전기자동차의 가능성을 제대로 보여주는 사례로 인정받으리라 생각합니다." 그는 계속해서 성인 5명이 편안하게 앉을 수 있을 만큼 넉넉하게 내부 공간을 확보하고, 차량 뒤편을 바라보는 유아용 좌석 2개를 따로 마련하겠다고 약속했다. 앞자리 중앙에는 콘솔 대신 커다란 비디오 스크린이 놓여 있었다. 라디오 주파수를 맞추는 손잡이는 터치스크린으로 바뀌었는데, 2년 전에 출시된 애플 아이폰과 기능이 같았다. 테슬라의 스크린은 애플의 아이패드보다 1년 먼저 공개되었다. 자동차 외관은 메르세데스·벤츠 E클래스나 BMW5 시리즈와 유사하지만, 성능은 훨씬 능가한다고 과감하게 보장했다. 모델S는 시속 90킬로미터 이상 가속하는 데 6초도 걸리지 않았으며, 한 차례 충전으로 500킬로미터가량을 주행할 수 있었다. 최저 판매가는 5만 7,000달러이나 최근에 도입된 연방세 공제 혜택을 적용하면 7,500달러가 할인되므로 실제로 고객이 부담하는 금액은 5만 달러 미만이었다. 그는 2011년에 모델S를 생산하기 시작한다며, "이 차와 포드 토러스 중 어느 것을 타시겠습니까?"라고 말했다. 좌중은 일순간 웃음바다가 되었다.

　머스크는 꿈꾸던 전기자동차의 기반을 닦았다. 아직 대중을 위한 전기자동차를 만들 만큼은 못 되었으나, 적어도 소수가 원하는 전기자동차는 선보일 수 있는 단계까지 올라섰다. 이제는 구체적으로 꿈을 실현할 방법을 찾아야 했다. 자동차 업계에서는 머스크의 포부를 불가능한 망상이라며 농담거리로 치부했다. 디트로이트의 기존 업체들이 이미 소비자 수준의 전기자동차를 생산하려고 시도했지만 처참하게 실패한 터였다.

　자동차 업계는 오랫동안 전기자동차라는 이상에 새로운 가능성이 있으리라고는 인정하지 않았다.

# TESLA

**2부**

## 최고의 자동차

# 9장

# 특수부대

런던에서 출발한 피터 롤린슨Peter Rawlinson은 로스앤젤레스 국제공항에 도착해서 곧장 샌타모니카의 저녁식사 장소로 향했다. 시차 때문에 생체시계는 한밤중이라 허기가 느껴지진 않았다. 하지만 일론 머스크를 만날 생각에 마음이 급했다. 머스크가 처음으로 그에게 만나자고 연락한 게 바로 이틀 전이었다. 그때 롤린슨은 런던에서 북서쪽으로 차를 타고 2시간 정도 가야 하는 워릭셔의 농장에 머물고 있었다. 임페리얼 칼리지 졸업생인 그의 직업은 새로운 사업을 시도하는 자동차 업체를 대상으로 컨설팅 서비스를 제공하는 것이었다. 사실 머스크의 연락을 받기 전부터 롤린슨은 테슬라가 고군분투하고 있다는 뉴스를 주시하고 있었다. 이미 오래도록 자동차 회사를 설립하는 꿈을 안고 있었고, 몇 년 전에는 직접 로드스터를 디자인해서 수작업으로 만들기도 했다.

2009년 1월 중순에 머스크는 기지를 발휘해서 파산 위기를 가까스로 넘겼으나, 여전히 파산 위험이 남아 있었다. CEO로 재직한 지 불과 3개월 만에 그는 세 가지 중요한 작업을 해내느라 애를 먹었다. 현금 흐름을 유지하려면 로드스터를 계속 생산해서 고객에게 제공해야 했고, 구상 중인 모델S를 실현할 팀을 구성하는 동시에 팀을 운영할 자금도 마련해야 했다. 머스크는 새로 영입한 자동차 디자이너 프란츠 폰 홀츠하우젠을 그 자리에 대동했다. 롤린슨은 머스크가 언급한 여러 업무에 자신이 어떻게 도움이 될지 확신이 서지 않았다. 하지만 다른 고객들이 컴퓨터 도구로 자동차 엔지니어링을 수행하는 새로운 방식을 연구하거나 표준화된 자재 없이 자동차를 만드는 방법 등을 놓고 그에게 조언을 구하는 것처럼, 머스크도 단지 조언이 필요할 뿐라고 생각했다.

물론 여느 때라면 머스크도 조언을 들으려 했을지 모른다. 하지만 그때는 평상시와는 다른 상황이었다. 전년도 가을에 금융시장이 무너진 이후로 자동차 산업은 고통스러운 변화를 겪어내고 있었다. 제너럴모터스는 미국 정부의 지원을 받는 조건으로 구조조정을 앞두고 있었다. 이 조처를 통해 수십억 달러의 부채를 탕감받을 수 있었지만, 동시에 수천 개의 일자리를 줄여야 했다. 이는 곧 프랜차이즈 자동차 대리점 수백 곳이 문을 닫아야 한다는 뜻이었다. 오바마가 이끄는 새로운 행정부는 에너지부Department of Energy, DOE를 통해 대출을 제공해서 전기자동차 공장을 재정비하도록 유도하고, 나아가 연비 좋은 자동차 생산을 위해 자동차 산업을 지원하려는 의지가 강했다. 사실 테슬라는 지난 몇 년간 미국 정부를 통해 자금을 확보하려고 갖은 애를 썼다. 모델S는 생산비가 약 5만 달러 수준이고 로드스터보다 더 폭넓은 대중에게 다가설 수 있었기에, 적은 액수라도 지원해 달라고 에너지 부처를 설득하기에 딱 좋았다.

지난 몇 달간 주변 여건이 크게 악화하는 국면을 지켜보면서, 머스크는 고급 차량을 판매하는 것 이상으로 수익 창출에도 눈을 돌리게 되었다. 2006년에는 부품 공급업체가 될 생각은 추호도 없었고 로드스터 생산에만 집중하려 했으나, 시간이 흐르면서 협력관계에도 한층 마음을 열어놓게 되었다. 또한 원유가가 가파르게 상승해서 연비가 좋지 않은 자동차의 판매가 둔화되자, 대형 자동차 제조사들도 전기차를 개발할 필요성을 절감하게 되었다. 하지만 머스크는 협력관계 대상을 까다롭게 고를 작정이었다. 다임러AG의 메르세데스·벤츠 같은 고급 브랜드와 손을 잡아야만 테슬라에 유리할 거라고 생각했다. 여러 달 협상한 끝에 롤린슨과 저녁식사를 하기 바로 며칠 전, 다임러AG의 소형 자동차 브랜드인 스마트에 수천 개의 배터리팩을 공급한다는 소식을 발표했다. 테슬라로서는 수백만 달러를 벌어들일 기회였다.

두 사람이 만난 날 이 모든 일이 진행 단계에 있었으나, 머스크의 주요 관심사는 따로 있었다. 머스크의 머릿속은 온통 모델S를 만들어낼 팀 생각뿐이었다. 자금을 조달할 길이 가시화되고 곧 차량 공급을 앞두고 있었기에 테슬라는 재정비가 필요했다. 다임러AG 같은 대기업과 경쟁해서 밀리지 않고 머스크의 목표인 저렴한 전기자동차 생산업체가 되려면 꼭 필요한 과정이었다. 처음부터 로드스터의 목표는 전기자동차가 얼마나 멋지고 화려한지 증명하는 데 있었다. 하지만 안락함을 포함해서 포기한 기능도 많았다. 이제 거물급 경쟁사를 이기려면 무엇 하나 포기하거나 타협할 수 없었다. 머스크는 모델S가 그럭저럭 탈 만한 전기자동차가 아니라 현존하는 최고의 자동차라는 평가를 받아내고 싶었다. 그 정도는 되어야 성공할 수 있었고, 무언가를 포기해야만 환경보존에 기여하는 자동차를 소유할 수 있는 것은 아님을 보여줄 수 있었다.

사실 머스크는 전기차가 모든 면에서 휘발유 자동차보다 훨씬 나은 경험을 선사한다고 알리고 싶었다.

그렇게 하려면 기존 관행이나 예전 제작 방식에 휘둘리지 않는 팀을 꾸려야 했다. 모델S를 생산하려면 차량 디자인, 엔지니어링, 제작, 판매까지 모든 것을 혁신적으로 처리할 조직체계를 구축해야 했다. 나아가, 한 달에 20대가 아니라 매달 2,000대를 생산할 수 있는 역량도 갖춰야 했다.

머스크 옆에 프란츠 폰 홀츠하우젠이 앉아 있었다. 그는 새로 부임한 사장과 두터운 친밀감을 형성한 것처럼 보였다. 하지만 롤린슨은 최근에 영입한 또 다른 인물인 마이크 도너가 머스크 눈 밖에 난 사실을 눈치채지 못했다. 도너는 크라이슬러 임원 출신으로 로드스터를 구출하는 임무를 지원했고 모델S 생산에 돌입하는 업무를 맡고 있었다. 하지만 그와 머스크가 서로 삐그덕거리는 조짐이 이미 드러나기 시작했다. 머스크는 폰 홀츠하우젠의 디자인을 그대로 구현해줄 수석 엔지니어가 필요했다.

수석 엔지니어와 자동차 디자이너는 스트레스가 상당한 자리였다. 디자이너가 원하는 멋진 결과와 엔지니어가 제시하는 제작 가능한 범위 사이에서 적절한 합의점을 찾기란 그리 쉬운 일이 아니었다. 두 사람이 서로 잘 맞으면 기어 변경이 매끄러운 차가 순조롭게 달리듯이 업무가 진행되지만, 현실에서는 두 사람이 가끔씩 갈등을 빚어서 크고 작은 충돌을 겪어야 했다.

롤린슨은 폰 홀츠하우젠의 팀원이 추천한 인물이었다. 그 팀원은 수년 전 한 컨설팅 프로젝트에서 롤린슨과 함께 작업했는데, 디자이너의 구상을 현실로 구현하는 일이라면 롤린슨이 제격이라고 치켜세웠다.

머스크가 바라는 인재는 그저 평범한 엔지니어가 아니었다. 예를 들어 프란츠 폰 홀츠하우젠이 도어 핸들을 필요할 때만 살짝 튀어나오게 디자인하는 것과 이 디자인을 실제로 구현하는 것은 별개의 문제였다.

두 사람은 마주 앉아서 저녁을 먹었다. 롤린슨은 처음에 적당한 화젯거리를 찾지 못해서 얼굴을 붉혔다. 머스크는 티셔츠를 입고 있었지만, 롤린슨은 맵시 있는 상의를 선호했다. 그는 영국식 예의를 중시했고 스키를 좋아했으며 머스크보다 30센티미터가량 키가 작았다. 그런데 조금씩 대화를 풀어가다 보니 둘 다 자동차 업계에 비슷한 불만을 품고 있었다. 롤린슨은 자동차 업계에 25년 가까이 몸담으며 경험한 업계의 비효율적 관행에 답답함을 토로했다. 디자인과 엔지니어링 속도를 맞추려면 컴퓨터를 사용해야 한다고 강조하면서, 개선책을 찾기 위해 자신이 얼마나 노력했는지 설명해주었다. 또한 기업의 관료주의를 탈피하고 자동차 제작 과정에서 수개월이 걸리는 불필요한 절차를 줄이기 위해 실험 삼아 소규모 팀으로 작업하기도 했다고 덧붙였다.

롤린슨의 첫 직장은 로버그룹이었다. 그는 입사하고 막바로 대기업이 움직임은 둔하고 업무가 대체로 지루하며 최첨단 기술에 소극적이라는 점을 깨달았다. 그는 엔지니어링 설계에 컴퓨터를 도입하려고 긴 시간을 들였는데, 몇 시간이고 단색의 녹색 화면을 응시하다 보면 눈이 급격히 피로해지는 일쯤 감수해야 했다. 마침내 컴퓨터로 지원하며 차량을 개발하기 시작한 팀에서 재규어자동차의 디자인을 맡게 되었다. 1980년대에는 이렇게 컴퓨터를 동원해서 제작한 차량이 아주 드물었다. 게다가 재규어자동차는 별도의 회사였다. 그는 맡은 업무가 힘들긴 했지만, 회사 규모가 작다 보니 다양한 경험을 두루 거칠 기회가 있었다. 특히 차체와 관련된 엔지니어링 작업에 상당한 흥미를 느꼈다. 차체는 차량의 거의 모든 기능과 뗄 수 없는 관계여서, 롤린슨은 차량을 제작하는 과정 전반을 파악하게 되었다. 서스펜션, 변속기, 드라이브트레인, 엔진 관련 지식을 익혔고, 이들 부품이 거대한 직소 퍼즐처럼 딱딱 들어맞아야 자동차가 제대로 주행한다는 개념을 이해하게 되었다. 이런 의미에서 재규어자동차는 롤린슨에게 매우 특별한 배움터였다. 대개 현대화된 자동차 제조사들은 규모가 크기 때문에 엔지니어가 한 가지 전문 영역에서만 경력을 쌓기 마련이었다. 예를 들어 사내에서 도어 래치 전문가로 손꼽히는 엔지니어는 차량의 나머지 부분이 어떻게 작동하는지 자세히 배울 기회를 얻지 못했다.

그러나 포드모터스가 랜드로버를 인수한 2000년 무렵부터 미국 자동차 업계 특유의 관료주의 성향이 회사 운영진에 파고드는 분위기를 느꼈다. 그는 회사를 그만두고 직접 자동차 개발에 나섰다. 워릭셔에 있는 집 차고에서 2인승 로드스터를 디자인했는데, 이 차의 프레임 사진이 《로드앤드트랙》이라는 잡지에 실렸다. 일 년 후에 로터스에서 그에게 연락해왔다. 당시 로터스는 자금난을 겪고 있었는데, 빠른 시일 안에 효과적으로 신차를 개발할 방안을 찾고 있었다. 그런데 그가 개발한 자동차 사진을 보여주었더니 로터스 임원들이 도무지 알 수 없는 표정을 지었다. 나중에 알고 보니 롤린슨의 디자인이 로터스의 비밀 프로젝트인 엘리스 스포츠카와 흡사했던 것이다. 롤린슨은 로터스의 엔지니어 책임자로 고용되었다. 드디어 그는 머릿속 구상을 실행에 옮길 영향력과 경험을 갖추게 되었고, 수년이 걸리던 차량 개발기간을 단 몇 개월로 효과적으로 단축하며 소수의 인력을 투입했다. 상사가 컨설팅 업무에 전념하려고 로터스를 떠나자 롤린슨도 따라나섰고, 마침내 자신의 이름을 내걸고 전 세계 자동차 제조사와 두루 협업하게 되었다.

그날 밤 샌타모니카에서 마주 앉은 자리가 둘의 첫 만남이었다. 머스크는 롤린슨에게 자동차 부품에 대해 이것저것 질문을 던졌다. 예컨대 롤린슨이라면 어떤 종류의 서스펜션을 사용하겠는지 물었다. 여러 해가 지난 뒤에 롤린슨은 그날 빈 접시 여러 개를 사용해서 자동차의 각 부품이 작동하는 원리를 설명했다고 회상했다. 머스크는 부품에 대한 궁금증이 풀리자, 이번에는 자재, 용접 기술 등에 대한 질문을 쏟아냈다. 머스크는 롤린슨이 자동차의 기본 부품이 왜 필요하고 어떻게 작동하는지 제대로 알고 있으며, 이 분야가 적성에 맞는 사람이라는 점을 알아보았다. 롤린슨도 머스크야말로 아낌없이 모든 것을 지원해줄 사람이라는 확신을 얻었다.

꽤 긴 시간이 흘렀지만, 롤린슨은 할 말이 너무 많아서 식사를 하는 둥 마는 둥 했다. 그가 설명을 끝내자 이야기의 주도권이 머스크에게로 넘어갔다. 그는 디트로이트 엔지니어팀이 구상한 계획에 따르면 그해 크리스마스까지 엔지니어를 천 명이나 고용해야 한다고 털어놓았다. 모델S라고 호명할 만한 자동차를 개발하려면 그 정도 인원이 꼭 필요하다는 얘기였다. 디트로이트 자동차 업계 임원들은 신차 프로젝트를 시작할 때 그런 식으로 팀을 구성하는 데 익숙했다. 그런데 어림잡아 계산해봐도 그만 한 규모의 팀을 유지하려면 연간 인건비가 1억 달러를 훌쩍 넘었다. "지금 나는 예산이 부족해요. 사실 엔지니어를 고용할 인사팀을 꾸리기도 버거워요. 당신이 보기에는 엔지니어가 몇 명쯤 필요할까요?"

"잠시만요." 롤린슨은 머릿속으로 계산하기 시작했다. 로터스에서 프로젝트를 진행할 때 엔지니어가 몇 명이었는지 돌이켜보았다. "6월까지 20명 정도, 7월, 8월쯤이면 25명이겠네요. 크리스마스 전후에는

40명, 아니 45명이면 될 겁니다."

머스크는 "20분의 1로 가능하다는 얘긴가요?"라며 놀라워했다. "자동차 업계는 도대체 뭐가 문제입니까? …… 왜 이렇게 많은 사람을 고용하는 거예요?"

"자동차 업계가 어떻게 돌아가는지 설명해드리죠." 롤린슨은 대학교수가 강의하듯이 이야기를 시작했다. "1차 세계대전 전쟁터와 같다고 생각하면 됩니다." 자동차 업계는 군대와 비슷한데, 제대로 준비하지 못하고 훈련도 못 받은 군인들을 전쟁터로 꾸역꾸역 내보내어 적군의 대포를 몸으로 막게 하고, 고위 장교들은 최전방에서 멀찌감치 떨어져 지휘하기 때문에 전장 상황을 잘 모른다는 것이었다.

머스크는 다른 뾰족한 수가 있냐고 물었다. "소수 정예부대가 있으면 문제 될 것이 없죠. 낙하산부대를 생각해보세요. 다른 부대와 달리 통솔 지휘관이 현장에 함께 있습니다.…… 그래서 전시 상황을 제대로 짚고 직접 지시를 내릴 수 있습니다."

머스크 눈이 휘둥그레졌다. "낙하산부대? 특수부대 말입니까?" 롤린슨은 잠시 말을 멈추었다가 "맞아요. 바로 그겁니다"라고 대꾸했다.

롤린슨이 테슬라에 입사하고 일주일쯤 지났을 때, 머스크가 그를 스페이스엑스로 초대했다. 그 사이 롤린슨은 디트로이트에 가서 모델S를 맡은 팀을 둘러보았다. 마틴 에버하드가 재직하던 시절에 머스크는 이미 그 팀을 해고하라고 지시했지만, 여전히 그 팀이 남아서 모델S 작업을 맡고 있었다. 롤린슨은 바로 자리를 잡고 앉아서 머스크가 머릿속에 그리는 모델S가 어떤 모습인지 제대로 설명해 달라고 했다. "지금 생각하고 있는 것들을 남김없이 다 말씀해주세요."

머스크는 본인 책상의 모니터를 롤린슨이 앉은 방향으로 돌리며 이렇게 말했다. "BMW 5 시리즈를 이겨야죠." 그러고 나서 머스크는 다시 모니터로 눈길을 돌렸다.

머스크의 목표는 단순 명확했다. 콤팩트 세단인 3 시리즈와 대형 세단인 7 시리즈의 중간 크기인 BMW의 인기 중형 세단을 제압하는 것이었다. BMW 3 시리즈가 도요타 코롤라의 초호화 버전이라면 BMW 5 시리즈는 캠리의 초호화 버전이었다.

롤린슨은 테슬라의 디트로이트 사무실에서 모델S의 진척 상황을 둘러보고 파악한 내용을 돌이켜보느라 잠시 머뭇거렸다. 그는 디트로이트에 며칠 머무르며 곧 회사를 떠날 팀원들을 직접 만나서 그들이 모델S의 엔지니어링을 어떻게 계획했는지 자세히 알아보았다. 그때까지 엔지니어들은 일 년여 간 프로젝트에 매달렸으며 6,000만 달러가량의 비용이 들었다. 롤린슨은 그들이 성능보다 비용 절감에 더 주력한다는 사실을 즉각 알아차리고는 걱정하는 마음이 앞섰다. 예를 들어 디트로이트 팀은 포드와 협상을 벌인 끝에 차량의 앞쪽 서스펜션을 얻어내고서 매우 기뻐했다. 실제로 매우 유리한 협상이었거니와, 그들은 앞쪽 서스펜션을 뒤쪽에 재활용할 생각이었다. 하지만 롤린슨은 그렇게 하면 승차감이 크게 떨어질 테고, 머스크가 그 점을 용납할 리 없다고 생각했다. 롤린슨은 머스크에게 컴퓨터를 그만 들여다보고 이야기를 좀 들어보라고 했다. 모델S 프로젝트의 진행 과정을 확인했는데 별로 바람직하지 않다며 이야기를 시작했다. "안타깝지만 그 프로젝트는 중단해야 합니다. 우리가 나서서 그만두라고 해야 합니다."

머스크는 롤린슨을 쳐다보며 "전부 다 중단하라고요?"라고 되물었다.

그는 강한 어조로 "네, 전부 다요"라고 대답했다. 모델S는 처음부터 다시 시작해야 했다. 머스크는 잠시 말이 없었다. 턱을 쳐들고 허공을 처다보더니 엄지손가락 두 개를 빙빙 돌리며 생각에 잠겼다. 롤린슨도 조금 불안해졌다. 어쩌면 머스크가 화를 내며 자신을 해고할지도 모른다고 생각했다.

머스크는 다시 롤린슨과 눈을 맞추더니 "나도 사실 그렇게 생각했어요"라고 말했다.

그 순간 롤린슨은 머릿속으로 얼른 자신의 역할을 다시 따져보았다. 이것은 여느 업무가 아니었다. 적어도 6개월 이상 다른 업무를 다 제쳐두고 여기에 매달려야 할 것 같았다. 게다가 자동차 업계에서 머스크는 내로라하는 괴짜였다. 그는 지금까지 자동차를 만들어온 관행에는 전혀 개의치 않았다. 특히 최종 생산물이 마음에 들지 않으면 모든 것을 엎어버리는 사람이었다. 그는 외관이나 성능에서 단연 최고의 자동차를 만드는 일에만 관심을 보였다.

그 순간 '게임이 시작됐군. 이건 정말 어마어마한 기회야'라는 생각이 스쳤다.

롤린슨의 등장에 화들짝 놀란 사람은 모델S의 책임자로 고용되었으나 회사 안에서 이렇다 할 힘 한번 써보지 못한 마이크 도너뿐이었다. 롤린슨은 머스크가 직접 고용한 인물이긴 하지만 생산개발자라는 그의 역할은 다소 막연해 보였다. 일단 롤린슨은 도너의 엔지니어들을 만나보고 개발 계획을 검토하기 시작했다. 이런 변화는 도너에게 그리 유리한 국면이 아니었다.

그런데 이보다 더 놀랍게도, 새해가 되자 도너가 두더지게임을 뒤엎듯 판을 바꾼 업무 방식이 성과를 내기 시작했다. 탄소섬유 패널 문제가 해결될 조짐을 보였고 다른 공급업체 건도 서서히 매듭이 풀리기 시작했다. 작년 여름 그가 테슬라에 합류하던 시점에는 로드스터 생산량이 매월 5대였으나 새해 1사분기에는 매월 20~25대로 증가했고 2사분기에는 35대를 기록했다. 물론 디트로이트 교외에 있는 스털링하이츠 조립공장에서 근무하던 시절을 떠올리면 비교도 안 되는 수준이었다. 그 조립공장에서는 하루 만에 그보다 훨씬 많은 차량을 생산했다. 그렇긴 해도 테슬라로서는 축하하고도 남을 발전이었다. 어느 날 오후, 그는 작업장에 술을 한 아름 가져가서 팀원들과 함께 자축의 시간을 보냈다.

하지만 도너는 그런 기쁨에 흠뻑 취할 여유가 없었다. 자신이 곧 떠나야 한다는 낌새를 알아차리고 여름 즈음 웃는 얼굴로 작별을 고했다. 최근에 테슬라를 떠난 직원들과 달리 그는 머스크에게 비난의 화살을 돌리지 않았다. 그는 테슬라의 큰 잠재력을 누구보다 잘 알고 있었다.

도너 말고도 테슬라의 잠재력을 알아본 기업이 있었다. 머스크는 다임러AG의 투자를 받으려고 애쓰고 있었다. 다임러AG는 모델S에 기대한 것보다 더 큰 관심을 보였다. 게다가 다임러AG는 다른 자동차 업체의 힘겨운 프로젝트를 컨설팅해주는 MB테크라는 부서를 별도로 꾸리고 있었다. 모기업인 다임러AG가 테슬라에 갈수록 지대한 관심을 기울이는 흐름을 타고 MB테크의 디트로이트 지사에 머스크와 엔지니어링 개발을 협력해도 좋다는 허가가 떨어졌다. 이 팀에서 처음에는 테슬라가 그렇게 대단한 자동차를 만들 만한 재력과 시간, 전문성이 모두 부족하다고 주장했다. 그들은 스페이스엑스를 방문해서 하루 꼬박 회의했고, BMW 5 시리즈에 견줄 만한 중형 세단인 벤츠E 클래스의 생산에 사용되는 차량 플랫폼을 테슬라에 추천했다. 사실 이 플랫폼은 폰 홀츠하우젠과 스트라우벨이 모델S의 쇼카를 제작할 때 이미 가져다 쓴 기반이었다.

그야말로 테슬라에는 뜻깊은 기회였다. 이번 거래는 공동 창업자인 마틴 에버하드가 몇 년 전에 설계해둔 테슬라의 원래 사업 계획과 일맥상통했다. 당시에 에버하드는 로터스 같은 소규모 자동차 제조사하고도 협상조차 하기 쉽지 않았다. 하지만 이제 테슬라는 세계 최대 규모를 자랑하는 고급 자동차 제조사의 관심을 끌고 있었다. 예전에는 엘리스로 이러저러한 시도를 했었고, 이제는 훨씬 더 비싼 고급 자동차로 새로운 도전을 하게 되었다.

롤린슨은 MB테크 팀의 프레젠테이션을 시작부터 끝까지 전부 지켜보았다. 그가 테슬라에 합류하고 얼마 지나지도 않았는데 차를 처음부터 새로 만들 기회를 뺏길 위기에 처한 셈이었다. 프레젠테이션이 끝나고 머스크가 롤린슨에게 "자네라면 어떻게 하겠어?" 하고 물었다.

롤린슨은 프레젠테이션이 전혀 만족스럽지 않았고, 그런 속내를 숨김없이 다 드러냈다. 그 자리에서 대안을 제시했으나, MB테크 팀은 롤린슨의 의견이 말도 안 된다는 표정을 지었다. 롤린슨은 머스크가 예전에 공식 석상에서 한 말마따나, 차량 구조의 디자인에 배터리팩을 포함하려면 차량 플랫폼을 완전히 새로 만들어야 한다고 주장했다. 게다가 이론적으로 보면 배터리팩이 차량 충돌의 충격을 견디는 데 오히려 큰 역할을 한다고 언급했다. MB테크 팀은 절대 그럴 리가 없다며 롤린슨의 계획대로 하면 회사가 실패할 거라고 맞섰다.

그후 며칠간 머스크는 양측 주장을 곰곰이 곱씹어보았다. 테슬라 내부에서도 롤린슨의 제안을 검토하고 있었다. 대형 제조사는 시장조사나 프로토타입을 단계별로 제작하는 작업을 오랫동안 매우 중시했으나, 롤린슨은 그런 과정을 과감하게 생략하려 했다. 그는 각종 실험을 최대한 컴퓨터 시뮬레이션으로 대체하려 했는데, 그렇게 하면 시간과 인력을 대폭 줄일 수 있다고 주장했다.

포드 출신의 새로운 CFO인 디팩 아후자는 관련 수치를 검토해보고 깜짝 놀랐다. 그렇게 적은 인원으로 자동차를 디자인할 수 있다면, 테슬라는 다른 대형 브랜드보다 가격경쟁력을 크게 끌어올릴 수 있었다. 그는 롤린슨에게 이렇게 말했다. "이건 정말 혁명에 가까운 일이에요. 저는 단연코 이런 건 처음 봅니다."

테슬라는 로드스터에서 배운 교훈을 되돌아보았다. 그들이 원하는 성능과 디자인을 얻어내려면 결국 엘리스의 부품을 거의 다 바꿔야 했다. 배터리팩 신기술을 십분 활용하려면 배터리팩을 기존 차량 부품에 맞춰선 안 되고 배터리팩에 다른 부품을 맞춰야 했다.

그후에 롤린슨은 직접 디트로이트에 가서 MB테크 사무소 책임자를 만났다. 책임자는 벤츠E 클래스를 기반으로 만든 전기자동차의 계획서를 보여주면서 신생기업 테슬라의 임원에 불과한 롤린슨의 계획이 왜 성공할 수 없는지 설명했다. 롤린슨은 300여 가지 부품 목록을 하나하나 자세히 들여다보았다. 그러고는 바닥에 주저앉아서 각 부품이 전기자동차에 적합하지 않은 이유를 조목조목 열거하기 시작했다. 몇 시간에 걸쳐 65가지 부품을 살펴본 뒤에야 그는 롤린슨에게 두 손 두 발 다 들었다.

"그 정도면 충분합니다. 당신 말이 옳아요. 이게 말이 될 리 없겠군요." 그는 곧바로 머스크에게 전화를 걸어 자사의 제안을 취소하겠다고 밝혔다. 이제 롤린슨의 무대가 활짝 열렸다. 하지만 그가 거머쥔 것이 말의 고삐인지 그의 목을 조르는 밧줄인지는 아직 아무도 예측할 수 없었다.

## 10장

## 새로운 친구와 오래된 적

2009년 1월 27일 저스틴 머스크의 변호인단이 로스앤젤레스 가정법원에 이혼소송을 제기했다. 그들은 테슬라 말고도 머스크가 소유한 다른 회사마저 이 소송에 끌어들일 작정이었다. 그때껏 머스크는 별거 이후의 과정이 순탄할 줄로만 알았다. 두 사람이 2000년에 결혼식을 올리기 전 저스틴이 머스크의 재산에 관여하지 않겠다고 계약서를 작성해서 서명했기 때문이다. 물론 계약 당시에는 머스크의 재산이 많지 않았다.* 두 사람 사이에 아이가 태어난 후 이혼하게 되면 저스틴이 벨에어에 있는 자택을 가져가고 양육비는 따로 받기로 합의했었다. 이 두 가지만 합쳐도 2,000만 달러가량이 되었다. 하지만 9년이 지난 이 시점에서 저스틴은 집 한 채 받고 끝낼 수는 없다고 생각했다.

---

- 계약서 원본은 결혼식 전에 작성했지만, 두 사람은 결혼식을 마치고 나서 계약서에 서명했다.

결혼생활에 종지부를 찍기까지 무척 힘들었다. 그녀 처지에서 보면 페이팔을 매각한 이후에 그들의 인생은 부의 덫에 걸려들었고, 둘의 관계가 확 달라졌다. 그들은 마운틴뷰의 작은 아파트에 살다가 베벌리힐스의 저택으로 이사했다. 2002년에 영아돌연사증후군으로 첫 아이를 잃었을 때는 상심이 컸다. 그뒤 쌍둥이를 얻었고, 또다시 세쌍둥이가 태어났다. 저스틴은 남편이 갈수록 바깥일에만 신경 쓰고 자신은 뒷전이라는 느낌을 받았다. 또한 자신에게 남편이 "네가 회사 직원이면 당장 해고야"라고 윽박질렀다고 주장했다.

머스크의 이혼소송 대리인인 토드 마론Todd Maron은 법정에서 저스틴이 이 소송에 테슬라를 끌어들이려는 저의는 회사의 존립을 위협하는 행위이며, 이렇게 해서라도 합의를 보려는 뻔뻔한 시도라고 주장했다.

머스크는 저스틴이 소송에서 이기면 회사의 중요한 의사결정에 일일이 관여할까 봐 걱정되었다. "원고 저스틴이 바라는 대로 테슬라를 이 소송에 포함하면, 그녀는 동반자에 버금가는 자격을 얻게 되고 일론과 나머지 324명의 주주는 투자금을 잃어버릴 수도 있습니다"라고 마론은 변호했다. 당시 머스크는 모든 재산을 테슬라, 스페이스엑스, 솔라시티에 쏟아부은 상태였다. 마론은 머스크에게 이번 소송에 거액의 비용이 들 테고 공개적으로 진행되는 만큼 테슬라에 부정적인 영향을 미칠 수 있다고 경고했다.

법원은 저스틴의 청구를 기각했고, 머스크는 천만다행이라며 가슴을 쓸어내렸다. 당시 회사를 지키려면 테슬라의 존립 가능성을 의심하는 변덕스러운 투자자들에게서 어떻게든 자금을 끌어내야 하는 상황이었다. 만약 이혼소송에 세간의 이목이 쏠렸다면 테슬라 입지가 크게 흔들릴 수도 있었다.

그해 봄 머스크는 회사를 지키고 모델S로 대중의 관심을 끌어오려고 분주하게 움직였다. 한편 새로 당선된 버락 오바마 대통령은 제너럴모터스를 회생시킬 방안을 확대했다. 그에 따라 CEO인 릭 왜고너가 축출되었고, 정부가 제너럴모터스에 파산 절차 및 구조조정을 시행하는 방안을 고려하고 있다는 발표가 나왔다. 구조조정에 들어가면 제너럴모터스는 브랜드 수, 대리점, 직원을 감축해야만 했다.

제너럴모터스와 크라이슬러를 모두 살리려면 미국 정부가 어떤 역할을 해야 하는가를 둘러싸고 논쟁이 몇 달간 이어졌다. 2008년 후반까지도 연방의회에서 구제금융을 놓고 합의를 이끌어내지 못해서, 부시 행정부가 임시 대출을 제공했다. 오바마 정부에서도 추가 대출을 지원했다. 기업은 살길을 찾기 위해 연방정부에 구조조정 계획을 제출했다.

이런 분위기 속에서 머스크는 테슬라에 유리한 기회를 포착했다. 핵심 측근인 디어뮈드 오코넬Diarmuid O'Connell이 연방의회를 여러 달 드나들며 에너지부DOE의 대출 프로그램을 테슬라도 적용받으려고 열심히 물밑 작업을 하면서, 녹색 기술을 보유한 미국 기업이 도약할 수 있도록 힘써 달라고 호소했다. 미국 국무부에서 정치, 군사 부문 수석 참모를 지낸 그는 2006년 로드스터가 세상에 공개된 직후에 테슬라에 합류했다. 지구 온난화를 조금이라도 늦춰야 한다는 메시지를 세상에 전달하는 일이 무엇보다 중요하다고 여겼기 때문이다. 그는 워싱턴에서 쌓은 경험과 통찰을 테슬라에 아낌없이 쏟아부었다.

당시 CEO였던 마틴 에버하드는 무공해 차량를 구매하면 세금을 공제해주는 제도에 전기자동차도 포함하는 법안이 채택되도록 물밑 작업을 벌여야 한다는 오코넬의 의견을 지지했다. 이 법안이 통과되면 모델S를 더 낮은 가격에 판매할 길이 열렸다. 머스크도 테슬라 차량을 대중에 선보일 때 세금을 공제하면 차 한 대 가격이 5만 달러 미만이라고 홍보했는데, 바로 이 법안을 가리키는 말이었다.

조지 W. 부시 행정부에서 도입한 정부 대출 프로그램을 DOE는 2008년 말에 이미 본격적으로 운용하고 있었다. 그 무렵 세계를 휩쓴 경기 침체가 심각했고 제너럴모터스도 속절없이 무너지고 있었다. 머스크와 CFO인 디팩 아후자는 DOE에 대출을 신청했다. 두 사람은 모델S 개발자금으로 4억 달러 이상을 확보하고 싶어 했다. 스페이스엑스에서 수작업으로 쇼카를 완성해서 3월에 공개했다. 마침내 오코넬이 워싱턴에 가져갈 완벽한 소품을 확보한 것이다. 3월 말에 로스앤젤레스에서 언론 및 고객에게 공개된 쇼카는 즉시 미국 곳곳으로 배송되어 동부 해안 투어를 돌았고, 데이비드 레터맨David Letterman의 맨해튼 스튜디오에도 도착했다. 데이비드는 자신이 진행하는 CBS의 유명한 텔레비전 프로그램인 〈레이트 쇼Late Show〉에서 이 쇼카를 소개했다. 몇 달 뒤에는 《뉴요커》에 쇼카를 다루는 장문의 기사가 실렸고, 머스크와 이제 다 정상한 아들들의 사진도 몇 장 공개되었다. 이렇게 언론에서 집중 조명을 받고부터 머스크의 프로젝트를 향한 신뢰도가 대폭 상승했다.

가장 주목을 끈 건 오코넬이 전기자동차를 타고 워싱턴 주변을 한 바퀴 도는 자리를 주선한 일이었다. 그들은 에너지부 본부로 모델S를 가져가서 대출 프로그램의 자금을 배분하는 업무를 맡은 소규모 팀원들에게 시승 기회를 선사했다. 그중에는 하버드대학교 법과대학을 최근에 졸업한 야네프 수이사Yanev Suissa라는 직원도 있었다. 모델S가 주차된 곳으로 걸어가면서 주위를 둘러보니 동료들이 사무실 창으로 그를 내려다보고 있었다. 그는 주변의 그런 관심이 영 익숙하지 않았다. 하지만 통풍이 잘되는 쾌적한 차량 실내와 대시보드에 설치된 대형 스크린은 수이사의 마음에 쏙 들었다.

수이사 팀은 정부에 상환할 가망이 있는 기업에 자금을 대출해야 하는데, 과연 테슬라가 자금을 상환할지 확신할 수 없었다. 수이사는 당시 큰 호응을 얻은 다수의 프로젝트를 검토했지만, 테슬라는 거기에 해당되지 않았다고 회상했다. "사실 처음부터 테슬라의 사업이 성공할지 확실하지 않았어요. 아주 위태로워 보였습니다. 이미 입증된 대상의 새로운 버전을 소개하는 차원이 아니라, 유례없이 새로운 산업을 만들어 가는 중이었죠."

연방정부는 저 홀로 테슬라에 자금을 대출하는 유일한 기관이 될 수 없다고 판단하고, 다른 투자자를 더 찾아오라고 통보했다. 테슬라는 이런 요구를 받고 실망에 잠겼다. DOE 팀만이 아니라 은행에서도 거부 의사를 밝혔기 때문이었다.

다임러의 고급 엔지니어링 팀 책임자인 허버트 콜러Herbert Kohler는 테슬라 초창기에 머스크를 만나보고 이 스타트업에 투자하겠다는 의사를 적극 내비쳤다. 하지만 대다수 스타트업은 기업 투자를 반기지 않았다. 자칫하면 대기업의 보조 프로젝트라거나 최악의 경우에는 자기네 사업 구상보다 대기업의 필요를 우선시한다는 이미지로 굳어질 수 있었기 때문이다. 그래서 머스크도 콜러의 관심이 달갑지 않았다.

그러다가 2008년에 와서 머스크의 생각이 바뀌었다. 그는 현금을 조달할 방법을 모색하려고 독일에 가서 다임러 임원들을 직접 만났다. 때마침 다임러는 스마트 브랜드의 전기차 버전을 생산하려고 배터리팩 공급업체를 물색하고 있었다. 몇 달이 지나서, 콜러가 6주 후에 실리콘밸리 근처에 갈 예정인데 기회를 준다면 테슬라의 기술을 눈으로 직접 확인하고 싶다고 이메일을 보내왔다. 다임러의 2인승 소형 자동차 스마트를 전기자동차로 전환하는 작업은 이제 스트라우벨의 주특기였다. 머스크는 스트라우벨에게 솜씨를 발휘해보라고 일렀다. 하지만 이번에는 단 몇 주 안에 작업을 마쳐야 했다.

몇 달 전만 해도 머스크는 배터리팩을 생산하기 위해 제너럴모터스나 다른 업체와 협업하기를 꺼렸지만, 이제는 선택의 여지가 없었다. 게다가 메르세데스와 손을 잡으면 유리한 점이 있었다. 물류가 문제였는데, 다임러는 아직 미국에서 스마트 브랜드를 운용하지 않고 있어 테슬라로서는 스마트 자동차를 구할 수 있는 가장 가까운 장소가 멕시코였다. 이들은 회사 재무팀에 달려가서 현금 2만 달러를 요청했다. 스페인어를 할 줄 아는 사람을 멕시코에 보내 스마트 중고차를 매입해서 실리콘밸리까지 직접 몰고 오게 할 계획이었다. 차가 도착하면 되도록 신속하게 해체하되, 차량 내부는 최대한 보존해야 했다.

머스크는 다임러 임원들을 직접 만나고 나서야 그들이 자신의 프레젠테이션에 도통 관심이 없다는 사실을 깨달았다. 그래서 머스크는 대화를 중단하고, 직접 눈으로 확인해보자며 스마트 자동차를 세워둔 주차장으로 사람들을 데려갔다. 스트라우벨이 만든 차에 올라타서 전기모터의 순간 토크로 엄청난 가속도가 붙는 속력을 경험하더니 사람들의 표정이 싹 달라졌다. 그제야 다들 고개를 끄덕였고, 2009년 1월까지 공급업체로 협업하기로 계약을 맺었다. 이들은 테슬라에 현금을 투자하는 방안도 고려하고 있었다. 그러나 슈투트가르트의 몇몇 관계자는 난색을 보였다. DOE처럼 테슬라의 향후 재정 여건을 우려했기 때문이다.

머스크 처지가 상당히 난처해졌다. 이제 겨우 다임러에서 투자를 고려하며 관심을 보이기 시작했고, 미국 정부에서도 대출 약속을 받아냈다. 하지만 두 곳 다 단독으로는 투자할 의향이 없다는 것이 문제였다.

하지만 상황이 머스크에게 유리하게 전개되었다. 제너럴모터스와 크라이슬러가 고전을 면치 못하자, 오바마 정부가 DOE 대출 담당 부처에 프로젝트 공고를 서두르라고 지시했다. 대출거래가 최종 승인을 받을 준비가 되지 않아도 일단 서두르라는 뜻이었다. 그에 따라 DOE 담당 부처는 실리콘밸리의 태양광 기술업체인 솔린드라Solyndra에 대출을 승인한다고 발표했고, 곧 테슬라에도 정부 대출을 받을 수 있다는 소식이 전해졌다.

그러자 다임러도 태세를 전환해서 5월에 5,000만 달러를 투자하겠다고 발표했고, 테슬라의 지분 10퍼센트를 확보했다.

그런데 DOE가 발표했다고 해서 대출거래가 실제로 성사되었다는 뜻은 아니었다. 대출 조건을 충족해야만 했다. 수이사의 말마따나 "언론 보도를 보고 사람들은 거래가 성사된 줄 알지만, 실제로 그렇게 되려면 갈 길이 멀었다." 세부사항을 아직 수정해야 하는데, 그 작업에만 여러 달이 걸릴 듯 보였다. 그래도 양측 모두에게 유리한 홍보였다. 테슬라는 정부 승인을 받아냈고, 정부는 경제 회생에 돈을 쏟아붓는 모양새를 갖췄다. 어쨌든 늘 현금에 허덕이던 테슬라도 당분간은 주머니 사정을 걱정하지 않아도 될 것 같았다.

저스틴이 제기한 이혼소송에 대중의 관심이 쏠리는 일은 피했지만, 과거의 다른 문제가 머스크의 발목을 붙잡으려 했다. 마틴 에버하드는 제 손으로 일으킨 조직에서 쫓겨난 뒤로 일 년이 지나도록 분을 삭이지 못했다. 초기 팀을 구성하고, 2006년에 고객에게 판매할 로드스터의 프로토타입을 만든 당사자가 바로 에버하드였다. 따라서 그의 자동차 번호판에 쓰인 "미스터 테슬라"의 역할을 해낼 사람은 머스크가 아닌 에버하드였다.

그런데 회사를 떠나고 나서도 몇 달 동안 자신이 고용한 친구들 상당수가 해고되거나 사임하는 상황을 지켜볼 수밖에 없었다. 에버하드는 여전히 테슬라를 아꼈지만, 머스크에게는 강한 적개심을 품었다. 테슬라에서 일어나는 변화를 블로그에 자세히 게시하며 불만과 답답함을 토로하기도 했다. 보다 못한 테슬라 이사회 임원인 로리 율러가 에버하드에게 분노를 드러내서 회사에 해를 끼치고 있다며 자중해 달라고 요구했다. 테슬라 측 변호인은 율러보다 더 직접적인 표현을 동원해서, 에버하드가 어떤 비방도 하지 않겠다는 계약을 위반하고 있다고 지적했다. 그러고는 에버하드가 스톡옵션 25만 주를 행사할 권한을 박탈해 버렸다.

2008년 중반에는 일부 언론 보도가 에버하드의 분노를 더욱 자극했다. 머스크가 신문과 잡지에 대고 테슬라에서 발생한 모든 문제가 에버하드 때문이라고 주장한 것이다. 최악의 상황은 그해 늦여름에 발생했다. 회사 초창기에 머스크와 에버하드는 누구의 조립라인에서 최초의 로드스터가 완성될 것인지를 놓고 장난삼아 내기했다. 최초의 로드스터는 시간이 지날수록 수집가들에게 판매가의 몇 배가 넘는 가치를 인정받을 거라고 가정하고 시작한 내기였는데, 결국 머스크가 로드스터 1호를, 에버하드는 2호를 가져가기로 합의했다. 그런데 에버하드 몫의 차를 여러 달이 지나도록 온갖 핑계를 대며 인도하지 않았다. 2008년 7월에 마침내 테슬라 측에서 연락이 왔는데, 그가 받기로 한 로드스터가 '내구성 실험' 중 트럭과 부딪혀서 산산조각이 났다는 것이었다. 그제야 에버하드는 차를 받아낼 가능성이 없다는 걸 깨달았다. 로드스터

2호는 2007년에 실사를 근거로 에버하드를 내쫓은 이사회 임원 안토니오 그라시아스가 차지했다.

2009년 봄 무렵에 에버하드는 명예훼손, 중상모략, 계약 위반 등을 주장하며 소송을 제기했다. 머스크 본인의 허영심과 불안함을 겨냥한 전면전이었다. 그는 머스크가 본인이 테슬라 창업자라며 근거 없는 주장을 한다고 지적했다. 또한, 머스크가 소프트웨어 회사를 시작하기 위해 이틀 만에 스탠퍼드대학교를 중퇴해놓고 걸핏하면 박사 학위를 따려고 캘리포니아로 이사했다고 하니 앞뒤가 맞지 않는다고 주장했다. 소장 첫머리에는 이렇게 적혀 있었다. "머스크는 지난 일을 죄다 조작하려고 한다."

모든 것이 머스크를 정조준한 공격이었다. 사실 그는 실리콘밸리 역사에서 이미 평판이 좋지 않았다. 《밸리왜그》에서 머스크를 페이팔 창업자로 인정할 만한 근거가 없다고 보도했을 때는 2,000자가 넘는 장문에 각주까지 달아가며 반박했다. 그는 법정에서 에버하드와 맞설 때까지 기다리지 못했다. 즉시 회사 홈페이지에 자신의 관점으로 본 테슬라 역사를 장황하게 설명했다. 또한 테슬라 일로 에버하드를 처음 만났을 때, 그는 "자신만의 축적된 기술이나 프로토타입 자동차가 없었으며, 전기자동차와 관련된 지적재산권도 아예 없었다. 그의 수중에는 AC프로펄전의 티제로 전기 스포츠카를 콘셉트로 한 사업계획서가 전부였다"고 강조했다.● 서류 전쟁이 본격적으로 시작되었다. 머스크 비서인 메리

---

● 2003년에 에버하드가 테슬라모터스닷컴에 대한 권리를 인정받으려고 관련 서류를 제출했으나, 나중에 머스크가 새크라멘토에 사는 남성에게 7만 5,000달러를 지불하고 테슬라라는 이름을 샀으며, 테슬라를 사용하지 못하면 패러데이를 사명으로 삼을 계획이었다고 밝혔다. https://twitter.com/elonmusk/status/1071613648085311488?s=20

베스 브라운Mary Beth Brown은 며칠 안 되지만 머스크가 스탠퍼드대학교에 다녔다고 증명해줄 서류를 찾기 시작했다. 이런 형국이 기술업계 사람들 사이에서는 재미있는 화젯거리였을지 모르나, 당시에 회사 자금을 구하느라 정신없이 바빴던 머스크 측근으로서는 매우 성가셨다. 머스크를 테슬라 창업자로 볼 수 없다는 에버하드의 주장을 법원에서 기각하자, 머스크는 승리를 선언했다. "조속히 법정에서 사실관계를 증명하고 역사 기록을 바로잡겠습니다." 테슬라도 별도의 입장을 발표하고 법원 판결이 "테슬라 창업자를 규정하는 당사의 견해와 일치합니다. 현재 CEO이자 제품개발자인 일론 머스크, 최고기술책임자인 J. B. 스트라우벨은 테슬라 초창기부터 중추적인 역할을 해왔습니다"라고 밝혔다.

당시 측근들은 머스크에게 에버하드 일을 신중히 처리하라고 여러 차례 조언했다. 에버하드가 강등되었을 때 잠시 CEO를 맡았던 마이클 마크스는 그해 여름 머스크와 이사회에 외부에서는 불필요한 말을 삼가라고 충고했다. 그는 머스크와 테슬라가 에버하드에게 "지나친 발언을 많이 해서 상처를 주었다"고 지적했다. "그중에서 가장 참기 힘든 것은 에버하드가 이사회에 거짓말을 했다는 주장이며, 그 때문에 그의 사내 직책이 크나큰 타격을 입었다"고도 꼬집었다. 또한 에버하드가 힘들었던 이유 중에는 테슬라에 노련한 CFO가 없었고 경영진이 비용이나 일정을 두고 실현 불가능한 기대를 걸었던 점도 있다고 덧붙였다. "에버하드가 이런 문제를 해결할 능력이 부족했기 때문에 쫓겨난 것이 부당했다는 말은 아닙니다. 그때는 에버하드가 CEO였으니 그에게 사안을 해결할 책임이 있었죠. 그러지 못했으니 마땅히 CEO 자리를 내놓아야 했습니다. 제가 테슬라에 합류하기 전에 있었던 일을 다 알지는 못합니다. 업무를 인계받을 때 에버하드가 저에게 이것저것 많이 알려주었습니다. 그리고 제가 요청한 일도 모두 처리해주었죠. 그는 모든 일에 최선을 다했습니다. 이런 점도 에버하드에 관해 기록할 때 반드시 집어넣어야 합니다."

마크스가 이렇게 중재해서 두 사람에게 어떤 영향을 주었는지는 알 수 없다. 어쨌든 9월경에 에버하드와 머스크의 분쟁이 합의점을 찾았는데, 합의 조건은 외부에 공개되지 않았다. 내막을 잘 아는 측근에 따르면, 두 사람은 상호 비방하지 않기로 약속했다. 에버하드는 주식을 얻었고, 특히 로드스터를 한 대 받았다. 테슬라는 공식 발표를 통해 "두 사람 모두 테슬라의 공동 창업자"라고 밝히며, 마크 타페닝, 이안 라이트, J. B. 스트라우벨 등도 공동 창업자로 같이 언급했다. 머스크와 에버하드도 각각 입장을 표명했는데, 몇 개월 전에 서로에게 독설을 내뱉던 모습과는 사뭇 달라진 분위기였다. 에버하드는 "일론 머스크가 테슬라에 어마어마하게 공헌"했다고 인정했고, 머스크는 "마틴 에버하드가 그토록 헌신을 다해 노력하지 않았다면 지금의 테슬라모터스는 존재하지 않았을 것"이라고 화답했다. 이렇게 두 사람 사이의 언쟁은 끝났지만, 감정적인 갈등은 수년간 계속되었다.

종합해보면, 예전 동업자 및 전처와 겪은 법적 소송은 머스크의 완고한 성격을 단적으로 보여주는 사례였다. 2008년 테슬라에 전념해서 파산은 면했지만, 자신과 가까운 사람들에게 적잖은 피해를 주었다. 이 문제는 그후로도 새로운 위협 요소로 작용했다. 테슬라가 대중을 겨냥한 자동차를 시장에 출시하려고 노력하면서 성장을 거듭할수록 그런 충돌은 더 심각한 결과를 초래할 가능성이 있었다. 한마디로 위험은 갈수록 커지는데 이윤은 계속 줄어들고 있었다.

## 11장

## 로드쇼

디팩 아후자는 원래 포드모터스에서 영향력 있는 부서 중 하나인 재무팀에 재직했으며, 테슬라에서 최고재무책임자를 맡았다. 스타트업과 관련해서는 2008년 테슬라에 입사한 뒤에야 집중 교육을 받았다.

그는 뭄바이에서 자랐으며, 부모가 몇 차례 의류 사업을 벌였는데 주로 청바지와 속옷을 생산했다. 학창 시절에는 성적이 매우 좋았다. 바나라스힌두대학교에서 세라믹공학을 전공하고, 재료공학 박사 학위를 목표로 미국 유학길에 올랐다. 고향에 돌아오면 아버지와 함께 전력망용 세라믹 절연체 사업을 시작할 계획이었다. 그는 시카고 외곽에 있는 노스웨스턴대학교에 입학했는데, 엄청난 학업량과 뼛속까지 에는 듯한 추운 겨울이 큰 난관이었다. 인도에서는 대형 컴퓨터만 다루어보았지 개인 컴퓨터는 써본 적이 없어서 전원 버튼을 찾느라 한참 헤매기도 했다. 그래서 주변 학생들에게 도움을 요청하면 다들 난감한 표정을 지었다. 사람들은 아후자의 억양이 강해서 그의 말을 거의 알아듣지 못했다.

그래도 아후자는 비교적 빠르게 적응했다. 이내 결혼할 사람을 만났고, 결국 박사 학위를 포기했다. 그는 피츠버그로 이사해서 차량용 세라믹 복합재료를 개발하는 회사인 케나메탈Kennametal에 엔지니어로 취직했고, 카네기멜런대학교에서 MBA 과정을 밟았다. 1993년에는 포드모터스에 입사했는데, 이 회사는 금융 부문 직원을 강도 높게 훈련하기로 유명했다. 그는 자동차 제조사의 스탬핑 공장에서 업무를 보며 미국 자동차 제조사의 사업 방식을 익혔고, 그후 10년 반 동안 차근차근 승진해서 2000년에는 포드와 마쓰다의 공동 벤처회사에서 CFO를 맡았다. 나중에는 미국 자동차 제조사의 남아프리카공화국 사업부에서 CFO로 근무했다. 그러나 2008년 새로운 업무 때문에 미시간으로 돌아왔는데, 마침 그때 테슬라의 채용 담당자에게 연락을 받았다. 그는 경기가 크게 침체하기 직전에 테슬라에 합류했다. 당시 포드가 막대한 현금 지출을 줄이려고 대대적인 정리 해고를 예고해서 실직할지도 모른다는 두려움에 떨다가 테슬라를 선택한 것이다.

아후자는 머스크가 모든 재산을 테슬라에 쏟아부었다는 사실을 잘 알고 있었지만, 그의 가족과 딸에게는 상황이 얼마나 심각한지 귀띔하지 않았다. 그는 로드스터의 비용을 줄일 방안을 모색하며 테슬라의 회계장부를 꾸준히 정리했다. 주식공개 상장기업이 될 때까지 테슬라가 잘 버텨주기를 기대하며 장부 및 관련 서류를 착실히 준비한 것이다. 테슬라와 아후자 모두에게 이 과정은 경험을 쌓을 중요한 기회였다. 상장거래를 준비하려면 사분기별 보고서를 준비하고 월스트리트의 기대치에 부응하는 등 거센 압력을 버텨야 했다. 하지만 그렇게 하면 가끔씩 현금 부족에 시달리는 현재와 달리, 수십만 달러도 아닌 수백만 달러의 자본을 확보할 길이 열릴 터였다.

월스트리트 은행가들도 한동안 테슬라와 관계를 발전시키려고 적극적으로 나섰다.

그러나 2009년 중반 무렵 기업공개 시장은 테슬라 팀원들이 보기에도 안갯속이었다. 제너럴모터스는 파산해서 자동차 대리점 수천 곳이 문을 닫고 수만 명의 직원이 일자리를 잃었다. 사실 자동차 업계 전체가 판매 부진이라는 큰 타격을 입고 휘청거렸다.• 그해 가을에는 테슬라처럼 처음 기업공개에 나서는 기업에 희망의 빛이 한줄기 비치는 것도 같았다. A123이라는 소형 자동차 배터리 업체가 2008년에 상장을 연기했다가 2009년 9월 말에 다시 월스트리트에 복귀해서 신규 상장을 마쳤다. A123은 주식시장을 온통 뒤흔들었는데, 개장 첫날에만 주가가 50퍼센트 급등했다. 테슬라 회계팀의 일부 직원은 이 상황을 지켜보며 머스크의 계획도 기어코 성공하고 말리라는 확신을 얻었다.

아후자도 포드에서 풍부한 경험을 쌓았지만, 월스트리트에 직접 대응하기에는 역부족했다. 그는 은행 관계자를 통해 테슬라가 기업공개를 하는 데 몇 가지 걸림돌이 있다는 점을 알게 되었다. 머스크의 이혼소송과 모델S를 생산할 공장이 없다는 점 말고도 그들이 넘어야 할 장애물은 많았다.

은행가들은 두 번째 우려를 집요하게 물고 늘어졌다. 기업공개 전에 자동차를 생산할 공장을 반드시 마련해야 한다는 얘기였다. 테슬라는 모

---

• 2009년 미국의 자동차 판매량은 1,040만 대로, 27년 만에 최저치를 기록했다. 테슬라가 설립된 2003년과 비교하면 무려 38퍼센트나 감소한 수치다.

델S를 출시할 자금을 확보하기 위해 기업을 상장하려고 하는데, 모델S를 판매하지 않고는 수익을 기대할 곳이 없었다. 그들은 차를 생산할 공장조차 없는데 어떻게 투자자들에게 "지금 보시다시피 이런 수익이 예상됩니다"라고 설명하겠냐며 머스크를 몰아붙였다.

테슬라도 그 점을 생각해보지 않은 것은 아니었다. 모델S를 생산할 장소를 물색하느라 수년째 골머리를 앓고 있었다. 테슬라가 공장을 마련할 자금이 없는 게 문제였다. 뉴멕시코에 공장을 지으려다가 중도에 그만두는 바람에 그 지역 개발자들에게 원성만 샀고, 산호세에 공장을 마련하려던 계획은 머스크가 CEO가 되면서 무산되고 말았다. 그는 주말마다 부동산 중개인을 대동하고 로스앤젤레스 주변을 돌아다녔다. 그러다가 스페이스엑스 본사가 새로 입주한 호손에서 20킬로미터가량 떨어진 소도시 다우니에 나사에서 사용하던 대규모 시설이 1999년에 폐쇄된 채로 남아 있다는 정보를 듣게 되었다. 머스크는 해당 부지가 집에서 가깝고 우주 관련 시설이었다는 점에 마음을 빼앗겼다.

하지만 다른 사람들은 머스크와 달리 탐탁지 않았다. 이 시설을 자동차 생산공장으로 개조하려면 할 일이 너무 많았다. 테슬라 내부에서도 관련 허가를 받는 데 시간이 오래 걸린다고 우려했다. 특히 도장 작업장을 제작하는 과정이 매우 길고 복잡했다. 주정부 관계자들이 관련 절차를 신속하게 처리해주겠다고 했지만, 일부 임원은 그래도 수년이 걸리기 때문에 그사이에 테슬라가 보유한 현금은 모두 바닥날 거라고 주장했다.

대안이 하나 있었는데, 샌프란시스코 해안에 예전에 가동하던 제너럴모터스-도요타 공장이 있었다. 자동차 생산을 허가받은 시설이지만, 함께 공장을 사용하던 제너럴모터스가 파산 신청을 해서 도요타는 이 공장을 한동안 폐쇄할 작정이었다. 도요타모터스에서 근무하다가 최근에 테슬라로 영입된 길버트 패신Gilbert Passin은 한때 캐나다에서 렉서스 조립공장을 직접 운영한 경험이 있는데, 도요타라면 테슬라가 나서서 공장에서 손을 떼도록 유도하기에 수월할 거라고 여겼다. 도요타는 텍사스주에 제조시설을 확충해서 미국 지역 도요타 운영의 중심지로 만들 생각이었다. 도요타는 공장 폐쇄라는 표현을 매우 꺼렸는데, 이를 두고 기업을 제대로 운영하지 못했다는 증거일뿐더러 평생 고용이라는 경영방침과도 맞지 않는다고 보는 사내 문화 때문이었다. 그래서 길버트를 포함한 몇몇 사람은 도요타가 잡음 없이 (샌프란시스코의) 공장을 정리할 방안이 필요할 거라고 추측했다.

이렇게 양측 모두에게 유리한 조건이었는데도 도요타는 테슬라 운영진에게 별다른 관심을 보이지 않았다. 안달이 난 머스크는 베벌리힐스에 사는 자신의 주치의가 도요타 CEO인 도요타 아키오와 개인적 친분이 있다는 말을 듣고 주치의에게 따로 부탁할 정도로 열성을 다해 도요타에 접근했다. 드디어 2010년 초에 도요타에서 만나자는 연락을 받고 모든 사람이 깜짝 놀랐다. 머스크는 벨에어에 있는 자택으로 초대하기로 마음먹었다. 공식 방문단이 도착하자, 머스크는 도요타 창업자의 증손자를 로드스터에 태워서 집 주변을 한 바퀴 돌았다. 그도 자동차 경주를 즐기던 사람인지라 로드스터를 시승하며 감탄을 연발했고, 테슬라의 기업가정신도 높이 평가해주었다. 머스크가 공장 매입 가능성을 물었더니, 도요타가 한 치의 망설임도 없이 고개를 끄덕였다. 사실 도요타는 공장 문제보다도 테슬라에 투자할 의향이 더 강했다.

물론 투자 얘기가 나오는 것도 반가운 일이었다. 하지만 머스크는 세계 최고의 자동차 제조사 중 한 곳에서 테슬라를 인정했다는 사실이 더욱 반가웠다. 기업공개를 하기 전날 밤에 도요타와 메르세데스·벤츠 양측에서 승인을 얻었기에 신생기업으로서는 매우 유리한 상황이었다.

하지만 이 거래는 다우니시 공무원들에게 큰 충격을 안겼다. 그들은 테슬라가 다우니에 터를 잡을 줄 알고 잔뜩 기대하고 있다가 머스크에게 배신감을 느끼고 치를 떨었다.

J. B. 스트라우벨도 놀라기는 마찬가지였다. 작은 신생기업인 테슬라는 대형 경쟁사와 맞서기 위해 협상만 할 수 있다면 뭐든지 손을 뻗치려 했다. 다임러와 협업을 모색했을 때처럼 유럽의 BMWAG를 방문했을 때도 로드스터를 눈에 잘 띄는 곳에 주차했는데, 이는 자동차 업계에 테슬라와 그들이 협업한다는 입소문이 퍼지게 하려는 전략이었다. 머스크는 도요타와 협상하던 중에도 스트라우벨에게 또 다른 대중적인 자동차 브랜드인 폭스바겐이 테슬라와 손잡을 의향이 있는지 타진하게 했다. 머스크의 지시를 받고 스트라우벨은 직접 독일로 가서 다임러가 수락한 공급업체 계약과 유사한 내용을 폭스바겐에 제안했다. 스트라우벨 팀은 폭스바겐 골프에 전기 파워트레인을 장착해 독일로 싣고 가서 보여주며, 리튬이온 셀의 장점을 하나하나 설명했다. 당시 폭스바겐 CEO였던 마틴 빈터콘Martin Winterkorn은 스트라우벨이 가져온 로드스터를 직접 몰고 테스트 트랙을 전속력으로 질주했다.

그런데 폭스바겐과 한창 협상하던 중에 도요타와 테슬라의 거래가 공식 발표되었다. 스트라우벨은 빈터콘 회장실로 불려 갔다. "이게 도대체 무슨 일입니까?"하고 날아든 질문에 스트라우벨은 아무 말도 할 수 없었다. 폭스바겐과 거래를 틀 가능성이 일순간에 날아가버렸다. 그렇게 세계 최대 규모의 자동차 업체 두 곳과 협업할 길이 막히고 말았다. 잔뜩 풀이 죽은 스트라우벨 팀은 짐을 싸서 샌카를로스로 돌아왔다.

"나는 지금 이럴 시간이 없어. 빌어먹을 로켓을 쏴야 한다고!" 머스크는 이렇게 소리치고서 통유리로 둘러싸인 스페이스엑스의 회의실을 나가버렸다. 테슬라의 기업공개를 앞두고 마케팅 자료의 세부사항을 논의하려던 회의는 갑작스럽게 중단되고 말았다.

머스크는 세세한 사항까지 신경 쓰는 관리자였으나 인내심은 부족했다. 그는 회사를 알리는 문구 하나에도 예민한 반응을 보였다. 골드만삭스와 모건스탠리 은행가들이 9개월간 작업해서 2010년 1월 초에 발행한 투자설명서 문구를 놓고 변호사들과 언쟁을 벌이기도 했다. 그때 참여한 은행가 중에 마크 골드버그Mark Goldberg라는 24세 젊은이도 있었다. 그는 재생에너지에 관심이 생겨서 모건스탠리에 입사했는데, 어쩌다 보니 새내기로서 매우 특이한 기업공개 준비 과정에 참여하게 되었다.

머스크는 모든 게 마음에 들지 않는다며 툭하면 다 해고하겠다고 으름장을 놓았다. "이보다 더 자극적으로 만들어야 해"라면서 테슬라가 프리미엄 중형 세단 시장을 완전히 장악한다는 식의 문구를 요구했다. 아우디를 테슬라의 경쟁업체 중 하나라고 적어 넣은 슬라이드를 아예 삭제해버린 적도 있었다. 머스크는 〈아이언맨 2〉에 테슬라 자동차를 등장시키기는 대가로 제작비를 지원하라는 요구를 거절했다. 그러자 아우디는 마케팅 전략을 구사해서 테슬라를 이 영화 프로젝트에서 아예 몰아내버렸고, 뒤늦게 이 사실을 알게 된 머스크는 분통을 터트렸다. 하지만 아우디도 머스크가 영화에 카메오로 등장하는 것까지는 막아내지 못했다. 아무튼, 머스크는 "아우디가 왜 거기에 나옵니까? 그들은 고려대상이 못 될 텐데.…… 우리가 아우디를 완전히 박살을 내버립시다"라고 응수했다.

이런 공격적인 태도가 스타트업 창업자에게는 어울릴 만도 하겠지만,

주주 이익에 전전긍긍하며 미리 세심하게 준비한 발언 말고는 말을 아끼고 최대한 불필요한 위험을 피해야 하는 공개된 상장기업의 최고 경영진으로서는 적절치 않았다. 머스크가 세간의 이목을 끌려고 안달이 났을지는 모르겠으나, 테슬라 소유권이 수천 명의 투자자에게 넘어가면 투자자들의 기분에 따라 머스크의 운명이 출렁일 텐데 그때도 머스크가 이런 태도를 보여도 괜찮을지 신중하게 생각해봐야 했다. 하지만 머스크로서는 선택의 여지가 거의 없었다. 회사를 상장하면 투자금이 생기겠지만, 더는 회사를 마음대로 휘어잡을 수 없었다. 그런데 그가 보인 비정상적인 행보가 또 있었다.

처음에는 모건스탠리가 상장 주관사로 선정되었으나 이후에 골드만삭스에 2순위로 밀려났다. 나중에 기업공개와 관련해서 제출한 자료를 보면 머스크가 골드만삭스에서 개인적으로 대출을 받았다. 이 점만 보더라도 머스크의 주머니 사정이 오래전부터 얼마나 심각했는지 알 수 있다.

아후자는 기업공개를 철저히 준비하려고 픽사 임원 출신인 애나 옌Anna Yen을 고용해서 기업설명회IR 감독을 맡겼다. 이 일은 증권거래위원회Securities and Exchange Commission, SEC에 제출할 서류를 준비하는 힘들고 지루한 작업이었다. 그런데 옌이 각종 양식을 준비하고 제출하는 과정에서 미국 환경보호국Environmental Protection Agency, EPA에 테슬라 측 서류를 제대로 보내지 않았다는 사실을 아후자 팀이 발견했다. 이 실수로, 판매된 차량 한 대당 3만 7,500달러의 벌금이 부과되면 2,400만 달러에 가까운 지출이 발생할 터였다. 이미 테슬라의 재정 구조가 썩 좋지 않았기에 벌금이 부과될 때까지 손을 놓고 있을 수만은 없었다. 그래서 2009년 연말에 부랴부랴 누락된 서류를 제출하고 DOE와 합의에 나서서 벌금을 27만 5,000달러로 낮추었다. 더욱 다행스럽게도, EPA가

2009년에 판매된 모든 차량을 처음부터 제대로 인증된 제품으로 승인해주었다. 사실 이 문제를 처리하자면 또다시 몇 달이 걸릴 수도 있었는데, 머스크가 EPA 관계자인 리사 잭슨을 직접 찾아가서 문제를 신속히 해결했다.

바로 이 시기에 머스크가 법률 자문 인력을 채용했는데, 불과 몇 주 만에 그 사람이 머스크 곁을 떠나버렸다. 머스크도 법률 자문을 구하려니 너무 힘들다고 투덜거렸다. 그도 그럴 것이 머스크는 변호사의 조언을 귓등으로도 들으려 하지 않는 사람이었다.

한편, 테슬라는 기업공개를 준비하면서 차등의결권을 도입하지 않기로 의결했다. 이 결정이 초래한 결과나 여파는 여러 해가 지난 뒤에야 확인할 수 있었다. 구글의 래리 페이지와 세르게이 브린은 차등의결권 덕분에 전체 주식의 극히 일부만 소유하고 있는데도 회사를 계속 장악할 수 있었고, 2년 뒤에 마크 저커버그도 페이스북을 그런 방식으로 통제했다. 2010년 1월에 테슬라가 제출한 기업공개 관련 서류에는 머스크가 계속 테슬라의 감독권을 행사한다는 조항이 없었는데, 그 조항이 빠진 이유는 분명치 않았다. 서류 작업에 참여한 사람 중 몇몇은 테슬라에서 투자를 유치하기가 너무 힘들어서 그런 조항을 넣지 않았다고 해명했다. 완고하고 예측 불가능한 기업가에게 틀어잡힌 회사라는 이미지가 지나치게 강하면 기업을 상장하는 데 이롭지 않다고 판단한 듯싶었다. 게다가 머스크 동생 킴벌이 이사회 임원이어서, 이미 족벌주의라는 기업지배구조 문제가 제기되고 있었다.

그대신, 주주가 인수나 매각 등의 변경 사항을 강제하려면 발행주식 가운데 3분의 2의 동의를 얻어야 한다는 조항을 넣었다. 이 방법이 머스크로서는 최선이었다. 머스크가 원치 않는 사안에 실질적인 거부권을 행사할 수 있는 다수결 조항이었다. 2010년 1월 기준으로 머스크의 지분은 20퍼센트가량이었는데, 그가 이 비율을 유지하면 다른 주주들은 대략 85퍼센트의 승인을 얻어야만 머스크가 반대하는 사안을 밀어붙일 수 있었다. 머스크의 영향력이 갈수록 커지는 추세였기에, 85퍼센트의 승인을 얻는 것은 매우 어려운 일이었다.

적어도 1~2년간은 머스크에게 또 다른 보호책이 있었는데, 다임러와 관련된 거래 중단 조항 덕분에 2012년까지는 CEO 자리가 보장되었다. 이 말은 곧 머스크가 테슬라의 미래에 핵심 인물임을 다임러가 암묵적으로 인정한다는 뜻이었다.

그런데 기업공개 관련 서류를 제출하고 몇 주도 채 지나지 않아서 회사에 큰 사고가 발생했다. 호손에서 열리는 회의에 참석하려고 샌카를로스의 엔지니어팀이 개인 비행기에 탑승했는데 이륙하자마자 추락한 것이다. 비행기에 탑승한 테슬라의 엔지니어 3명이 모두 사망했다. 머스크도 그날 호손으로 출발할 예정이었으나, 킴벌이 콜로라도에서 썰매를 타다가 목을 다쳤다는 소식을 듣고 출발 직전에 탑승하지 않았다. 머스크는 비행기 추락 사고 소식을 전해 듣고 온몸을 덜덜 떨었다.

이틀 후 테슬라에 또 다른 비보가 전해졌다. 비행기 추락 사고만큼 충격적인 소식은 아니었지만, 기업공개를 앞둔 상황에서 상당히 불리하게 돌아가는 전개였다. 실리콘밸리 산업을 조명하는 온라인 출판업체인 벤처비트VentureBeat에서 머스크의 이혼소송이 예기치 못한 국면을 맞이했다고 밝혔는데, 이유는 바로 억만장자로 알려진 머스크가 극심한 가난에 시달리고 있기 때문이라는 내용이었다. 머스크가 법원에 제출한 서류에는 "약 4개월 전에 현금이 모두 바닥났다"는 진술이 들어 있었다. 그는 2009년 10월부터 친구에게 빌린 돈으로 생활하고 있었는데, 한 달 지출이 20만 달러였다.* 머스크의 아내 저스틴은 이혼소송 진행 상황을 블로그에 올렸고 《런던타임스》가 이 내용을 보도하면서 두 사람 사이에 갈등의 골이 더욱 깊어졌다. 머스크로서는 매우 난감한 지경이었다. 사실 머스크가 개인 재산을 쏟아부었기에 테슬라가 파산을 피할 수 있었다. 몇 년 전에 예약금을 잃을까 봐 걱정하는 고객들에게 머스크는 테슬라가 파산하면 사비를 털어서라도 예약금을 환급해주겠노라고 약속했다.

테슬라 측 변호인단이 나서서 사태를 수습했다. 그들은 테슬라의 기업공개 관련 서류에 "회사가 더는 머스크의 개인 자금에 의존하지 않"으므로 "머스크 개인의 재정 상태는 회사에 어떤 영향도 미치지 않을 것"이라고 분명히 밝혔다. 하지만 테슬라의 주거래은행은 그의 이혼 소식이 곧 있을 기업공개에 걸림돌이 될까 봐 전전긍긍했다. 만에 하나 저스틴이 테슬라 주식의 청구권을 거머쥐게 되어 매각기간 제한에 동의하지 않으면 기업을 상장하는 데 큰 타격을 입을 수도 있었다. 매각기간 제한이란 새로 발행된 주식가격의 하락을 방지하기 위해 내부자가 일정 기간 자신의 주식을 매도할 수 없는 제도다. 이 모든 사정이 뒤얽혀서 머스크는 하루빨리 이혼소송을 마무리하라는 압박을 받았다.

혼전계약서를 파기하려던 저스틴의 시도가 수포로 돌아가면서, 두 사람은 조용히 합의했다. 이렇게 테슬라에 다가오는 위협이 잠잠해지는 듯 보였다.

---

● 나중에 머스크는 매달 지출하는 20만 달러에 두 사람의 이혼소송비 17만 달러가 포함되어 있다며 불만을 터트렸다. 이 부분을 제외한 나머지 비용은 도우미 급여와 저스틴 가족의 생활비였다고 밝혔다. 두 사람은 다섯 자녀의 양육권을 나누기로 합의했다. 그는 2010년에 이렇게 말했다. "나는 깨어 있는 시간 가운데 업무를 보고 남은 시간에는 거의 대부분 아들들과 함께 보낸다. 아들들은 내 인생에서 가장 소중한 존재다."

그런데 머스크가 심각한 자충수를 두고 말았다. 스티븐 콜베어의 팬이었던 머스크는 콜베어가 진행하는 텔레비전 쇼인 〈콜베어 리포트The Colbert Report〉에 출연하려고 했다. 하지만 테슬라의 거래은행과 변호사가 기업공개를 앞두고 최대한 몸을 사려야 한다면서, 그의 말을 꼬투리 잡아 새로운 서면을 제출하게 하거나 소송을 더 지연시킬지도 모른다고 그를 만류했다. 그러자 머스크는 되레 화를 내며 기업공개 담당팀을 모두 해고하겠다고 윽박질렀다. 심지어 미국 동부에서 투자하겠다고 나선 사람들과 손잡고 직접 로드쇼를 준비하겠다고 덤벼들었다. 은행 측에서는 투자자들이 참가할 투어에서 무슨 말을 할지 미리 연습해보라고 했지만, 머스크는 그 말도 듣지 않았다. 한마디로 머스크는 은행 측 조언에는 한사코 귀를 기울이지 않았으나, 마지막에 가까스로 합의를 보았다. 테슬라에 투자하도록 사람들을 설득하려면 은행 영업팀이 먼저 머스크가 어떤 말을 할지 알아야 한다는 주장을 듣고서야 비로소 머스크가 한발 양보했다.

머스크는 평범하기만 한 로드쇼를 바라지 않았다. 기업공개를 간절히 원하는 회사가 투자자 전용 회의실에서 파워포인트로 차분하게 프레젠테이션을 진행하는 광경은 그에게 큰 의미가 없었다. 물론 그런 프레젠테이션도 필요했지만, 그보다는 투자자에게 테슬라가 미래에 어떤 자동차를 선보일지 제대로 알려주고 싶었다. 골드버그가 젊은 혈기를 앞세워 오랫동안 애쓴 끝에 모건스탠리의 타임스퀘어 건물 로비에 유리문을 떼어내고 모델S를 전시하게 되었다. 주요 투자자는 가까운 대리점에서 시승할 기회를 얻었다. "투자자들이 그렇게 함박웃음을 짓는 건 처음 봤어요"라고 그는 회상했다.

머스크를 가까이서 보고 싶어 프레젠테이션에 참석한 사람도 많았다.

그래도 머스크는 더 유명해지고 싶은 욕심이 있었다. 실은 지금도 기술 업계 이단아로 널리 알려지긴 했다. 머스크는 그해 여름부터 이미 트위터를 적극 활용했다. 휴대전화로 140자까지 글을 남기는 방식으로 자신만의 마케팅을 펼쳤다. 그는 프레젠테이션을 진행하면서 투자자들에게 새로운 시각으로 테슬라를 봐 달라고 부탁했다. "제너럴모터스나 포드를 떠올리지 말고, 애플이나 구글에 더 가깝다고 생각해주십시오." 이 점을 강조하기 위해, 실리콘밸리에 있는 테슬라 본사가 기술 전문 대기업에 둘러싸여 있는 장면을 연출해서 슬라이드로 보여주었다. 디트로이트와는 실제로 거리가 떨어져 있지만, 다임러 및 도요타와 연결되어 있다는 점도 강조했다. 한 연설에서는 다임러가 새로운 차량을 개발하기 위해 테슬라에 지원을 요청했다고 밝혔다. "이건 구텐베르크에게 인쇄기를 하나 만들어 달라고 요청한 것이나 다름없습니다"라고 농담도 곁들였다.

몇몇 투자자는 머스크가 솔라시티의 대표이자 테슬라와 스페이스엑스의 CEO로서 매우 바쁠 텐데 과연 어떻게 시간을 분배하는지 매우 궁금해했다. 하지만 머스크는 잠재적 투자자의 질문이 유치하다고 여겨지면, 사전 안내를 제대로 공지하지 않았다고 아후자와 채용팀을 질책했다.

머스크의 주장에 수긍하는 사람들은 자동차 업계가 앞으로 어떻게 달라질지 얼마간 예상할 수 있었다. 모건스탠리 분석가인 애덤 조나스Adam Jonas는 파산 절차와 구조조정을 거친 이후의 제너럴모터스 이사회에 합류하기 전까지 업계 최고의 권위자로 인정받은 스티브 거스키Steve Girsky의 영향을 받아서 이 분야에 발을 들이게 되었다. 머스크가 제시하는 큰 그림에 깊은 감명을 받은 그는 영국에서 하던 업무를 정리하고 미국으로 돌아왔다. 자동차 업계의 다양한 기업을 두루 관찰하며 기업 성과를 검토해서 중립의 자세로 투자자에게 조언하는 것이 그의 일이었다. 그는 기업의 재정 구조와 자동차 업계에서 차지하는 위상을 연구한 다음, 기업의 주가와 전망을 예측해서 정기적으로 발표했다. 그는 시간이 지나면 테슬라 주식이 한 주에 70달러까지 상승할 가능성이 있다고 전망했다. 한마디로 파격적인 평가였다.

조나스 같은 사람이 의견을 내면 기업 성과를 둘러싼 평판이 적잖이 흔들렸다. 이 회사는 기대치에 부응하는가, 아닌가? 이 질문에 대응하기에 따라 주가가 출렁였다. 사람들이 실망하면 주가가 내려갈 테고, 뜻밖에 선전하는 모습을 보이면 주가가 상승할 수 있었다.

조나스는 투자자들에게 테슬라 자동차가 "부자들의 장난감에서 대량 판매되는 차량"으로 발전할 가능성이 보인다고 조언했다. 하지만 장기적으로 테슬라가 자립할 수 있으려면, 전기자동차를 3만 달러가량에 출시하려는 머스크의 오랜 목표가 달성되어야 한다는 경고도 잊지 않았다. 사실 위험 부담이 높은 상황이었다. 모델S를 출시하는 과정에서 문제가 발생하거나 출시가 지연되면 머스크는 향후 행보에 큰 타격을 입을 테고, 노련한 다른 자동차 제조사가 전기자동차 시장에 뛰어들 가능성도 적잖은 위협이 될 거라고 지적했다.

몇 달 뒤에 조나스는 테슬라를 평가해서 정보를 제공하기 시작하며 투자자들에게 이렇게 서한을 보냈다. "스타트업에서 흔히 드러나는 문제이긴 하지만, 최대 관건은 테슬라가 앞으로 다가올 기술혁신을 충분히 활용할 만큼 파산하지 않고 잘 버틸 것인가입니다." 그는 최악의 사태가 벌어지면 테슬라 주식은 휴지조각이 된다고 지적했다.

예비 투자자는 대략 세 부류로 나뉘었다. 테슬라가 모델S를 선보이기도 전에 굳이 테슬라 주식을 살 필요가 있냐고 반문하는 사람이 있는가 하면, 일단 테슬라의 주장이 사실로 입증되면 더는 주식을 싸게 살 수 없을 테니 지금 주식을 사들여야 한다는 사람도 있었다. 세 번째 부류는 좀 특이했다. 머스크는 기업공개를 하는 조건으로, 은행에서 주식 일부를 따로 보유하고 있다가 로드스터 초기 구매자에게 주식을 매입할 기회를 주자고 제안했다. 로드스터를 선뜻 구매하며 테슬라를 지지해준 고객들에게 회사 지분을 소유할 기회를 주고 싶은 마음에서였다. 그들이 오래 기다려주고 적극 지지하지 않았다면 지금의 테슬라는 없을지도 모른다고 생각했고, 그들이라면 앞으로도 오랫동안 테슬라를 열렬히 홍보하고 응원하리라고 믿었다.

투자자들이 긍정적인 호응을 보내자, 머스크는 서둘러 은행에 연락해서 테슬라의 주가를 논의했다. 은행에서는 1주당 15달러에서 시작하자고 제안했다.

머스크는 "안 됩니다. 그보다는 높아야죠"라며 단칼에 거절했다.

기업공개 업무를 담당한 지 겨우 3년 차인 골드버그는 이렇게 주가를 밀어붙이는 CEO를 상대하기는 처음이었다. 골드만삭스와 모건스탠리 은행가들도 모두 전문가였지만 아연실색했다. 이들은 전화기의 음소거 버튼을 눌러놓고 이후 단계를 논의하면서 욕설을 퍼부었다. "뭐 이런 인간이 다 있어? 어떻게 말해줘야 정신을 차릴까? 이러다 일이 전부 틀어지면 어떻게 하지? 지금 발을 뺄 수 있나? 그러기에는 너무 늦은 거 아니야?"

발을 빼기에는 너무 멀리 와버렸다. 최악의 상황이었기에 달리 방도가 없었다. 그들이 관행 따위는 호기롭게 무시하는 머스크의 모습을 몇 달간 지켜본 결과, 머스크는 자신이 원하는 바를 얻지 못하면 아예 일을 엎어버리고도 남을 사람이었다. 특히 테슬라에서 얼마나 많은 자금을 확보하느냐가 기업공개에서 가장 중요한 결정사항이었다. 지금까지는 머스크의 주장이 옳았기에 은행 측은 한발 물러서기로 했다.

마침내 1주당 17달러로 최종 결정되었다. 이렇게 해서 신생기업인 테슬라는 긴급 자금 2억 2,600만 달러를 확보하게 되었다. 그날 테슬라는 상장기업이 되었다. 머스크와 팀원들은 로드스터를 몰고 맨해튼에 있는 나스닥으로 갔다. 머스크는 2년 전에 런던의 나이트클럽에서 처음 만나 결혼을 약속한 탈룰라 라일리도 그 자리에 데려갔다. 머스크가 개장을 알리는 오프닝 벨을 울렸고, 그날 테슬라 주가는 41퍼센트 상승했다. CNBC에서 자동차 업계를 오랫동안 취재한 필 르보Phil LeBeau가 나스닥 앞에서 머스크를 인터뷰하는 장면이 텔레비전에 중계되었다. 기자의 질문은 만만치 않았다. 많은 사람이 테슬라가 공약대로 모델S 생산에 돌입할 수 있을지 걱정했다며, 테슬라가 언제쯤 손익분기점을 돌파할 것으로 예상하냐고 물었다. 머스크는 언제나 그랬듯이 폭탄 발언을 서슴지 않았다. "이 시점에서 사람들은 테슬라의 미래를 좀 더 낙관적으로 봐야 합니다. 테슬라를 비판하는 세력은 매번 보기 좋게 실망했으니까요. 테슬라를 부정적으로 예측해봐야 계속 빗나가기만 하니 사람들은 이제 지겹다고 느낄 겁니다."

그는 아후자를 데리고 자신의 전용 제트기에 서둘러 올라탔다. 이제 새로 인수한 공장에서 열리는 파티에 참석하기 위해 프리몬트로 돌아가야 했다. 아후자는 팀원들에게 샴페인을 권하는 머스크를 지켜보았다. 그날은 몇 달간 혼신의 힘을 다해 준비한 땀방울이 정점에 달한 시간이자 수년간의 노고를 치하하는 자리였다. 스타트업으로 시작해서 성공적으로 기업공개를 마친 매우 역사적인 순간이었다.

머스크는 잔을 높이 들고 "휘발유는 이제 망했어!"라고 외쳤다.

# 12장

## 애플 따라 하기

　도표는 현실을 그대로 보여주었다. 로드스터의 주간 매출 현황은 형편없는 수준이었다. 제품기획 책임자인 작 에드슨Zak Edson이 샌카를로스의 테슬라 본사에서 매출 결과를 브리핑했다. 일론 머스크는 수치를 살펴보더니 "매출이 엉망이군" 하고 말했다. "그냥 엉망이 아니네. 동네 구멍가게 수준이야." 그 자리에 있던 직원들은 가까스로 웃음을 참았다.
　회사 사정이 갈수록 심각해지고 있었다. 테슬라는 처음부터 지금까지 7년간 로드스터를 만드는 데만 몰두했다. 자동차를 설계하고 엔지니어링 작업을 하고 부품을 확보해서 최종 조립하느라 다른 데는 돌아볼 겨를이 없었다. 그러나 2010년에는 변화가 필요했다. 이제 차를 판매하는 일이 가장 중요한 업무가 되었다. 하지만 테슬라는 영업을 해본 경험이 많지 않아서, 어떻게든 빠른 시일 안에 영업 기술을 익혀야 했다.
　2006년에는 차를 공개해서 일부 고객의 관심을 끄는 데 성공했고,

뒤이어 2008년에는 회사 소유의 매장이 몇 군데 생겼다. 이런 특징은 캘리포니아나 골든게이트 외곽에 있는 부유한 지역 주민 중 테슬라에 관심 있는 사람들의 구미를 당기는 요소가 되었다. 2009년에는 출고가를 인상해서 회사 재정을 메웠다. 일부 구매자에게는 예기치 못한 변화였으나 그리 큰 걸림돌은 아니었다. 초기에 테슬라 차량을 구매한 사람들은 얼리어답터라서 일반 소비자와 달리 가격에 예민하지 않았다. 테슬라의 전기차는 이미 그들의 마음을 사로잡기에 충분했다.

2010년에도 한 가지 문제가 남아 있었다. 주문 예약금을 건 사람들 관리에 신경 쓰느라 일 년을 그냥 흘려보낸 데다, 갈수록 새로운 고객을 발굴하기가 어려웠다. 로터스에 생산을 의뢰한 2,500대 중 1,500대가 아직 주인을 만나지 못하고 있었다. 테슬라가 모델S를 개발하기 위해 투자자를 모은 건 로드스터를 모두 판매할 수 있다는 가정에서 출발한 일이었다. 머스크는 새로운 차를 출시할 때까지 그 돈으로 회사를 운영할 생각이었다. 그런데 2009년 4사분기 총수익이 3사분기 대비 60퍼센트나 하락했다. 투자금을 확보하고 기업공개를 진행해서 재정 위기를 당분간 모면했지만, 첫 출시한 자동차가 절반도 팔리지 않는다면 그 다음에 시장에 내놓을 일반 승용차가 엄청난 인기를 끌리라고는 기대하기 어려웠다. 뭔가 확실한 변화가 필요했다.

하지만 머스크는 그다지 조급해하지 않았다. 본인도 고급 자동차를 즐겨 타는 사람이므로 자동차 업계의 영업 방식을 알 만큼 안다고 자부했다. 그는 강매에는 관심이 거의 없었고, 광고도 탐탁지 않았다. 페이팔은 바이럴 마케팅에 힘입어 성공했다. 페이팔을 써보고 만족한 고객이 가족이나 친구에게 입소문을 내면서 알려졌다. 머스크는 테슬라도 그런 방식으로 알려지기를 원했다. 제품 성능이 좋으면 내버려두어도 잘 팔릴 테고, 매출이 저조하면 그 제품을 더는 팔지 말라는 뜻으로 봐야 한다는 게 그의 지론이었다. 자기 확신이 강한 그는 평범한 영업 방식에는 관심을 기울일 가치가 없다고 여겼다.

머스크는 이사회 임원인 안토니오 그라시아스하고 밸러의 사업 파트너인 팀 왓킨스와 해결책을 논의했다. 왓킨스는 긴 머리를 뒤로 묶고 검은 옷에 힙색을 차고 다니는 해결사였다. 두 사람은 예전에 눈덩이처럼 불어나는 로드스터 제작 비용과 회사의 공급망 문제를 해결해주었는데, 그 과정에서 세 사람은 서로를 깊이 존중하게 되었다.

얼핏 보기에는 브랜드 인지도가 낮아서 문제인 줄 알았는데, 자료를 들여다보니 전혀 다른 곳에 원인이 도사리고 있었다. 왓킨스는 조사를 해보고 테슬라를 향한 관심이 지대하다는 점을 확인했다. 테슬라와 머스크가 화제를 몰고 다녀서 잠재된 영업 기회만 해도 30만여 건으로 집계되었다. 하지만 이런 기회를 활용해서 실제 판매로 연결하는 데 서툴다는 점이 문제였다.

그라시아스와 왓킨스는 테슬라가 '판매 이벤트'에 집중해야 한다고 생각했다. 판매 이벤트란 고객이 구매를 결정하는 순간을 가리키는 말이었다. 두 사람은 수표에 서명하는 시점이 아니라 고객이 자동차를 보고 마음에 들어하는 순간이 바로 판매 이벤트라고 여겼으며, 시승 기회가 이를 판가름한다고 굳게 믿었다. 마틴 에버하드가 AC프로펄전에서 티제로를 직접 타보았듯이, 또 샌드힐로드에서 로터스의 프로토타입으로 투자자들의 마음을 사로잡았듯이, 전기모터의 토크를 경험하는 순간은 어떤 광고 문구나 영업사원의 화려한 언변으로도 바꿀 수 없는 강렬한 인상을 남겼다. 한마디로 일단 고객이 운전석에 앉도록 만들어야 했다.

2010년에 테슬라의 지점은 10여 곳을 넘어섰고, 앞으로 50곳을 더 개설할 예정이었다. 왓킨스는 영업 조직을 심층 분석하고 한 가지 대안을 제시했다. 매장 개설을 당분간 미루고 시승 행사에 집중하라는 뜻이었다. 왓킨스와 그라시아스의 계획은 단순 명료했다. 시승하고 나서 차를 구매하는 확률이 높으면, 테슬라는 그저 로드스터를 시승할 기회를 더 늘리기만 하면 된다고 판단했다. 일반 매장은 지리적 특성의 한계가 있고 부동산 문제에 장기간 근무할 직원도 있어야 해서, 이런 목적에 폭넓게 활용할 수 없었다.

두 사람은 테슬라의 이동식 영업팀에 배치할 인력을 채용하기 시작했다. 게릴라 마케팅으로 잠재고객이 될 만한 리드lead(기업이 판매하는 상품 혹은 서비스에 관심을 보이는 개인이나 단체 — 옮긴이)를 선별해서 일일이 연락을 넣었다. 면접에서 자동차를 판매한 경력이 있는 사람보다는 대학을 갓 졸업한 젊은이로서 환경을 중시하는 테슬라의 기업 문화에 관심을 보이는 사람에게 후한 점수를 주었다. 특히 그라시아스는 대학 시절에 운동선수로 활약한 사람은 팀을 이루는 환경에 익숙하다는 점을 높이 샀다. 처음 일 년간은 30명이 넘는 신입사원을 채용했다. 이들은 왓킨스가 감독하는 교육 프로그램을 이수한 후에 업무에 투입되었다. 첫 달에 3,000여 명의 잠재고객에게 전화를 걸고 나서 전국 각지로 흩어졌다. 그들은 가격이나 업셀링upselling(고객에게 더 비싼 제품을 구매하거나 서비스와 옵션 등을 추가하도록 권유해서 수익을 확대하는 방법 — 옮긴이)처럼 상투적인 영업 문구를 사용하지 않고, 자동차의 엔지니어링 역량을 자세히 설명할 수 있도록 교육을 받았다.

마케팅 부서는 이미 자동차 홍보행사를 진행하고 있었는데, 그라시아스와 왓킨스는 새로 채용한 영업사원들을 여기에 투입하고 싶었다.

전국 각지에서 주말마다 홍보행사가 열렸는데, 시승을 해보려고 천여 명이 몰려들기도 했다. 영업사원에게는 미리 대본을 만들어주었다. 고객이 시승을 마치고 나오면 영업사원은 구매 가능성 순위를 매겼다. 그런 방식으로 영업팀은 시간을 효율적으로 사용했다. 특히 테슬라가 한 달에 로드스터를 50여 대밖에 생산하지 못하는 점도 고려한 대응책이었다.

이렇게 초반에 채용된 인물 중에 미키 소퍼Miki Sofer라는 스탠퍼드대학교 졸업생이 있었다.

소퍼는 그해 가을 처음으로 영업에 뛰어든 날 보니 노먼Bonnie Norman이라는 잠재고객을 만났다. 그는 57세로 인텔 임원이었는데, 언론에서 집중 조명하는 모델S에 대해 문의했다. 영업팀 사원이 소퍼에게 토요일에 새크라멘토 근처에서 로드스터를 시승할 기회를 마련해 달라고 요청했다. 노먼은 한때 포르쉐와 BMW를 탔으나, 환경에 관심을 두게 된 뒤로는 도요타 프리우스를 몰고 다녔다.

시승 기회라고 해서 특별한 것은 아니었다. 소퍼는 노먼에게 자동차 열쇠를 건네주고 조수석에 앉아 노먼의 질문에 응대했다. 노먼이 마음껏 속도를 낼 수 있도록 되도록 말을 아꼈다. 고객은 과속 딱지를 뗄 정도로 고속 주행이 가능하다는 사실에 깜짝 놀라는 눈치였다. 시승이 끝난 후에 차에서 내려서 소퍼는 판매를 유도하지 않고 자동차 세부사항을 하나하나 알려주었다. 한 차례 충전으로 320킬로미터 이상 주행할 수 있지만, 노먼이 다소 거칠게 운전하는 습관을 감안하면 주행거리가 조금 줄어들 수 있다고도 안내했다. 그랬더니 노먼이 어떻게 하면 구매할 수 있는지 알려 달라고 했다.

이 방법은 효과가 있었다. 왓킨스와 그라시아스의 해결책을 도입하고 사분기별 예약자가 3배 증가했다. 하지만 임시방편일 뿐이었다. 앞으로 테슬라는 연간 수백 대, 아니 그 이상을 판매하는 기업으로 성장해야 했다. 특히 다음 단계에선 비교적 저렴한 모델S를 선보일 예정이었기에, 실용적인 매장 네트워크가 절실했다.

머스크는 애플 소매 대리점이 폭발적으로 늘어나는 추세를 지켜보고, 비서에게 담당자가 누구인지 알아보라고 지시했다.

조지 블랑켄십George Blankenship은 델라웨어대학교를 중퇴하고 곧장 소매업에 뛰어들었다. 델라웨어주 뉴어크에 있는 갭Gap 매장에서 매장 관리자 교육을 받은 그는 고객을 상대하는 데 도가 텄다. 그로서는 고객이 무엇을 원하는지 파악하고 고객의 마음을 사로잡는 방법을 알아가는 과정이 몹시 즐거웠다. 블랑켄십이 이끄는 팀은 사내 매출 경쟁에서 여러 차례 우승했고, 한 직원은 9월 초 신학기를 겨냥한 판매기간에 우수한 매출 실적을 기록해서 부상으로 자동차를 받기도 했다. 블랑켄십의 목표는 매장 관리자를 거쳐 지역 관리자가 되는 것이었다.

하지만 그는 세세한 부분까지 주의를 기울이진 못했는데, 매장 재고품의 정확한 크기나 색상 등을 파악하지 않았다. 그의 상사는 블랑켄십이 아직 미흡한 점이 많아서 승진시키기에는 이르다고 본사에 보고했다. "사실 이 직원은 매장 관리자가 될 재목이 아닙니다. 고객 응대에만 시간을 쏟고 매장 정리에는 도통 관심이 없어요."

하지만 그의 매출 실적을 보면 이야기가 완전히 달라졌다. 곧 블랑켄십은 매장 하나를 도맡아서 큰 성공을 거두었다. 나중에는 부동산 분야에도 관심을 두고 급성장하는 부동산 시장에서 오랫동안 경력을 쌓았다. 그는 개발자와 어떻게 협상하면 좋을지 발 빠르게 파악해서 내부

변수에 철저히 대비했다. 덕분에 쇼핑몰과 수월하게 거래를 성사시켜서 이름을 널리 알리게 되었다. 사내에서 승진을 거듭하며 매장 디자인과 기획 총괄, 서부 해안 지역의 부동산 감독을 거쳐 기업의 매장 전략 전반을 지휘하게 되었다. 매장 전략을 맡은 뒤로는 오로지 고객 경험에 집중했다. 더불어 개별 매장의 운영 상황도 소홀히 하지 않았다. 매년 크리스마스 시즌은 모든 직원이 비상근무에 돌입하는 시기였다. 그는 비교적 일손이 많이 필요한 매장 하나를 선정해서 크리스마스이브의 늦은 저녁 시간까지 매장에서 살다시피 했다.

입사 20주년이 되었을 때, 그의 손을 거쳐서 개장한 갭 매장이 250곳을 기록했다. 그는 일찌감치 은퇴해서 아내와 함께 날씨 좋은 플로리다로 이주할 생각이었다. 그런데 애플사의 스티브 잡스에게 갑작스런 연락을 받고 퇴직 이후의 인생 계획이 모두 틀어져버렸다. 그 무렵에 잡스는 최초의 아이폰 출시를 앞두고 직영 매장을 운영하기로 전략을 바꿨는데, 바로 그때 블랑켄십이 애플사에 합류했다. 그는 화요일 오전마다 잡스와 머리를 맞대고 세 시간 동안 애플 매장에서 쇼핑하는 경험을 디자인했다. 그는 전국 곳곳을 다니며 '애플'만의 느낌을 살릴 수 있는 장소를 물색했다. 이렇게 개장한 150여 곳의 매장은 지금까지도 애플을 대표하는 장소가 되었다. 그후로는 한 걸음 뒤로 물러나서 컨설팅 업무에 주력했다.

그 즈음, 지칠 줄 모르고 일에만 매달리기로 유명한 머스크의 비서인 메리 베스 브라운에게 이메일을 받았다. 처음에는 이메일을 거들떠보지도 않았다. 부동산 업계에서 일하며 현지 쇼핑몰에서 발송한 광고성 메일을 워낙 많이 받다 보니 이메일을 무시하는 습성이 몸에 배어버린 것이었다. 하지만 브라운이 끈질기게 이메일을 보내어 결국 블랑켄십과 연락이 닿았다. "귀하가 애플에서 어떤 일을 해냈는지 알게 되었습니다. 일론 머스크 씨가 그 점에 대해 직접 말씀 나누기를 원합니다. 가능하실 때 연락 부탁드립니다."

이메일에 안내된 대로 전화를 걸었더니 브라운의 목소리가 흘러나왔다. 그러고는 예기치 않게 곧바로 머스크와 통화가 연결되었다. 한 시간 정도 통화한 뒤에 머스크가 직접 만나서 이야기 나누면 어떻겠냐고 물었다.

"너무 밀어붙이는 것 같아 미안하지만, 오늘 오후에 볼 수 있습니까?"

"물론이죠. 하지만 저는 지금 플로리다에 있는데 어떻게 할까요?"

그러자 머스크는 바로 다음 날 만나자고 제안했다. "내일 정오에 나는 케이프커내버럴에서 오바마를 만나야 해요. 거기서 프레젠테이션을 할 예정입니다. 공항은 5시까지 닫혀 있을 거예요. 내일 6시에 당신을 데리러 갈 수 있습니다."

블랑켄십은 제안을 받아들였다. 그리고 머스크와 만나는 자리를 한껏 기대했다. 지구를 살리는 데 앞장서겠다는 경영철학에도 관심이 있었기에 테슬라가 이미 꾸며놓은 온라인 매장 몇 군데를 살펴보았다. 대부분이 예전 자동차 쇼룸이거나 그와 비슷한 분위기였다. 쇼룸까지 고객이 직접 운전해서 가야 하는데 그 부분은 테슬라의 치명적인 약점으로 보였다. 자동차 고객은 대개 하나의 브랜드에 집착하는 경향이 있는데, 실제로 2010년에 신차를 구매한 사람들 대다수가 이전에 타던 자동차 브랜드를 재구매했다. 포드모터스처럼 일부 브랜드는 고객 충성도가 무려 63퍼센트를 기록했다. 테슬라는 새로운 브랜드로서 인지도를 높여야 하는데, 그러려면 기존 브랜드에 대한 충성도를 포기하도록 사람들을 설득해야 했다. 고객에게 생소한 신기술을 한번 시도해보라고 권하는 방법만으로는 테슬라의 목표를 달성할 수 없었다.

블랑켄십이 주도권을 쥐고 있다면 아직 차를 바꿀 생각이 없는 사람들을 그들이 알아채지 못하게 공략했을 것이다. 편안하고 긴장을 푼 상태에서 신기술에 대해 알려주고 가능한 많은 사람에게 브랜드를 소개했을 것이다. 그는 잡스 밑에서 어떤 일을 처리했는지 다시 떠올려보았다. 2001년 후반기는 아이팟을 출시하기 전이었고, 애플이 개인 데스크톱 컴퓨터에서 모바일 기술 중심으로 이동하던 시기였다. 그들은 우선 애플 매장망을 구축했고 전문지식을 갖춘 직원들을 배치했다. 지니어스 바Genius Bar를 설치해서 고객에게 디지털 시대로 전환할 필요성을 전파하고 새로운 기술을 익히도록 도왔다.

그는 머스크에게 "나라면 애플의 방식을 그대로 따라 할 겁니다"라고 조언했다.

플로리다에서 마련한 첫 만남은 순조롭게 진행되었다. 그들은 캘리포니아로 이동해서 블랑켄십에게 팀을 소개했고, 로드스터를 시승할 기회도 선사했다. 사람들 대부분이 그랬듯이, 블랑켄십도 로드스터를 타보고 싶어서 캘리포니아까지 따라간 터였다. 그는 테슬라에서 변화의 가능성을 발견했다. 애플의 초창기 모습과 비슷한 점이 많았다. 테슬라 제품은 그야말로 완벽해서 이 세상에 출시하기만 하면 무조건 성공한다는 생각이 들었다. 머스크 역시 이 사람이라면 애플의 어마어마한 성공을 재현할 수 있겠다는 인상을 받았다.

그때까지 테슬라가 연 매장은 설립 비용만 50만 달러가량이었다. 머스크는 연말까지 매장 수를 두 배로 늘려서 2012년에 모델S를 출시하기로 계획을 잡은 시점까지 50곳의 매장을 확보할 생각이었다. 테슬라는 현장에 재고를 넉넉히 확보할 의향이 없었으므로 작은 공간에 매장을 꾸미면 돈을 아낄 수 있겠다고 판단했다.

블랑켄십은 테슬라에 합류하기로 계약했다. 그는 세계 곳곳에 테슬라 매장을 여는 업무를 맡았으며, 주로 고급 쇼핑몰에 입점하려고 시도했다. 쇼핑몰 운영진이 처음에는 쇼핑몰에 자동차 업체 매장이 들어오겠다고 해서 의아하게 생각했지만, 블랑켄십과 쌓은 오랜 인맥 덕분에 큰 마찰 없이 입점할 수 있었다.

머스크가 사업 초창기부터 공들인 핵심 무기도 블랑켄십에게 큰 도움이 되었다. 테슬라를 널리 알리는 데 앞장서는 열성 고객층이 힘을 보태주었다. 2010년 후반에 로드스터를 구매한 보니 노먼도 그중 한 명이었다. 노먼은 차를 구매하고 나서야 로드스터 구매자들의 온라인 커뮤니티가 있다는 사실을 알게 되었다. 이들은 테슬라모터스클럽Tesla Motors Club이라는 사이트에서 정보를 공유하고 새로 가입한 사람들이 올리는 질문에 답변해주었다. 노먼은 이 사이트에서 로드스터의 블루투스에 휴대전화를 연결하는 방법을 알게 되었다. 또한 여성들이 전기자동차에 관심 없다고 걱정하는 사람들에게 로드스터를 분홍색으로 페인트칠해보라고 농담을 던졌다. 텔레비전 광고에 돈을 쓰지 않고 전기자동차를 홍보하려는 머스크의 전략에서 이런 고객들은 기둥 같은 존재였다. 머스크가 원하는 건 입소문이었다. 입소문이 잘 퍼져야 블랑켄십을 통해 오프라인 매장을 늘리는 방침도 성공할 수 있었다.

블랑켄십이 머스크와 긴밀하게 업무를 추진해보니, 머스크가 스티브 잡스와 비슷한 점도 있고 판이한 점도 있었다. 잡스는 사업의 많은 부분을 꼼꼼하게 챙겼다. 매장에서 상품을 진열할 탁자 다리의 나뭇결이나 전선을 집어넣을 탁자 구멍의 위치를 정하느라 몇 시간씩 블랑켄십과 의논하곤 했다. 심지어 탁자 구멍의 모양이나 크기까지 신경 썼다.

반면, 머스크는 엔지니어링 문제나 자동차 디자인에는 한없이 집착하면서도, 매장 인테리어에는 그다지 관심을 두지 않았다. 애플 매장과 비슷한 분위기를 원했지만, 나뭇결을 직접 선택하는 열정은 보이지 않았다. 블랑켄십은 실제 창고에서 매장 디자인을 수차례 번복했다. 하지만 머스크는 약간의 덧칠로도 충분하다고 생각했다.

머스크는 진지한 표정으로 블랑켄십에게 "정말 꼭 이렇게 해야 한다는 거죠?"라고 묻곤 했다.

블랑켄십은 벽마다 시각 자료를 게시하고 옷과 브로슈어를 보관하는 장소를 따로 만들 거라고 설명했다. 매장 중앙에서 가장 잘 보이는 곳에 자동차를 배치하는 개방형 레이아웃이므로 매장 설계에는 그리 큰 돈이 들지 않았다.

머스크는 "좋습니다. 그렇게 해요"라고 말하고 더는 참견하지 않았다.

엔지니어링 업무를 맡은 다른 동료는 결정 하나를 내리면 기본 요소를 일일이 설명하며 머스크를 설득해야 했으나 블랑켄십은 폭넓은 재량권을 넘겨받았다. 머스크는 그를 전적으로 믿고 전권을 위임했다. 하지만 일이 잘못되면 오롯이 혼자 책임을 떠안아야 하는 지옥 같은 상황이 펼쳐질 터였다.

테슬라에 합류한 지 일 년여 만에 블랑켄십은 캘리포니아주 산호세의 고급 쇼핑몰에 새로운 세대의 테슬라 1호 매장을 열고, 산타나 로우 Santana Row라는 이름을 내걸었다. 그는 널찍한 매장 한중간에 로드스터를 배치하고, 그 주변에 테슬라의 기술을 보여주는 디스플레이 장치를 여러 개 설치했다. 고객은 대형 인터랙티브 모니터를 통해 여러 페인트 색상과 가죽 인테리어를 직접 골라서 적용한 결과물을 눈으로 확인할 수 있었다. 자동차 대리점에서 흔히 만날 수 있는 영업사원은 보이지 않았다. 대신 전문가를 고용해서 고객에게 신기술을 소개하는 역할을 맡겼다. 애플도 오프라인 매장을 마련할 당시에는 시장점유율이나 제품 인지도가 형편없었다. 블랑켄십은 애플 초창기에 그랬듯이, 이번에도 소비자에게 테슬라 브랜드를 먼저 알려야 한다고 생각했다. 그렇게 해두면 고객이 나중에 차를 바꿀 때 테슬라를 떠올리기 마련이라는 계산이었다.

블랑켄십은 《산호세 머큐리 뉴스》와 인터뷰를 하며 이렇게 말했다. "우리는 자동차를 구매하고 소유하는 경험에 혁명을 일으킬 겁니다. 평범한 자동차 대리점은 그 자리에서 고객이 차를 사게 만드는 데 목표를 둘 겁니다. 하지만 테슬라는 고객에게 차를 직접 디자인할 기회를 주죠. 사람들은 이제 '나는 이런 차를 원해!'라고 말하게 될 겁니다."

그는 덴버 남부에 있는 고급 쇼핑몰인 파크 메도우에 서둘러 산타나 로우와 비슷한 매장을 마련했다. 쇼핑몰은 유동 인구가 많아서 성과가 매우 좋았다. 산호세 매장은 초반에 큰 관심을 끌었다. 매주 방문객이 5,000명에서 6,000명가량 찾아왔다. 이는 블랑켄십 팀의 예측보다 두 배나 많은 수치였다. 덴버 매장은 매주 1만 명에서 1만 2,000명가량이 방문했다.

하지만 그후에 블랑켄십이 겨냥한 지역 중 한 곳은 상황이 쉽게 풀리지 않았다. 몇몇 주는 자동차 제조사가 고객에게 직접 판매하는 행위를 금지했는데, 텍사스가 바로 그런 곳이었다. 머스크는 그렇다고 손을 놓고 있을 수만은 없다면서, 법을 어기지 않는 범위에서 다른 해결책을 찾기로 했다.

텍사스의 정규 입법 심의회가 2011년 5월에 마무리되었다. 그로부터 얼마 후에 블랑켄십은 자동차 대리점에 관한 법을 우회할 방안을 찾으려고 오스틴에 가서 주정부 관계자를 만났다. 그는 규제 당국에 시승 기회를 제공하려고 로드스터를 직접 몰고 갔다. 아무리 완고한 관료라도 로드스터를 한번 타보면 한층 태도가 누그러질 수밖에 없다는 점을 잘 알고 있었다.

블랑켄십과 테슬라 측 변호인은 정부 관계자와 마주 앉아서 관련 서류를 꼼꼼히 검토했다. 그들은 관련 법이 어디까지 허용하는지 정확히 파악할 생각이었다. 블랑켄십이 한 가지 아이디어를 제안했다. "쇼룸을 만들어서 교육 목적으로 운영하는 건 어떨까요? 판매는 하지 않겠습니다. 쇼룸에 배치한 직원은 사람들에게 전기차에 관해 설명만 하고 영업은 안 할 겁니다."

관계자는 서류를 보더니 "글쎄요. 그런 부분은 여기에 언급이 안 되어 있네요"라고 말했다.

"그렇다면 교육 목적으로는 쇼룸을 운영해도 된다는 말씀이죠?" "아니, 그건 일단 좀 검토를……."

그때 테슬라 측 변호인이 끼어들었다. "아니요. 안 됩니다. 법에 명시되어 있지 않잖아요. 다음 주까지도 법적 근거가 없다구요."

테슬라는 여기서 회사에 매우 유리한 허점을 찾아냈고, 이 부분을 즉시 파고들었다. 입법 심의회가 끝난 직후에 이렇게 모여서 검토한 것이므로, 주의회에서 법을 개정할 기회가 생기기 전까지 만 2년이라는 시간이 있다는 뜻이었다.

블랑켄십은 발 빠르게 움직였다. 즉시 장소를 마련해서 매장이 아닌 갤러리라고 부르게 했다. 테슬라의 일반 매장처럼 직원을 배치하고 교육자료를 비치하되 판매가격은 일절 언급하지 않았다. 자동차를 구매할 의향이 있는 사람에게는 컴퓨터에 직접 연락처를 입력하도록 안내했고, 콜로라도의 고객관리센터에서 연락처를 입력한 사람을 관리했다. 관련 법에서 판매하기 전까지는 차를 반입하지 못하도록 금지했는데, 어차피 재고가 많지 않았으므로 이 조항은 테슬라에 문제 될 일이 없었다. 실제로 자동차를 생산하는 동안 기다리는 것은 주문한 고객의 몫이었다. 테슬라에 주문고객의 수표가 도착해야만 차량을 해당 주에 입고할 수 있었다. 차량이 일단 입고되면 어디든 몰고 다닐 수 있었다.

이 발상은 제법 독창적인 해결책이었고, 텍사스주 말고도 유사한 법령이 적용되는 다른 주에 진입할 길을 열어주었다. 블랑켄십의 아이디어 덕분에 테슬라 판매 모델의 초기 특징 중 한 가지, 즉 프랜차이즈 대리점을 통하지 않고 직영판매를 고수하는 방식이 실현되었다.

블랑켄십은 지금 가고 있는 길이 옳다는 생각을 점점 굳히게 되었다. 그는 매주 금요일 저녁에 산호세 매장 근처의 스테이크집에서 아내와 외식을 했는데, 식사 전에 반드시 테슬라 쇼룸에 들러서 고객들을 관찰했다. 고객들은 천장부터 바닥까지 이어지는 대형 디스플레이 창 앞에서 서성이거나, 시승을 하고, 매장 뒤쪽 주차장에 마련된 무료 충전소를 이용했다. 고객들이 어떤 대화를 나누는지 들으려고 귀도 쫑긋 세웠다. 삼삼오오 모여서 입에 침이 마르도록 칭찬을 늘어놓는 사람들도 있었다. 어쩌면 로드스터를 이미 구매한 고객일 수도 있겠다는 생각이 들었다. 그들은 다음 제품에 기대감을 드러내며 한껏 부풀어 있었다.

하지만 대다수 방문객은 살짝 호기심을 보일 뿐이었다. "왜 여기에 자동차를 가져다놨지?" "저게 과연 뭘까?" "여긴 임시로 이렇게 꾸며놓은 건가?" 확실히 아직은 전기자동차를 제대로 이해하는 사람이 거의 없는 듯했다. 제대로 알고 있더라도 EV1과 같은 예전 개념으로 접근해서, 생각을 넓힐 필요가 있었다. 이런 광경을 지켜본 블랑켄십은 먼저 전기자동차를 올바르게 알려야만 새로운 고객을 확보할 수 있겠다고 더욱 확신하게 되었다.

테슬라는 휴스턴에 최초의 갤러리 쇼룸을 선보이려고 준비하고 있었다. 개장일이 임박했다고 알리는 간판도 만들었다. 그는 쇼핑객들이 무엇에 관심을 보이는지 지켜보며, 고객들이 테슬라 브랜드를 어떻게 생각하는지 알아내려고 그들의 말에 귀를 기울였다. 사람들이 상당한 관심을 보인다는 점을 확인하고 기대감이 더욱 커졌다.

하지만 사람들의 관심이 커질수록, 제대로 된 정보가 부족했다. 그는 임시 홍보물 앞에서 두 여성이 나누는 대화를 듣고 그 점을 깨달았다.

"테슬라? 그게 뭐야?"

"이번에 새로 생긴 이탈리안 음식점이래."

## 13장

## 주당 50달러

2011년 1월 피터 롤린슨은 모터쇼에 참석하기 위해 디트로이트에 도착했다. 기온이 예년보다 크게 떨어져서 몹시 추웠다. 캘리포니아주 호손의 쾌적한 날씨와는 사뭇 대조적이었다. 그는 호손에 엔지니어링 작업장을 마련했는데, 그곳이 스페이스엑스 본사의 머스크 집무실과 가까웠기 때문이다. 롤린슨과 머스크가 해결할 과제는 대략 두 가지였고, 서로 긴밀히 협력해야 하는 사안이었다. 이들은 앞으로 수년간 회사 운영을 책임질 자동차를 만들어야 했다. 테슬라의 사명에 걸맞은 기업 문화를 다지는 것도 자동차 개발만큼 중요한 일이었다. 이 두 가지 과제를 제대로 풀어야만 다음 세대에게 올바른 방향을 제시할 수 있었다.

롤린슨이 테슬라에 합류하고 만 2년이 지났지만, 모델S의 개발 총괄이라는 업무에서 느끼는 부담감은 나날이 늘어만 갔다. 롤린슨을 포함해서 몇몇 고위 임원은 고급 맨해튼 비치 호텔에서 지내다가 프리몬트 공장 근처로 이사했다. 호텔에 투숙할 때는 이른 아침부터 밤이 깊도록 일에 매달리다가 늦은 시각에 호텔에서 저녁을 먹었다. 그렇게 생활하다 보니 건강이 나빠져서 심한 독감에 걸리고 말았다. 스페이스엑스 2층에 있는 책상 앞에서 온종일 업무를 보하다가 호텔로 돌아가는 길에 바텐더에게 연락해서 호텔 식당이 문을 닫기 전에 저녁식사를 주문해 달라고 부탁하기 일쑤였다. 그런 일정이 거의 매일 반복되었다. 게다가 일 년 전에는 테슬라 차량 생산팀의 2인자인 다그 렉혼Dag Reckhorn과 스키장에서 시합하다가 부상을 당하기도 했다.

롤린슨은 사실 침대에 드러눕고 싶은 심정이었다. 하지만 홍보 책임자인 리카르도 레예스Ricardo Reyes가 그에게 디트로이트로 꼭 와 달라고 간청했다. 세계 곳곳에서 자동차 업계를 취재하는 기자들이 모인 회견에 나가서 테슬라의 현황을 설명해야 한다는 얘기였다. 그는 전시장에 마련된 외투 보관소에서 쪽잠을 자가며 체력을 보충해서 반복되는 기자회견에 모두 참석했다.

롤린슨은 엔지니어링 부문을 대표하는 기술자였다. 머스크는 구글에 있던 레예스를 영입해서, 지금까지는 테슬라 CEO에게 관심이 집중되었지만 이제는 전기자동차로 사람들의 이목을 끌어야 한다고 신신당부했다. 그러려면 테슬라가 고객에게 제공하려는 것이 아직은 많은 사람에게 낯선 기술이라는 점을 이해시켜야 했다. 낯선 것을 만나면 의심이 들기 마련이었다. 머스크는 레예스에게 이렇게 주문했다. "사람들이 까다로운 질문을 할 거야. 사실 그런 질문을 하는 게 당연하지. 우리는 그런 질문을 하나도 빠트리지 않고 다 대답해줘야 해."

디트로이트에서 롤린슨은 바로 이런 마음가짐으로 기자들 앞에 나서서 모델S라는 차량 플랫폼이 어떻게 생겼는지 공개했다. 화려한 판금에 가려진 차량 골격을 드러내 보인 이유가 바로 그것이었다. 그는 차량의 모든 요소가 효율적으로 작동하게 하려고 테슬라 팀이 얼마나 꼼꼼하고 세심하게 주의를 기울였는지 설명했다. 배터리팩을 차량 아래로 배치해서 실내 공간을 넉넉하게 확보하고, 일반 차량과 달리 전기차 앞쪽에는 엔진이 없으며, 뒤쪽에 연료 탱크가 없는 모습도 보여주었다. 특히 안전성을 생각하며 전기자동차를 완성했다고 거듭 강조했다.

언론과 인터뷰를 하면서는 테슬라가 기존 경쟁업체와 비교해서 어떤 차별점을 추구하는지에 초점을 맞췄다. "차체나 서스펜션 등 각 분야의 전문지식을 대거 축적한 기존 제조업체와는 전혀 다릅니다. 우리는 과정을 중시합니다."

그해 모터쇼에서 제너럴모터스는 쉐보레 볼트 플러그인 하이브리드 세단으로 '북미 지역 올해의 차North American Car of the Year'라는 권위 있는 상을 받았다며 성대하게 자축했다. 바로 몇 달 전에 쇼룸에 모습을 드러낸 볼트는 사실 2006년에 테슬라가 선보인 로드스터에서 영감을 얻은 제품이었다. 제너럴모터스가 자체 세단으로 테슬라보다 먼저 시장에 제품을 출시했지만, 테슬라 직원들은 볼트를 보고 오히려 안도의 한숨을 내쉬었다. 그들이 구상하는 모델S에 비하면 볼트는 이코노박스econobox(연료 소비가 적어 경제성이 좋은 차―옮긴이) 같은 느낌이었다.

모델S를 개발하면서 가장 힘든 부분이 뭐냐고 질문하면, 롤린슨은 아마 망설임 없이 팀을 구성하는 문제라고 대답했을 것이다. 예전 첫 만남 자리에서는 머스크에게 직원이 수십 명만 있으면 된다고 밝혔는데, 실제 업무에 들어가 보니 더 많은 인력이 필요했다. 그래도 전임자들에 비하면 그는 매우 적은 인원을 요구한 셈이었다. 롤린슨은 직접 지원자 수백 명을 면접했는데, 3년 내리 600여 명을 만난 적도 있다.

결국 그는 백 명 넘게 고용해서 본인 팀을 구성했다.

롤린슨의 방식은 머스크와도 잘 맞았다. 그는 디자인, 용접 등 각 분야에서 가장 우수한 인재를 발탁해서 자유로운 업무 환경을 보장했다. 초반에 머스크가 면접에서 던진 질문은 비교적 단순했다. 그는 "여러분이 월등하게 좋은 결과를 산출한 이력이 있다면 무엇입니까?" 하고 물었다. 엔지니어들은 머스크가 세부적인 지점으로 훅 파고드는 모습을 보고 감탄했다. 기대한 답변이 나오지 않으면 면접은 금세 끝나버렸고, 해당 지원자를 면접에 부른 채용 담당자는 머스크에게 호되게 질책을 들었다.

테슬라는 모델S를 개발할 자금을 충분히 확보했지만, 그래도 현금흐름에서 완전히 자유롭진 않았다. 디트로이트 출신 엔지니어에게 이전 직장과 비슷한 수준의 급여를 보장할 수는 있었지만, 로스앤젤레스나 팰로앨토에서 드는 생활비를 고려하면 직원 대우가 그리 좋은 편은 아니었다. 당시 실리콘밸리의 대형 기술회사들에 비하면 인색하다는 말이 나올 정도였다.

릭 아발로스Rik Avalos를 포함한 채용 담당자들이 적합한 인재를 물색해서 테슬라의 경영철학을 그들에게 심어주는 데 큰 역할을 했다. 릭은 구글을 비롯한 대기업의 헤드헌터로 수년간 경력을 쌓은 전문가였다. 한 지원자는 환경을 보호한다는 경영철학에 마음이 끌려서 테슬라를 선택했고, 새로움을 창조한다는 기업 목표에 매료되어 입사한 사람도 있었다. 릭은 신입사원들에게 테슬라가 엄청난 성장의 정점에 올라섰다고 일러주었다. 그는 "주가가 한 주당 50달러를 돌파하면 어떻게 될 것 같아?"라는 말을 입에 달고 지냈다. 2011년 1월 주가는 약 25달러였는데, 일 년 전 기업공개를 한 당일 주가와 비교하면 거의 오르지 않은 금액이었다. 그래서 사람들은 릭의 말을 농담으로 받아들였다.

머스크가 직원 채용에 높은 잣대를 들이대어 채용팀에는 적잖은 어려움이 따랐다. 면접 지원자를 철저히 준비시키지 않으면 머스크의 불호령이 떨어졌다. 한번은 면접에 지원한 엔지니어가 모델S 차체에 알루미늄을 사용하는 건 좋지 않은 생각이라고 언급해서 머스크의 심기를 건드린 일이 있었다. 사실 알루미늄은 용접하기 까다로운 데다 비용 부담도 컸다. 하지만 머스크와 롤린슨은 차량 무게를 줄여서 주행거리를 늘리기 위해 이미 알루미늄을 사용하기로 결정한 터였다. 차량 구조의 97퍼센트를 알루미늄으로 제작하고, 앞뒤 차 문 사이, 즉 차량 길이의 중간에 위치하는 기둥처럼 특정 부분에만 강도 높은 강철을 쓰기로 했다. 알루미늄 스탬핑은 사내에서 자체적으로 진행할 계획이었다. 알루미늄 사용에 이의를 제기한 엔지니어는 면접에서 바로 탈락했다.

머스크는 관리자와 엔지니어를 새로 고용하면서 자신이 바라는 회사 운영 방식을 중심으로 기업 문화를 다져가고 있었다. 그는 물리학의 '제1 원칙 사고'를 중시했는데, 이는 원래 아리스토텔레스의 저서에 뿌리를 둔 개념이다. 이 사고방식은 가장 기본적인 개념, 즉 다른 가설에서 추론할 수 없는 근원적 요소를 파고드는데, 이를 테슬라에 적용해서 해석하면, '다른 회사가 한다고 반드시 옳은 방법, 또는 머스크가 원하는 방법은 아니'라는 뜻이다.

한편 머스크는 아이디어가 적중하지 않으면 서둘러 태세를 바꿔야 한다는 점도 인정했다. "신속한 의사결정이 때로는 실수나 잘못처럼 보일 수 있지만, 꼭 그런 건 아닙니다. 아무것도 결정하지 않는 것도 결국 그렇게 결정을 내린 것입니다. 하지만 많은 사람이 이 점을 깨닫지 못해요. 오류 발생률을 낮추려고 의사결정을 줄이는 것보다, 오류 발생률이 좀 높더라도 단위 시간당 많은 결정을 내리는 편이 낫습니다. 초반에 내린 결정이 치명적인 경우는 거의 없습니다. 만약 오류가 생기면 수정하면 되죠. 그렇게 하나하나 개선하다 보면 기업의 미래를 위해 정말로 올바른 결정을 내릴 수 있습니다."

신입사원들은 변덕스러운 머스크가 무엇을 중시하는지 재빠르게 파악했다. 머스크는 현재 지출하는 비용을 세심하게 살피며 꼭 구매해야 할 것과 그렇지 않은 것을 구분하려고 애썼다. 엔지니어는 이메일로 비용을 청구할 때 지출하는 이유를 설명해야 했고, 운이 좋으면 머스크에게 즉시 재가를 받을 수 있었다.

초반에 일부 직원은 예산에 포함된 비용이라고 핑계를 댔으나, 머스크에게 통하지 않았다. 한 엔지니어는 머스크가 이렇게 던진 말이 오랫동안 잊히지 않았다고 털어놓았다. "내 앞에서 다시는 예산이라는 말을 꺼내지도 마. 그건 당신 머리가 먹통이 되었다는 뜻이잖아." 물론 머스크도 합당한 비용은 승인해주었다. 하지만 이유를 제대로 대지 않으면 불같이 화를 냈다.

롤린슨 팀은 호손에 있었으나, 본사는 북쪽에 남아 있었다. 머스크는 전용기로 로스앤젤레스에서 실리콘밸리까지 오는 일정을 매주 반복했다. 2009년 한 해에만 189회 방문하느라 비행시간이 518시간을 기록했다. 롤린슨 팀의 엔지니어가 북부에 있는 본사에 갈 일이 생기면 머스크의 비서에게 이메일을 보내어 전용기 좌석을 내어 달라고 요청했다. 일단 머스크가 나타나면 곧바로 비행기가 출발하는 터라, 반드시 머스크보다 먼저 탑승해야 했다. 머스크는 비행기에 오르면 말 한마디 없이 스마트폰만 들여다볼 때가 많았다. 그러나 기분이 좋을 때는 웃는 얼굴로 화성에서 생활하면 어떨 것 같냐며 상상의 나래를 펼치거나, 팰컨9 로켓 3기를 연결해서 팰컨27이라는 초대형 로켓을 만드는 것이 가능할 수도 있다며 신나게 이야기를 늘어놓았다.

한번은 어떤 엔지니어가 비행기 안에서 머스크에게 모델S의 서스펜션은 특징이 뭐냐고 물어보았다. 사실 그 부분은 엔지니어들이 오랫동안 논의해온 쟁점이었다. 테슬라는 독자적으로 차를 생산했기 때문에 오롯이 엔지니어들이 해결해야 할 사안이기도 했다. 그는 "자동차의 핸들링을 BMW처럼 날렵하게 가져가야 할까요, 아니면 렉서스처럼 부드러운 느낌을 강조하는 게 나을까요?"라고 질문했다. 머스크는 잠시 아무 말도 하지 않다가 질문한 사람을 노려보며 이렇게 쏘아붙였다. "나는 차를 엄청 많이 팔아치울 거야. 어떤 서스펜션을 사용하건 나는 차를 아주 많이 팔 거야. 그러니까 많이 팔릴 만한 차에 알맞은 서스펜션을 사용해. 그게 내가 원하는 거야. 알아들어?"

어쩌면 그 엔지니어가 운이 나쁘게도 머스크가 예민한 날에 딱 걸린 것이거나 그가 중시하는 원칙을 정면으로 거스른 것일 수도 있었다. 복잡한 두 사업체를 동시에 운영하고 있었기에 광적인 집착을 보인다고 해도 이해할 만한 일이었다. 그는 어딘가에 제대로 초점을 맞추기 전까지는 무시하는 듯한 태도로 대꾸했고 정확히 초점을 맞추면 어김없이 욕설을 퍼부었다. 그런 상황에서는 직원들이 일단 업무를 온전히 위임받았다고 생각하고 알아서 판단해야 했다. 물론 이런 권한은 머스크가 특정 직원과 그가 맡은 업무에 관심을 보이기 직전까지 인정되는 셈이었다.

그는 테슬라에서 살아남으려면 일단 머스크와 같은 비행기로 이동하는 일은 가능한 피해야겠다고 생각했다. 태양에 너무 가까이 다가가면 그 열기에 타서 죽을 수 있다는 발상과 같은 논리였다. 롤린슨 팀이 모델S 개발에 몰두하는 동안, 선임 직원 한 사람이 머스크에게 팀이 자동차 기능의 우선순위를 정하는 데 참고할 만한 계획안을 제시했다. 그 직원은 롤린슨이 테슬라에 합류하기 전부터 근무하던 사람이었는데, 제너럴모터스와 포드사에서도 비슷한 공정을 진행한다고 머스크에게 설명했다. 예를 들어 포드가 퓨전을 개발할 때, 경쟁사의 차량 데이터를 최대한 많이 수집해서 여러 기능에 순위를 매긴 다음 어떤 기능을 경쟁사보다 더 잘 만들지 결정하되, 필요하면 절충안도 마련했다고 덧붙였다.

머스크는 20여 분 가만히 듣다가 끼어들더니 이렇게 쏘아붙이고는 자리를 박차고 나가버렸다. "지금까지 내가 들어본 것 중에 가장 말이 안 되는 소리야. 이런 건 두 번 다시 내 앞에 들고 오지 마." 머스크는 자동차의 여러 기능에 우선순위를 매길 생각이 없었다. 그에게는 모든 기능이 최우선 순위였다.

일주일쯤 후에 그 직원은 회사를 떠났다. 이런 일은 수시로 일어났다. 회사의 재정 구조가 매우 취약해서 그렇기도 하고, 디트로이트에서 본사로 엔지니어 인력을 옮겨야 하는 상황도 잦아서 팀원이 자주 바뀌었다. 머스크는 책임자가 떠나버린 팀을 한자리에 모아놓고 이렇게 다독였다.

"그들은 우수한 엔지니어입니다. 단지 이 팀에 맞지 않았을 뿐이에요."

롤린슨이 호손에 매장을 열 준비를 하는 동안, J. B. 스트라우벨과 배터리 팀은 여전히 실리콘밸리에 남아 있었다. 테슬라는 기업공개를 하기 전인 2010년에 본사를 팰로앨토로 이전했다. 롤린슨 팀과 떨어져 있게 되자, 스트라우벨 팀에 자체적인 문화가 생겨났다. 스트라우벨 팀은 상대적으로 안정된 분위기였다. 팀원들 상당수가 초창기에 스탠퍼드대학교 인맥을 통해 입사해서 지금까지 근무하며 새로운 역할을 맡거나 배터리 분야에서 전문성을 넓혀가고 있었다.

로드스터가 성공을 거두고 커트 켈티가 끈기있게 노력한 덕분에 테슬라는 일본에서 주목받기 시작했다. 켈티는 산요에서 로드스터의 좋은 파트너를 발견한 뒤로도 두 달에 한 번꼴로 일본의 파나소닉을 찾아갔으나, 스트라우벨은 켈티의 그런 행동을 매우 못마땅해했다. 파나소닉에서 테슬라와 거래할 의향이 없다고 공식 서한을 보냈는데도 켈티는 아랑곳하지 않았다. 그는 스트라우벨에게 구박을 당하면서도 파나소닉의 배터리가 가장 낫다고 생각했다. 그가 보기에 배터리셀 하나하나의 저장 용량이 산요보다 훨씬 컸다.

2009년에 켈티는 한때 직장 상사로 모셨던 노구치 나오토와 작은 회의실에 마주 앉았다. 노구치는 배터리셀 부문 책임자였다. 노구치가 줄담배를 피워서 벽은 온통 누렇게 변해 있었다. 켈티는 일본식 좌식 탁자 앞에 무릎을 꿇고 앉아서 노트북을 아슬아슬하게 부여잡고 프레젠테이션을 진행했다. 거듭된 배터리 검수와 로드스터의 실제 운행 기록을 제시하며 배터리팩이 어떻게 작동하는지 상세히 설명했다. 특히 지금까지 열폭주 현상으로 화재가 발생한 로드스터가 단 한 대도 없었다는 점을 힘주어 강조했다. 사실 파나소닉은 산요의 통제권을 장악해나가던 과정에서 테슬라에까지 관심을 두게 되었다. 파나소닉은 2009년 12월에 산요의 지분 과반수를 확보했다.

이제 테슬라와 파나소닉 양측에 유리한 시기가 열렸다. 파나소닉은 실리콘밸리에서 이름을 날리는 스타트업과 손잡고 모델S의 배터리셀을 도맡게 되었다고 뿌듯해했다. 하지만 켈티와 스트라우벨은 여기에 만족하지 않고 파나소닉이 테슬라에 투자해주기를 기대했다. 당시에도 여전히 테슬라는 자금난에 허덕였다. 마침내 파나소닉은 3,000만 달러를 투자하기로 결정했다.

스트라우벨 팀은 성공을 거두기 위해 아직은 더 성숙해져야 했다. 이제 테슬라는 영국 자동차 회사의 경험을 빌려서 로터스 자동차를 로드스터로 전환하는 중소기업에서 벗어나야 했다. 테슬라는 계획에 따라 자체적으로 모델S라는 세단을 매년 수천 대 생산해야 했다. 스트라우벨 팀은 로드스터용 배터리팩을 떠맡는 것이 얼마나 큰 책임이 따르는 일인지 조금은 이해하고 있었다. 게다가 일 년 전에 머스크가 회사를 살리기 위해 다임러와 도요타에 부품을 공급하기로 계약했으므로 그 업무도 처리해야 했다. 이제 회사의 성공 여부는 자금 조달이 아니라 로드스터 생산과 부품 공급계약을 차질 없이 이행하고 테슬라의 고유한 기업 문화를 어떻게 다져가는지에 달려 있었다.

도요타 아키오와 일론 머스크가 양측 회사에서 협업해 전기자동차를 생산하기로 합의하고 축배를 들었지만, 계약의 세부사항은 거의 결정되지 않은 상태였다. 기본 골격은 테슬라가 다임러의 스마트 브랜드에 전기 파워트레인을 공급했듯이 이번에도 도요타의 인기 모델인 라브4 소형 SUV에 전기 파워트레인을 공급한다는 것이었다. 하지만 계약 이행을 담당하는 팀들이 보기에는 모든 것이 명확하지 않았다. 스마트 자동차를 만들기 위해 스트라우벨은 로드스터의 파워트레인을 소형 2인승 차량에 맞춰 재구성했다. 그런데 머스크가 스트라우벨 팀에 더 큰 신형 차량에 맞춰 파워트레인을 완성하라고 지시했다. 하지만 스트라우벨 팀은 다임러에 공급할 배터리팩을 내내 생산하면서 모델S에 장착할 신형 파워트레인을 개발하는 일만으로도 일손이 모자랐다.

스트라우벨 팀은 파워트레인을 도요타에 넘겨주기만 하면 되는 줄 알았다. 반면에 도요타 팀은 리튬이온 배터리 기술을 다뤄본 경험이 거의 없었기에, 전기 라브4를 설계하는 단계부터 차근차근 설명해주겠거니 하고 기대했다. 테슬라 팀 일부 직원은 도요타가 기술을 몰래 훔치려는 심사가 아닌지 의심스러워했다.

테슬라 팀과 도요타 팀이 처음 만나는 자리에서는 문화 차이가 확연히 드러났다. 도요타의 또 다른 차량을 담당하는 수석 엔지니어이자 이번 도요타 팀의 일원인 그렉 베르나스Greg Bernas는 전기자동차 입문 관련 책을 사들고 회의장에 나타났다. 한편 테슬라 측 엔지니어들은 회의하다가 쉬는 시간에 연주하려고 하모니카를 준비했다.

결국 두 팀은 몇 달간 조율 과정을 거친 뒤에야 본격적인 업무를 시작할 수 있었다. 자동차 생산까지 남은 시간은 고작 20개월이라며, 도요타는 구형 라브4 플랫폼을 활용하자고 제안했다. 도요타 같은 대형 제조사가 새 플랫폼에서 자동차를 출시하려면 내규에 따라 여러 실험과 연구를 거쳐야 하는데 기존 플랫폼을 사용하면 그런 과정을 모두 생략할 수 있었다. 게다가 테슬라는 배터리팩이나 이를 제어하는 컴퓨터 소프트웨어를 즉석에서 변경하는 일이 잦았으나, 도요타는 이런 일처리 방식에 잘 적응하지 못했다. 일례로 이런 일이 있었다. 두 팀이 알래스카에서 혹한기 테스트를 시행했는데, 프로토타입 차량이 미끄러운 길에서 진동을 일으키는 이유를 찾지 못해 진땀을 흘렸다. 테슬라 엔지니어들은 노트북을 꺼내 곧바로 차량의 트랙션 제어 알고리즘을 변경했다. 이들은 데이터를 실험실로 가져가서 추가 검토를 거치지 않고 그 자리에서 몇 시간 만에 문제를 해결해버렸다.

이런 일 처리 속도는 도요타에 깊은 인상을 남겼으나, 정작 임원들은 제품 품질에 만족하지 못했다. 2011년 로스앤젤레스 모터쇼에 공개된 쇼카는 임원들의 분노를 샀다. 도요타 측 책임자는 미시간대학교에서 열린 미식축구 경기 뒤풀이 장소에서 그 소식을 들었다. 로스앤젤레스 모터쇼가 열리기 전 주말이었는데, 로스앤젤레스에 가 있던 동료가 테슬라에서 보내온 SUV의 상태가 썩 좋지 않다며 언론 및 일반 대중에게 공개하면 상당히 곤란할 것 같다고 의견을 밝혔다. 도요타 측 책임자는 그 자리에서 당장 테슬라 측 책임자에게 전화를 걸어 "이게 무슨 말도 안 되는 짓이야?" 하고 버럭 화를 냈다. 그는 다음 날 바로 로스앤젤레스에서 테슬라 엔지니어들을 만나 문제를 바로잡겠다고 윽박질렀다.

테슬라가 파워트레인을 검수하는 방식을 놓고도 또 한 번 긴장감이 고조되었다. 테슬라 엔지니어들은 최고의 부품이라는 공급업체 말만 믿고, 실사용 내구성을 확인하는 품질관리 검사를 시행하지 않았다. 도요타는 테슬라의 이런 태도를 보고 엄청난 충격을 받았다. 자동차 업계에서는 절대 용납할 수 없는 자세였다.

이렇게 힘든 과정이 있었지만, 테슬라 팀은 강력한 힘을 전달하면서도 내구성 높은 파워트레인을 개발하는 방법에 관한 유용한 지침서를 마련하게 되었다. 도요타가 라브4를 꼭 붙들고 고집을 피운 것도 예기치 못한 이점으로 작용했다. 덕분에 스트라우벨과 동료들은 새로 배운 점을 곧바로 모델S 개발에 적용할 수 있었다.

호손에 있는 스페이스엑스 본사 옆에 들어선 산업용 복합건물은 비교적 한가한 분위기였다. 일론 머스크가 테슬라를 위해 마련한 새로운 디자인 스튜디오였다. 그는 몇 년 전에 농구장으로 개조한 낡은 격납고를 선택했다. 스튜디오가 스페이스엑스에서 가까웠기 때문에 언제라도 달려가서 수석 디자이너인 프란츠 폰 홀츠하우젠 팀이 하는 일을 몰래 지켜볼 수 있었다.

2011년에는 아직 모델S가 완성되려면 한참 걸릴 것이 분명했으나, 이들은 테슬라 제품라인의 신차를 구상하기 시작했다. 머스크는 오래전부터 대중적인 3세대 차를 선보이겠다고 입버릇처럼 말했지만, 그런 제품을 시장에 선보이려면 아직 넘어야 할 장애물이 많이 남아 있었다. 모델S 세단의 판매량은 연간 2만 대였는데, 이 정도로는 수익이나 브랜드 인지도 측면에서 충분히 성장할 만한 동력이 되지 못했다.

그래서 테슬라 팀은 대안을 검토했다. 모델S의 플랫폼으로 밴이나 SUV를 생산할 수도 있었다. 그렇게 하면 부품이나 설비 비용을 절약할 뿐더러, 판매량이 늘어난 만큼 개발비를 빨리 회수할 수 있었다. 대형 제조사에서는 오랫동안 활용해온 방법이었다. 8년 전에 테슬라도 생산비를 줄이고 로터스의 생산 대금을 갚기 위해 엘리스 플랫폼으로 로드스터를 제작했다.

그때 기억을 떠올리면 교훈을 많이 얻을 수 있었다. 당시 머스크가 엘리스 디자인을 대폭 변경해서 로드스터를 제작하게 만드는 통에 비용이 예상외로 많이 불어났다. 이번에도 차세대 자동차와 모델S의 플랫폼을 공유하라고 요구하면, 과거의 실수가 되풀이될 가능성이 컸다.

머스크는 차기 작품을 모델X라고 명명하고, 3열 좌석을 갖춘 가족용 차량을 구상했다. 새로운 제품을 토론하는 자리에는 머스크의 개인 경험이 적잖이 녹아 들어갔다. 머스크는 이미 자녀가 다섯이나 되었고 아이들이 한창 자라고 있었다. 머스크는 이미 SUV 차량을 경험한 터라, 이런저런 불평을 늘어놓으며 몇 가지 요구사항을 분명히 제시했다. 첫 번째 요건은 자녀들을 두 번째 줄에 수월하게 앉힐 수 있어야 한다는 것이었다. 미니밴의 슬라이딩 도어가 SUV보다 더 넓게 열리지만, 그래도 아이를 카시트에 앉히려다가 부모의 머리가 지붕에 부딪히는 일이 잦았다. 특히 머스크처럼 180센티미터가 넘는 거구의 남자는 차량 여기저기에 부딪힐 수밖에 없었다. 또 다른 문제는 가장 뒤쪽 자리였다. 머스크는 SUV에 아이들을 태우기가 얼마나 힘든지 자세히 설명했다. 가장 어린 아이들은 부모가 언제든지 손을 뻗을 수 있는 2열에 앉혔다. 그래서 제일 뒷좌석, 즉 3열은 항상 첫째 쌍둥이의 자리였다. 하지만 머스크는 아우디 Q7의 경우, 제일 뒷좌석까지 들어가려면 체조선수처럼 몸을 틀어야 한다며, 차에 타고 내리는 과정이 힘들지 않게 만들라고 당부했다.

그래서 테슬라 팀은 모델S와 비슷한 곡선을 갖춘 SUV를 설계했다. 특히 가장 뒷자리 차 문은 〈빽 투 더 퓨처〉에 나오는 드로리안처럼 만들자는 의견이 있었다. 이를테면 새가 날개를 펼치듯이 차 문이 위로 열리게 해서 차에 타고 내리는 공간을 최대한 넓게 확보하려는 의도였다. 이론상으로는 이렇게 차 문을 설치하면 넓은 공간이 생겨서 SUV의 중간 자리와 가장 안쪽 자리에 편안하게 드나들 수 있었다. 이들은 머스크가 뒷문을 눈으로 확인하고 직접 만져볼 수 있도록 디자인 모형을 만들었다. 머스크는 처음 모형을 보더니 차 문을 열 때 생기는 공간이 충분하지 않다고 지적했다. 그러면서 제일 안쪽 자리까지 가는 과정이 마치 마법 양탄자를 타듯이 전혀 힘들지 않아야 한다고 덧붙였다. 뒷문을 열 때 그가 원하는 대로 출입구를 넓히려면 자동차의 전체 길이를 한참 더 늘여야 했다.

자동차 개발에는 수많은 요소가 얽혀 있다. 테슬라의 주요 경쟁사에서는 디자이너와 엔지니어가 마케팅에서 재무관리까지 프로젝트의 수

많은 단계를 거치는 과정을 마음 졸이며 지켜봐야 했다. 게다가 고위 임원들의 눈치를 보면서 막판에 그들이 제안하는 내용을 다 수용해야 했다. 하지만 테슬라에는 의사결정권자가 머스크 한 명이었다. 초반에 마틴 에버하드가 대시보드 품질을 놓고 머스크가 제시한 의견을 대수롭지 않게 넘기려 했지만, 머스크는 가만히 보고만 있지 않았다. 모델S와 마찬가지로 모델X 자동차 구석구석에 머스크의 취향이 잔뜩 반영되었다. 그는 상체가 길어서 여느 사람보다 앉은키가 컸는데, 자신에게 맞춰 선바이저를 설치하라고 종용했다. 엔지니어들이 그렇게 하면 대다수 운전자가 불편을 겪는다고 말렸지만, 소용없었다. 그는 평소 휴대전화만 들고 다녔고, 그밖에 필요한 물품은 그림자처럼 따라다니는 비서가 다 챙겨주었다. 그래서인지 중앙 콘솔에 자질구레한 물건을 쌓을 자리를 만들려고 하지 않았다. 대신에 테슬라 팀은 두 앞 좌석 사이에 길고 좁은 카펫을 깔아서 작은 도랑을 만들었다.

심지어 외부 충전 포트의 위치도 머스크가 정했다. 정확히 말하자면 머스크의 개인 차고에 맞춘 조치였다. 미국 운전자들은 대부분 전방 주차에 익숙하므로, 디자인팀은 직관적으로 충전 포트를 차량 앞쪽에 배치해야 옳다고 생각했다. 하지만 머스크는 자기 집에 있는 충전기는 차량 후면과 가깝다며 충전 포트를 뒤쪽에 배치해 달라고 요구했다.

이렇게 자동차는 점차 머스크가 원하는 모습대로 완성되고 있었다. 과연 소비자도 머스크가 제시하는 그림을 좋아할지는 아직 두고 봐야 할 문제였다.

일 년 전에 기업공개를 하고 주요 자동차 업체와 협력관계를 맺었지만, 2011년에도 테슬라는 심각한 자금난에 시달렸다. 새로 투자를 받지 않으면 모델S 출시가 불투명했다. 그해에 테슬라 직원은 1,400명이 넘었는데 그중 대부분이 북부 캘리포니아에 몰려 있었고, 모델S를 생산해야 해서 공장에는 고가의 장비를 들이는 중이었다. 게다가 그해에 계약된 로드스터 판매가 모두 종료되어, 다임러와 도요타하고 주고받는 거래 말고는 수익이 전혀 없었다.

롤린슨 팀은 한 푼이라도 아낄 방법을 찾고 있었다. 이들은 자동차의 공기역학과 이것이 차량 성능에 미치는 영향을 파악하기 위해 컴퓨터 시뮬레이션을 수없이 시행했다. 그런 다음 크라이슬러의 풍동을 15만 달러에서 20만 달러 주고 임대했다. 그들은 토요일 밤에 들어가서 월요일 새벽 6시까지 밤을 새워가며 자동차가 실제 환경에서 어떻게 작동하는지 눈으로 확인했다.

롤린슨 팀은 선루프를 머스크가 내세운 기준에 맞추느라 애를 먹었다. 공급업체는 테슬라가 제시한 가격보다 훨씬 높은 금액을 요구하거나 절충안을 내밀며 테슬라를 설득하려고 들었다. 그러자 머스크가 불같이 화를 내며 공급업체 선루프 디자이너를 고용해서 사내에서 직접 제작하라고 지시했다. 그렇게 하면 선루프 비용을 대폭 줄일 수 있을 거라고 생각했기 때문이다.

롤린슨은 차량을 거의 완성하고 가장 중요한 충돌 실험에 나설 준비를 모두 마쳤다. 한 대를 만드는 데 200만 달러가 들었지만, 그는 여러 물체와 충돌하는 실험을 감행했다. 알루미늄 용접이 예상과 달리 내구성이 좋지 않아서, 차체가 충격을 받는 즉시 산산조각이 났다. 분명 다시 설계하려면 시간과 돈이 많이 들 터였다. 이런 상황에서 롤린슨은 엄청난 스트레스에 시달렸다. 실험을 할 때마다 머스크가 불쑥 나타나서 긴장감을 높였다.

롤린슨만 그렇게 느끼는 게 아니었다. 경영진 사이에서는 시니컬한 농담이 유행했다. 머스크는 호손과 팰로앨토를 오가며 시간을 보냈는데, 매주 화요일에 출근하면 곧장 임원회의를 소집했고, 회의는 점심시간까지 이어질 때가 많았다. 다들 머스크의 기분을 살피느라 눈치 보며 그의 점심 계획을 놓고 우스갯소리를 주고받았다. 과연 이번 주에는 누가 머스크에게 잡아먹힐까가 모두의 관심사였다.

머스크의 공격 대상은 대개 롤린슨이었다. 갈수록 머스크가 그에게 짜증 내는 일이 늘었다. 호손에서 롤린슨과 함께 일하는 직원들도 금세 이런 기류를 알아챘다. 그들은 롤린슨이 CEO와 통화하고 나서 분통 터뜨리는 소리를 듣곤 했다. 한번은 머스크가 롤린슨을 향해 분노를 폭발하고야 말았다. 두 사람이 의견 차이로 말다툼을 벌이던 중, 몸집이 럭비선수만 한 머스크가 롤린슨을 내려다보며 "당신을 도무지 믿을 수가 없어!"라고 말했다. 그는 손가락으로 롤린슨의 가슴을 쿡쿡 찌르며 "당신을 도무지 못 믿겠다고!"라고 또 한 번 소리쳤다.

이런 상황에서 롤린슨은 감당하기 힘든 스트레스를 받았다. 게다가 영국에 있는 어머니의 건강이 좋지 않아서 혼자 속앓이도 하고 있었다. 어머니 상태는 날로 악화하고 있었으나 곁에 돌봐줄 사람이 없었고, 롤린슨은 지구 반대편에서 어머니를 간호할 사람을 구하고 있었다.

머스크도 가정 문제로 속이 편치 않았다. 탈룰라 라일리하고는 파탄 일보 직전이었다. 두 사람은 2010년에 결혼했지만 최근 몇 달간 별거 중이었다. 머스크는 편안하게 쉴 틈이 거의 없었고, 잠깐이라도 여유가 생기면 벨에어에 있는 프랑스풍 대저택 지하실에 내려가서 아인 랜드Ayn Rand의 세계관을 기반으로 만든 디스토피아 비디오게임인 바이오쇼크에 심취했다. 테슬라에서 열린 그해 크리스마스 파티에 참석한 머스크는 당구대 위에 쓰러져 있었는데, 그동안 그의 동생 킴벌이 그 방 입구를 막아놓았다.

롤린슨과 머스크는 사사건건 의견이 충돌했는데, 그중에서 모델S 초창기부터 이어 내려온 문제가 가장 심각했다. 당시 테슬라 경쟁업체의 디자이너였던 헨리크 피스커가 모델S를 디자인했는데, 테슬라 직원들이 그 초안을 보고 '흰고래' 같다고 비웃었다. 문제는 차량 바닥에 배터리팩을 설치해서 차량 높이를 늘려버린 데 있었다. 테슬라 디자이너인 프란츠 폰 홀츠하우젠이 불룩한 모양을 좀 개선하려고 차량 길이를 늘렸다. 그랬더니 배터리셀도 더 넓게 펼칠 수 있었고, 지붕 라인이 살짝 낮아져서 날렵한 세단이라고 할 만한 외관이 다시 만들어졌다. 피스커가 처음에 일반적인 중형차 공간에 모든 것을 다 집어넣으려고 했을 때보다 훨씬 나았다. 하지만 머스크는 굳은 표정으로 지붕 라인이 너무 높아지는 것 같다며, 배터리팩을 최대한 얇게 만들라고 롤린슨을 압박했다. 그러자 롤린슨은 배터리팩이 너무 얇으면 도로 파편이 튀어서 차량 하부에 부딪힐 때 배터리팩이 손상될 수 있다고 주장했다. 두 사람은 밀리미터 단위를 놓고 팽팽하게 맞섰다. 결국 롤린슨이 한발 물러서서 CEO인 머스크가 원하는 대로 배터리팩 두께를 줄이겠다고 했다. 하지만 이 양보는 상황을 모면하려는 거짓말이었다.

롤린슨 팀은 모델X 작업에도 심혈을 기울였다. 머스크가 요구한 대로 기적에 가까운 뒷문을 구현할 방안도 생각해두었다. 머스크의 요구사항에 가까운 메르세데스의 걸윙 gull-wing 도어를 연구해보았으나, 그보다 더 강력한 것이 필요하다는 결론을 얻었다. 차 문이 걸윙 도어보다 훨씬 커야 했고, 이중 경첩을 사용해서 위쪽으로 차 문을 들어 올릴 뿐 아니라 공중에 떠 있는 매처럼 차 문이 중간에서 한번 접히게 만들어야 했다. 사람이 직접 손대지 않아도 자동으로 문이 열리게 하려고 유압 시스템을 장착했다. 작동해보려고 스페이스엑스 건물 뒤편으로 나가서 차 문 샘플을 자동차 프레임에 용접했다. 그런 다음 기대감을 안고 버튼을 눌렀다. 쉬익 하는 소리와 함께 매가 날아오르듯 차 문이 위로 튀어 올랐다.

"정말 미치겠네" 하고 롤린슨은 짜증을 냈다.

하지만 그 정도면 나쁘지 않은 진전이었다. 이렇게 완성하긴 했지만 롤린슨은 머스크 아래에서 일할 날도 얼마 남지 않았다고 직감했다. 추수감사절 연휴를 며칠 앞두고 그는 영국에 있는 가족을 만나러 갔다. 측근들은 롤린슨이 돌아오지 않을 줄 알았는데, 12월에 그가 나타나자 다들 깜짝 놀랐다. 롤린슨은 테슬라에 한 번 더 기회를 주기로 했다고 말했다.

좀 더 자세히 말하면 그는 머스크에게 모델X의 콘셉트카를 보여주고 본인 팀이 설계한 차 문을 인정받고 싶었다. 롤린슨은 "일론, 내가 해낼 수 있다는 걸 증명하려고 준비한 겁니다. 하지만 이건 처음부터 요구해서는 안 되는 거였어요"라고 말했다. 모델S를 생산 가능한 상태로 준비하느라 숨이 턱까지 차오르는 상황에서 꼭 필요하지도 않은데 까다로운 차 문을 추가하라고 요구한 처사는 지나치게 위험한 행동이었다. 다시 격렬한 논쟁이 불붙었다. 머스크는 롤린슨이 지적한 기술 문제를 무시해버렸다. 차량의 강성이나 눈이 쌓였을 때 차 문을 열면 어떻게 되는지 같은 우려사항이 전부가 아니었다. 롤린슨은 상업적으로도 그런 문 자체가 말이 되지 않는다고 생각했다. 이미 콘셉트카를 직접 운전해보아서, 차 문을 열고 닫기가 얼마나 불편한지 알고 있었다. 원래는 모델S 플랫폼을 거의 그대로 활용해서 모델X를 생산할 예정이었으나, 일이 걷잡을 수 없이 커져서 생산공정이 복잡해졌고 비용도 크게 늘어났다. 이번에는 책임질 생각이 없었기에 롤린슨은 크리스마스 무렵에 영국으로 가버렸고 다시 돌아오지 않았다. 그는 머스크에게 회사를 떠나겠다고 전화로 통보했다.

머스크는 롤린슨의 행보에 큰 충격을 받았다. 그래서 2012년 1월 초 내내 롤린슨에게 다시 돌아오라고 매달리다시피 했다. CFO인 디팩 아후자도 두 사람 사이에서 중재하려고 노력했다. 머스크는 롤린슨의 측근인 닉 샘슨Nick Sampson에게도 도움을 청했다. 하지만 테슬라에 돌아오기에는 롤린슨이 너무 지쳤다. 머스크는 노발대발하며 샘슨을 해고하라고 지시했다.

롤린슨이 테슬라를 떠났다는 소식은 금요일 늦은 시간에 세간에 알려졌다. 투자자들은 모델S 생산에 돌입해야 하는 시점이 몇 달도 채 남지 않았는데 엔지니어링 총책임자가 자리를 떠났다며 난색을 보였고, 장외거래 주가는 20퍼센트 하락했다. 이제 상장기업이 된 테슬라는 공개시장이 얼마나 냉정하고 가혹한지 처음으로 실감했다. 핵심 인사 두 명이 예기치 않게 회사를 떠나버리자, 머스크가 이끄는 벤처기업에 보이던 투자자들의 신뢰가 흔들리기 시작했다. 과연 테슬라가 약속대로 모델S를 생산해낼지 알 수 없었다. 어쩌면 머스크가 오래전부터 공언한 저렴한 전기자동차도 한낱 헛된 희망일 수도 있었다.

롤린슨이 테슬라를 떠난 최초의 고위 임원도 아니었고 마지막 핵심 인사도 아니었다. 그의 운명은 여러 의미에서 마틴 에버하드와 유사했다. 둘 다 처음에는 머스크와 원만하게 지내며 그의 요구사항을 잘 맞춰주었다. 주로 에버하드는 아이디어를 중심으로 사업체를 구상했지만, 문제가 급격히 늘고 심각해지면서 머스크가 에버하드의 경영 능력을 신뢰하지 못하게 되었다. 롤린슨은 머스크에게 절실히 필요한 전문성을 제공했으나, 궁극에 가서는 머스크의 요구를 채워주지 못했다. 머스크는 신차 개발뿐 아니라 생산 개시를 감독할 수 있는 임원이 필요했다.

월요일이 되자 머스크는 나쁜 뉴스를 숨기려고 갖은 애를 썼다. 뉴욕시장이 열리기 전에 기자들을 대상으로 화상회의를 잡아서 롤린슨이 떠난 건 회사가 발전하기 위해 새로운 단계로 접어들었다는 뜻이라고 주장했다. 또한 롤린슨은 회사에서 중책을 맡지 않았으며, 차체 개발을 맡은 수석 엔지니어일 뿐이었다고 둘러댔다.

"이것 한 가지는 확실하게 말씀드리겠습니다. 약속한 대로 7월에 모델S의 첫 차를 배송하겠습니다. 어쩌면 시일이 좀 더 앞당겨질지도 모르겠습니다." 그는 2013년에 최소한 2만 대를 배송하겠다고 약속했다.

바로 다음 날, 라일리가 이혼소송을 제기했다. 그날 밤늦게 머스크는 트위터에 이런 글을 올렸다. "지난 4년은 정말 잊지 못할 거야. 당신을 영원히 사랑해. 당신을 만나는 사람은 행복할 거야." 그는 다음 날 아침에 《포브스》 기자와 통화하면서 "나는 여전히 아내를 아끼지만, 우리 둘은 예전처럼 열렬히 사랑하지 않습니다. 그리고 나는 지금 그녀가 원하는 것을 다 해줄 수 없어요"라고 말했다. "또 재혼한다면, 과연 세 번째 결혼생활을 잘 유지할 수 있을지 충분히 생각한 후에 진행할 겁니다. 그렇지 않고 성급하게 또 결혼하겠다고 나서는 건 정말 어리석은 짓이죠. 이렇게 결혼생활을 짧게 마무리할 생각은 없었습니다. 저는 혼자 지낼 마음은 없습니다. 누군가와 함께하고 싶어요. 하지만 이제부터는 확신이 생길 때만 다시 결혼할 겁니다. 꼭 그럴 겁니다."

# 14장

# 울트라 하드코어

캘리포니아주 프리몬트에 있는 테슬라 생산공장은 면적이 약 510만 제곱미터였다. 공장 안으로 한참 들어가면 올림픽 수영 경기장만큼 크고 깊은 구멍이 남아 있었다. 금속을 스탬핑해서 차 문을 생산할 때 사용한 거대한 기계가 놓여 있던 자리다. 도요타는 공장을 정리하면서 기계를 수거했다. 남아 있는 거대한 구멍을 들여다보노라면 앞으로 해야 할 일이 결코 만만치 않겠다는 생각이 절로 들었다. 피터 롤린슨이 이끌던 팀은 아무것도 없는 백지상태에서 모델S를 개발했다. 이제는 공장팀이 차를 어떻게 생산할지 결정할 차례였다.

새 공장을 마련하는 건 노련한 제조업체에도 버거운 일이었지만, 몇 세대를 지나오면서 예전보다는 많이 수월해졌다. 자동차를 생산해오면서 경험이 쌓였고 관련 규정이나 절차도 어느 정도 확립되어 있었다. 하지만 테슬라는 그런 경험이나 기술력이 전혀 없는 상태에서 빠듯한 일정을 맞춰야 했다. 머스크가 2012년 여름에는 고객에게 차를 배송하겠다고 거듭 공언하는 바람에, 그전까지 모델S를 어떤 방식으로 생산할지 결정해야 했다.

머스크는 자동차 제작 전문가를 여럿 고용했다. 이제 공장은 배터리 팩 조립과 차량 조립이라는 두 왕국으로 나뉘었다. 전자는 J. B. 스트라우벨이 감독했고, 후자는 렉서스 공장 감독자 출신인 길버트 패신이 맡았다. 패신은 프리몬트 공장을 인수할 당시 문화적 가교 역할을 했던 인물이다. 다그 렉혼은 알루미늄을 다룬 경험이 있다는 이유로 머스크가 직접 채용한 사람인데, 그가 패신의 보좌를 맡았다.

도요타로부터 어떤 기계를 넘겨받고 어떤 기계를 철거하라고 할지 이견을 조율하는 데 여러 달이 걸렸다. 도요타로서는 수십 년 된 낡은 기계를 철거 또는 회수하지 않고 가격을 대폭 낮춰서 테슬라에 되파는 것이 여러모로 유리했다. 테슬라 처지에서도 이 점은 신이 내려준 또 다른 선물과도 같았다. 세계 곳곳의 공장에서 부품을 공수해 끼워 맞추기보다는 스타터 키트처럼 기존 설비를 사는 편이 더 유리했다. 머스크는 공장을 밝은 흰색으로 칠하고, 로봇에는 전통의 노란색이 아닌 붉은색을 입히라고 지시했다. 또 어두운 작업장의 채광을 위해 대형 창문을 내기로 하고, 창문 위치를 패신과 논의했다.

거대한 구멍을 어떻게 메울까 고민하던 렉혼은 미시간주에서 파산한 제조업체를 찾아내어 헐값에 거대한 스탬핑 기기를 매입하기로 했다. 기기의 매입가보다 캘리포니아까지 운반하는 비용이 훨씬 더 비쌌지만, 스탬핑 기기는 꼭 필요한 품목이어서 그만 한 비용과 노력을 들일 가치가 있었다. 이 기계는 모델S 생산공장에서 첫 번째 이정표로 여겨졌다.

한 개에 10톤이나 되는 거대한 알루미늄 코일이 속속 도착하면서, 본격적인 자동차 제작에 돌입했다. 10톤이면 버스 한 대에 맞먹는 무게였다. 알루미늄은 일단 펼친 후에 크고 납작한 직사각형 모양으로 절단해서 렉혼의 스탬핑 기계에 밀어넣었다. 그러면 40톤의 금형이 알루미늄 조각을 후드처럼 3차원 모양을 갖춘 부품으로 만들어주었다. 천 톤이 넘는 힘으로 금형이 알루미늄 조각을 짓누르면 고막이 찢어질 듯한 굉음이 발생했다. 모든 기계가 순조롭게 돌아가는 자동차 공장에서는 이런 굉음이 메트로놈처럼 반복되었다. 이론상으로는 최고 속도로 6초에 부품 1개를 찍어낼 수 있었으나, 패신의 직원들은 소량 생산업체에 걸맞은 기술을 익히는 중이었다. 대형 생산업체라면 거대한 스탬핑 기계를 사용해서 일정한 속도로 금속을 강하게 타격하는 방식으로 1개의 금형에서 약 2,000개의 부품을 완성했을 것이다. 하지만 테슬라는 그렇게 많은 양의 부품을 만들 필요가 없었다. 부품 100개를 만들고 나면 금형을 펜더 같은 것으로 교체했는데, 이러는 데 1시간이 걸렸다. 그 뒤에 새로운 부품을 스탬핑하는 데 2시간 가량 들었고, 다시 처음으로 돌아가서 부품 생산과 금형 교체를 반복했다. 공장 작업자들이 익숙하게 진행했던 예전 작업에 비하면 이 속도는 말도 안 되게 느린 셈이었다. 여느 생산공장이라면 한 가지 부품을 며칠간 대량 생산한 다음, 조립공장에 보내어 수백만 대의 차량을 한꺼번에 조립했을 것이다.

자동차 조립에 쓰이는 모든 부품의 스탬핑이 끝나면 차체공장으로 옮겨서 자동차 골격을 만들었다. 그다음에 외부 패널을 결합해서 외관 작업을 마무리했다. 각 단계에서 로봇 팔이 군더더기 없이 바삐 움직였다. 얼핏 보기에는 허우적거리는 것 같지만, 번개 같은 속도로 한 치의 오차도 허용하지 않고 작업했다.

조립공장에는 각종 경고 버저에서 나는 소리가 끊이지 않았다. 프레임이 다음 공정으로 이동할 때는 금속이 부딪히는 소리도 발생했다. 용접 작업에 들어가면 납땜 소리와 함께 강한 불꽃이 튀었고 매캐한 냄새가 퍼져나갔다. 이렇게 접합, 리베팅, 용접을 거치며 자동차의 물리적 형태가 차츰 완성되었다.

테슬라 팀은 알루미늄을 다루는 방법도 점차 익혀나갔다. 사실 당시에는 알루미늄을 자동차 제작에 거의 사용하지 않았다. 절단 과정에서 발생한 먼지 입자가 공기 중에 떠돌다가 차체에 흠집을 낼 우려가 있었다. 게다가 일부 알루미늄은 쉽게 균열이 가서 작업자가 일정한 강도 이상으로 세게 망치질을 하거나 드릴을 사용할 수 없었다. 자칫 잘못해서 균열이 가면 비싼 알루미늄을 그대로 폐기해야 했다. 이런 여건에 다 맞출 수 있는 최적의 방안을 찾아야만 했다.

모델S 차체가 완성되면 도장 작업장으로 운반해서, 27만 리터들이 전기 코팅 용액 탱크에 통째로 집어넣었다. 이렇게 해야 노출된 모든 표면을 코팅할 수 있었다. 이때 부식을 방지하기 위해 탱크에 전류를 흘려보냈다. 그러고 나서 차체를 오븐으로 옮긴 후에, 350도 고온에서 용액을 단단히 굳혔다. 이 경화 작업이 끝나면 프라이머를 바르고 밝은 빨강, 파랑 또는 검은색 베이스 코트를 칠한 다음, 마지막으로 클리어 코트를 입혀서 새 차다운 외관을 완성했다.

도장 작업장을 새로 마련하려면 최소 5억 달러가 필요했지만, 테슬라에는 그만 한 여유 자금이 없었다. 렉혼은 2,500만 달러에 기존 도장 작업장을 개조해줄 공급업체를 찾아냈다. 머스크가 원래 생각한 비용은 1,000만 달러가량이었으나, 이제는 다들 CEO를 설득하는 요령이 생겨서 문제가 되지 않았다. 그들은 이번에 개조하면 더 나은 로봇을 확보하게 되어 앞으로 생산 유연성이 확장된다는 말로 머스크를 달랬다. 그중 한 사람은 "머스크가 로봇을 아주 좋아합니다"라고 덧붙이기도 했다.

공장 팀이 확대되면서, 그들은 특정 단어를 잘못 사용하면 곧바로 해고될 수 있다는 사실을 눈치챘다. "다들 이거 하나는 빨리 눈치챘어요. 공장 관리자에게 '안 된다'는 말은 금기어였죠. 우리는 직원들에게 안 된다는 말을 입 밖에 내지 말라고 교육했어요." 머스크에게 안 된다고 하지 말고 그가 요구하면 뭐든지 일단 알아보겠다고 말하고 나서 머스크가 그 대화를 잊어버릴 때까지 버티는 식으로 대처했다. 하지만 그렇게 머스크를 대하면 위험 부담이 너무 컸다. 그는 어떤 일은 금방 잊어버리지만 다른 기억은 마치 금고에 넣어둔 듯 절대 잊지 않았다.

도장 작업장에서 클리어 코트까지 끝낸 차체는 최종 조립라인으로 이동했다. 여기서 매우 중요한 최종 단계를 거쳤다. 앞 유리와 좌석을 장착하고 배터리팩까지 연결했다. 이 과정은 매우 복잡해서 소수의 작업자가 수작업으로 관련 부품을 설치했다. 패신은 공장에 500명가량 필요하다고 판단했다. 채용 박람회 한 곳에서만 1,000명이 지원했다. 그중에는 제너럴모터스와 도요타에서 근무한 경력자도 꽤 많았다.

공장 작업은 어느 모로 보나 상당히 힘겨운 일이었다. 호손에 있는 엔지니어팀이 차량을 최종 조립할 워크스테이션을 전혀 갖추지 못해서, 패신이 이끄는 팀이 가장 힘든 처지였다.

2012년 2월, 피터 롤린슨을 대신해서 모델S 프로그램을 감독하던 제롬 기옌Jerome Guillen과 패신에게 심각한 보고가 올라왔다. 모델S의 저속 주행 안전 검사에서 문제의 소지가 발견되었다. 충돌 실험은 통과했지만, 엔지니어들이 충돌할 때 범퍼에 가해지는 충격을 흡수하는 중요한 안전 부품이 변형된 것을 발견했다. 나흘 뒤에 로스앤젤레스 외곽에서 더 강도 높은 실험을 거쳐야 하는데, 이 상태로는 실험을 통과할 수 없을 게 분명했다. 당시 회사에는 충돌 실험용 프로토타입 차량이 총 11대 있었다. 한 대를 만드는 데 수백만 달러가 드는 이런 차량을 불합격할 게 뻔한 실험으로 망가뜨리면 손실이 너무 컸다. 그렇다고 생산 일정이 4개월밖에 남지 않은 상황에서 충돌 실험을 더 미룰 수도 없었다.

품질 담당 부사장으로 몇 개월 전에 테슬라에 합류한 필립 체인 Philippe Chain은 대형 자동차 제조사에서 근무한 경험이 풍부했다. 이 정도면 신차 출시를 미루고 최소 6개월 정도 내부 조사를 진행해야 하는 심각한 상황이었다. 르노, 아우디 같은 대기업이라면 어디서 문제가 발생했고 누구 책임인지 가려내기 위해 철저한 조사가 뒤따랐을 테고, 그러다 보면 서로 책임을 떠넘기거나 스스로 방어하느라 회사 분위기가 험악해지고, 반복되는 회의로 불필요한 시간을 낭비할 가능성이 컸다.

머스크는 그런 사태를 감당할 의지도 여력도 없었기에 "당장 해결하세요"라고만 지시했다.

프리몬트 팀은 해당 부품을 설계한 엔지니어와 머리를 맞대고 해결책을 궁리했다. 그러다가 문득 한 가지 아이디어가 떠올랐다. 부품을 재설계할 필요 없이 더 높은 등급의 강철을 사용하면 될 것 같았다. 구매 담당자는 즉시 전화를 걸어 재료를 구하기 시작했다. 다행히 노스캐롤라이나에서 코일 453킬로그램을 확보해서, 24시간 안에 중서부 지역의 절단, 성형, 용접이 가능한 특수 가공공장으로 옮겼다. 하지만 눈보라가 쳐서 캘리포니아로 오는 항공편이 연착하는 바람에 진행에 약간의 차질을 빚었다.

토요일 밤에 부품이 도착해서 최종 처리를 하려는데, 경화 작업에 사용하는 회사 오븐이 고장을 일으켰다. 그들은 잠자리에 든 수리공을 깨워서 불러들였다. 체인은 일요일 밤에 열기가 채 식지 않은 부품을 차에 싣고 월요일 오후 약속 시각에 맞추려고 밤새 도로를 달려야 했다.

이렇게 고생한 보람이 있었다. 실험을 통과한 것이다. 모델S는 미국 도로교통안전국U.S. National Highway Traffic Safety Administration 최고 등급인 별 다섯 개를 받았다.

이 사건은 테슬라가 경쟁사보다 얼마나 민첩하게 움직이는지 보여주는 대표적인 사례로 꼽을 수 있다. 하지만 다른 한편으로는 기본 공정보다 개발속도를 더 우선시하느라 오류 방지에 미흡한 측면을 드러냈다고도 할 수 있다. 전통적인 자동차 제조사라면 제조공정을 무엇보다 중시했을 것이다. 오류가 발생한 원인을 조사하는 과정은 고통스러울 수 있으나, 이를 통해 반성의 기회를 얻고 더는 오류가 발생하지 않도록 조처할 수 있었다.

테슬라도 안전 문제를 운에 맡길 생각은 없었다. 하지만 품질 문제를 처리하느라 전체 일정이 밀려서 막대한 비용 손실이 생길 때면, 머스크는 그 문제를 그냥 지나치기도 했다. 예를 들어 독일 제조사는 실험용 자동차를 2번의 겨울에 걸쳐 10만 킬로미터 가까이 운행하면서 예상치 못한 결함이 발생하는지 지켜본다. 하지만 테슬라는 그럴 시간이 없었다. 그 대신 체인은 6개월간 1,600킬로미터를 주행하면서 결함의 소지를 찾아내어 해결해도 좋다는 승인을 얻었다. 머스크는 이렇게 단축 검사를 승인하면서도 생산 개시일에 영향을 주지 않아야 한다는 조건을 달았다. 그렇게 되면 실험 도중에 문제를 발견해도 생산이 시작된 이후에나 원인을 제대로 밝혀낼 수 있을 텐데, 그 때문에 추후에 작업을 변경하면 비용이 늘어날 우려가 있었다. 이미 판매된 자동차도 수리를 위해 리콜해야 했다. 이래저래 테슬라는 아직 비행기를 만들고 있는데 머스크는 이미 이륙 준비를 마치고 활주로에 나가 있었다.

일을 더 복잡하게 만드는 당사자는 바로 머스크였다. 그는 여전히 자기 취향대로 차량의 외관을 바꾸려고 들었다. 생산이 단 몇 주밖에 남지 않은 시점이었는데, 더 큰 타이어를 장착하면 보기 좋을 거라며 타이어를 교체하라고 지시했다. 그러나 엔지니어팀은 차량의 잠금 방지 제동장치는 미세하게 조정해야 하는 데다 타이어를 교체하면 주행거리가 단축될 우려가 있다며 거세게 항의했다.

가끔은 머스크도 자신의 요구사항이 부담스러울 수 있다고 인정했다. 생산이 코앞으로 다가온 6월의 어느 늦은 밤, 그는 모든 직원에게 이메일을 보냈다. 이런 전체 메일은 모든 사원이 하나의 공통 목표를 향해 노력한다는 점을 떠올리게 해주었다. 머스크는 직원들과 대화를 나눌 때, 문제가 발생하면 자신이 어떤 영향을 받는지 솔직하게 털어놓았다. 일부 직원은 그렇게 허심탄회하게 약점을 드러내는 모습에서 머스크의 진정성을 느꼈고 업무에 더 매진해야겠다는 의욕을 얻었다. 이제 곧 처음으로 차량이 출시되는데, 머스크는 그 과정이 얼마나 힘들었는지 굳이 숨기거나 미화할 생각이 없었다. 로드스터가 실패 직전까지 갔던 아픈 기억은 그에게 깊은 상처로 남았다. 이메일은 제목이 "울트라 하드코어"였으며 이런 경고를 담고 있었다. "향후 6개월간 품질을 떨어뜨리지 않고 모델S 생산량을 늘리려면 죽기 살기로 매달려야 합니다. 지금까지 견뎌온 것과는 비교도 되지 않을 강도 높은 업무가 기다리고 있으니 다들 마음의 준비를 하세요. 업계에 혁신을 일으키려면 마음을 단단히 먹어야 합니다. 고생스럽긴 하지만 그에 상응하는 큰 보상과 희열을 만끽하게 될 겁니다."

이렇게 변화가 계속 이어졌다. 아무것도 없어서 무엇이 필요할지 추측할 수밖에 없는 상황에서는 거액을 들여 조립라인을 설치할 수도 없었다. 그래서 패신과 팀원들은 한 가지 기발한 아이디어를 냈다. 그들은 자동화된 카트로 하나의 워크스테이션에서 다른 워크스테이션으로 차량 프레임을 이동시켰다. 카트는 자기 테이프가 안내하는 대로 공장 이곳저곳을 돌아다녔다. 처음 예상보다 워크스테이션 수가 두 배로 늘어났기 때문에 자기 테이프를 사용한 해법은 미래를 내다본 신의 한 수였다. 실제로 생산이 시작되었을 때 차량 조립팀은 500명가량이었고, 공장 2층에서 진행되는 배터리팩 배선 수작업에도 또 다른 500여 명의 직원이 투입되었다.

2011년 가을에 모든 준비가 끝났다. 언론 홍보를 위한 발표회도 열었고 고객들에게 시승 기회도 제공했다. 특히 보니 노먼은 공장 근처에 차를 세워놓고 대형 간판을 보며 눈물을 흘리기까지 했다. 2012년 7월 조립공정에 10대의 자동차를 투입해서, 로봇 팔을 사용하지 않고 수작업으로 조립했다. 이렇게 완성한 차는 스티브 저비슨Steve Jurvetson을 비롯한 투자자들에게 제공했다. 스티브는 이사회 초창기 임원으로 머스크와 친분이 두터웠으며, 솔라시티를 포함한 머스크의 다른 벤처기업에도 투자자로 활약했다. 작업자들은 한 달간 거의 하루도 쉬지 못하고 새벽 3시까지 일에 매달렸다. 스탬핑 기계에서 패널이 나올 때마다 작업자는 말렛으로 직접 두드려서 모양을 잡아야 했다. 이렇게 일반 조립라인으로 넘어가는 자동차는 트렁크 뚜껑이 제대로 안 닫힐 정도로 모양이 엉망이었다. 하지만 하루하루 지날수록 속도를 높이고 더 나은 결과물을 내기 위해 모두 최선을 다했다. 내부적으로 머스크의 목표는 그해 연말까지 매주 500대를 생산하는 것이었다.

8월까지 50대가 완성되었다. 제너럴모터스나 도요타라면 초기에 완성한 프로토타입 자동차로 라인을 점검하는 방안을 고려했을 것이다. 본격적인 생산체제에 돌입하면 생산라인을 모두 통과한 제품은 바로 쇼룸으로 넘어갈 수 있는 상태여야 하므로, 아마 공정을 조정하는 데만 여러 달이 걸렸을 것이다. 하지만 테슬라는 그렇게 하지 못했다. 초창기에 생산된 차량은 판매가 가능하긴 해도 저비슨처럼 회사를 잘 아는 사람, 즉 차량의 문제점을 발견해서 회사에 알려줄 수 있는 사람에게만 넘겨줄 수 있었다. 관리자들은 자동차에 결함이 있다는 사실을 이미 인지하고 있었고, 예상대로 저비슨이 받은 차는 금방 고장을 일으켰다. 테슬라는 고장 난 차량을 수거하기 위해 대형 트럭을 보냈다. 최초로 출시된 모델S가 이미 고철 덩어리로 전락한 광경을 사람들이 목격하지 못하도록 천으로 차체를 완전히 덮어서 회사로 실어왔다. 그뒤 별도의 팀을 꾸려서 모든 차량을 160킬로미터가량 운행하며 문제가 있는지 살펴보고, 특히 배터리가 조기에 방전되는지 확인하도록 조치했다. 내부에서는 배터리 조기 방전이 영아 사망이라고 부를 정도로 심각한 사안이었다. 스트라우벨의 배터리팩 일부는 냉각액이 흘러나오는 문제가 발견되어 무용지물이 되고 말았다.

외관도 차체 패널 사이에 군데군데 틈이 벌어져 있었다. 차를 아끼는 사람이라면 누구나 금방 발견할 수 있는 결함이었다. 여느 자동차 제조사라면 이런 상태로 공장에서 출하하도록 허락할 리 없었다. 테슬라 직원들은 말렛과 폼을 들고 틈을 다 메울 때까지 작업에 매달렸다.

또 다른 난감한 문제는 누수였다. 가장 마지막에 누수 여부를 점검했는데, 그 과정에서 몇 가지 인테리어 요소가 파손되었다. 그래서 순서를 조정해서 좌석을 설치하기 전에 누수 여부를 점검해봤지만, 실망스럽게도 여기저기서 계속 결함이 드러났다. 차량을 조립하는 방식에 허점이 있을 가능성이 컸다.

2010년에 로드스터의 비용 구조를 진단하고 새로운 영업팀을 구성하는 데 큰 역할을 한 팀 왓킨스가 프리몬트에 와서 힘을 보태주었다. 왓킨스가 소박하고 예의 바른 사람이긴 했지만 그동안 어려운 시기에만 나타났기에, 사람들은 또다시 왓킨스가 등장한다고 하면 나쁜 징조라고 수군거렸다. 어떤 이들은 왓킨스더러 늑대라고 했고, 또 어떤 이들은 그가 없는 자리에서 행맨changman이라는 별명을 지어 불렀다. 검은 옷을 입은 왓킨스가 나타나기만 하면 반드시 일자리를 잃는 사람이 생겼다.

왓킨스가 업무공정을 검토해보았더니 표준화된 작업이 하나도 없었다. 자동차 설계가 수시로 바뀐 데다 작업이 표준화되지 않아서 부품 설치가 문제인지 설계상 오류인지 구분하기 어려웠다. 여느 자동차 업체라면 수년 전에 절차를 하나하나 정해놓고, 점검을 수백 번 반복하며, 이미지와 도식을 곁들인 매뉴얼을 만들어서 작업자들이 외우게 했을 것이다. 하지만 테슬라는 이런 준비 과정이 아예 없었다. 작업자들은 각자 알아서 작업 절차를 만들어내야 했다. 그래서 왓킨스가 한 가지 방안을 생각해냈다. 고프로 카메라를 주문해서 작업자 몸에 부착하고 그들이 진행하는 모든 과정을 녹화했다. 또 왓킨스는 이중 확인 시스템을 도입해서 하나의 라인 작업이 끝나면 곧바로 다음 라인에서 작업 결과를 확인하게끔 조치했다. 품질 담당자인 체인은 당시의 경험을 이렇게 회고했다. "다른 자동차 제조사라면 절대 용납하지 않을 일을 일론 머스크는 진행 과정의 일부로 받아들였습니다. 진정코 그는 혁신적인 자동차를 운전하는 사용자의 경험이 사소한 결함보다 더 중요하며, 그런 결함은 결국 다 고칠 수 있다고 생각했습니다. 지나고 보니 그의 생각이 틀리지 않은 것 같습니다."

시간이 흐르면서 테슬라는 미국 국내 정치 상황에 깊숙이 얽혀 들어갔다. 당시에는 2012년 대선 열기가 뜨겁게 달아올랐다. 버락 오바마는 제너럴모터스를 구해내고 오사마 빈 라덴을 살해한 공적을 내세워서 두 번째 임기를 노리고 있었다. 한편 매사추세츠 주지사 출신의 공화당 후보 밋 롬니Mitt Romney는 오바마가 환경보전 기업에 수십억 달러를 대출해주었다고 꼬투리 잡아서 맹공격했다. 2010년에 테슬라가 정부 지원금을 받아서 간신히 위기를 모면하고 모델S를 계속 개발할 수 있었던 일도 롬니의 공격 대상이 되었다. 두 사람이 맞붙은 첫 번째 대선 토론에서, 롬니는 오바마가 테슬라, 피스커, 솔린드라를 지원했다고 맹렬히 비판했다. "제 측근이 오바마는 승자와 패자를 가리지 않고 패자만 선택한다고 하더군요."

그중에서도 프리몬트에 있는 태양광 패널 생산업체인 솔린드라가 주요 공격 대상이었다. 이 기업은 오바마 정부에서 5억 3,500만 달러의 대출 보증을 받았다. 그러나 중국산 태양광 패널이 시장에 과잉 공급되고 유럽에서 보조금이 축소되면서 회사가 위기를 맞았고, 약 일 년 전에 파산 신청을 해놓은 상태였다.

피스커도 사정이 암울하기는 마찬가지였다. 에너지부가 처음에는 테슬라에 적용한 똑같은 프로그램을 통해 피스커에 5억 2,900만 달러의 대출을 허가했으나, 피스커의 사업 가능성을 우려하는 목소리가 커졌다는 이유로 2011년 후반기에 대출 시행을 보류했다. 피스커는 고급 세단 카르마의 출시를 연기한 데다 정부에서 조건부 대출을 받을 때 약속한 판매 물량도 채우지 못했다. 카르마가 마침내 출시된 뒤에도 피스커는 품질 문제와 부품 부족 사태로 고전했고, 거의 모든 공정을 공급업체에 의존하는 실정이었다. 끝내 피스커는 파산의 길로 접어들었다. 사업 통제권 상당 부분을 외부에 넘겨준 것이 모든 문제의 발단이라는 점을 보여주는 사례였다.

테슬라도 에너지부와 관계가 편치 않았지만, 사안의 성격이 조금 달랐다. 그동안 머스크는 모델S의 가능한 많은 부분을 통제하고 있다고 자신했다. 그런데 프리몬트의 일정이 지연되면서 테슬라가 예상한 만큼 수익이 발생하지 않았다. 2012년 늦여름 내내 패신 팀은 생산량을 늘리는 데 주력했고, 해당 시즌에 예상한 판매량의 절반 정도를 확보했다. 9월 말에는 생산량이 매주 100대로 늘어났다. 하지만 투자자들에게 약속한 대로 그해 마지막 3개월간 고객들에게 모델S 세단 5,000대를 공급하려면 아직 고삐를 늦출 수 없다는 점을 패신도 잘 알고 있었다.

이렇게 시작이 밀리자, 회사는 재정에 직접적인 타격을 받았다. 운영비는 계속 늘어나는데, 판매 수익은 연초에 CFO인 디팩 아후자가 제시한 최악의 시나리오보다 4억 달러나 모자랐다. 자동차가 출고되면 지체 없이 구매자에게 전달하고 대금이 들어오면 그것으로 부품가액을 결제할 생각이었다. 실은 부품 결제기한까지 시간이 넉넉하지 않았다. 하지만 공장에서는 이미 확보한 부품을 다 사용하지 못해서 쩔쩔매고 있었다. 수중에 남은 현금은 8,600만 달러까지 줄어들었다. 자금을 아끼려고 각종 청구서를 결제하지 않고 쌓아두어서, 외상매입금이 일 년 전보다 두 배로 늘어났다.

자금 압박이 심해지자 머스크는 또다시 돈을 구하러 뛰어다녀야 했다.

그는 공장에서 모델S가 출고될 때까지 버텨보려고 주식을 더 매각했다. 2008년에는 개인적으로 투자를 받으러 다닐 수 있었지만, 이제는 테슬라의 크고 작은 행보가 모두 공개되어 그마저도 쉽지 않았다. 덴버에서 오바마와 롬니가 대선 토론을 벌이기 약 일주일 전에 《뉴욕타임스》에서 테슬라가 시련을 겪고 있다고 신랄하게 폭로하는 기사를 내보냈다. 현금을 확보하고 매출 목표를 낮추기 위해 주식을 더 매각하겠다고 발표한 직후였다. 이제 2012년 마지막 3개월 동안 모델S 세단을 2,500대에서 3,000대가량 고객에게 인도할 계획이었다. 하지만 이런 목표가 테슬라처럼 작은 회사에는 너무 버거운 데다, 그전에 추정한 수치에도 한참 못 미쳤다. 한 증권분석사는 《타임스》에 이렇게 의견을 제시했다. "테슬라의 성공 스토리에 심각한 균열이 생기는 것 같다. 그들도 주장했듯이, 자금 조달은 사치가 아닌 필수라는 점을 새삼 깨닫게 된다."

머스크는 사전에 사태를 수습하려고 노력했다. 그는 언론에서 오해한 것 같다며, 사람들이 자연재해를 대비하듯 비상 예비자금을 확보했을 뿐이라는 취지로 테슬라 홈페이지에 글을 올렸다. 테슬라의 공급업체 한 곳이 최근에 홍수 피해를 입는 바람에 공장 운영이 중단되어 부품 공급에 차질이 생겼다고도 언급했다.

머스크는 아무렇지 않은 척하려고 애썼지만, 테슬라가 곤경에 처한 것이 확실했다. 주변에서는 테슬라가 곧 무너진다는 말이 돌았고, 머스크는 그렇지 않다고 해명하느라 바빴다. 기자들에게는 모델S를 완성하는 데 필요한 규모 이상의 자금을 보유하고 있다고 주장했다.

머스크는 워싱턴DC의 프레스 클럽에서 기자들 앞에 섰다. "솔린드라 경영진이 지나치게 낙관적이었다고 해도 과언이 아닐 겁니다." 이는 의도치 않았지만 교묘하게 솔린드라를 깎아내린 발언이었다. "좀 더 신뢰할 만한 모습을 보였다면 좋았을 텐데요. 아니, 몇 달 전부터 이미 그렇게 했어야죠. 이건 일종의 자성적 예언입니다. CEO 입에서 우리 회사가 과연 살아남을지 잘 모르겠다는 말이 나오는 순간, 그 회사는 끝났다고 봐야죠."

# 15장

## 1달러

　최고재무책임자 디팩 아후자는 목소리가 낮고 부드러운 사람이었다. 2013년 1월 초반에 이미 그는 계산을 모두 끝냈다. 테슬라의 전년도 모델S 출고량은 2,650대였는데, 4사분기 예측에 한참 못 미치는 수준이었다. 하지만 다른 부문은 사정이 나아지고 있었다. 자금을 확보해서 시간을 얼마간 벌어놓았고, 2012년 연말에 프리몬트에 있는 길버트 패신 팀이 한 주에 400대 생산이라는 신기록을 달성했다. 모델S 프로그램 총책임자인 제롬 기옌은 커다란 스프레드시트 파일에 모든 차종과 각각의 문제점을 빠짐없이 기록하고 추적했다. 각각의 문제점은 엔지니어들에게 나누어 맡기고, 해결될 때까지 이틀에 한 번씩 진척 상황을 확인했다. 목표일을 넘기고도 여러 달이 지나서야 한 주에 400대라는 이정표에 도달했지만, 기어코 목표를 달성했다고 다들 자랑스러워했다.

이제 공장의 생산속도가 안정세로 접어들었으므로, 테슬라는 자동차를 팔아야 했다. 그러나 환불 가능한 예약금 5,000달러를 걸어놓은 주문이 수천 건을 넘었지만, 영업팀은 또다시 거래를 제대로 마무리하지 못하고 쩔쩔맸다. 머스크는 크리스마스 휴가철에는 차를 배송하기가 쉽지 않아서 그렇다고 언론에 해명했다. 그 말이 사실이든 아니든, 미판매 차량 수백 대라는 기록은 테슬라 역사상 처음이라는 점을 부인할 수 없었다.

머스크는 연초에 월스트리트에서 테슬라가 1사분기에 적게나마 수익을 얻으리라 기대한다고 밝혔다. "적게나마 수익"이 날 거라는 표현은 그의 희망사항에 가까웠다. 지금까지 10억 달러 넘게 손실을 보았지만 아슬아슬하게 손익분기점에 다가섰다는 의미였다. 매출이 본궤도에 오르면 중차대한 이정표에 도달하는 순간도 기대할 수 있었다. 이런 날이 오면 머스크의 꿈이 실현될뿐더러, 테슬라에 투자해도 밑 빠진 독에 물 붓기가 아님을 증명하게 될 터였다. 그러나 2012년 연말처럼 또 다른 위기가 찾아오면 회사는 다시금 자금난에 시달릴 가능성도 있었다. 이번에는 위기를 헤쳐나갈 수단이 뚜렷하게 보이지 않았다. 일반 대중에게 전기자동차를 보급하겠다는 그의 꿈은 실패한 것이나 마찬가지인 듯 보였다.

아후자는 다시 계산해보았다. 2013년 1월부터 3월까지 공장을 최대한 가동해서 모델S 세단을 4,750대 배송해야 1달러의 수익을 낼 수 있었다. 그들은 1달러의 수익을 내겠다는 일념 하나로 일사불란하게 움직였다.

머스크는 해외영업 책임자인 조지 블랑켄십에게 이렇게 단순명료하게 지시했다. "1달러를 벌면 회사가 살고, 1달러를 손해 보면 1사분기가 날아갑니다. 그러면 회사도 끝장나는 거예요."

모델S를 출시하려고 여러 해 동안 큰 희생을 치렀다. 직원들은 물론 그들의 가족까지도 영향을 받았다. 직원들은 채용 담당자인 릭 아발로스의 설득에 넘어가서 테슬라에 입사하려고 가족과 함께 실리콘밸리로 떠난 사람들이었다. 그런데 업무 강도가 갈수록 높아졌다. 휴일 파티에서 직원 아내들이 그를 쳐다보는 표정에는 불만이 가득했고, 말투도 냉랭했다. "아, 우리 가족이 이사 온 게 바로 이분 때문이었군요?"

"이혼한 사례도 있고, 회사를 그만두고 떠난 직원도 있었어요. 가정 불화로 많은 직원이 힘들어했습니다. 그 시절을 떠올리면 아직도 가슴이 아파요"라고 그는 회상한다.

사실 그 직원들은 테슬라가 대박을 터트릴 걸 기대하고 급여가 더 적은데도 이직을 선택했다. 아발로스는 앞으로 테슬라 주가가 50달러를 기록하게 될 거라고 말하곤 했다. 하지만 모델S를 생산하는 과정이 너무 힘들었기 때문에, 주가가 오른다는 희망을 품어도 별 위로가 되지 않았다. 아발로스가 영입한 직원 가운데 한 변호사는 급여가 70퍼센트 가까이 줄어드는 조건도 감수하고 테슬라를 선택했다. 주가가 급등하는 것 말고는 그만 한 손실을 상쇄할 방법이 전혀 없었다.

이런 어려움 속에서도 머스크는 직원들을 격려할 방법을 찾았다. 한번은 잠깐 짬을 내어 다 함께 간식을 먹고 있었는데, 그 자리에서 머스크가 직원들에게 지금처럼 계속 밀어붙여서 모델S를 출시하고, 다음 세대까지 세상에 선보여야 한다고 강조했다. 그 단계까지 가야만 테슬라 전기차가 자동차 업계를 주도할 수 있다는 말이었다. "그동안 제가 여러분 모두에게 무리한 요구를 해왔다는 걸 잘 압니다. 정말이지 다들 수고 많으셨습니다. 이제부턴 이렇게까지 고생하지 않아도 된다고 말씀드리고 싶지만, 현실이 그렇지 않네요. 어쩌면 앞으로 더 힘들어질 수도 있습니다. 하지만 그렇게 하지 않으면 우리는 실패합니다. 단순한 실패가 아니라 불구덩이로 떨어지는 거죠. 대신 우리가 지금처럼 잘 버티면 회사 주가는 200달러, 250달러까지 올라갈 수 있습니다."

아발로스가 옆에 있던 관리자를 쳐다보자, 그는 '머스크가 제대로 미쳤나 봐'라는 듯 어깨를 으쓱해 보였다. 아발로스는 주가가 50달러만 되어도 더 바랄 게 없다고 생각했다. 실제로 그는 주가 50달러를 내세워서 수많은 직원과 가족들을 다독여왔다. 그런데 2013년 들어서 주가가 35달러를 훌쩍 넘어섰다. 이 수치는 50퍼센트 성장했다는 걸 보여주는 지표였다. 그래도 주가 250달러는 언감생심 꿈도 꾸기 어려운 목표였다. 만약 주가가 그만큼 오르면 테슬라의 시장가치가 포드자동차 가치의 절반인 280억 달러가 될 텐데, 이는 상상조차 할 수 없는 망상이었다.

그들이 거액의 돈이나 보람 있는 기업 문화에서 위로를 얻진 못했으나, 전기차는 믿을 만했다. 사실 전년도 가을에 테슬라에 희소식이 날아들었다. 《모터트렌드》라는 전문잡지에서 25개 자동차 브랜드를 검토하고 11월에 모델S를 올해의 자동차로 선정한 것이다. 이런 결과를 마주하고 자동차 업계 전체가 충격에 휩싸였다. 제너럴모터스, BMW를 포함한 대기업들이 심사위원들의 마음을 얻으려고 백방으로 노력했지만, 최종 영광은 테슬라에 돌아갔다. 이 잡지는 자동차에 열광하는 독자들에게 머스크가 만든 차는 가볍게 보아 넘길 제품이 아니라며 찬사를 아끼지 않았다.

12월호 잡지 표지에 "일렉트릭 쇼커Electric Shocker"라는 자극적인 제목을 달고 머스크와 모델S가 등장했다. 기사도 자동차 성능, 핸들링, 내부 공간의 안락함, 고급스러운 외관 등을 높이 평가하는 내용이었다. "테슬라의 모델S는 존재 자체로 혁신과 기업가정신이 살아 있다는 증거다. 이 두 가지는 미국 자동차 업계를 세계에서 가장 크고 부유하고 강력한 산업으로 만들어준 원동력이다. 심사위원 11명은 만장일치로 신생기업이 처음 생산한 자동차를 2013년 올해의 모터트렌드 자동차로 선정했으며, 이 일을 축하해 마지않는다. 이처럼 미국은 지금도 위대함을 창조하고 있다."

언론매체에서 테슬라의 재정 구조를 자세하게 보도할 무렵 비판적인 전망도 쏟아졌다. 그뒤로도 여러 해 동안 테슬라를 홍보하는 과정에서 찬사와 암울한 전망이 동시에 거론되었다.• 하지만 머스크가 시작부터 테슬라 팀에 최고의 전기자동차가 아니라 자동차 시장 전체를 통틀어 가장 좋은 자동차를 만들라고 압박했을 때 바로 그런 찬사를 듣고자 꿈꾸었을 것이다.

뉴욕시에서 열린 고객행사에서 블랑켄십과 머스크는 승리를 자축했다. 한층 기분이 좋아진 블랑켄십은 테슬라의 목표가 불가능하다고 생

---

• 머스크의 사생활도 차츰 호전되고 있었다. 탈룰라 라일리가 머스크와 이혼하고 몇 개월이 흐른 가을에 머스크에게 돌아왔다. 그녀는 《에스콰이어》와 인터뷰하며 자신의 역할은 머스크가 '왕처럼 미치지 않게' 막는 것이라고 말했다. "사람은 왕의 자리에 오르면 미친 짓을 하기 마련이죠." 두 사람은 2013년에 재결합했다.

각한 적도 있었지만 이제 회사가 뭔가 큰일을 이룰 수 있는 변곡점에 다다른 것 같다고 말했다. "이런 변화가 올해나 내년으로 끝나진 않을 겁니다. 점점 더 확대될 거예요. 우리가 생각한 것보다 훨씬 엄청날 겁니다. 지금 우리가 하는 일이 다음 세대, 그다음 세대의 삶을 완전히 바꿔놓을 겁니다." 그는 감정이 격해진 나머지 목소리가 조금씩 떨리기 시작했다.

"오늘 밤이 마중물이 될 겁니다. 오늘 이 행사를 계기로 우리 회사는 걸음마를 시작하고, 조금 뒤에 걷기 시작하고, 그러다가 마음껏 달리게 될 겁니다."

블랑켄십은 세계 곳곳에 테슬라 매장을 여는 눈부신 공을 세웠다. 2012년 연말을 기준으로, 그는 만 2년이 채 되지 않은 기간에 32개 매장을 개설했고, 향후 6개월간 최대 20개의 매장을 더 마련할 계획이었다. 2012년 10월부터 12월까지 8개의 매장을 열었는데, 그중 마이애미, 토론토, 샌디에이고 매장은 무척 화려했다. 블랑켄십 팀이 계산해보니 3개월 동안 테슬라 매장을 찾은 고객이 160만 명을 넘었는데, 이는 그해 1월부터 9월까지 매장을 방문한 고객 수와 맞먹는 규모였다. 텔레비전 광고에 한 푼도 들이지 않은 기업치고는 뜨거운 관심을 받고 있다는 증거였다.

많은 사람이 소문이나 호기심에 이끌려 매장으로 몰려들었다. 무슨 이유에선지 차를 바꾸는 사람은 많지 않았다. 취소율을 확인한 영업 관리자들은 금세 표정이 어두워졌다. 테슬라는 매출 성장곡선이 마이너스로 향하고 있었다. 달리 말해 모델S의 신규 주문보다 주문 취소 요청이 더 많았다. 심지어 테슬라의 기업철학에 수긍하며 전기자동차가 훨씬 낫다고 믿었던 테슬라 직원들조차 차를 구매하자니 이상할 정도로 두려워졌다. 대다수 사람들 처지에서는 자동차를 구매하려면 인생에서 가장 큰돈을 쓰는 결정을 내려야 했다. 그래서 신생기업이 만든 배터리 구동식 모델S라는 자동차에 10만 6,900달러를 선뜻 쓰기란 쉬운 일이 아니었다. 사실 2009년에 머스크가 전기자동차를 처음 공개하면서 차량 가격을 5만 달러쯤으로 잡은 방침도 사람들을 망설이게 만든 요인 중 하나였을 것이다. 나중에 차량에 문제가 생기면 수리해야 할 텐데, 그때까지 테슬라가 사라지지 않고 남아 있을지도 확실치 않아 보였다.

로드스터를 출시할 때도 그랬듯이, 지금 테슬라에 필요한 건 내부의 두려움을 덜어주고 호기심으로 가득한 사람들이 테슬라 차량을 구매하도록 설득할 영업사원이었다. 이번에도 해결사 팀 왓킨스가 막중한 책임을 떠안았다.

왓킨스는 모든 인력을 동원해서 영업활동을 강화했다. 채용팀 직원들은 모델S에 대해 문의한 적이 있는 잠재고객에게 전화를 돌렸다. 인적자원팀은 신규 주문을 처리했다. 그동안 블랑켄십은 배송을 점검했는데, 고객에게 발송하는 모든 차량을 일일이 추적했다. 회사 재무팀에는 고객에게 차량 소유권이 넘어가고 나서야 비로소 한 대가 판매된 것으로 계산하라는 지시가 떨어졌다. 블랑켄십은 화이트보드를 사용해서 배송 차량을 추적했다. 한번은 중서부 지역에서 테슬라 차량 6대를 싣고 달리던 트럭이 전복되는 일이 있었다. 사고가 발생한 지 10분 만에 블랑켄십은 전화로 이 소식을 들었고, 직원에게 이번 사분기 안에 배송할 수 없을 테니 화이트보드에서 6대를 빼라고 지시했다.

다행히도 많은 고객이 가까운 캘리포니아주에 거주해서 신속하게 배송할 수 있었다. 매일 자정이 되기 전에 블랑켄십은 배송 현황을 머스크에게 이메일로 보고했다.

머스크는 "좋습니다. 더 늘려요"라고 답신해놓고, 그다음 날이면 "너무 적어요. 속도도 지나치게 느리네요"라며 핀잔을 주었다.

사분기의 마무리를 앞둔 화요일에 블랑켄십은 이 속도라면 목표치에 도달할 수 있겠다고 판단하고 머스크에게 보고했다.

"듣던 중 반가운 소리네요"라는 답장이 돌아왔다.

블랑켄십이 작성하는 이메일 보고서는 시간 단위로 늘어났고 수신자 목록에 사내 직원들이 계속 추가되었다. 사분기의 마지막 토요일 오후 3시에 4,750번째 차량이 사무실에 도착했다. 그는 이메일 발송 버튼을 눌렀다. 그리고 피곤함을 떨치려고 컴퓨터에서 〈록키〉의 주제가를 재생한 다음 볼륨을 최대로 높였다.

비서가 그에게 "조지, 이제 겨우 시작입니다"라고 말했다. 실제로 그날 오후부터 부활절 일요일까지 253대를 더 배송했다. 그달에만 매출액이 3억 2,900만 달러로 치솟았다. 이는 2011년 전체 매출을 훨씬 능가하고 2012년 총수익의 80퍼센트에 해당하는 규모였다.

캘리포니아를 포함한 몇몇 주에서는 무공해 차량 판매에 요구하는 조건이 매우 엄격한데, 의무판매량을 충족하지 못한 기업은 의무판매량을 초과한 기업에서 크레디트credit를 사올 수 있었다. 테슬라는 판매된 모든 차량이 의무판매 차량으로 계산되었다. 그래서 1사분기에 매출의 절반에 해당하는 크레디트를 판매해서 6,800만 달러의 순이익을 추가했다. 테슬라가 2013년 1월부터 3월까지 크레디트 판매로만 얻은 수익이 전년도 전체 수익보다 68퍼센트나 높았다.

이런 변화에 힘입어 테슬라는 최초로 사분기 수익을 기록하게 되었다. 단 1달러라도 수익이 발생하기만을 고대하던 시절이 엊그제 같은데 이제 1,100달러나 되는 이익을 손에 거머쥐자, 머스크는 흥분을 감출 수 없었다. 그는 늦은 밤에 트위터에 언론 보도자료를 올렸다. 3월 마지막 날 밤늦은 시간인데도 아직 캘리포니아주에 머물고 있다는 말도 덧붙였다. 이 얘기는 만우절 농담이 결코 아니었다.

테슬라 주가는 하루가 다르게 오르기 시작했다. 43.93달러, 44.34달러, 45.59달러, 46.97달러, 47.83달러를 거쳤다. 그러다가 4월 22일 주가는 50.19달러로 마감했다. 채용 담당자인 아발로스는 주가를 보고 두 눈을 의심했다. 그는 신선한 공기를 마시러 바깥으로 나갔는데, 감동과 안도감이 몰려와서 저도 모르게 눈물을 흘렸다. '결국 해냈구나. 내가 영입한 사람들이 회사가 망해서 실직할 걱정은 없겠어.'

상장기업으로 전환한 일은 확실히 테슬라에 큰 힘이 되었다. 테슬라는 자동차를 만들어서 수익을 내는 능력을 입증했다. 물론 법적 규제에서 요구하는 크레디트 판매가 수익에 보탬이 되긴 했지만, 테슬라가 공언한 다른 약속, 이를테면 가성비 좋은 가족용 전기자동차도 현실적으로 가능하다는 점을 시사했다.

그러나 지난 몇 달간의 경험이 머스크를 적잖이 흔들어놓았다. 테슬라의 자금은 거의 바닥을 드러냈고, 설상가상으로 자동차를 새로 출시하는 과정에서 발생하는 자연스러운 난관에도 투자자들이 예민하게 반응했다. 2008년에 로드스터를 출시해서 세상을 뒤집어놓았을 때도 테슬라가 경험하지 못한 반응이었다. 머스크는 시장이 부리는 변덕에 우리가 일일이 맞춰야 하냐며 직원들 앞에서 불평을 늘어놓았다. 사람들은 테슬라의 행보 하나하나에 어깃장을 놓으며 과잉 반응을 보였고, 머스크는 향후 수십 년을 내다보며 다음 사분기에 초점을 맞추고 있었다.

결국 규제 당국의 검열과 조사가 한층 까다로워졌다. 머스크의 친구로 테슬라 이사회 임원인 안토니오 그라시아스와 그의 회사 밸러가 미국 증권거래위원회SEC의 조사를 받았다. 피터 롤린슨이 갑작스럽게 회사를 떠나는 바람에 이미 테슬라를 우려하는 목소리가 커지는 상황이었는데, 또 다른 대주주가 주식을 매각하기 전에 먼저 그라시아스가 테슬라 주식을 매각해서 시장에 불안감을 조성하고 주가 하락을 불러왔다는 혐의였다. 회사 측에서 적극 나서서 매각 동기를 변호했다. 밸러의 매각 시점이 의도적으로 주가 하락을 유도하기는커녕 우연이었을 뿐이라는 의견도 나왔다. SEC에서 밸러를 향한 의혹의 눈초리를 거두었지만, 이미 언론에서 테슬라를 부정적으로 평가하는 보도를 줄줄이 내보낸 뒤였다.•

이 모든 잡음이 머스크에게 부정적인 영향을 미쳤다. 그는 기업 상장을 둘러싸고 다시 생각하게 되었고, 2013년 6월 7일 새벽 1시에 스페이스엑스 직원들에게 다음과 같은 소식을 전했다. 당시에도 스페이스엑스는 비상장기업이었고 직원들은 기업공개와 연관된 급여를 받을 날만 손꼽아 기다리고 있었다. 하지만 머스크는 적어도 당분간은 상장기업으로 전환하지 않겠다고 밝혔다. "테슬라와 솔라시티의 경험을 돌이켜 보니, 스페이스엑스를 상장기업으로 전환해야 할지 망설이게 됩니다. 특히 스페이스엑스에서 추구하는 목표가 오랜 기간이 걸린다는 점을 생각하면 더욱 그렇습니다."

테슬라의 드라마에 큰 관심을 보이지 않던 사람을 겨냥해서는 이렇

---

• 이 사안에 대해 잘 아는 세 사람의 증언에 따르면, 그해 후반기에 SEC는 공식 서한을 보내 밸러에 집행 조치를 권고하는 일은 절대 없을 거라고 통지했다.

게 생각을 밝혔다. "상장기업의 주식은, 특히 기술적으로 대대적인 변화를 불러오는 경우에 극단적인 변동을 겪습니다. 변동 원인은 내부 경영이나 경제 상황과 밀접하게 얽히죠. 그래서 사람들은 탁월한 제품을 생산하는 데 온전히 집중하지 못하고 조울증 환자처럼 오락가락하는 주식 변동에 휘둘리게 됩니다."

테슬라가 이룩한 성과는 놀라웠다. 하지만 이제는 문자 그대로 자동차가 도로로 출격해서 실제 성능을 검증받을 시간이었다. 수년간 쏟은 땀과 희생이 시험대에 올랐다. 자동차는 고객들 손에 넘어갔고, 테슬라는 고객이 긍정적인 평가를 해주길 바라며 숨죽여 기다려야 했다.

머스크의 지론이 옳다면 입소문, 즉 바이럴 마케팅이 필요했다. 자동차에서 세탁기까지 거의 모든 제품의 정보를 제공하는 소비자협회에서 《컨슈머리포트》를 발행하는데, 이 월간지에서 인정을 받으면 가장 유리했다. 《모터트렌드》와 달리, 《컨슈머리포트》는 비밀성과 독립성을 중시했기에, 무료 시승을 선호하지 않고 무작위로 선정한 곳에서 몰래 차량을 구매한 다음 50가지 실험을 거쳐서 많은 데이터를 쌓았다. 이 월간지의 평가에 따라 자동차 업체 임원의 경력이 결정된다고 해도 과언이 아니었다. 디트로이트 자동차 업체들은 순위를 높이려고 갖은 애를 쓰면서도, 일본 자동차를 편애하는 경향이 있다며 불만스러워했다.

《컨슈머리포트》에서 모델S가 100점 만점에 99점이라는 뛰어난 평가를 받았다고 보도하자, 업계는 지대한 관심을 보였다. 지금까지 대형 세단인 렉서스LS 말고는 만점에 가까운 점수를 받은 사례가 없었다. 기사 내용은 찬사로 가득했다. 모델S는 "혁신의 결정체다. 세계적인 수준의 성능을 갖춘 데다 디테일 하나하나도 세심하게 신경 썼기에 놀라울 따름이다. 마티 맥플라이가 〈빽 투더 퓨쳐〉의 드로리안을 대신할 자동차로 테슬라를 선택해도 충분히 수긍할 수 있다."

전년도 가을에 나온 《모터트렌드》 기사도 테슬라에 큰 도움이 되었지만, 이번에는 훨씬 더 의의가 컸다. 이렇게 해서 대다수 구매자가 모델S는 57점을 받은 피스커의 카르마와 비교도 할 수 없을뿐더러, 단순한 과학 실험의 산물이 아니고 세계적인 자동차 업체들과 경쟁하는 수준의 자동차라는 사실을 알게 되었다. 무엇보다도 이 차는 크고 작은 생활상의 필요를 처리하는 데 '아무런 문제'가 없으며 '구불구불한 길을 한참 달려야만 집에 도착할 수 있는 고객'에게도 편안한 주행을 약속한다고 강조했다.

마지막 문장은 주행거리를 걱정하는 고객을 잠시만 안심시킬 뿐이었다. 그래서 회사는 이미 캘리포니아주와 미국 전역의 주요 고속도로를 따라 전용 충전소를 서둘러 마련했다. 운전자들이 로스앤젤레스에서 뉴욕시까지 가는 동안 충전 문제를 걱정하지 않고 운행했다고 말할 수 있도록 도우려는 조치였다. 게다가 테슬라는 무료로 전기 충전 서비스를 제공했다.

이렇게 테슬라가 최고 정점을 찍을 무렵에 머스크는 블랑켄십을 불러들였다. 회사의 매출 실적은 기적에 가까웠다. 그렇다고 해도 두 사람은 이제 블랑켄십이 매출 부서에서 손을 떼어야 할 때라고 판단했다. 사실 1사분기에 파산 직전까지 갈 정도로 형편이 악화했을 때부터 두 사람 사이는 삐걱거리기 시작했다. 머스크는 책임자인 블랑켄십이 상황이 얼마나 심각한지 CEO인 본인에게 제대로 알리지 않았다며 몹시 화를 냈고, 지금까지도 불신이 남아 있었다. 블랑켄십은 이렇게 말했다. "테슬라가 성공하려면 모든 분야에 최고의 전문가를 배치해야 합니다. 아무튼 매출이나 영업 부문에서 제가 최고의 적임자가 아닌 것은

확실합니다." 사실 그는 몹시 지쳤고, 회사가 승승장구할 때 기분 좋게 은퇴하고 싶었다.•

머스크는 누구보다 가장 기분이 좋았지만, 또다시 방심하다가 새로운 문제에 시달리고 싶지 않았다. 2013년의 테슬라는 재정 위기로 쓰러지기 직전까지 갔던 2009년과는 완전히 달랐다. 그는 자신이 의도하는 방향으로 테슬라의 이미지를 새로 만들 작정이었다. 모델S를 먼저 출시해서 길을 닦은 다음 모델3를 선보일 생각이었다. 기꺼이 위험을 감수하면서까지 모든 직원이 발 벗고 나서서 적극 지지하는 기업 문화를 만들었고, 이제 직원 수도 4,500명에 가까웠다.

그러나 회사가 성장하면서 거리감도 깊어졌다. 예전처럼 모든 것이 그의 손에 들어오지 않는 느낌이었다. 직접적인 통제나 감독이 갈수록 어려워졌다. 그는 직원들에게 보낸 몇 통의 이메일에서, 관리자가 정보의 흐름을 차단해서는 안 된다는 소견을 여러 차례 밝혔다. "관리자가 사내에서 자유롭게 전달되는 정보를 막으려고 비합리적으로 행동하면, 반드시 퇴사를 요구할 겁니다. 이는 단순한 경고가 아니니 기억하기 바랍니다." 또 한번은 직원들에게 언제든 자신을 직접 찾아와서 의견을 제시해도 좋다고 전했다. "직속 상사의 상사와 이야기할 때, 직속 상사의 허락을 받지 않아도 됩니다. 필요하면 다른 부서의 책임자를 바로 찾아가도 좋고, 나에게 직접 와도 좋습니다. 임원이든 누구든 이야기하고 싶은 사람이 있으면 자유롭게 찾아가세요. 누군가의 허락을 먼저 받지 않아도 됩니다. 문제가 사라지거나 상황이 바로잡힐 때까지 그렇게 할 의무가 있다고 생각하세요. 물론 의미 없는 잡담을 해도 좋다는 뜻

---

• 그러나 블랑켄십은 몇 달간 해외 여러 지역에 매장을 개설하고 나서야 은퇴했다.

은 아닙니다. 필요한 의사소통이 가장 빠르고 효율적으로 진행되게 하라는 얘기입니다." 일리 있는 말이었지만, 여기에는 테슬라 규모가 아무리 커져도 머스크는 멈추지 않고 모든 단계에 간섭하겠다는 뜻이 숨어 있었다.

그는 회사의 재정 전반을 더욱 확실히 장악하려고 에너지부와 관계를 끊는 계획을 추진했다. 정부 대출이 정치적 피뢰침으로 작용할까 봐 최대한 빨리 손을 떼려고 했다. 게다가 정부 보조금에 따라붙는 각종 규제에도 점점 거부감이 들었다. 사업을 결정할 때마다 일일이 승인을 받아야 하고 테슬라가 자금을 활용하는 데 제약을 두는 것도 싫었다. 불과 일 년 사이에 테슬라 주가는 3배 넘게 올랐다. 투자자들이 열성을 다해준 덕분에 기록적인 금액을 거머쥐게 되었다. 그는 새로운 부채와 신주 매각을 통해 약 17억 달러를 확보했다. 우선 정부 대출금을 예정보다 여러 해 당겨서 상환했고, 남은 6억 8,000만 달러와 모델S 판매로 벌어들일 현금을 합치면 모델X와 일반 소비자를 겨냥한 3세대 자동차를 준비하기에 충분하다고 발표했다. 모델X는 모델S를 생산한 플랫폼을 그대로 사용해서 제작하게 될 SUV였다. 머스크는 오래전부터 3세대 자동차를 출시하는 데 3만 달러가량 들 것으로 예상하며, 일단 출시하면 자동차 업계의 판도를 바꿔놓게 될 거라고 주장했다. 테슬라 내부에서는 일반 소비자를 겨냥한 자동차를 블루스타라고 불렀지만, 곧 모델3로 명칭을 확정했다. 머스크는 모델3 개발비로 약 10억 달러를 예측했다.

상황이 이렇게 전개되자 테슬라는 그동안 한 번도 맛보지 못한 축제 분위기가 되었다. 이처럼 형세가 급변할 수 있다는 사실 자체도 놀라웠다. 바로 몇 달 전만 해도 머스크는 침울한 표정으로 피땀 흘려 키운 회사의 소유권을 다른 사람에게 넘기는 방안도 고려하고 있었다. 그는 친구인 구글의 공동 창업자 래리 페이지에게 조용히 연락해서 테슬라를 인수할 의향이 있냐고 물어보기도 했었다. 그때 그는 60억 달러를 제안하면서 부대 비용 50억 달러를 따로 청구했다. 또한 인수거래 조건으로 프리몬트 공장을 확장할 자금 50억 달러를 지원해주고, 3세대 보급형 차량을 성공적으로 출시할 수 있도록 8년간 자신에게 경영권을 맡겨 달라고 요구했다. 8년 후에는 테슬라 내부에서 자신의 직위가 어떻게 달라져도 개의치 않겠다고도 전했다.

하지만 1사분기 배송이 끝나자, 구글과의 협상은 순식간에 종료되었다. 더는 대기업에 인수해 달라고 매달릴 이유가 없었다. 머스크는 또다시 위기를 성공적으로 넘겼다.

## 16장

## 막대한 수익

　제너럴모터스 CEO인 대니얼 애커슨Daniel Akerson은 테슬라의 모델S를 몰고 디트로이트 근처를 주행하는 모습을 다른 사람에게 들키고 싶지 않았다. 그러나 2013년 중반 무렵, 사람들이 《모터트렌드》에서 올해의 자동차로 선정한 전기 세단에 왜 그렇게 열광하는지 알아볼 필요가 있었다. 그 일 년 전에는 《모터트렌드》가 선정한 '올해의 자동차'라는 타이틀은 제너럴모터스가 테슬라를 견제하기 위해 출시한 쉐보레 볼트 몫이었다. 그러나 볼트는 올해의 자동차라는 타이틀을 받고도 판매가 부진했는데, 모델S는 테슬라의 첫 사분기 수익을 기록했다. 덕분에 일론 머스크라면 누구나 탈 수 있는 차세대 전기자동차를 출시할 거라는 주장에 힘이 실렸다. 상반기에 모델S 세단이 1만 3,000대 판매되었고, 테슬라의 주식시장 가치는 연초보다 3배 넘게 상승한 127억 달러를 기록했다. 일론 머스크는 2014년까지 모델S 판매량이 연간 4만 대를 달성하리라고 전망했다.

애커슨은 해군 장교 출신으로 통신회사 임원을 지냈다. 대공황 이후인 2009년에 제너럴모터스가 파산 절차와 구조조정 과정을 거칠 때 이사회 임원으로 합류했다. 2010년 가을에 제너럴모터스는 다시 증권시장에 상장되었고, 애커슨이 CEO를 맡았다. 몇 주 전 테슬라가 기업공개를 한 이후로 증시는 계속 호전되고 있었다. 이사회에 합류한 직후부터 애커슨은 제너럴모터스의 전망이 좋지 않다고 판단했다. 파산 절차를 통해 수십억 달러의 부채를 청산해서 재정 기반이 안정되었지만, 그가 보기에는 사고의 전환이 필요했다. 자동차 업계의 움직임이 굼뜬 것에 비해 세상은 급변하고 있었다. 그러나 회사에 남은 관리자들은 달라지는 세상을 꿰뚫어보는 안목이 부족하고 변화에 적응하는 속도가 너무 느렸다.

디트로이트에는 여전히 모델S를 무시하는 시선이 있다는 점을 애커슨도 알고 있었다. 도요타를 비롯한 일본 자동차 업체가 미국시장에 첫발을 내디뎠을 때, 미국 자동차 대기업은 모두 코웃음 쳤다. 하지만 시간이 흐른 뒤에 제너럴모터스는 그들과 경쟁해서 밀려나 파산까지 직면했다. 애커슨은 더 늦기 전에 테슬라에 대해 알아보기로 마음먹었다.

자동차 전문가가 보기에 테슬라는 재주가 딱 하나뿐인 서커스 조랑말처럼 실패할 수밖에 없는 이유가 차고 넘쳤다. 테슬라가 내놓은 모델S는 평균 출고가가 10만 달러였으나, 사람들의 찬사를 받았다. 하지만 머스크 팀은 이 자동차 하나를 시장에 출시하는 데만 여러 해가 걸렸다. 이제 테슬라는 모델S를 줄곧 생산하면서 동시에 후속 자동차를 빨리 출시해야 한다는 압박감에 시달렸다. 머스크가 과연 여러 일을 동시에 제대로 해낼 수 있을지 아무도 장담할 수 없었다.

한편, 제너럴모터스의 연구개발팀도 상태가 좋지 않았다. 애커슨이 보기에 아무 전망도 없는 프로젝트에 시간을 허비하고 있었다. 시대의 흐름에 발맞춰 회사를 제대로 운영하지 못한 최근의 실수를 완벽히 만회하기에는 부족한 점이 많았다. EV1이 일례였다. 제너럴모터스도 차량 하부에 평편한 스케이트보드 같은 프레임을 만들어서 배터리를 장착하는 방안을 구상했지만, 볼트를 제작한 엔지니어들은 이 아이디어를 무시하고 차량 실내에 T자 모양 배터리팩을 설치했고, 이 때문에 뒷좌석 공간이 무척 좁아졌다. 반면에 테슬라는 스케이트보드 모양의 배터리팩을 채택해서, 모델S의 실내 공간이 매우 넉넉했다. 한마디로 제너럴모터스가 먼저 혁신적인 아이디어를 냈지만, 그 혜택은 테슬라가 차지한 셈이었다.

애커슨은 CEO가 되고 나서 곧바로 연구개발 부문을 직접 방문하기 위해 디트로이트 북쪽 교외 지역인 워렌의 광활한 캠퍼스를 찾아갔다. 팀원 대다수가 석사 또는 박사 학위 소지자였고, 개별적으로 특허를 취득한 사람은 따로 보너스를 받았다. 제너럴모터스는 매년 미국에서 신규 특허 보유자가 가장 많은 기업 중 하나였고, 2013년 한 해에만 연구개발에 72억 달러를 쏟아부었다. 새로 특허를 취득한 사람을 축하하려고 CEO가 이곳을 방문하는 건 의례적인 행사였다. 그날도 애커슨은 입사 후에 여러 개의 특허를 취득한 엔지니어와 함께 사진을 찍었다. 하지만 문제는 이들이 이룩한 혁신이 자동차에 적용되지 않는다는 점이었다. 여기에 생각이 미치니 애커슨은 열불이 났다. '특허가 이렇게 많은데 자동차는 왜 달라지지 않는 거야?'

그밖에도 애커슨을 답답하게 만드는 문제가 또 있었다. 제너럴모터스는 차량에 내장된 휴대전화 기술을 제대로 활용하지 못했다. 1990년대에 개인 통신 기술이 급속도로 발전하는 추세에 발맞춰 회사는 온스타OnStar를 개발했다. 자동차 안에서 휴대전화 신호를 전송해서 교환원에게 도움을 요청하거나 길을 물어볼 수 있는 기능이었다. 그런데 머스크가 이런 연결 기술을 더욱 폭넓게 활용할 수 있다는 걸 보여주었다. 테슬라의 모델S에 내장된 소프트웨어는 원격으로 연결하거나 가정용 무선 인터넷으로 업데이트할 수 있었기에, 엔지니어와 프로그래머가 이미 판매된 차량을 끊임없이 개선해주었다. 차량 소유주가 번거롭게 테슬라 대리점에 갈 필요가 없었다. 예를 들어 특정 부품이 닳았더라도 프로그래머가 차량 코드를 변경해서 해당 부품에 작용하는 토크를 낮추면 부품 수명을 늘릴 수 있었다.

이 기능의 중요성은 2013년 가을에 크게 주목받았다. 모델S 화재사고가 몇 차례 발생해서 리튬이온 건전지 수천 개가 장착된 차량의 안전성을 우려하는 목소리가 커졌다. 최초의 화재사고는 10월에 시애틀 근처에서 발생했다. 도로 위 파편 때문에 모델S의 차체 아래쪽이 손상되어 배터리팩에 구멍이 생겼다. 사실 이런 사고는 피터 롤린슨이 일찍이 예견한 사안이었다. 오래전에 롤린슨과 머스크는 자동차의 지상고가 단 몇 밀리미터 달라지는 문제를 놓고 대판 싸우곤 했다. 다행히 인명피해는 없었지만 불길이 쉽게 잡히지 않아서 소방관들이 어지간히 애를 먹었고, 그 모습이 그대로 휴대전화 영상에 찍혀서 인터넷에 유포되고 말았다. 두 번째 화재는 멕시코에서, 세 번째는 11월에 테네시주에서 발생했다. 사고가 잇따르자, 미국 도로교통안전국에서 발 벗고 나섰다. 리튬이온 배터리를 사용하는 전기자동차의 안전성을 우려하는 기류는 오래전부터 감돌았고, 테슬라 엔지니어들도 처음부터 이 문제를 해결하려고 적잖이 신경 쓰고 있었다. 반복된 화재로 우려의 목소리는 더욱 거세졌다.

차량 화재는 제너럴모터스 엔지니어들도 가장 두려워하는 사안 중 하나였다. 예상대로 화재 소식이 알려진 후에 테슬라 주가는 폭락했다. 설상가상으로 그해 가을에는 조지 클루니가 《에스콰이어》와 인터뷰하며 로드스터를 두고 불만을 터트렸다. 테슬라는 클루니가 테슬라 초창기부터 큰 관심을 보였다는 사실을 회사 홍보에 활용하고 있었기에, 돌변한 클루니의 태도는 회사의 신뢰도에 적잖은 타격을 주었다. "나도 테슬라 자동차를 구매해서 가지고 있었죠. 나는 아주 초창기부터 테슬라를 지지한 사람입니다. 고객 목록에서 5위 안에 들어갈 정도에요. 그런데 그 차를 타면 항상 차선 한쪽으로 기울어져요. 그들에게 이렇게 말하고 싶군요. '도대체 뭐가 잘못되어서 차선 중앙을 따라가지 못하고 한쪽으로 치우치는 겁니까? 이런 차를 어떻게 타고 다녀요? 무슨 수를 써서라도 이 문제부터 좀 해결하세요.'"

테슬라 엔지니어팀은 신속히 대응했다. 화재사고를 조사한 결과, 자동차 하부가 지면과 지나치게 가까워서 도로 위에 파편이 있으면 이를 밟고 지나갈 때 배터리 쪽에 구멍이 날 위험이 컸다. 다른 자동차는 차체가 2.5센티미터가량 높기 때문에 같은 곳을 지나가도 차체에 손상을 입을 가능성이 한층 낮았다. 테슬라 엔지니어들은 차량의 서스펜션을 사용해서 차체를 조금만 들어올려도 도로 위 파편에 훼손될 가능성이 대폭 줄어들 거라고 판단하고, 소프트웨어를 수정해서 그해 겨울에 모든 차량을 업데이트했다. 다행히 이 방법은 효과가 있었고, 이렇게 시간을 벌어놓은 테슬라는 몇 달 후부터 배터리팩을 보호하기 위해 더 두꺼운 판을 사용했다. 그 사이 화재 관련 보고는 완전히 꼬리를 감추었다.

제너럴모터스는 전기자동차 부문에서 그리 민첩하게 대처하지 못했다. 쉐보레 볼트가 정부 지원금을 확보하거나 홍보에는 큰 역할을 했지만, 애커슨은 이 차를 볼 때마다 업계 흐름을 더 잘 따라가지 못했다는 아쉬움이 들었다. 본인도 쉐보레 볼트를 직접 타고 다녔고, 골프 친구들에게도 이 차를 사면 주유소에 들르지 않고 어디든 마음대로 돌아다닐 수 있다며 한껏 자랑을 늘어놓았다. 제너럴모터스 차종 중에서 단연 자랑거리였다. 이밖에도 4만 1,000달러(연방세 크레디트 7,500달러 미공제)에 패밀리 세단을 선보였는데, 외관이나 성능, 내부 공간 등 모든 면에서 아쉽다는 평을 얻었다. 뒷좌석에는 두 사람밖에 탈 수 없어서 장거리 자동차 여행에 추천할 만한 차량은 아니었다.

하지만 모델S는 확연히 달랐다. 외관은 포르쉐와 비교할 정도로 화려했고, 내부 인테리어도 메르세데츠·벤츠E 클래스에 견줄 만한 수준이었다. 무엇보다도 배터리 주행거리가 볼트의 일반 휘발유 차량과 별 차이가 없었다. 머스크는 이제 월스트리트에서 '기존의 자동차 업체들이 실리콘밸리의 경쟁상대가 되는가?'라는 질문을 던지게 될 거라고 예상했다.

애커슨도 모델S를 직접 운전해보고 놀라움을 금치 못했다. 인정하기 싫었지만 사실이었다. 모델S를 처음 봤을 때는 "외관이 너무 멋져서 기분이 나쁘네. 우리도 저런 차를 만들어서 내연기관을 설치해야 해. 우리가 더 잘해낼 수 있어"라고 말했다. 애커슨은 이 지점이 제너럴모터스를 위협하는 새로운 요소가 되리라는 확신이 들었고, 테슬라라는 초대형 경쟁사를 무너뜨릴 방법을 찾기 위해 사내에 조용히 별도의 팀을 꾸렸다.

사내 여러 부서의 3, 40대 팀장 12명을 모아서 태스크포스를 꾸렸다.

그들은 애커슨이 과거에 상대했던 제너럴모터스 임원들과는 사뭇 다르다는 점을 알아차렸다. 애커슨은 통신업계에 재직한 경력이 있기 때문에 제대로 된 기술이 나타나면 세상이 일순간에 바뀔 수 있다고 생각했다. 테스크포스의 한 팀원은 이렇게 말했다. "새로 온 CEO는 달라진 세상을 내다보고 있었죠. 세상이 예상외로 금방 바뀐다고 줄기차게 주지시키더군요."

엔지니어들은 테슬라가 사용하는 배터리 종류나 화재 위험을 운운하며 그들의 배터리 기술을 쓸모없다는 듯 여겼다. 또한 대시보드 한중간에 대형 터치스크린이 있어 운전자의 주의를 흩트릴 우려가 크다고 지적했다. 지역 대리점을 거치지 않고 본사가 직접 차량을 판매하는 전략도 법적으로 허용되는지 의문스러웠다.

게다가 10만 달러라는 가격도 만만치 않은 문제였다. 제너럴모터스 제품 중에는 가격 측면에서 모델S에 견줄 만한 것이 없었다. 미국 전역을 통틀어 그렇게 비싼 차를 만드는 회사는 찾기 어려웠다. 2012년에 출고된 메르세데스·벤츠S 클래스는 독일의 최고급 대형 세단이었으나 가격은 9만 1,850달러에서 시작했으며, 2012년에 미국에서만 1만 1,794대가 판매되는 등, 해당 가격대에서 가장 인기 있는 자동차였다. 테슬라도 처음에는 모델S 출고가를 5만 달러로 잡겠다고 공지했으나, 사실 배터리 가격만 생각해도 5만 달러에 전기차를 제공하는 것은 거의 불가능했다. 그래서 테슬라는 2013년에 최초로 1사분기 수익이 발생했다고 보고하면서, 용량이 작은 40킬로와트시 배터리팩을 장착하기로 한 모델S의 원래 계획을 조용히 삭제해버렸다. 총주문량의 4퍼센트에만 저렴한 출고가를 적용한다는 것이 테슬라 측 변명이었다. 그대신 더 큰 용량의 60킬로와트시 배터리팩을 장착한 모델S로 주문고객에게 보답하겠다고 밝혔지만, 이미 소프트웨어를 변경해서 주행거리를 줄여버린 뒤였다.

2013년 연말이 가까워질 무렵, 모델S 판매량은 약 2만 3,000대를 기록하며, 원래 계획했던 2만 대를 훌쩍 넘겼다. 미국에서는 모델S가 훨씬 더 잘 만들어진 고급 자동차인 메르세데스·벤츠S 클래스보다 더 많이 팔렸다. 특정 구매자에게는 모델S가 고급 자동차의 정의를 바꿔놓은 셈이었다. 테슬라 덕분에 자동차 시장에 새로운 부문이 생겨났는데, 최신 기술을 선호하며 '환경친화적' 자동차를 운행하는 것의 가치를 잘 아는 구매자들이 주요 고객층을 형성했다. 머스크는 유럽과 아시아에서 모델S 판매량을 늘리기 위해 노력했고, 2014년에는 매출이 55퍼센트 이상 증가해서 3만 5,000대를 넘길 것으로 예상했다.

이런 추세를 지켜보던 제너럴모터스 엔지니어들은 투덜거리기 시작했다. 그들도 10만 달러짜리 고급 세단을 얼마든지 만들 수 있었지만, 그런 고가의 차량을 판매할 시장이 없다고 넘겨짚고 아예 기획조차 하지 않았다. 하지만 태스크포스의 일부 직원은 테슬라가 틈새시장을 공략하다가 끝날 거라고 짐작했다. 부유한 캘리포니아 사람들에게는 인기가 있을지 모르지만, 전 세계적으로 보면 전혀 실용성이 없었다. 또한 테슬라는 스타트업이라서 대량 생산이 시작되면 기존의 품질 문제가 더욱 증폭될 텐데, 그런 상황을 감당할 수 있을지 의문스럽다고 주장했다.

테슬라가 또 다른 위협을 촉발하는 기폭제가 될 우려도 있었다. 막강한 자금력을 앞세운 중국 업체들이 테슬라 전략을 모방해서 미국시장에 진출할지 모른다는 얘기였다. 사실 오랫동안 자동차 업계 내부에서는 중국이 미국에 견줄 만한 제조 역량을 갖추는 건 시간문제라며 매우 초조해했다. 실제로 몇몇 업체는 미국에 진출할 날짜까지 잡아놓았으나, 그들의 계획에는 유통이라는 중요한 요소가 빠져 있었다. 기존 자동차 업체는 판매와 수리를 담당하는 대리점 수천 곳을 이미 확보하고 있었는데, 이 관행은 난공불락의 요새 주변을 둘러싼 해자와도 같은 보호책이었다. 그런데 테슬라가 소수의 직영 대리점과 사용법이 간단한 사이트를 통해 고객에게 직접 자동차를 팔 수 있다는 발상을 실제로 증명해버리면, 중국 자동차 업체가 이 방식을 따라 할 테고, 쉐보레가 저렴한 중국 자동차와 경쟁해서 밀려날 우려가 컸다.

태스크포스의 또 다른 부문에서는 테슬라 매장을 유심히 관찰했다. 제너럴모터스는 매장에서 할 수 있는 쇼핑 경험을 관찰하려고 스파이를 보냈다. 매장에는 시승용 자동차가 한두 대 비치되어 있었고, 구매자는 컴퓨터 앞에서 직접 주문서 양식을 작성하는 것 같았다. 많은 쇼핑객이 모델S를 매일 사용하는 자동차가 아닌 제3의 자동차로 고려하는 듯했다. 경쟁사와 비교할 때 테슬라는 매장 내부에 시각적 도구를 활용하는 면에서 단연 앞섰지만, 방문고객의 이름을 물어보거나 시승을 권유하거나 결제 옵션 등을 안내하는 기본적인 영업에서는 최악이었다.

하물며 앞으로 고객이 늘어나면 대리점 없이 어떻게 차량을 수리해줄 것이냐는 문제도 있었다. 언론에서는 테슬라를 칭찬하는 보도가 넘쳐났으나, 실제로 일부 고객은 서비스 문제로 이미 불평을 털어놓았다. 자동차를 구매하려는 사람들에게 각종 후기와 판매 관련 자료를 제공하는 에드먼즈닷컴Edmunds.com에서는 2013년 초반에 모델S를 사들여서 운행일지를 만들었다. 그들은 일곱 차례나 생각지도 못하게 테슬라 서비스센터를 방문했으며 한 차례 고장 났을 땐 운전자가 오도 가도 못하는 지경이 되었다고 기록했다. 일곱 번의 서비스 중 두 번은 모터와 배터리팩이 포함된 드라이브 유닛의 결함이어서 막대한 수리 비용을 물어야 했다. 그런데 문제는 여기서 끝나지 않았다. 어떤 고객은 구매하고 나서 2만 킬로미터도 채 타지 않았는데 드라이브 유닛을 다섯 차례나 교체했다고 주장했다. 가장 많이 발생한 골칫거리는 가속할 때 기계 소음이 발생해서 조용하고 안락한 주행을 방해하는 것이었다.

에드먼즈닷컴의 한 비평가는 이런 글을 올렸다. "처음에 이 글을 쓰려고 앉았는데, 내가 자동차 주인이라면 심정이 어떨까 생각하니 정말 화가 나더군요. 자동차 엔진을 한 번 바꾸는 것도 큰 스트레스인데 두 번이나 바꿔야 한다면 그 브랜드를 두 번 다시 쳐다보고 싶지 않을 겁니다. 하지만 이 문제를 놓고 동료들과 이야기하면서 한 가지 깨달은 점이 있어요. 테슬라를 사는 사람들은 자동차를 운송수단으로 여기는 게 아니었어요. 그들은 얼리어답터라서 최신 기술의 베타테스트를 직접 해보고 싶은 겁니다."

제너럴모터스의 태스크포스가 보기에 테슬라는 훨씬 큰 대량 판매 시장에 들어서기 전에 판매 및 서비스 전략을 전면 수정해야 했다. 머스크는 이미 테슬라의 3세대 자동차는 훨씬 저렴한 가격에 주행거리도 320킬로미터까지 늘어날 거라고 공언했다. 업계에 2016년쯤 테슬라에서 새로운 제품을 출시할 것 같다는 소문이 돌자, 태스크포스는 배터리 엔지니어링 팀에 장광설을 늘어놓았다. 테슬라가 3만 5,000달러에 차를 팔아서 이윤을 얻으려면 추진 시스템에 드는 비용을 줄여야 할 텐데 과연 가능할지 궁금하다는 얘기였다.

엔지니어들은 단호히 고개를 저었다. "우리도 3만 5,000달러짜리 차를 못 만드는데 테슬라가 어떻게 해낼 수 있겠어요? 그건 불가능하죠."

모든 면에서 테슬라보다 제너럴모터스가 더 유리했다. 미국 전역에 거래처가 포진해 있어 부품을 더 좋은 가격에 구할 수 있고 다른 차량의 부품을 가져다 재활용할 수도 있었다. 최근 2년간 미시간과 서울 팀은 직접 차세대 차량을 개발하려고 고생한 끝에 주행거리 240킬로미터를 달성했다. 하지만 제너럴모터스 부회장인 스티브 거스키는 "주행거리를 320킬로미터까지 끌어올릴 수 없으면 말도 꺼내지 마세요. 그래봤자 괜히 창피만 당하고 끝날 테니까요"라고 대꾸했다.

그해 가을에 제너럴모터스는 한 차례 충전으로 320킬로미터 주행할 수 있는 전기자동차를 개발 중이며 출고가는 3만 달러가 될 거라고 발표했다. 사실 그 가격대면 제조업체가 손해를 감수하겠다는 뜻이었다. 달리 말해 머스크의 도발을 가만히 두고 보지 않겠다는 의사를 분명히 밝힌 셈이었다.

## 17장

## 텍사스 중심부를 향해

일흔의 노신사 빌 월터스Bill Wolters는 정장을 차려입고 텍사스 주도州都 오스틴을 출발했다. 목적지는 팰로앨토의 테슬라 본사였다. 오랫동안 프랜차이즈 자동차 대리점의 로비스트였던 그는 자동차 판매업계의 오랜 전통을 뒤엎으려고 작심한 듯한 당사자를 직접 만나볼 생각이었다. 그는 일론 머스크에게 최고의 인기를 누리고 있는 모델S 세단을 이제는 프랜차이즈 형태의 대리점을 통해 판매할 시기라는 확신을 심어줄 참이었다.

월터스는 테슬라가 2011년 휴스턴 쇼핑몰에 최초의 갤러리를 개장하고 오스틴에 두 번째 갤러리를 마련하는 모습을 모두 지켜보았다. 그는 예전에 머스크의 대변인으로 텍사스에서 물밑 작업을 한 디어뮈드 오코넬과 테슬라의 향후 계획을 놓고 논의한 적이 있는데, 당시 월터스의 태도는 매우 부정적이었다. "어디 한번 잘 해보시게, 젊은이. 잘될리 없겠지만 말이야." 하지만 2013년 중반부터 테슬라는 수익을 내기 시작했고 머스크도 텍사스에 자주 나타났다. 스페이스엑스 사업을 텍사스에서 확장하려는 계획 때문에 텍사스를 빈번히 찾은 것이었다. 그해 봄에 머스크는 텍사스주 상원의회 공청회에 참석했으며, 사우스 바이 사우스웨스트South by Southwest(텍사스주 오스틴에서 매년 봄에 열리는 세계 최대 규모의 음악 축제—옮긴이)에서 연설했다.

물론 머스크의 활약은 텍사스주에만 머물지 않았다. 그는 이미 문화계에서도 폭넓은 행보를 이어가고 있었다. 영화감독 로버트 로드리게즈Robert Rodriguez는 2013년에 제작한 〈마세티 킬즈Machete Kills〉에 머스크를 잠깐 등장시켰다. 이 영화 출연진 중에 앰버 허드Amber Heard가 있었다. 그녀와 함께 출연하는 장면은 없었지만 머스크는 감독을 통해 그녀를 만나보려고 시도했다. 감독에게 보낸 이메일은 나중에 타블로이드 신문을 통해 세간에 공개되고 말았다. "앰버가 참석하는 파티나 행사가 있으면 저도 불러주세요. 그녀를 만나보고 싶습니다. 물론 단순한 호기심이에요. 듣자 하니 앰버가 조지 오웰과 아인 랜드의 팬이라고 하더군요.…… 굉장히 독특하잖아요."

그러나 그해 여름에 머스크는 HBO 드라마 〈웨스트월드Westworld〉에 매력적인 로봇으로 캐스팅된 배우 탈룰라 라일리와 재혼했다. 하지만 두 사람 사이에는 문제가 많았고, 직원들은 그 여파가 테슬라까지 미쳤다고 말했다. 한 직원은 머스크의 기분을 살피려고 그의 사생활을 추적하기도 했다. 예를 들어 라일리가 머리를 새로 예쁘게 염색하면, 그날 아침 머스크가 기분 좋게 출근할 가능성이 컸다.

이런 분위기는 텍사스주 자동차 대리점하고는 동떨어진 얘기처럼 들렸지만, 세간의 관심이 집중되는 건 분명 테슬라에 유리한 상황이었다. 제너럴모터스는 2013년 한 해에만 광고와 홍보활동에 55억 달러를 쏟아부었다. 이는 연구개발 예산과 20억 달러밖에 차이 나지 않는 규모였다. 사실 제너럴모터스를 포함한 자동차 브랜드는 미국에서 텔레비전 광고를 가장 대대적으로 하는 기업으로 손꼽혔다. 당연히 자동차 브랜드의 프랜차이즈 대리점도 현지 신문, 라디오 및 텔레비전 방송국 광고에 거액을 투자했다. 그러나 머스크는 오래전부터 가식적이고 진정성 없는 행위라며 광고를 멀리했다. 테슬라 자동차의 가치만으로도 충분히 매출을 늘릴 수 있다는 것이 그의 지론이었다. 본인이 직접 소셜미디어 등을 통해 무료로 홍보 효과를 창출하기 때문에 그렇게 주장했는지 모른다. 뉴스 보도가 나오면 관련 정치인에게 이득이 되듯이, 머스크와 테슬라는 그들에게 쏟아지는 관심만으로 큰 혜택을 누리고 있었다. 머스크는 트위터를 활용해서 언론을 자극하고 많은 사람의 관심을 끌었다. 테슬라 매장은 속속 생겨났고, 지방 언론사는 쇼룸 기사를 꾸준히 내놓았다.

프랜차이즈 자동차 대리점은 테슬라를 더 두고 볼 수 없다고 판단했다. 매사추세츠주와 뉴욕주의 대리점들이 공동으로 테슬라의 직영판매를 저지하려는 소송을 제기했고, 미네소타주와 노스캐롤라이나주 의회에서도 직영판매를 금지하는 방향으로 법을 개정하려는 움직임을 보였다. 월터스가 보기에 테슬라와 같은 신흥기업이 직영 매장망을 구축하기 위해 비용을 부담하려고 드는 처사는 어리석기 짝이 없었다. 그냥 기존 대리점에 맡기면 되는데 왜 굳이 돈을 쓴단 말인가? 제너럴모터스나 포드 같은 회사들이 수십 년 전에 프랜차이즈 방식을 받아들인 데는

다 그럴 만한 이유가 있었다.

　오코넬이 나와서 월터스를 맞이했고 본사 건물과 배터리 연구실로 안내했다. 그뒤 작은 회의실로 가서 머스크를 만났다. 월터스는 인사를 건네며 이렇게 말했다. "이렇게 새로운 자동차를 만들기 위해 지금까지 이룩한 업적을 보고 정말 감탄했습니다. 우리는 당신이 성공할 수 있도록 돕고 싶습니다. 프랜차이즈 시스템을 통해 우리 주에서 하고자 하는 일이 있다면 그 또한 모든 방법을 동원해서 도와드리겠습니다."

　월터스도 물론 그 자리까지 오르는 과정에서 편견이 생길 수밖에 없었다. 그는 오랫동안 텍사스자동차딜러협회 Texas Automobile Dealers Association에서 대표로 있었다. 텍사스주 포드사에 입사한 직후 이 협회에 가입하고 긴 세월 프랜차이즈 매장을 관리하면서, 고향인 텍사스주의 소도시에 간직한 생각이 굳어졌다. 텍사스 주요 도시에는 대형 매장과 쇼핑몰이 많이 들어섰지만, 자동차 대리점은 여전히 많은 지역에 예전 모습 그대로 남아 있었다. 말하자면, 고객이 쉐보레를 한 대 사려면 가족 대대로 운영해온 자동차 대리점을 찾았고 그곳에서 계속 차량 수리를 받았다. "어린 시절을 텍사스주 루이스빌에서 보냈는데, 농사짓는 이 작은 마을에 2,000여 명이 살았고, 중심가에서 장사하는 사람이 마흔 명가량 있었어요. 다들 가게를 직접 소유하고 운영했죠." 월터스는 잠시 후 말하려는 의도를 드러냈다. "지금까지 남아 있는 매장이 하나 있는데 그게 바로 후피네스 쉐보레예요. 다른 가게는 사라지지 않게 막아줄 방법이 없어서 전부 대형 상점으로 바뀌었죠."

　대개 프랜차이즈 자동차 대리점은 신차와 중고차를 판매하고 차량을 수리해서 수익을 얻었다. 전국자동차딜러협회 National Automobile Dealers

Association에 따르면, 그해 일반 대리점은 신차 750대, 중고차 588대를 팔아서 세전 수익 약 120만 달러를 기록했다. 신차 판매로 대리점이 얻는 순수익은 평균해서 고작 51달러였다. 자동차 업계가 대부분 그렇듯이, 사업 규모가 성공을 좌우했다. 과거에는 프랜차이즈 대리점이 대부분 가족 사업장이었으나, 세월이 흐르면서 이런 형태는 거의 사라지고, 대기업에서 운영하는 대리점이 수백 곳은 아니더라도 수십 곳 이상 등장했다. 플로리다주에 본사를 둔 자동차 전문 판매업체 오토네이션AutoNation Inc.은 미국 최대 기록인 265개의 대리점을 보유하고 있었다. 이들 대리점은 쉐보레부터 BMW까지 거의 모든 차종을 취급했다. 2012년에 오토네이션은 신입사원을 2만 1,000명이나 채용했다. 같은 해 테슬라의 정식 직원이 기껏해야 2,964명이었던 것과 매우 대조적이다. 오토네이션의 최대 주주이자 마이크로소프트의 공동 창업자인 빌 게이츠는 그해에만 사업에 1억 7,700만 달러를 투자했고, 오토네이션은 신차를 25만 대 넘게 판매해서 89억 달러의 매출을 기록했다.

상거래가 발전해온 양상은 월터스의 이야기보다 조금 더 미묘할지 모르나, 텍사스 전역의 289개 도시와 마을에 있는 1,300곳 넘는 프랜차이즈 대리점이 그를 지지했고, 월터스도 본인 소신에 남다른 확신이 있었다. 그들은 연간 10억 달러가 넘는 수익을 올렸고, 텍사스주에서 가장 많은 급여를 지급하는 업체이자 세수입과 시민 참여를 이끌어내는 원천으로 손꼽혔다.

나중에 월터스는 머스크를 만나러 갔던 날을 떠올리며 이렇게 말했다. "나는 가벼운 마음으로 나선 게 아니었어요. 서로 협력하자는 합의점을 찾아보려고 거기까지 갔던 겁니다."

하지만 일은 그의 생각대로 풀리지 않았다. 머스크는 월터스와 손잡을 마음이 추호도 없었다. 그는 몇 차례 설문조사를 해봤더니 많은 사람이 자동차 제조사에서 직접 차를 사기를 원했다고 말했다. 그러자 월터스는 이렇게 반박했다. "작년에 우리 쪽 프랜차이즈 대리점에 등록된 신차와 중고차 거래량이 2,800만 대인데, '공장에서 직거래로 사면 좋을 텐데'라고 말한 고객은 한 명도 없었습니다."

그 말에도 머스크는 아랑곳하지 않았다. 사실 그는 월터스와 더 이야기를 주고받을 생각이 없었다. "두고 보세요. 자동차 프랜차이즈 대리점에 관한 미국 법을 뜯어고칠 수 있다면 10억 달러라도 쓸 겁니다."

월터스는 깜짝 놀라며 이렇게 말했다. "텍사스주에만 운전자가 2,800만 명입니다. 그 많은 사람들의 삶의 질과 안전이 프랜차이즈 대리점 네트워크에 달려 있단 말이오."

머스크는 말없이 그를 노려보았다.

월터스가 "아니, 그럼 이게 당신 한 사람만 관련된 일이란 말이오?"라고 재차 물었다.

사실 머스크에게 그처럼 단도직입적으로 말하는 사람은 거의 없었다. 눈앞에 앉아 있는 월터스라는 사람은 머스크가 뜯어고치고 싶은 모든 것을 의인화한 인물 같았다. 조폐공사처럼 돈을 마구 찍어내는 가업을 운 좋게 물려받은 사람들을 위해 기존 시스템을 그대로 유지해야 한다는 지루한 주장을 늘어놓는 노인의 말은 머스크의 화를 돋우었다. 그는 벌떡 일어나서 "저 작자를 당장 내보내!" 하고 고함치더니 사무실 문을 쾅 닫고 나가버렸다.

나중에 머스크는 월터스에게 미국인답지 못하다는 비난을 들었다고 주장했으나, 월터스는 그런 말을 한 적이 없다고 반박했다. 두 사람은 미국의 미래을 놓고 완전히 상반되는 주장을 했다. 일단 월터스는 기존 시스템이 오늘날 미국을 만들어낸 원동력이며, 이 체계를 그대로 유지해야만 텍사스주의 많은 가족에게 도움이 된다고 여겼다. 반면에 머스크는 실리콘밸리 출신 혁신가다운 관점으로 상황을 개선하려고 했다. 그는 해묵은 규칙에 구속되고 싶지 않았으며, 일 처리 방식을 바꾸는 게 더 바람직하고 효율적이라고 생각했다. 최근 몇 년간 테슬라는 직영 매장을 운영할 목적으로 각 주의 관련 법에서 규정하는 제약을 해결할 방안을 찾고 있었다. 하지만 이제는 대처 자세를 바꿔서, 공격적으로 나서야 할 시기였다. 관련 법을 우회할 수 없다면 법을 개정해야 했다. 머스크는 텍사스주를 첫 번째 대상으로 삼았다.

그해 머스크는 텍사스주를 수시로 드나들었다. 또한 텍사스주에서 테슬라 홍보활동을 진행하도록 승인하고 자금을 투입하기로 했다. 로비스트 8명을 고용하는 데 무려 34만 5,000달러를 투자했다. 스페이스엑스도 비슷한 홍보활동을 펼치고 있었는데, 규모나 금액 측면에서는 테슬라가 훨씬 공격적이었다. 스페이스엑스는 텍사스주 남부에 상업용 우주 공항을 설립할 계획이었기에 관련 법이 개정될 수 있도록 애쓰고 있었다.

하지만 이만한 금액은 월터스의 매장에서 흘러나오는 액수에 비하면 아무것도 아니었다. 텍사스자동차대리점협회는 78만 달러를 투자해서 테슬라의 3배에 달하는 로비스트를 채용했다. 이밖에도 협회는 정치 기부금 조로 자금을 따로 지출했는데, 전년도 선거기간보다 액수를 250만 달러나 늘렸다. 머스크는 협회의 영향력이 얼마나 막강한지 제대로 실감했다. 그가 주의회 의사당을 방문했을 때 한 상원의원이 다가와서 "스페이스엑스의 활동은 매우 인상적입니다. 하지만 테슬라 사업은 도무지 마음에 들지 않아요"라고 말을 건넸다. 겉으로는 아무렇지 않은 척했지만 속은 부글부글 끓고 있었다.

이런 어려움이 있었지만, 상하원 의원들은 테슬라가 직영 대리점을 운영하도록 허용하는 관련 법 개정안을 지지해주었다. 머스크는 이 법안에 사람들의 관심을 끌 만한 계기를 만들고 싶었다. 그래서 4월에 하원 위원회에 출석해서 증언하고 회사로 돌아와 전 직원에게 이메일을 보냈다. 주의회 의사당에 집결할 만한 지인이 있으면 빨리 연락해보라는 내용이었다.

"개인의 자유를 중시하는 텍사스가 미국에서 가장 엄격한 법률을 내세워 대기업 자동차 판매원을 경쟁에서 보호한다는 건 어불성설입니다. 텍사스 주민들이 그동안 자동차 판매원에게 말도 안 되는 바가지요금으로 큰 피해를 보았다는 점을 알게 되면, 곧장 들고일어날 겁니다. 물론 기존 자동차 판매원이 전부 악덕업자는 아닐 겁니다. 더러는 고객에게 마음을 다하는 판매원도 있겠죠. 하지만 대다수 판매원이 고객에게 바가지를 씌웠습니다. 그들이 우리를 전속력으로 공격해오기 전에 우리가 먼저 이 사실을 사람들에게 알리기만 하면 됩니다. 텍사스 주민 가운데 자동차 판매원에게 뒤통수 맞은 적이 있는 사람이라면 지금이 바로 그들에게 되갚아줄 기회입니다."

사람들이 집결한 효과가 있었다. 테슬라의 현지 고객들은 모델S 세단을 주의회 의사당 앞에 일렬로 주차해놓고 상공위원회 회의실을 가득 채웠다. 이들은 머스크를 향해 지지를 표명하고 머스크의 연설을 들으려고 모인 사람들이었다. 머스크는 짙은 색 양복을 입고 등장했다.

지금까지 수많은 제품 공개행사에서 보여주던 거만한 태도는 온데간데 없었다. 그는 테슬라가 자동차 고객의 기존 구매 경험에서 벗어나 새로운 종류의 구매자에게 어떻게 접근할지 구체적으로 설명했다. 전기자동차를 판매하면 휘발유 자동차를 취급하는 기존 프랜차이즈 대리점에 타격을 주게 되므로 그들과 이익이 충돌하는 사태는 불가피해 보였다.

의원들은 각종 의혹을 제기했다. 테슬라가 얼리어답터들에게 인지도를 얻고 나면 일반 소비자를 대상으로 사업을 확장할 텐데, 금융거래나 보상판매를 처리하려면 결국 프랜차이즈 대리점 네트워크가 필요하지 않겠냐는 질문이 나왔다. 그는 테슬라도 언젠가 프랜차이즈 매장을 도입해야 할지 모르나 일단 지금은 선택권을 원한다면서, "우리는 테슬라의 성공 확률을 최대한 높이고자 합니다"라고 덧붙였다.

또한 그는 기자회견을 열고 좀 더 밝은 표정으로 기자들 질문에 대답했다. "우리가 이 일에 손을 대니까 다들 그러다가 큰코다친다고 하더군요. 솔직히 제가 봐도 그럴 확률이 좀 있긴 합니다. 그래도 테슬라는 일단 시도할 겁니다."

그날 위원회에서 법안을 상정했으나, 2013년 입법 회기가 끝나버려서 이렇다 할 진전을 보지 못했다. 한마디로 그 법안은 무용지물이 되었다. 테슬라는 다음 입법 회기가 열리는 2015년에 다시 도전하겠다고 했지만, 임원들은 그때도 힘든 싸움이 되리라는 점을 잘 알고 있었다. 당장은 텍사스에서 일부 지지층을 확보했다는 데 만족해야 했다.

모델3로 이름이 확정된 3세대 자동차 계획이 점차 구체화되면서 시간이 더 빠듯해졌다. 테슬라가 모델S로 성공을 거두면서 자동차 업계에 놀라움을 안긴 건 사실이지만, 머스크의 장기 목표에 다가서기에는 아직 부족한 점이 많았다. 모든 사업 부문을 개선하고 확장할 필요가 있었다. 특히 앞으로 나아가는 다음 단계는 매우 중요한 시기였다. 머스크는 기술 스타트업에서 벗어나 제대로 된 자동차 회사로 거듭나고 싶었다. 하지만 그 목표로 가는 길은 자신들도 해낼 수 있다고 자신했지만 고배를 마신 다른 기업들이 흘린 잔해에 뒤덮여 있어 평탄하지 않았다.

# TESLA

**3부**

## 모두를 위한 자동차

## 18장

## 기가

고급 전기자동차 세단을 준비하는 테슬라의 계획이 거의 마무리 단계에 진입할 무렵, J. B. 스트라우벨은 샌프란시스코에서 레이크 타호까지, 그리고 로스앤젤레스에서 라스베이거스까지 이어지는 도로 곳곳에 충전소를 마련하는 작업을 감독했다. 이 충전망이 완성되면 캘리포니아 사람들이 고속도로를 주행하며 배터리가 방전될까 걱정할 필요가 없었다. 슈퍼차저라는 비슷한 충전망도 미국의 주요 주간州間고속도로에 구축하고 있었다. 스트라우벨은 일론 머스크의 전용기를 타고 로스앤젤레스로 이동하던 중에도 머스크가 테슬라를 통해 이루려는 또 다른 야망이 어떤 결과를 가져올지 곰곰 생각해보았다.

프리몬트에 있는 제너럴모터스-도요타의 옛 공장을 인수했을 때 머스크는 연간 50만 대를 생산할 수 있다고 확신했다. 연간 50만 대는 오래전 이 공장에서 달성한 최대 기록이었다. 그는 모델S 세단의 전 세계

수요가 연간 5만 대 정도며, 모델X라는 SUV로도 비슷한 수요를 창출하는 것이 테슬라의 목표라고 월스트리트에 공표했다. 그의 계산에 따르면, 프리몬트 공장에서 앞으로 출시할 모델3를 40만 대 생산할 수 있었다. 일 년 전만 해도 모델S 세단을 생산하는 것만으로도 버거워서 쩔쩔맸고 지금도 생산량을 늘리는 데 어려움을 겪는 터라, 이 계산은 회사가 감당하기 어려운 목표였다.

병목현상은 주로 배터리에서 발생했다. 테슬라는 오로지 파나소닉을 통해서만 수천 개의 리튬이온 셀을 확보해서 배터리팩으로 만들어 차량에 탑재했다. 스트라우벨이 어림잡아 보니, 생산공장을 최대치로 가동할 경우 테슬라에 필요한 연간 배터리 공급량은 당시 전 세계 배터리 생산량과 맞먹는 수준이었다. 더 큰 문제는 가격이었다. 현재 배터리 가격으로는 전기차 출고가를 3만 달러에 맞출 수 없었다. 스트라우벨과 커트 켈티가 배터리 가격을 낮추려고 백방으로 노력했지만, 여전히 가격은 테슬라의 성장에 가장 큰 걸림돌이었다. 2009년에는 킬로와트시에 350달러였으나 지금은 250달러가량이었다. 이 말은 내연기관 차량과 경쟁할 수 있는 세단의 합리적인 목표인 85킬로와트시 용량의 590킬로그램 배터리팩에 들어가는 셀 비용으로 약 2만 1,000달러가 든다는 뜻이었다. 그 정도 비용을 투자하면 모델3의 소매 출고가가 엄청나게 높아져야 했다. 전기자동차의 출고가가 기존 차량과 비슷해지려면 우선 이 비용을 킬로와트시 100달러 수준으로 낮춰야 했다.

머스크와 스트라우벨은 전용기 안에서 계산 결과를 논의하고 신속하게 결론을 내렸다. 테슬라 전용 배터리를 생산할 공장을 세워야만 했다. 자신들이 원하는 방식으로 사업을 키우려면 다른 방도는 없었다. 하지만 공장을 지으려면 수십억 달러가 필요했다. 물론 모델S가 큰 성공을 거두고 있었고 그해 초반에 투자도 받았지만, 현금 잔고가 8억 달러밖에 되지 않는 데다 그 돈은 모델X와 모델3에 쏟아부어야 했다. 게다가 테슬라 내부에서는 SUV 개발과 생산에 드는 비용이 머스크가 투자자들에게 약속한 금액보다 훨씬 더 불어날지도 모른다는 추측이 나오고 있었다. 설혹 자체 배터리 공장을 마련하더라도 배터리를 연간 수십억 개씩 생산하려면 파나소닉의 도움을 받아야 하는데, 그 또한 쉬운 일이 아니었다.

머스크의 기본 작전으로는 이 모든 일을 다 끝낼 수 없었다. 모델S가 비평가나 유행을 선도하는 사람들에게는 호평을 얻었지만, 출고가 5만 달러를 공언한 머스크의 목표는 달성하지 못했다. 당장은 문제가 되지 않지만, 앞으로 상황이 달라질 우려가 있었다. 머스크는 비유로든 문자 그대로든 신차 가격을 낮춰줄 기계를 만들어야 했다. 비용 문제를 해결하려면 생산량을 늘려야 했다. 생산량이 늘어나면 생산 비용이 낮아지는 효과가 있었다. 막대한 배터리 비용은 제조 단계에서 발생했고 생산량을 늘리면 비용을 줄일 수 있는 건 맞지만, 생산량을 대폭 늘리려면 매출을 엄청 끌어올려야 했다. 배터리와 배송이라는 두 요소만 조율하면 2008년과 2013년처럼 시장에서 눈부신 진보를 이룰 수도 있을 듯 보였다.

관건은 창의적인 계획을 수립할 수 있느냐가 아니었다. 테슬라가 나아갈 방향은 아주 뚜렷했다. 문제는 이를 어떻게 실행하느냐였다. 이번에는 2013년에 예측한 상황과는 비교도 되지 않을 정도로 험난한 과정이 기다리고 있었다.

배터리팩 기술은 테슬라 자동차가 제대로 작동하는지를 판가름하는 핵심이었고, 이 기술 개발에 스트라우벨의 역할이 가장 컸다. 그래서 머스크는 스트라우벨이 공동 창업자나 다름없다고 생각했으며, 회사 공식 문건에도 그렇게 표현했다. 스트라우벨은 엔지니어로서 실력이 출중할뿐더러, 파나소닉을 설득해서 테슬라와 긴밀한 협업관계를 맺게 한 공도 매우 컸다. 두 기업의 관계는 처음부터 불안했기에 지금까지 이어온 것만도 엄청난 운과 노력의 결과였다. 스트라우벨이 2006년에 파나소닉에서 커트 켈티라는 인물을 찾아낸 행운도 무시할 수 없는 성과였다.

하지만 테슬라는 로드스터에 기성품 배터리를 사용해왔고, 스트라우벨도 모델S를 고려할 때 자동차 업계에서 더욱 폭넓게 사용할 수 있도록 배터리셀의 화학 구조를 개선할 필요가 있다고 생각했다. 배터리셀 수요는 파나소닉이 추가 자원을 투입해야 할 정도로 계속 늘어날 태세였다. 머스크가 원하는 일정표도 파나소닉이 젖어 있는 속도보다 훨씬 빨랐다. 2010년 파나소닉이 테슬라에 투자하겠다고 선언한 뒤로 두 기업은 배터리 계약의 세부사항을 조율해왔으나, 머스크가 파나소닉에 느끼는 불만은 날로 늘어만 갔다.

언제나 그랬듯이 가장 큰 문제는 가격이었다. 2011년에 열린 팰로앨토 회의에서 큰 고비를 겪은 뒤로 두 회사의 협업관계는 위태위태했다. 머스크는 수년 전에 도요타모터스 CEO를 처음 만나는 자리에 넥타이를 매고 나타나서 CFO인 디팩 아후자의 웃음보를 자극한 일이 있었다. 하지만 그다음부터는 일본 기업들이 요구하는 격식을 차리는 데 점점 소홀해졌다. 파나소닉이 모델S에 장착할 배터리 가격을 제시했을 때는 "정신 나간 소리를 하는군"이라며 격분하더니 잔뜩 화가 난 얼굴로 회의실을 박차고 나가버렸다. 스트라우벨을 포함한 측근들이 머스크에게 전체회의가 잡혀 있어서 수백 명의 직원이 기다리고 있다고 알렸다.

"정말 큰일이야. 이대로는 안 돼. 파나소닉과 더는 같이 갈 수 없어." 머스크는 이렇게 중얼거리더니 스트라우벨에게 대신 전체회의를 진행하라고 지시하고 사라져버렸다.

이렇게 해서 스트라우벨 팀은 또 하나의 과제를 떠안게 되었다. 테슬라는 배터리 사업까지 생각하지 않을 수 없었다. 파나소닉이 부담스러운 가격을 요구하면서 배터리 공급을 질질 끌면, 테슬라가 직접 배터리를 생산하는 방법 말고는 대안이 없었다. 머스크는 직접 나서서 스트라우벨 팀의 일부 직원이 배터리 공장을 세우는 일에 전념하도록 지시했다. 새로 공장을 건립한다는 계획은 생각만 해도 버거운 일이었다. 사실 테슬라에 이제 막 합류한 사원들은 배터리 공장을 짓겠다는 머스크의 말이 농담이 아닌가 생각할 정도였다.

하루는 머스크가 집무실 책상에 앉아서 "정말 공장을 지을 거야. 내가 지금 농담하는 것처럼 보여?"라며 버럭 화를 낸 적도 있었다.

하지만 비용 문제 말고도 생각할 게 많았다. 파나소닉도 배터리 제조 과정을 개발하는 데만 여러 해가 걸렸다. 배터리는 매우 불안정해서, 오염을 방지하기 위해 산업용 클린룸에서 특수보호복을 착용하고 작업해야 했다. 테슬라는 이제 겨우 낡은 공장을 확보해서 모델S 차체를 카트로 어떻게 옮길지 고심하고 있었다. 그러나 테슬라 내부에도 카트로는 옮길 수 없다고 생각하는 사람들이 있었다. 결국 몇 달 후에 프로젝트 비용이 걷잡을 수 없이 늘어나자, 머스크도 카트를 사용하는 방안을 포기할 수밖에 없었다. 테슬라는 아직 파나소닉이나 산요 같은 세계적인 기업과 정면으로 맞설 준비가 되지 않았다. 그래도 여전히 머스크는 머릿속에 아이디어를 넣어두고 있었다.

켈티는 머스크에게 알리지 않고 파나소닉과 테슬라 양측이 수용할 수 있는 협상안을 파나소닉과 함께 개발하고 있었다. 그 사이 머스크의 분노는 가라앉았다. 하지만 스트라우벨 팀은 머스크가 파나소닉의 협상안이 논리적이어서 수긍한 건지, 아니면 협상안에 아예 관심이 없었던 건지, 아니면 화를 낸 것 자체가 일종의 협상 전술이었는지 도무지 알 수 없었다. 2011년 10월에 파나소닉은 테슬라가 향후 4년간 8만 대 이상을 생산하기에 충분한 배터리셀을 공급한다고 발표했다. 특히 2012년에 모델S 세단을 6,000대 이상 생산할 수 있도록 배터리셀을 충분히 공급하겠다고 보장했다. 그렇게 하려면 파나소닉은 기존의 단일 조립라인을 2개로 늘려야 했다.

이렇게 되자 테슬라가 처음에 요구했던 속도보다 더 강도 높은 일정표가 필요했다. 그런데 2013년에 와서 모델S가 테슬라뿐만 아니라 파나소닉에도 황금알을 낳는 거위라는 점이 명백하게 밝혀졌다. 2012년 내내 사업 부진으로 고전하던 파나소닉에는 더할 나위 없이 반가운 소식이었다. 파나소닉은 10여 년 전에 휴대전화 헤드셋과 평면 텔레비전 부문에 거액을 투자했으나, 저렴한 가격을 앞세운 중국 업체와 경쟁하다 밀려나서 수십억 달러의 손실을 보았다. 수년간 고통스러운 구조조정을 단행했고, 2012년에 쓰가 가즈히로津賀一宏가 회사 대표 직책을 넘겨받았다. 그는 텔레비전 스크린 사업을 접고 수만 명을 감원했다. 하지만 감원 정책만으로는 충분하지 않았다. 쓰가는 새로운 성장 분야를 찾아서 다시 도약해야 한다고 생각했다.

테슬라는 2013년에 모델S의 배터리 주문량을 늘렸는데, 이 기회가 쓰가에게는 아주 적절한 전환점이 되었다. 그는 자동차 사업을 회사의 주요 사업 부문 중 하나로 키우고 싶었다. 테슬라와 협력관계를 체결해서 세간의 이목을 끌면 전기자동차로 진출해야 한다는 압박을 받는 다른 업체들에 파나소닉의 존재감을 각인할 수 있었다.

쓰가는 테슬라와 체결한 협력관계를 더욱 확장하려는 의지를 드러냈다. 현금 5,000만 달러를 투자할 테니 차량 뒤 유리에 공급업체 이름을 표시해 달라고 요구하기까지 했다. 하지만 머스크가 그런 요구를 들어줄 리 없었다. 쓰가는 팰로앨토에 가서 테슬라 본사와 직접 협상을 진행한 사람에게 배터리 사업을 감독하라고 맡겼다.

머스크는 파나소닉 대표단이 오면 가격 인하를 논의할 생각이었다. 그로서는 당연한 거래 조건이었다.

모델S 수요가 폭발적으로 증가해서 테슬라의 초기 조립라인에서 정체현상을 빚었다. 배터리가 부족해서 기존 속도대로 생산을 지속하기가 어려웠기에 머스크는 배터리 수급량을 늘려 달라고 파나소닉을 강하게 압박했다. 그리고 여기에 거래 물량을 늘리는 만큼 가격을 낮춰 달라고 조건을 붙였다. 하지만 파나소닉 대표단은 오히려 가격 인상을 요구했다. 얼마 전에 CEO가 된 쓰가에게 점수를 따려는 협상 전략이었을 가능성도 있다. 아무튼 대표단의 요구는 끔찍한 역효과를 불러왔다. 머스크가 다른 업체 담당자에게 거친 독설을 내뱉은 일이 여러 번 있었던 것을 생각하면, 파나소닉 대표단의 면전에 험악한 욕을 퍼붓지 않은 것만도 천만다행이었다. 머스크는 제대로 복수해주겠다며 이를 갈았다.

다음 날인 토요일에 그는 테슬라 본사로 팀을 소집해서 배터리를 직접 생산하겠다고 통보했다. 이렇게 말한 게 이번이 처음은 아니었지만, 분명 예전과 다른 점이 있었다. 모델S를 생산할 때는 파나소닉에 의존했지만, 모델3가 성공을 거두려면 더는 제3자에게 기대서는 안 된다는 점이었다. 머스크와 스트라우벨이 개인 전용기 안에서 상상하던 일이 이제 현실이 될 참이었다.

하지만 테슬라가 파나소닉의 배터리셀을 구매하지 않는다고 해서 파나소닉의 자금도 거절한다는 뜻은 아니었다. 2006년에 켈티를 고용해서 큰 도움을 받았듯이, 이번에는 파나소닉 내부에서 새로운 중심으로 떠오른 요시 야마다에게 구원 요청을 할 생각이었다. 그는 파나소닉의 고위 임원으로 동료들보다 사업을 바라보는 시각이 훨씬 서구적이었고, 특히 일본 기업의 낡은 일 처리 방식을 극복하려는 의지가 강했다. 그래서 파나소닉 미국 사업부가 현대적인 경영기법을 도입할 수 있게 조치했고, 실리콘밸리 기업들과 우호적인 관계를 형성하려고 많은 시간을 투자했다. 그는 은퇴 시기가 가까워지자 2011년에 예순의 나이로 마라톤을 시작했다. 휴가를 맞으면 독립전쟁 당시 전쟁터를 찾아서 미국 전역을 다녔다.

그러다가 일본에 돌아와서 배터리와 관련된 사업 부문을 감독하게 되었다. 테슬라와 체결한 협력관계도 이제 그의 소관이 되었다. 2009년에는 미국 사업부를 맡고 있었는데, 파나소닉이 처음으로 테슬라와 협업 여부를 고려할 때 테슬라 본사를 직접 방문했다. 그전에도 미국 임원이 실리콘밸리 지사를 운영하고 있을 때 켈티의 초청으로 기술 전문 기업을 여러 곳 방문한 일이 있었다. 그래서 2013년 머스크의 요구로 협상이 무산될 뻔했을 때 야마다가 직접 개입해서 위기를 해결했다. 그 시점까지 파나소닉 본사는 테슬라와 다지는 협력관계를 배터리 사업 부문의 한 업무로 취급했고, 일본 본사의 주요 임원 중 아무도 직접 관여하지 않았다. 야마다는 책임자를 따로 두어야겠다고 생각했다.

그해 가을에 두 기업은 계약을 연장한다고 발표했다. 테슬라가 요구하는 모델3 건을 처리해야 했으나 새로운 수요를 감당하기에 파나소닉의 역량이 다소 부족했다. 그래서 야마다가 모든 일을 50 대 50으로 나누고 양측이 통제권을 공유하는 방식의 합작 투자를 제안했으나, 머스크가 몹시 불쾌해했다. 머스크와 함께 일해본 사람이라면 그가 절대로 권력을 분담하지 않는다는 사실을 잘 알고 있었다. 그 무렵, 켈티와 스트라우벨은 양측 회사 대표들이 제기하는 우려를 덜어줄 방안을 찾고 있었다.

그 시기에 스트라우벨에게는 많은 변화가 있었다. 그해 여름에 스트라우벨은 테슬라 인적자원팀에 근무하는 보리아나라는 젊은 여성과 결혼했다. 그녀는 스트라우벨처럼 데이터를 다루는 데 능숙했으며 자칭 괴짜였다. 또한 2013년 후반에는 스트라우벨이 대규모 배터리 공장을 건축하려고 슬라이드를 준비했다. 이 과정은 만만치 않은 작업이었다. 단계별로 공장을 짓고 회사의 필요에 따라 공장 용적을 추가할 가능성도 있었다. 93만 제곱미터의 단일 건물로 된 공장은 펜타곤보다 더 큰 규모인데, 공사비가 50억 달러를 웃돌았다. 400만 제곱미터가 넘는 부지를 확보해야 하고 6,500명의 인력을 투입해야 했다.

이 계획은 오늘날 대부분의 자동차 제조사가 기업을 운영하는 방식보다는 100년 전 헨리 포드가 사업을 구상한 방식과 비슷한 점이 더 많았다. 일부 팀원은 머스크가 주장한 대로 배터리를 책임지는 안을 반대했다. 켈티는 걱정이 앞섰다. 이렇게 하면 일이 너무 복잡해져서 파나소닉이 새로운 해결책을 찾으러 나설 가능성이 컸다. 그래도 스트라우벨은 테슬라 공장 한쪽에 배터리 생산 작업장을 마련해서 파나소닉이 운영하게 하고, 반대편에서는 테슬라가 배터리팩을 조립한다는 원대한 계획을 세웠다. 이렇게 수직통합으로 완성된 설비에 배터리셀 생산 원자재를 투입하면 배터리팩이 생산될 테고, 이 생산품을 가져다가 프리몬트에서 모델3를 조립할 생각이었다.

이렇게 배터리팩을 미국에서 생산하면 선적 비용만 30퍼센트 가까이 절약할 수 있었다. 하지만 자동차 출고가를 낮춰서 전기자동차 시장을 장악하려면 허리띠를 더 졸라매야 했다. 비슷한 크기의 휘발유 자동차와 비교하면, 휘발유 차량의 가격이 1만 달러가량이나 더 저렴했다.

머스크는 이 시스템을 스트라우벨의 기가팩토리GigaFactory라고 불렀다. 마침 최고기술책임자가 분위기 쇄신이 절실히 필요하다고 느끼던 시기에 기가팩토리가 등장했다. 머스크는 고위 임원단을 확장하는 참에, 자동차 조립팀과 배터리팀이 양분되어 앙숙으로 지내도록 내버려두지 말고 두 조직을 통합해서 한 명의 책임자에게 맡기기로 마음먹었다. 스트라우벨은 프리몬트에서 배터리팩 라인의 초기 운영을 별 무리 없이 감독했던 그렉 라이쇼Greg Reichow를 승진시키자고 제안했고, 머스크도 동의했다. 그런데 놀랍게도 라이쇼는 스트라우벨이 머스크에게 직접 보고하는 자리에 함께했고, 모델S와 모델X를 둘 다 생산할 새로운 조립라인을 만들라는 지시도 받았다. 스트라우벨의 입지가 점차 좁아지고 있었다.

동시에 머스크는 오래전부터 애플의 고위급 엔지니어였던 더그 필드Doug Field에게 눈독을 들이고 있었다. 필드를 데리고 직접 공장을 안내하는 머스크를 보고 고위 임원들은 머스크가 필드를 단지 고위급 엔지니어로만 대하는 것이 아님을 눈치챘다. 그는 테슬라의 새로운 시대를 열어줄 새로운 경영진을 대표하는 인물이었다. 지금까지 피터 롤린슨이 영입한 엔지니어들은 기존의 대형 자동차 제조사에서 경력을 쌓은 다음 작은 스타트업에서 새로 시작하려는 사람들이었다. 한편 스트라우벨이 이끄는 팀은 스탠퍼드대학교를 갓 졸업하고 실리콘밸리에서 사회생활을 시작하는 젊은이가 많았다. 그런데 필드는 둘 중 어느 쪽도 아니었다. 경험 많은 기업형 군인으로, 애플에서 수천 명의 직원을 감독했고 맥컴퓨터의 엔지니어링을 진두지휘했다. 필드를 영입하면, 테슬라가 기존의 대형 기업과 어깨를 나란히 할 뿐만 아니라 그들의 인재를 빼내갈 정도로 위협적인 존재임을 실리콘밸리에 선포하는 것이나 다름없었다.

필드는 테슬라를 전문성 갖춘 새로운 기업으로 탈바꿈시킬 적임자였다. 그는 1987년에 퍼듀대학교를 졸업하고 포드모터스에서 경력을 시작했지만, 자동차 제조사의 기업 문화에 크게 실망하고 포드를 떠났다. 포드에서는 렉서스와 BMW에 맞서는 경쟁 방안을 연구했는데, 그러다 보니 포드가 그들의 경쟁 상대가 되려면 한참 멀었다는 판단이 섰다. 그뒤 세그웨이로 직장을 옮기고 전기 스쿠터 업무를 감독했다. 하지만 그때는 전기 스쿠터 하면 시기상조라고 여기던 시절이었다. 그는 결국 스티브 잡스에게 발탁되어 애플에 자리를 잡았다.

스트라우벨은 필드를 설득하는 머스크를 지켜보았다. 모델3 개발을 감독하게 해주면 필드가 테슬라에 합류할 것이 분명했다. 스트라우벨은 이제 새로운 무언가가 필요했다. 기가팩토리라면 스트라우벨의 제국을 따로 세울 수 있을 것 같았다. 리튬이온 배터리 전기자동차의 심각한 결함을 이미 해결했고, 이제는 전기자동차의 확장에 가장 큰 방해가 되는 요소인 비용 문제를 해결할 차례였다.

머스크와 스트라우벨은 한 가지 위험한 계획을 세웠다. 두 사람은 테슬라가 새로운 설비를 마련하는 데 자금을 지원하도록 공급업체와 주정부를 압박할 방안을 생각해냈다. 공급업체에는 개발에 참여해 달라고 요구했는데, 그렇게 하면 가격표의 절반을 파나소닉과 같은 기업이 부담하게 만들 수 있겠다고 예측했다. 이 계획은 주정부에서 허가하는 인센티브 비율도 아주 높았다. 어떤 주에서건 테슬라의 공장을 허가해주면 공장에는 숙련된 기술이 필요하므로 그 지역에 급여가 매우 높은 양질의 일자리 수천 개를 창출하게 된다는 주장이었다. 디어뮈드 오코넬은 테슬라를 위기에서 구해준 에너지부의 대출 프로그램과 프랜차이즈 대리점하고 겪은 갈등을 모두 살펴보고 나서, 여러 주정부에 연락을 넣기 시작했다. 그는 소수의 주정부가 입찰 경쟁에 나서게 할 작정이었다. 텍사스주가 몹시 탐났는데, 프랜차이즈 대리점 보호 규정을 개정하는 데 필요한 의회 승인을 추진할 만한 동력을 제공할 수 있는 장소였기 때문이다. 하지만 머스크는 자택에서 가까운 캘리포니아를 선호했다. 그러던 중 네바다주 스파크스의 리노라는 소도시 외곽에서 찾은 땅이 공장 부지로 최적이라는 생각이 새록새록 들었다. 네바다주는 이들을 두 팔 벌려 환영할 태세였고, 부지 위치도 프리몬트 공장에서 자동차로 네 시간이면 충분한 거리였다. 머스크가 로스앤젤레스에서 실리콘밸리까지 전용기로 이동하는 시간과 별 차이가 없었다.

테슬라는 주정부 관계자를 본사로 초대해서 향후 계획을 설명했다. 물론 본사 사무실에는 경쟁을 벌이게 될 다른 주정부 관계자들도 모여 있었다. 그들은 모두 테슬라를 유치하려면 어마어마한 비용이 든다는 점을 곧 깨닫게 되었다.

2014년 2월 말에 테슬라는 압박감을 줄이기 위해 향후 계획을 공개하며 신규 대출로 160억 달러를 확보하려고 나섰다. 투자자들에게는 이번 자금을 대형 배터리 공장과 3세대 자동차, 회사의 기타 업무에 사용할 계획이라고 밝혔다. 그러자 다들 파나소닉의 합류 여부에 큰 관심을 보였다.

한편 일본에서 야마다는 프로젝트를 둘러싸고 거센 반대에 부딪혔다. 자동차 업계의 수많은 관계자는 전기자동차의 실질 수요가 어느 정도나 되는지 가늠할 수 없었다. 쉐보레 볼트나 새로 시장에 진입한 닛산 리프에 소비자가 보이는 반응도 열광적이지 않았다. 파나소닉 관계자는 거액을 들여 공장을 지어서 테슬라와 함께 사용하되 소유권은 테슬라가 가져간다는 사업 구상을 그리 반기지 않았다. 그런 방식으로 공장을 다른 기업과 공유한 전례가 없었다. 파나소닉을 설득하려면 우선 테슬라의 태도가 매우 진지하다는 확신을 야마다에게 심어주어야 했다. 스트라우벨은 작은 스타트업인 테슬라를 한번 믿어보도록 초기 투자자들을 어떻게 설득했는지 떠올렸다. 모델S가 준비되기 몇 년 전부터 다임러와 도요타를 자극하기 위해 시승 차량, 즉 사람들에게 소개하려고 실물과 거의 흡사하게 만든 프로토타입을 제작했다. 그처럼 지금도 테슬라에는 외부에 보여줄 수 있는 시범 공장이 필요했다.

하지만 프로토타입 차량과 달리 공장 청사진에 돌아온 반응은 시들했다. 파나소닉을 포함한 다른 공급업체에 테슬라가 이 프로젝트를 얼마나 진지하게 생각하는지 확신을 심어주어야 했다. 그들은 조용히 스파크스에 보아둔 공장 부지 소유자를 만나 계약하고 건축 준비에 들어갔다. 네바다주 전역에서 불도저를 비롯한 각종 건축장비를 불러들이고 거대한 조명을 설치한 다음, 수십 톤의 흙을 옮기기 시작했다. 하루 200만 달러라는 어마어마한 비용이 들었다. 스트라우벨은 테슬라의 지원군이 될 기업과 관계자들에게 자랑스럽게 보여줄 만한 상태로 부지를 정비할 생각이었다. 그들이 테슬라와 손을 잡든 말든 테슬라는 프로젝트를 계획대로 밀고 나갈 결심이라고 절절하게 호소해야 했다.

그러나 이 시도는 상당히 위험한 도박이었다. 소문이 퍼지면 테슬라가 이미 공장 부지를 선정했으니 주정부에서 자금을 지원받을 필요가 없다는 오해를 살 가능성이 있었다. 머스크는 프로젝트 비용의 약 10퍼센트에 해당하는 5억 달러를 주정부 지원금으로 충당하고 싶어 했다. 네바다주 국회의원이건 다른 주 국회의원이건 이미 공사를 시작한 공장에 인센티브를 허가할 이유가 없었다. 현지 신문에서 대규모 건축 공사 소문을 듣고 테슬라의 공장일 수도 있다고 보도하자, 테슬라는 공장을 지으려고 물색한 부지 중 한 곳이며 조만간 공사를 시작할는지 모르겠으나, 아직은 아무것도 확실하지 않다고 손사래를 쳤다. 하지만 막대한 공사비와 테슬라의 빠듯한 주머니 사정을 감안하면 수긍하기 어려운 핑계였다.

그러나 이런 세세한 분위기는 중요치 않았다. 머스크와 스트라우벨은 포템킨 공장이라는 환상을 만들고 있었다. 스트라우벨은 건축 현장을 한눈에 내려다볼 수 있도록 스파크스 부지에 높은 지대를 따로 마련하고 야마다를 초대했다. 두 사람이 그곳에서 현장을 내려다볼 때 거대한 불도저와 덤프트럭이 부지런히 오가며 극적인 효과를 연출하게끔 미리 준비했다. 그래서 파나소닉이 테슬라와 함께하든 말든 테슬라가 설계한 미래는 이미 건설 중이라는 점을 목격하게 할 작정이었다.

스트라우벨은 한껏 기대감에 부풀었다. 야마다도 자신과 비슷한 심정이겠거니 생각했는데, 뜻밖에 그는 아무 말이 없었다. 그는 얼굴도 약간 창백해 보였다. 어쩌면 눈앞에 펼쳐지는 광경을 마주하고 맹렬한 질투를 느꼈을지도 모를 일이었다. 정작 야마다는 스트라우벨이 의도한 것보다 훨씬 큰 충격을 받았다. 한마디로 테슬라는 파나소닉에 사업을 함께하자고 유인하기는커녕 파나소닉을 궁지로 몰아넣어 위기감을 조성했다.

야마다는 테슬라의 미래상에 완전히 압도된 채 일본으로 돌아갔다. 그로부터 몇 주 후 스트라우벨과 머스크는 직접 일본에 가서 쓰가와 마지막 저녁식사를 함께했다. 간단히 근황을 주고받고 나서 머스크가 단도직입적으로 "우리와 함께하시겠습니까?" 하고 물었다.

쓰가는 그렇게 하겠다고 화답했다.

식사 자리를 끝내고 스트라우벨은 머스크의 전용기에 올라 캘리포니아주로 돌아갔다. 테슬라의 길지 않은 역사를 돌이켜보면, 생사의 갈림길에서 지원군을 만나 기적적으로 회생하는 행운이 거듭되었다. 다임러와 공급계약을 체결한 일도 그렇고 도요타가 버려둔 공장에서 모델S를 생산한 일도 그렇다. 하지만 이번에 파나소닉과 성사시킨 계약은 전혀 다른 차원, 그러니까 지금까지 기사회생한 경험과는 비교도 안 될 만큼 특별한 변화였다. 이번 계약으로 테슬라는 기하급수적으로 확장할 가능성을 거머쥐었다. 머스크와 스트라우벨의 예상이 옳다면 이제 배터리로 인한 병목현상은 완전히 해결되고, 가성비 좋은 전기자동차의 시대가 열릴 터였다.

# 19장

## 해외 진출

 캘리포니아에서 한참 떨어진 곳에 사이비 종교처럼 테슬라를 추종하는 사람들이 있었다. 노르웨이 오슬로에 거주하는 IT 엔지니어인 사티시 바라다라잔Satheesh Varadharajan도 그중 한 명인데, 2012년 중반 즈음에 중고 BMW X5 SUV를 처분하고 새 차를 살 생각이었다. 그러다 우연히 그해 초반에 머스크가 모델X를 공개하는 온라인 동영상을 보게 되었다. 그는 모델X에 마음이 끌려서 보도자료를 샅샅이 찾아보고 근처 테슬라 매장을 직접 찾아갔다. 그곳에서 모델S의 실물을 처음 보았다. SUV인 모델X는 한참 후에야 생산될 예정이지만, 모델S는 몇 달만 기다리면 인수할 수 있었다.
 바라다라잔은 "그 차에는 지금껏 듣도 보도 못한 새로운 기능이 엄청 많았어요"라고 회상했다. 대형 스크린과 놀라운 순간가속도가 그를 순식간에 사로잡았다. 가격정책도 아주 매력적이었다. 노르웨이 정부의 인센티브를 적용하면 실제로 지급해야 하는 대금은 6만 달러가량이었다. 그가 소유하고 있던 중고 BMW의 절반가였다. 다른 사람들도 서서히 테슬라 자동차에 관심을 보였다. 당시 테슬라에는 노르웨이가 미국에 뒤이어 전 세계에서 두 번째로 큰 시장이었다.

중국은 더 큰 가능성을 품은 시장이었다. 오염된 도시와 교통 체증으로 몸살을 앓는 중국은 정부에서 전기차 도입을 적극 추진하고 있었다. 상하이를 비롯한 대도시에서는 차량 운행 요일을 제한했지만, 전기차는 예외였다. 중국 어디서나 전기차 구매자는 세금 우대를 받을 수 있어서 실질적인 비용 부담이 크게 줄었다. 중국에서 전기자동차 시장이 확대되면 전 세계 전기자동차 시장도 더욱 성장할 가능성이 컸다. 실제로 중국에서 BMW와 메르세데스·벤츠의 판매가 증가하면서 해외 고급 브랜드 다수가 이미 큰 수익을 올리고 있었다. 고급 전기자동차는 중국에서 무조건 대박을 터트릴 품목이었다. 그러면 모델3를 출시하기 전에 테슬라가 더욱 성장해서 주류 자동차 시장을 확대할 수 있었다. 처음에는 수십억 개의 배터리를 생산할 능력부터 갖추어야 했다면, 이제는 매출을 대거 늘리기 위해 수백만 명의 구매자를 품고 있는 시장에 진입해야 했다.

조지 블랑켄십이 회사를 떠나자, 일론 머스크는 영업과 서비스 부문을 제롬 기엔에게 맡겼다. 미시간대학교에서 기계공학으로 박사 학위를 받은 그는 피터 롤린슨이 떠난 뒤에 모델S 생산을 도맡아서 머스크의 신임을 얻은 인물이었다.

유럽 일각에서는 2010년 가을에 제롬 기엔이라는 프랑스인이 테슬라에 합류한 사실을 놀라운 변화로 받아들였다. 당시 38세였던 그는 다임러에서 남들보다 빨리 승진 과정을 밟고 있었다. 독일 언론은 그가 미래에 다임러 경영진의 강력한 후보로 부상하리라고 예측했다. 다임러 CEO인 디터 제체Dieter Zetsche는 상용 트럭 부서에서 차세대 세미 트레일러 개발을 감독하던 기옌을 발탁해서 신설되는 사업 혁신 부서를 맡겼다. 기옌은 팀을 구축해서 다임러의 새로운 사업 기회를 평가하고 기술 발전이 회사의 미래를 어떻게 바꾸어놓을지 연구했다. 기옌이 거둔 성과 중 하나가 카투고Car2Go라는 자동차 공유사업인데, 카투고는 고객에게 시간 단위로 스마트 자동차를 대여하는 서비스였다.

　기옌의 측근에 따르면, 그는 이중성격의 소유자였다. 머스크를 대할 때는 매우 공손하고 우호적이었지만, 일터에서는 업무를 몰아붙이며 직원들에게 불호령을 내리거나 소리를 지르곤 했다. 이를 두고 인사팀에 불만이 자주 접수되어, 인사팀에서 기옌에게 직원들을 좀 부드럽게 대하라고 여러 차례 주의를 주기도 했다. 머스크는 '이기주의 제로 방침'을 공개적으로 내세웠지만, 많은 사람이 보기에 이 방침은 좋은 성과만 낸다면, 그리고 머스크에게만 함부로 굴지 않는다면 아무리 까다롭고 성미가 못된 사람이라도 적극 밀어주겠다는 뜻이었다. 물론 누군가를 까다롭고 성미가 못되었다고 보는 건 전적으로 주관적인 문제다. 똑같은 사람을 누군가는 영락없는 폭군으로 보지만, 다른 사람은 단도직입적이고 시원시원하게 업무를 처리하는 능력자로 볼 수도 있다. 머스크 처지에서 기옌은 일이 잘 풀리지 않을 때 등장한 멋진 해결사였다. 기옌은 직원들에게 의견을 구할 일이 있으면 생각할 시간이 넉넉한 토요일에 찾아오라고 하고, 점심시간에는 혼자 있고 싶으니 절대 방해하지 말라고 했다. 이런 태도는 전임자인 조지 블랑켄십과 극명한 대조를 이루었다. 블랑켄십은 매출 실적이 좋은 매장에 피자 파티를 열어주었고, 질문을 받으면 항상 친절하고 신속하게 답변했다.

기옌의 고향인 유럽은 테슬라의 다음 교두보였다. 그래도 가장 가치가 큰 시장은 단연 중국이었다. 머스크는 2014년 초반에 〈블룸버그 뉴스〉와 인터뷰하며 중국에서 테슬라 판매에 들어가면 단 1년 만에 미국 시장 판매량을 따라잡을 거라고 예측했다. 물론 "저도 확신하지는 못해요. 그냥 제 추측이니 정확하다고 장담할 순 없어요"라고 덧붙였다. 기옌은 애플 임원 출신의 베로니카 우Veronica Wu를 영입해서 중국시장의 성장세를 감독했다. 애플도 중국에서 거의 인지도가 없었으나 그녀의 활약으로 주요 성장 동력을 마련해서, 자사의 미국시장 매출에 버금갈 만큼 중국시장에서 성장했다. 그녀가 맡은 업무는 교육과 기업 판매였다. 이 부문은 업무 특성상 눈에 잘 띄진 않지만, 소비자에게 직접 애플 제품을 판매하는 부서만큼이나 매우 중요한 역할을 했다.

채용 인터뷰에서 기옌은 그녀에게 중국시장을 어떻게 바라보는지 글로 써서 보내 달라고 요청했다. 머스크를 만나기 전에 그녀의 의견을 먼저 전할 생각이었다. 그러자 우는 중국에서 테슬라의 브랜드 인지도가 아직 낮으므로 현지에서 인지도를 얻는 데 일단 주력해야 한다고 강조했다. 또한, 외국 기업이 미국에서 효과를 거둔 사업 방식이 중국에서도 통할 거라고 낙관했다가 여러 난관에 부딪히는 사례가 많다며 주의하라고 당부했다. 그녀는 마지막으로 현지 정부에 공을 들이라고 조언했다. 미국 정부를 상대할 때는 규제 여부만 따지면 되었지만, 중국 정부는 절대 그렇지 않았다. 그들은 마음만 먹으면 테슬라를 깡그리 무너뜨릴 수도 있는 존재였다. 중국에서 살아남는 비결은 다윈의 진화론이라면서, 기업 고유의 장점이나 필살기가 아닌 현지 적응력이 성공을 좌우한다고 언급했다.

테슬라에 입사해서 우가 주로 맡은 업무는 테슬라 자동차를 중국에 소개하고, 중국 정부에서 전기자동차 보조금 혜택을 허가받는 일이었다. 상하이에 갔더니 정부 관료들이 그녀를 열렬히 환영하며, 정부에서 전기자동차 보조금을 아직 허가하지 않았는데도 전기자동차 번호판을 부착할 수 있도록 허가를 내주었다. 상하이시 관료들은 테슬라가 중국에 공장을 설립할 계획이 있는지 궁금하다면서, 만약 그렇다면 상하이에서 추진해보라고 권유했다. 자동차 생산공장이 새로 들어서서 일자리를 창출하면 현지 정부 관료들에겐 더없이 반가운 일이었다. 그들이 맡은 지역구의 경제가 성장하면 그들의 승진은 따놓은 당상이었다. 상하이는 중국 다른 지역보다 서방 국가의 자동차 업체에 항상 관대했다. 하지만 해외 자동차 업체가 독자적으로 현지 공장을 설립하는 건 불가능했고, 현지 업체와 합작해서 운영권의 절반을 넘겨줘야 했다. 제너럴모터스와 폭스바겐도 상하이에 중국 사업팀 본사를 두고 현지 벤처기업과 협력관계를 체결했다.

하지만 머스크는 중국 현지 기업과 손잡는 방식에 거부감을 느꼈다. 브랜드는 물론이고 전기자동차 기술의 통제권을 빼앗길까 봐 두려웠다. 하지만 현지 기업과 합작하지 않으면, 해외 자동차 제조사는 중국 현지에서 자동차를 생산할 수 없었다. 해외에서 생산된 차를 수입 및 판매하려면 25퍼센트의 관세를 부담해야 했다.

그래서 모델3를 저렴한 가격에 출시하겠다는 목표는 무산될는지 모르나, 현지의 부족한 생산량이 테슬라의 가장 큰 초기 장애물은 아니었다. 그보다 더 시급한 문제는 충전 인프라였다. 중국 주요 도시의 구매자는 대개 고층 건물에 거주하는데, 이런 데는 전기자동차를 주차하거나 충전할 장소가 마땅치 않았다. 베이징과 상하이에서는 슈퍼차저 충전소를 마련하는 일이 급선무였다.

여러 어려움이 있었지만, 우는 처음 몇 달간 좋은 성과를 기록했다. 4월 말에 베이징을 방문한 머스크는 공업단지에 세워진 전기충전소에서 첫 번째 모델S 세단을 현지 고객에게 전달하는 행사에 모습을 드러냈다. 중국 소비자는 전기자동차뿐만 아니라 테슬라의 기업철학을 높이 사주던 캘리포니아 고객들과는 사뭇 달랐다. 12만 달러를 내고 전기자동차를 구매하는 중국 소비자들이 기대한 건 텅 빈 곳이나 다름없는 쇼룸이 아니라 최고급 서비스였다. 여느 자동차 대리점이라면 고급 자동차를 구매한 고객은 다과가 준비된 라운지에서 여러 혜택을 누릴 수 있었다. 그들은 공개적으로 테슬라를 향해 불만을 쏟아냈다. 한번은 한 남성이 베이징의 테슬라 매장 바깥에 기자들을 불러 모아놓고, 그들이 지켜보는 가운데 자신이 구매한 모델S 앞 유리를 망치로 부숴버렸다. 앞 유리가 늦게 배송되었다고 항의한 것이다.

우는 기엔에게 테슬라가 중국시장에서 매출을 신장하려면 애플처럼 협력사의 매장을 활용해야 한다고 주장했다. 애플도 미국에서 직영 매장을 운영했지만, 중국에서는 협력사의 매장을 사용하기로 동의했다. 하지만 기엔은 머스크가 프랜차이즈 매장 운영에 얼마나 강경한 태도를 보이는지 잘 알기에 그녀의 제안을 받아들일 수 없었다. 테슬라는 판매 경험을 직접 통제하는 것이 기본 원칙이었고, 새로운 주요 시장에 도전할 때도 이 원칙을 포기하지 않았다. 이런 어려움 속에서도 중국시장에서 3사분기 매출이 활기를 띠기 시작했다.

이렇게 사업의 발판을 마련하는 과정에서 우는 생각지 못한 커다란 장애물을 만났다. 2014년 가을에 캘리포니아에서 머스크가 마케팅 마법을 부렸는데, 인터넷으로 이 소식을 알게 된 중국 고객들이 반발하기 시작했다.

10월에 머스크가 트위터를 통해 새로운 광고가 뜰 거라고 공지했고, 얼마 후에 테슬라에서 듀얼 모터를 장착한 모델S의 새로운 버전을 출시한다고 선언했다. 시속 90킬로미터까지 가속하는 데 3.2초밖에 걸리지 않는데, 이는 맥라렌F1 슈퍼카에 필적하는 수준이라고 자랑했다. 또한 오토파일럿이라는 소프트웨어도 출시할 예정인데, 인공지능을 사용해서 차량 주행 일부를 소프트웨어가 알아서 처리해주고 주행거리도 크게 향상될 거라고 설명했다.

"한마디로 이 차를 타보면 '미쳤다'는 말이 절로 나올 겁니다. 비행기가 이륙할 때처럼 가속도가 순식간에 올라가죠. 그 짜릿함은 직접 느껴보지 않으면 절대 알 수 없어요. 내가 원할 때 마음껏 탈 수 있는 개인 전용 롤러코스터가 생겼다고 생각하면 됩니다." 운전자는 터치스크린에서 '정상 주행', '스포츠카', '인세인insane(미친)' 모드 중 하나를 선택할 수 있었다. 그는 미국에서는 지금 바로 주문할 수 있고, 북미 지역에는 12월부터 배송할 수 있으며, 유럽과 아시아에는 12월 이후에 배송된다고 설명했다.

중국 현지 팀은 이러지도 저러지도 못하는 처지가 되어버렸다. 모델S 예전 버전을 주문해놓고 기다리다 지친 고객들은 이미 세부 옵션까지 지정한 주문사항을 무시하고 새로운 버전을 요구하기 시작했다. 프리몬트 공장에서 출시한 자동차는 배편으로 중국에 배송되었으므로 고객에게 인도하려면 2개월 이상 걸렸다. 달리 말해 조만간 수백 대의 자동차가 중국에 도착하는 즉시 무용지물이 되어버린다는 뜻이었다. 더군다나 새로 나온 버전은 언제쯤 중국에 들어올 수 있을지 확실치 않았고 가격도 미리 확인할 수 없었다. 우는 팰로앨토에 연락해보았지만, 미국 본사도 제대로 된 답을 준비하지 못한 상태였다.

해가 바뀌면 최신 기술도 구식이 되기 때문에 전 세계 자동차 업체들은 항상 새로운 모델을 개발해야 했다. 자동차 업계에는 늘 있는 일이었다. 자동차 대리점에 구형 자동차 재고가 쌓여 넘치지 않도록 관리하는 일도 본사 몫이었다. 구형 모델은 흔히 할인된 가격에 판매하는데, 이런 기획을 진행하기에 가장 좋은 시기는 8월 즈음이었다. 하지만 머스크는 영업 원칙을 내세워 이런 할인판매를 용납하지 않았다. 팰로앨토는 중국시장의 매출 현황을 확실하게 통제하고 싶었다.

그러나 현지에서는 주문 취소가 걷잡을 수 없이 늘어났다. 사실 중국에서 테슬라는 이제 막 알려지기 시작한 신생 브랜드였다. 4사분기 매출이 3사분기 대비 33퍼센트 하락했고, 여론조사기관에 따르면 테슬라가 중국으로 수입한 차량의 절반가량이 연말까지 미등록인 채로 남아 있었다. 기옌은 이런 매출 하락이 머스크가 아닌 우의 책임이라고 판단하고, 즉시 그녀를 해고했다. 2015년 초반에 중국시장에서 매출이 더욱 하락하자, 머스크는 이메일을 통해 "장기 관점에서 긍정적인 현금 흐름을 창출하는 명확한 경로"를 제시하지 못하는 관리자는 해고 또는 강등하겠다고 단호하게 경고했다.

바라다라잔은 오슬로에서 모델S를 주문하고 만 1년이 지난 2014년 중반에 차를 인수했다. IT 회사 임원이었던 그는 모델S에 만족했다. 특히 집에서 손쉽게 충전할 수 있어 주유소에 가지 않아도 된다는 편리함이 마음에 들었다. 고객지원 서비스도 지금까지 경험한 것과는 차원이 달랐다. 한번은 유럽에서 차를 운전하다가 고장이 나서 오슬로에 있는 고객지원센터로 연락했더니 센터에서 일단 비행기로 먼저 돌아오면 차를 따로 실어다주고 항공료도 대신 처리해주겠다고 안내를 받았다.

노르웨이의 다른 고객들도 테슬라에서 비슷한 서비스를 받았다는 이야기를 전해 듣기도 했다. 그는 2014년 6월에 테슬라오너스클럽Tesla Owners Club 노르웨이 지부 회장을 맡았다. 테슬라오너스클럽은 테슬라에서 운영하는 충전망을 확장하기 위해 조직한 단체였다.

회장을 맡은 첫해에도 모델S에서 몇 가지 문제가 발견되었다. 도어 핸들이 제대로 작동하지 않는 현상은 비교적 자주 보고되는 결함이었다. 차를 운전하면 덜컹거리는 소리도 났다. 하지만 수리 예약이 그다지 어렵지 않은 데다 오래 기다리지 않고 바로 서비스를 받을 수 있었다. 그런데 2015년에는 사정이 조금 달라진 것 같았다. 예약하는 데만 여러 주를 기다려야 했고, 수리를 받으려면 또다시 며칠 또는 몇 주를 보내야 했다. 다른 클럽 회원들도 예약이나 수리 대기시간이 길어진다고 불평하기 시작했다. 팰로앨토에 있던 기엔 팀도 이 문제를 파악하고 있었다. 데이터를 살펴보면 노르웨이에서 차 수리를 받는 데 평균 60일이 걸렸다. 인터넷에는 일부 고객이 두 달이 훌쩍 넘는 기간을 기다려야 했다고 불만을 토로하는 글이 올라왔다. 캘리포니아에서는 평균 한 달이면 수리를 받을 수 있었다. 테슬라 처지에서 노르웨이는 광산의 카나리아 같았다. 테슬라 사업이 노르웨이에서 번창한 데는 전기자동차 판매를 늘리기 위해 정부에서 지급하는 보조금이 큰 역할을 했다. 미국에서 2014년에 신규 차량 구매자를 대상으로 실시한 설문조사를 보면 테슬라 구매자는 대부분 차량을 2대 이상 보유하고 있었으나, 노르웨이에서는 대다수 구매자가 일상생활에서 사용하려고 전기차를 선택했다.

바라다라잔도 그런 고객이었다. 이제 테슬라가 조처하지 않으면 모델X를 출시할 무렵 노르웨이 상황은 더욱 악화할 테고, 3세대 자동차가 등장할 때는 걷잡을 수 없을지도 모를 일이었다. 매사추세츠, 텍사스 등 몇몇 주의 프랜차이즈 대리점들은 여전히 테슬라의 직영판매를 반대했는데, 이런 사고가 발생할 수 있기 때문이었다. 노르웨이의 지연 사태가 미국으로 이어지면 테슬라는 경쟁업체들의 손쉬운 먹잇감이 되고, 새로운 고객들은 테슬라 제품을 겁낼 확률이 높았다. 이제 막 브랜드 이미지를 굳히기 시작하는 시점에서 그런 문제가 생기면 치명적이었다.

캘리포니아주에 사는 보니 노먼은 로드스터를 보유하고 있었다. 그녀는 테슬라오너스클럽 사이트를 챙기고 있었는데, 거기에 올라오는 글의 내용이나 어조가 조금씩 달라지는 기미가 보였다. 새로 테슬라 전기차를 구매하는 사람들이 이런저런 불만을 토로했다. 이렇게 비싼 자동차를 사서 이런 말썽을 겪으리라고는 꿈에도 생각지 못했다는 것이었다. 그녀는 마음이 불안해졌다. 전기차를 자동차 시장의 대세로 만들겠다는 머스크의 포부를 응원하고 있었기에, 전기차를 처음 구매하는 사람들의 마음을 확실히 사로잡으려면 뭔가 더 필요하다고 생각했다.

그녀는 머스크의 대리인 디어뮤드 오코넬에게 더욱 섬세하게 교육 전략을 개발해야 한다고 의견을 적어서 보냈다. 새크라멘토와 레이크 타호에는 이미 노먼의 도움으로 테슬라오너스클럽이 꾸려져 있었고, 다른 도시에도 속속 생겨나고 있었다. 이 클럽 회원들은 충성도가 높아서 테슬라에 큰 힘이 될 수 있었다. 전통적인 방식의 광고는 하지 않았지만, 구매고객에게 인센티브를 제공해서 이들을 사실상 브랜드 홍보대사로 활용하기 시작했다. 테슬라 차량을 구매한 사람이 구매를 고심하는 사람에게 추천 코드를 보낼 수 있는 시스템을 개발했다. 추천 코드를 입력하는 신규 고객에게 혜택을 주고, 추천 코드를 제공한 기존 고객도 성공 보수에 해당하는 포인트를 받아서 향후 테슬라의 다른 제품을 구매할 때 사용할 수 있게 했다. 노먼도 특별한 모델X를 사려고 추천 코드를 열심히 활용했다.

노먼은 이렇게 주장했다. "테슬라 자동차 소유주들이 모인 단체는 테슬라를 위해서라면 뭐든 할 준비가 되어 있죠. 테슬라 행사가 있으면 그들이 나서서 안내판을 만들고, 행진을 진행하고, 전국을 횡단해서 장거리를 달려온 테슬라 운전자를 위해 바비큐까지 준비합니다. 그들의 열정과 에너지를 활용해서 모델3 시장을 교육하면 어떨까요? 그러면 테슬라 자동차를 처음 구매하는 고객들의 궁금증이나 차량 문제가 아닌 다른 질문에 대응하느라 테슬라 업무가 마비되는 일은 아마 없을 텐데요. 제가 말씀드린 이런 상황은 테슬라가 언젠가 반드시 마주하게 될 겁니다. 테슬라 자동차 소유주들의 열정을 잘 활용하면 이런 사정을 해결하는 데 큰 도움이 될 거예요."

해외영업 및 서비스 문제 때문에 기옌은 하루도 마음 편히 지낼 수 없었다. 2015년에 머스크는 테슬라의 연간 판매량을 5만 5,000대까지 늘리겠다는 야심 찬 목표를 발표했다. 이는 2014년보다 74퍼센트나 높은 수치였다. 하지만 상반기가 마무리될 무렵 테슬라는 연간 목표에 한참 못 미치는 매출을 기록하고 있었다. 영업팀 책임자는 물론 팀원들 모두 고전을 면치 못했다. 지칠 대로 지친 기옌은 안식년이 필요하다며 회사를 떠나버렸다. 또다시 영업팀은 큰 혼란에 빠졌다.

그해 봄부터 머스크가 영업 부문을 직접 진두지휘하기 시작했다. 이사회 임원인 안토니오 그라시아스와 그의 조력자인 팀 왓킨스가 테슬라로 돌아와서 이 실태를 파헤쳤다. 두 사람은 로드스터가 흥행하던 초창기에 영업 부서를 구축할 때 도움을 주었고, 모델S를 적극적으로 밀어붙여야 했던 시기에 또 한 번 힘을 실어주었다. 하지만 이번에는 두 사람도 매출을 반등시킬 새로운 방안을 쉽게 제시하지 못했다. 일부 경영진은 모델S 수요가 이미 한도에 도달한 것 아니냐는 의구심을 떨치지 못했다. 머스크는 솔라시티를 운영하는 사촌들에게 연락했다. 그 회사에서 가장 우수한 영업사원인 헤이즈 버나드Hayes Barnard를 통해 실정을 파악해 달라는 뜻이었다.

버나드가 지적한 문제 중 하나는 영업사원이 판매 1건을 성사시키는 데 여러 주가 걸린다는 점이었다. 예전부터 테슬라 영업팀은 고객을 교육하는 데 초점을 맞추고 직접적인 영업 기술을 사용하지 않았다. 이제 머스크는 그 방법을 중단하고 영업사원에게 잠재고객을 설득하는 데 집중하라고 지시했다. 버나드는 미국 전역의 테슬라 영업점에서 실적이 가장 우수한 영업사원을 간추린 다음 이들의 영업 방식을 녹화해서 전 세계 영업사원에게 제공할 교육 프로그램을 만들었다.

머스크는 엔지니어링과 무관한 업무를 처리하자니 따분하게 느껴져서 수년 전에 이 업무를 블랑켄십에게 떠맡겼었다. 이제 다시 맡아줄 임원을 고용해야겠다는 생각이 들었다. 새로운 영업팀 책임자를 찾으려고 존 맥닐Jon McNeill이라는 외부 컨설턴트를 찾아갔다. 페이스북 CEO인 셰릴 샌드버그Sheryl Sandberg가 추천한 전문가였다. 셰릴의 남편이 살아 있을 때 맥닐과 친분이 깊었다. 머스크는 영업팀을 맡길 사람을 추천받으려고 실리콘밸리의 인맥을 검토하던 중 맥닐의 이름을 떠올렸다.

맥닐은 최근 몇 년간 테슬라가 영입한 주요 임원들과는 성향이 전혀 달랐다. 그는 스타트업이 어떤 종류의 위험 부담을 감수해야 하는지 잘 아는 기업가였다. 10여 년 전에 《패스트컴퍼니》는 올해의 가장 혁신적인 기업가를 선정할 때 맥닐도 함께 거론하면서, 그가 자동차 수리 업체인 스털링컬리전센터스Sterling Collisions Centers Inc.를 크게 확장해서 40여 곳의 매장을 열고 연매출 1억 2,000만 달러를 달성했다고 보도했다. 그동안 충돌사고를 당하면 힘들고 불편했던 차체 작업 과정을 개선했기에 가능한 결과였다. 맥닐 덕분에 테슬라는 데이터를 활용해서 고객 경험을 개선하는 기술이 크게 발전했다. 그는 영업을 포함해서 엔지니어링과 무관한 업무 전반을 공식적으로 통솔하기 전부터 영업 절차를 제대로 파악하기 위해 테슬라 매장 곳곳을 직접 돌아다녔다. 또한 고객으로 가장해서 시승을 한 뒤에 매장마다 각기 다른 이메일 주소를 남겼다. 그렇게 몇 주 기다려보았지만 어느 매장에서도 그에게 차량 문의를 권유하는 이메일을 보내지 않았다. 테슬라는 초창기부터 고객이 일단 시승만 하면 기존 차량과 비교해서 전기자동차가 확연히 다르다는 점을 깨달으리라고 생각했다. 그라시아스와 왓킨스가 시승 경험을 중심으로 영업 절차를 마련했기 때문에, 시승이 끝난 직후에 영업사원은 손님에게 차량 구매를 적극적으로 권유해야 했다. 하지만 시승을 했는데도 아무도 차량 구매를 권유하지 않은 점으로 보아 영업팀의 안일한 태도가 문제라는 것이 명확해졌다.

새로 기용된 맥닐은 직접 노르웨이로 출장을 떠났다. 그는 테슬라 현지 매장에서 바라다라잔과 그가 운영하는 클럽의 임원들을 만났고, 본사에서 조속히 문제를 바로잡겠다며 그들을 안심시켰다. 하지만 그는 단지 직원을 많이 채용하고 테슬라 매장과 고객지원센터를 더 늘리기보다는 고객 경험을 개선할 방안을 모색할 생각이라고는 밝히지 않았다. 테슬라는 모델3가 노르웨이에 상륙한 이후에 진정으로 필요해질 것들을 제공할 자금이 없었다. 대신 맥닐 팀은 모델S에서 나오는 데이터를 모두 검토하고, 좌석 교체나 브레이크 수리를 포함한 서비스 사항의 90퍼센트를 원격으로 찾아낼 수 있을뿐더러 그중 80퍼센트는 고객의 집이나 사무실에서 고칠 수 있다는 결론을 얻었다. 달리 말해 배터리나 드라이브트레인을 교체해야 하는 고장 말고는 모두 원격으로 수리할 수 있었다. 그래서 고객지원센터를 확장하는 데 수백만 달러를 투자하지 않고, 대신 기술자 수백 명을 투입해서 서비스 밴이 직접 고객의 집을 방문해 차를 수리하는 서비스를 마련했다.

바라다라잔은 오슬로에 있는 테슬라 고객지원센터를 둘러보면서 맥닐의 말을 더욱 신뢰하게 되었다. 그가 맥닐과 이야기를 나누던 순간에도 매장 안에서는 수십 명이 채용 면접을 보고 있었다.

## 20장

## 차고의 야만인

로렌스 포시Lawrence Fossi의 사무실은 맨해튼 한중간에 들어선 트럼프 타워 14층에 있었다. 그는 독특하게도 뉴욕에서 가장 화려한 억만장자의 개인 사무실을 관리하는 일을 했다. 그의 상사인 스튜어트 라르Stewart Rahr는 60대 후반이었는데, 제약회사를 매각하고 아내와 이혼한 뒤에도 맨해튼 사교계를 장악한 대단한 인물이었다. 《뉴욕포스트》에는 그가 모델이나 유명 인사와 얽힌 염문설이 자주 실렸다. 언론에 본인 기사가 나오지 않을 때도 그는 레오나르도 디카프리오처럼 유명한 배우와 함께 찍은 사진이나 옷을 다 벗다시피 한 미녀들에게 둘러싸인 사진을 수많은 유명 인사, 언론인 또는 비슷한 부류의 부자들에게 이메일로 전송했다. 2013년 《포브스》에는 "자유롭고 쾌락주의적인 현인이자 인생 유희의 제왕인 억만장자 스튜어트 라르"라는 머리기사가 등장하기도 했다.

반면, 포시의 생활은 매우 정적이었다. 그는 겉으로 드러나지 않은 실세였다. 형제자매 여섯 명과 함께 자랐으며, 가족 중 처음으로 대학 교육을 받은 사람이었다. 그는 고향인 코네티컷에서 가장 먼 것 같다는 이유로 휴스턴에 있는 라이스대학교에 진학했다. 1957년생이었는데, 워터게이트 사건이 터진 즈음에 학교를 졸업하고 코네티컷주 윌튼에 있는 조그만 주간신문사에 취직했다. 회사가 작다 보니 지방정부에 관한 보도부터 1면 레이아웃까지 거의 모든 일을 도맡아 처리했고, 특히 직접 기사를 써야 했다. 일 년 뒤에는 예일대학교 법학대학원에 진학했으며, 졸업하고 나서 휴스턴에 있는 대형 로펌 빈슨앤엘킨스Vinson & Elkins LLP에 입사했다.

회사에서 처음에는 산업 분야에 주력했으나, 결국 상업소송에서 전문성을 쌓으며 라르와 연이 닿게 되었다. 1999년에 라르는 자신이 투자한 폐기물 처리회사에 사기를 당했다는 생각이 들어서 소송을 진행했는데, 그때 포시를 고용했다. 라르는 폐기물 처리회사 임원들이 투자금 중 1,200만 달러를 횡령했다고 주장했으며, 승소했다. 소송이 끝난 뒤로도 포시와 연락을 주고받으며 이러저러한 법률 자문을 구하곤 했다. 그러다가 제약회사를 매각해야 하는 사정이 생기면서 또다시 포시에게 일을 맡기게 되었다.

매각이 마무리되고 나서 라르는 포시에게 뉴욕시에 있는 자신의 가족 사무실을 관리해줄 수 있냐고 제안했다. 하지만 포시는 투자 부문에 자신이 없어서 선뜻 그 제안을 받아들이지 못했다. 경영학을 전공하지도 않았고, 회계 분야에도 배경지식이 거의 없었다. 그가 산업 분야의 경험을 쌓은 과정은 병리학자의 실험과 비슷한 면이 많았다. 기업소송을 도맡아서 사안의 원인이 사기인지 불법행위인지 캐내는 데 많은 시간을 보냈다. 하지만 그로서는 라르의 신임을 얻는 일이 가장 중요했다.

그렇게 해서 2011년 포시는 뉴욕에 입성했다. 테슬라에 관심을 두게 된 건 라르 밑에서 일하던 중인 2014년의 일이었다. 이 기업에 대해서는 예전부터 어느 정도 알고 있었다. 라르도 테슬라의 초창기 지지자여서 수년 전에 로드스터를 여러 대 구매했다. 그런데 최근에 테슬라를 유심히 지켜보니 몇 가지 이해되지 않는 점이 있었다. 그는 일 년 전에 머스크가 배터리 교체 계획을 발표하는 모습을 동영상으로 다시 들여다보았다.

테슬라는 전기자동차의 충전시간이 길다는 단점을 보완하고 해당 기술을 일반 소비자에게 널리 알릴 목적으로 새로운 계획을 발표했다. 차량을 운행하다가 배터리를 새로 충전해야 할 상황이 되면 완충된 배터리팩으로 교체해준다는 내용이었다. 테슬라는 미국 정부에서 대출을 받아 이 계획을 준비할 수 있었고, 고속 충전 시스템 개발을 장려하는 캘리포니아주에서 연방세 공제 혜택도 더욱 많이 받게 되었다. 배터리팩을 교체해준다는 머스크의 방안은 간단한 해결책처럼 보일 수도 있지만, 전기자동차를 잘 아는 사람에게는 전혀 그렇지 않았다.

그해 여름 머스크는 검은색 티셔츠와 청바지 위에 벨벳 재킷을 입고 수많은 청중 앞에서 무대에 올랐다. 그는 일반 차량이 주유하는 데 걸리는 시간보다 더 빠르게 배터리를 교체한다고 설명했다. 또한 앞으로 테슬라 스테이션에 오면 무료 충전과 신속한 배터리 교체 중 하나를 선택할 수 있으며, 교체 비용은 대략 60달러에서 80달러라고 공지했다. 머스크가 "자, 앞으로 테슬라 스테이션에 오시면 신속하게 배터리를 교체할지 무료로 배터리를 충전할지 고르시면 됩니다"라고 말하자 청중석에서 큰 웃음이 터져 나왔다.

이 설명을 증명하기 위해 무대 위로 빨간색 모델S가 등장했다. 무대 아래에 설치된 거대한 스크린에는 직원이 아우디를 몰고 주유소에 들어가는 영상이 떴다. 테슬라의 시그니처 노래인 테크노 음악이 흘러나오자, 지켜보던 사람들의 심장 박동수가 세차게 빨라졌다. 프로젝터에는 커다란 타이머가 나타났다. 모델S 하단에는 배터리팩을 분리해내고 새것으로 설치하는 기계가 있었지만, 청중석에서는 차량 아래에서 어떤 일이 벌어지는지 정확히 알아보기 어려웠다. 한편, 아우디 운전자가 주유구를 열고 충전을 시작하는 모습이 화면에 확대되었다. 머스크는 무대 옆에서 팔짱을 낀 채 지켜보고 있었다.

1분쯤 지나자 머스크가 입을 열었다. "우리는 자동 너트러너nut runner (너트를 빨리 죄거나 푸는 공구—옮긴이)를 사용합니다. 지금 보여드리는 것이 실제로 공장에서 사용하는 너트러너입니다. 볼트가 있는 부분을 찾아서 자동으로 토크를 정확하게 조정합니다. 배터리팩을 바꿀 때마다 배터리팩 사양에 맞게 토크를 조정하는 거죠."

30초가량 지나자 모델S는 교체 작업을 끝내고 무대 밖으로 이동했다. 아우디는 아직 주유가 끝나지 않은 상태였다. 청중석에서는 환호성이 터져 나왔다. 머스크는 상단 스크린의 타이머를 쳐다보면서 이렇게 말했다. "어때요? 시간 여유가 있네요. 비슷한 실험을 한 번 더 해보겠습니다." 이번에는 흰색 모델S가 등장했다. 청중석에서는 웃음소리와 환호성이 같이 터져 나왔다. 두 번째 모델S는 약 90초 만에 교체 작업을 끝내고 무대를 빠져나갔다. "자, 주유는 이제 거의 끝나갑니다." 하지만 머스크의 이 말이 끝난 뒤로도 몇 초가 더 지나서야 주유가 끝났다. 아우디 운전자가 주유구를 닫고 떠날 채비를 하자, 머스크가 "죄송합니다.

여러분을 오래 기다리게 했네요. 제가 대신 사과드리죠"라고 덧붙였다. 두 번째 모델S가 떠난 시점을 기준으로 보자면 아우디 운전자가 다시 차에 올라서 주유소를 빠져나가는 데 약 1분이 더 걸렸다.

머스크는 장난기 가득한 미소를 지으며 무대 중앙으로 다시 걸어 나왔다. 그가 말없이 어깨를 으쓱하자 청중들이 또 한 번 환호성을 질렀다. 그는 청중의 지지에 감사하다고 인사하고 "여러분의 성원이 없었다면 테슬라도 지금 이 자리에 없었을 것"이라고 화답했다. "지금 이곳은 아직도 테슬라에 의혹의 눈길을 보내는 사람들을 설득하려고 마련한 자리입니다. 확신을 얻기까지 남들보다 시간이 좀 걸리는 사람들이 있기 마련이죠. 휘발유 자동차보다 훨씬 편리하다는 걸 꼭 보여드리고 싶었습니다. 바로 이 때문에 전기자동차가 미래의 주류 자동차가 될 수밖에 없다고 주장하는 것입니다."

머스크의 의도는 전기자동차에 대한 확신을 심어주는 데 있었으나, 트럼프타워 사무실에서 이 동영상을 지켜본 포시는 도리어 의구심이 더 강해졌다. 이미 시간이 흘러 배터리팩을 교체해주겠다는 테슬라의 원대한 계획이 실현되지 않았다는 사실을 아는 상태에서 동영상을 봤기 때문에 머스크의 말에 더 거부감이 들었을지도 모른다. 실제로 차주들의 관심은 크게 줄었다. 일부 차주는 기존 배터리팩이 결함 있는 제품으로 교체될까 봐 걱정했다. 행사 전반은 회사의 관심사가 오로지 연방세 공제 혜택을 받을 자격을 갖추는 데 있을 뿐임을 여실히 보여주었다.

하지만 포시는 일반 대중이 높은 관심을 보였다는 점을 간과할 수 없었다. 그때를 회상하며 "광신도들이 모인 종교 집단을 보는 것 같았"다고 말했다. 솔직히 말해서 머스크는 대중의 환심을 살 만한 조건을 두루 갖추고 있었다. 로켓을 만들고 자동차 업계를 완전히 뒤흔들어놓으면서, 이 세상을 더 살기 좋고 깨끗한 곳으로 바꾸겠다고 외치고 있었다. "그는 초원의 설교자였어요. 그가 설치해놓은 부흥회 텐트 안에 수많은 사람이 모여들었죠."

테슬라가 기업공개을 한 뒤로 머스크의 계획에 의구심을 품는 사람들도 있었다. 테슬라 주가가 움직이면 주가 하락을 노리는 공매도자들이 몰려들었다. 이들은 테슬라 주가에 거품이 많아서 언젠가는 기업의 실제 가치에 따라 주가가 급락하리라고 믿는 사람들이었다.

전형적인 투자자라면 100달러에 매입한 주식이 105달러가 되면 주식을 매각해서 수익 5달러를 얻으려고 할 것이다. 하지만 공매도는 이와 반대로 움직인다. 공매도자는 주가 100달러에 주식을 빌려서 곧바로 매도해버린다. 그러고는 주가가 95달러로 떨어질 때까지 기다렸다가 다시 사서 원래 주인에게 돌려주고 차액 5달러를 챙기는 것이 그들의 전략이다. 상당히 복잡한 전략이며 위험 부담도 아주 크다. 이런 시나리오에서는 주식을 오래 보유하면 최대 100달러의 손실을 입을 가능성이 있다. 공매도한 주식이 105달러가 아니라 1000달러로 상승하면 공매도자는 그만큼 비싼 가격에 주식을 다시 사들여야 하므로 900달러의 손해를 입게 된다. 이론상 공매도자의 손실은 한도가 따로 없다.

2015년 당시 테슬라 주식의 20퍼센트는 공매거래라서, 안 그래도 불안정한 주가를 더욱 흔들었다. 테슬라가 2013년에 처음으로 수익을 낸 사분기부터 2015년까지 주가 흐름을 도표로 그려보면 롤러코스터처럼 위로 조금씩 올라가다가 대폭 하락하는 모습이 반복되었다. 예를 들어 투자자가 2014년 초부터 그해 말까지 테슬라 주식을 보유했다면 주가가 파격적으로 약 50퍼센트 올랐을 것이다. 그야말로 머리카락이 쭈뼛 서는 느낌이 들 정도로 급격한 상승세였다. 하지만 연초에 주가가 7.4퍼센트 하락해서 1월 중순에 139.35달러로 마감했다. 9월 무렵에는 주가가 다시 반등하며 2배 이상 뛰어서 9월 말에 286.06달러를 기록했다. 연말이 되자 다시 22퍼센트 급락해서 222.40달러로 마감했다.

공매도자가 언제 나서느냐에 달렸지만, 주기적인 하락세에서 수익이 발생한다. 하지만 시간이 지나면서 테슬라 주가는 상승했고 공매도가 손해를 보게 된다는 점을 입증했다. 서류상으로 보자면 테슬라가 기업공개를 한 시점부터 2015년까지 공매도 포지션에서 60억 달러에 가까운 손실이 발생했다. 그런데도 수많은 공매도자는 테슬라 주가가 반등할 거라고 굳게 믿었다. 하지만 2015년 내내 주가가 제자리걸음 하는 상황을 지켜보며 속을 끓였다.

공매도자는 사분기별 재무 결과 공개나 신제품 출시 같은 기업행사 전후에 움직이기를 좋아한다. 시장에서 부정적으로 해석할 만한 뉴스가 나오면 이를 꼬투리 잡아 매도를 유발하려는 속셈이다. 하지만 해당 기업이 예상외로 시장에서 잘 버티는 경우도 많고, 오히려 주가가 오르는 현상도 벌어진다. 이럴 때 일부 공매도자는 압박을 견디지 못하고 언론이나 온라인 투자자 포럼, 트위터 등을 활용해 힘을 합쳐서 기업을 공격하기 시작한다. 해당 기업의 상승세를 꺾어버리거나 부정적인 뉴스를 더 부각하거나 일반 투자자들이 눈치채지 못한 허점을 노출한다. 이렇게 해서 투자자들이 겁을 먹고 발을 빼면 해당 기업의 주가가 내려가기 때문이다.

비교적 최근에 월스트리트에서 유명한 공매도 투자자인 제임스 차노스James Chanos가 엔론사Enron Corp의 파산을 예견해서 큰 명성을 얻었다. 그는 2000년 가을에 《월스트리트 저널》에서 텍사스 관련 기사를 읽고 엔론에 처음으로 관심을 두게 되었다. 그 기사에서는 엔론이 장기에너지 거래에서 아직 실현되지 않은 비현금 이익을 보고하며 수익을 늘리고 있다고 지적했다. 달리 말해 적어도 앞으로 20년간 눈으로 확인할 수 없는 대차대조표상 수익을 부풀린다는 뜻이었다. 호기심이 생긴 그는 분석가 몇 명을 동원해서 자세히 알아보았고, 엔론사가 사실상 에너지를 공급하지 않고 에너지를 거래하며 "헤지펀드인 척해서" 이익의 대부분을 얻고 있다는 사실을 알게 되었다. 차노스가 계산해보니 엔론은 그리 좋은 헤지펀드가 아니었다. 한 줌의 결과를 얻으려고 해도 어마어마한 자본을 투입해야 했다. 엔론은 연수익 7퍼센트를 달성했지만 경비 지출이 10퍼센트를 훨씬 넘어섰다.

2001년 초반에 그는 다른 공매도자들을 대상으로 연 콘퍼런스에서 엔론에 관한 의견을 밝혔다. 그렇게 해서 관심을 끌어볼 생각이었다. 당시 《포춘》 기자였던 베타니 맥린Bethany McLean에게 연락이 왔고, 그는 기사 작성을 도와주었다. 2001년 엔론사가 받는 압력은 계속 거세졌고, 결국 CEO인 제프리 스킬링Jeffrey Skilling이 업계 분석가와 진행한 화상회의에서 문제가 터지고 말았다. 한 분석가가 엔론사는 왜 다른 기업처럼 대차대조표와 손익계산서를 함께 작성하지 않냐고 질문하자, 스킬링이 대놓고 욕설을 내뱉었다. 8개월 뒤에 엔론은 파산 신청을 했다. 《바론즈Barron's》는 차노스의 공매도를 가리켜서 "지난 50년을 통틀어 최고인지는 모르겠으나 최근 10년간 최고의 마켓콜market call"이라고 평가했다.

차노스는 포시만큼이나 주목받지 못하던 인물이었다. 그의 부모는 그리스 출신 이민자였고 밀워키에서 세탁소를 운영했다. 차노스는 예일대학교에서 경제학을 전공하고 시카고에 있는 중개회사인 길포드Gilford

Securities에 취직했는데, 볼드윈-유나이티드Baldwin-United라는 연금회사를 두고 매도를 제안해서 주목을 받게 되었다. 경쟁관계에 있던 분석가는 이 회사를 낙관적으로 평가했으나, 차노스는 이런 통념에 아랑곳하지 않고 반대 의견을 제시했다. 과도한 부채, 잘못된 회계 처리, 부정적인 현금 흐름으로 볼 때 곧 무너질 '모래성'이나 다름없다는 얘기였다. 실제로 약 일 년 뒤에 볼드윈-유나이티드가 파산보호 신청을 하면서 60억 달러의 시장가치가 무너지자, 사람들은 차노스의 말이 옳았다며 혀를 내둘렀다. 《월스트리트 저널》을 포함한 여러 언론사에서 그의 대담한 주장에 잇따라 찬사를 보냈다. 그는 직접 펀드를 조성하고, 부동산 시장이 무너진 텍사스, 캘리포니아, 뉴잉글랜드 등의 은행과 기타 금융기관을 공매도하면서 1990년대 초반까지 승승장구했다. 그는 마이클 밀켄Michael Milken의 정크본드 왕국도 공매도하는 데 성공했다. 같은 기간에 그의 펀드는 S&P지수보다 2배 상승했으며 기업가치는 4배나 증가했다. 하지만 그의 운은 그리 오래가지 못했는데, 1991년에 시장 전반이 침체기를 겪었다. 그동안 실패한 투자도 있었다. 1990년대에 맥도넬더글러스를 공매도했고, 아메리카온라인America Online의 대차대조표를 잘못 해석해서 해당 기업이 위기에 처했다고 판단했지만, 아메리카온라인은 1990년대에 인터넷을 등에 업고 승승장구했다.

하지만 전반적으로 보면 그는 뛰어난 실력과 예지력을 갖춘 트레이더였다. 2008년 세계 금융 위기는 그의 사업체인 키니코스 어소시에이츠Kynikos Associates에 더욱 힘을 실어주었다.

이 사명은 냉소적이라는 뜻의 그리스어 키닉cynic에서 가져왔다고 한다. 이 회사는 2008년에 정점을 찍었는데, 당시 자산이 70억 달러에 육박했다. 《뉴욕》은 그가 골드만삭스를 포함한 여러 기업과 실랑이 벌인 사례를 자세히 보도하며, 그에게 "파국의 자본가Catastrophe Capitalist"라는 별명을 붙였다. 어떤 이들은 그를 공매도계의 르브론 제임스LeBron James 라 불렀다. 그의 명성이 갈수록 높아졌기에, 그가 공매도 포지션을 가진 회사에 관심을 두고 있다는 발표만 나와도 주가가 심하게 요동칠 우려가 있었다.

차노스는 열정을 앞세워 월스트리트 투자 생태계에서 입지를 굳건히 다졌다. 한번은 기자에게 "공매도가 금융시장에서 실시간 감시자 역할을 한다는 점을 뼈저리게 느낍니다. 금융시장에서는 찾아보기 힘든 견제와 균형이라고 할 수 있죠"라고 말하기도 했다.

그러나 2015년에 그가 운영하는 사업체에 새로운 곤경이 닥쳤다. 대형 주주가 펀드에서 자기자금을 회수했고, 차노스는 그 사실을 외부 투자자에게 공개했다. 같은 해에 차노스는 머스크의 사업체를 부정적으로 평가하는 발언을 자주 했다. 그해 1월 CNBC와 인터뷰하며, 테슬라 주가가 2025년 예상 수익에 따라 움직이고 있으나 지금 당장은 다음 사분기조차 예측이 어려울 정도로 비틀거리고 있다고 지적했다. "(배터리의) 핵심 부분은 파나소닉에서 제조합니다. (테슬라는) 제조회사예요. 그냥 그런 자동차 회사죠. 이 세상을 바꿔놓을 만큼 대단한 회사는 아니라는 뜻입니다."

그러나 머스크는 그해 겨울에 테슬라가 맞이할 미래를 전혀 다르게 예상했다. 2월에 분석가들과 만난 자리에서 테슬라의 기업가치가 7,000억 달러까지 오를 것이며, 이는 당시 애플에 견줄 만한 수준이라고 전망했다. "우리는 막대한 자금을 쏟아부을 겁니다. 그럴 만한 이유가 충분히 있습니다. ROI(투자자본수익률)도 높은 편이고요." 머스크는 앞으로 10년간 테슬라가 매년 50퍼센트의 성장률을 지속할 것이며 영업이익률 10퍼센트, 주가수익비율 20퍼센트를 기록할 거라고 밝혔다. 자동차 업계에서는 유례를 찾아볼 수 없는 성장속도이자 대다수 기업이 선뜻 수긍하지 못할 가치를 장담한 셈이었다. 이제 겨우 2013년 사분기 수익을 기록한 기업이라는 점을 생각할 때 많은 사람이 믿지 못하겠다는 반응을 보였다. 좋게 말하면 호언장담이고 나쁘게 말하면 지나친 과신이자 교만이었다.

8월에 차노스는 또다시 CNBC와 인터뷰하며 솔라시티 주식을 공매도하겠다고 밝혔다. 머스크는 본인이 운영하는 다기업 연결망 안에서 솔라시티가 일종의 보완제품 및 서비스를 제공한다고 생각했다. 솔라시티의 태양광 패널은 테슬라 자동차에 동력원으로 사용될 가능성이 있었다. 그 구상이 실현 가능한가는 차후 문제였고, 펀더멘털이라는 더 급한 문제가 있었다. 이 회사는 일반 가정과 사업체에 태양광 패널을 설치했는데, 사업의 핵심은 방문판매와 20년 대여 조건이었다. 하지만 세월이 지나면 새로운 기술이 등장하기 마련이어서 20년이라는 기간은 길게 봐서 불리한 조건이었다. 차노스는 패널을 취급하는 방식이 기본적으로 자산에 부채를 더하는 형태여서 서브프라임 금융기업과 다를 게 없다고 평가했다. "고객은 솔라시티에서 태양광 패널을 대여하는 거죠. 집에 패널을 설치하고 솔라시티에 대여비를 냅니다. 집주인은 태양광 패널을 자산으로 여길지 모르나 대개는 부채로 전락할 겁니다. 그러니 태양광 패널은 또 다른 주택담보대출일 뿐이죠." 실제로 솔라시티는 밑 빠진 독에 물을 붓듯이 현금을 소진했으며 나날이 부채가 늘어갔다. "정말 무시무시한 사업 구조입니다"라고 차노스는 결론 내렸다.

그가 확신한 대로 그날 바로 솔라시티 주가가 곤두박질쳤다.

솔라시티에 문제가 생기면 머스크의 다른 기업도 타격을 받을 수밖에 없었다. 머스크는 솔라시티와 테슬라, 스페이스엑스가 피라미드 구조를 이루고 그 꼭대기에 자신이 앉아 있다고 생각했다. 피라미드 일부가 무너져내리면 피라미드 전체가 주저앉는다. 머스크의 개인 재산과 세 기업의 재정 구조는 매우 복잡하게 얽혀 있었다. 테슬라가 상장기업이 된 뒤로 머스크는 대출이 늘어나서 개인 재무 상태가 더욱 엉망이었다. 그는 테슬라 주식의 25퍼센트와 솔라시티 지분의 29퍼센트를 담보로 개인 대출을 받았다. 골드만삭스와 모건스탠리에서 제공하는 신용 한도는 총 4억 7,500만 달러였으나, 일부를 테슬라와 솔라시티의 기반을 다지려고 두 회사의 주식을 사들이는 데 써버렸다. 솔라시티 주가가 폭락하면 머스크는 은행 입을 틀어막기 위해 돈을 더 내거나 주식을 포기해야 했다. 하지만 주식을 포기하는 방법은 머스크가 가장 꺼리는 옵션이었다. 2008년 당시에 테슬라의 파산을 막으려면 스페이스엑스에서 받은 대출을 갚아야 했기에 테슬라 주식을 포기했지만, 그때는 달리 방도가 없어서 최후의 수단을 선택했던 것이다. 테슬라 최대 주주라는 지위를 유지해야만 회사를 마음대로 운영할 수 있었다. 소유 지분이 줄어들면 기업 인수에 강력하게 대응할 수 없을뿐더러 CEO 자리에서 밀려날 위험도 컸다. 과거 페이팔에서는 힘없이 밀려났지만 지난 10여 년간 테슬라의 통제권을 빼앗기지 않고 지금까지 잘 버틴 것도 최대 주주라는 지위 덕분이었다. 이제 사업 확장에 필요한 자금을 어떻게 조달할 것인가 하는 문제는 머스크의 공적 이미지와 갈수록 깊이 얽혀드는 것 같았다.

그해 가을 머스크는 물론 가족이 모두 솔라시티 주가 변동성을 주시하며 숨을 죽여야 했다. 주가 변동으로 그동안 이룩한 사업이 모두 무너져내릴 것만 같았다. 테슬라 이사회 임원인 머스크의 동생 킴벌도 자산관리에서는 형과 크게 다르지 않았다. 10월 말이 되자 솔라시티 주가가 연초의 절반 수준으로 하락했고 킴벌은 은행에서 마진콜을 받았다. 그동안 축적된 손실을 보전할 부족분을 내라는 말이었다. 킴벌의 자산관리사인 카렌 윙켈먼Karen Winkelman은 솔라시티 주식과 관련해서 "오늘 종일 주식 현황을 지켜보며 얼마나 긴장했는지 모른다"고 덧붙였다. 킴벌은 위기감에 사로잡혔다. 이미 외식업에 투자했고 규모를 더 확장하고 싶었으나 자금이 부족해서 손발이 묶여버린 터였다. 그는 카렌에게 답장을 보내면서 일론에게 돈을 좀 빌려보겠다고 언급했다.

하지만 머스크는 돈을 빌려줄 수 있냐는 동생의 질문에 퉁명스럽게 반응했다. "나한테 지금 현금이 있다고 생각해? 나도 여기저기서 빌려야 하는 처지라고."

머스크 가족도 몇 년째 사업에 깊숙이 얽혀 있었다. 머스크는 사촌인 린던과 피터가 2006년 7월에 솔라시티를 창업하는 데 힘을 보탰다. 같은 달에 테슬라는 샌타모니카 공항에서 로드스터를 세상에 선보였다. 공항 행사에서 그는 대중이 많이들 간과하고 있는데 테슬라의 미래 가치는 태양광 패널로 전력을 생산하는 일과 관련 있다고 밝혔고, 다음 달에 발표한 테슬라의 마스터플랜에서 테슬라와 솔라시티의 향후 협력 관계를 언급했다.

이론적으로 태양광 사업은 단순했다. 태양광 시스템을 구매하는 주택 보유자와 기업 소유주한테는 두 가지 옵션이 있었다. 시스템 하나를 집에 설치하려면 대략 3만 달러가 들지만, 이렇게 하면 시스템 비용의 30퍼센트에 해당하는 연방세를 공제받을 수 있었다. 두 번째 옵션은 태양광 시스템을 대여하는 방식인데, 이렇게 하면 매월 대여비는 적지만 세금 공제 혜택을 받지 못했다. 시스템 구매자금을 제공한 조직이 대신 세금 공제 혜택을 차지했다.

사실 차노스가 CNBC에서 간접적으로 언급했다시피, 솔라시티는 재무 구조가 복잡했다. 기본적으로 두 기업은 서로 얽히고설킨 관계였다. 하나는 태양광 시스템을 설치 및 판매하는 기업이고, 다른 하나는 투자 대상인 차량을 개발하고 태양광 시스템에 따라붙는 세금 감면 및 기타 혜택에 대한 권리를 판매하는 기업이었다.

여기에는 막대한 자금이 필요했다. 솔라시티는 테슬라가 기업공개를 하고 거의 2년 뒤에 상장기업으로 전환했는데, 그동안 연결이익이 거의 발생하지 않았다. 2009년부터 2015년까지 15억 달러의 손실이 발생했는데, 주식을 매각하고 부채를 발행해서 자금을 조달했다. 솔라시티도 현금을 적게 보유하는 머스크의 경영방침을 그대로 모방했다. 머스크는 그렇게 하면 업무 효율성을 높이고 창의적인 해결책을 모색하도록 임원들을 밀어붙일뿐더러, 자신의 소유 지분이 줄어드는 것도 막을 수 있다고 여겼다. 하지만 형국이 너무 힘들어지고 있었다. 2015년에 차노스 같은 공매도꾼이 솔라시티를 공격하기 시작하자, 머스크는 솔라시티의 재정을 개선하기 위해 스페이스엑스를 활용해서 솔라시티 채권을 1억 6,500만 달러가량 매입했다. 스페이스엑스가 상장기업에 현금을 투자한 유일무이한 순간이었다. 차노스는 솔라시티를 거론할 때마다 어김없이 테슬라를 끌어들였다.

그는 높은 임원 이직률로 보건대 회사 내부에 문제가 있을 거라고 추론했다. 머스크가 지난 몇 년간 법률고문을 여럿 고용했지만 다들 머스크 곁을 떠났고, 결국에는 이혼소송을 진행했던 토드 마론에게 회사 사안을 맡겨야 했다. 디팩 아후자는 2015년 후반기에 CFO를 그만두고 회사를 떠났는데, 그 무렵 테슬라는 모델X 생산량을 한창 늘리고 있었다. 게다가 자율주행 프로그램인 오토파일럿의 주요 책임자들도 조용히 테슬라를 떠나버렸다. 차노스는 솔라시티에 대한 의견을 밝힌 지 몇 달 뒤에 블룸버그TV에 출연해서 테슬라와 BMW의 시장가치를 적나라하게 비교했다. BMW는 연간 200만 대의 매출을 기록했지만, 테슬라는 2015년 판매 목표량이 5만 5,000대라고 밝혔다. 그런데도 투자자들이 테슬라 주가를 너무 높이는 바람에 테슬라의 회사가치가 BMW의 절반 수준까지 올라갔다는 얘기였다.

"한마디로 테슬라는 과대평가된 기업이죠." 그는 다른 자동차 제조사도 전기자동차 생산을 계획해서 테슬라를 따라잡아야 한다고 조언했다. "이제는 다른 업체들도 (전기)차를 생산해야 합니다. 하지만 차를 만드는 건 첨단 기술과 친숙해지는 것보다 훨씬 어려운 일입니다."

트럼프타워로 돌아온 로렌스 포시는 아직 해소되지 않은 의문점을 안고 있었다. 그는 퇴근 후 저녁 시간과 주말을 활용해서 테슬라에 관한 소신을 글로 옮겼다. 사실 그는 투자자들이 제공하는 콘텐츠를 다루는 사이트인 시킹알파Seeking Alpha에 테슬라에 관한 글을 올릴 생각을 오래전부터 하고 있었다. 다만 자신을 세상에 드러낼 마음은 없었다. 그저 개인적으로 투자했다는 느낌을 받고, 나아가 테슬라 공매도에 성공하고 싶을 뿐이었다. 그래서 그는 가명을 사용했다. 은퇴 후에 몬태나에 살고 싶었기에 '몬태나 회의론자'라는 가명을 선택했다. 그리고 태양이 우주의 중심이라고 주장했다가 가톨릭교회에 이단으로 낙인찍혀 목숨을 잃은 천문학자인 갈릴레오 갈릴레이를 아바타로 내세웠다. 그는 2015년 후반기에 "일론 머스크가 제시한 모델X 배송 전망을 테슬라가 실현하지 못할 이유"라는 제목으로 첫 글을 게시하고, 머스크가 그동안 야심 찬 생산 목표를 내세웠지만 번번이 실패했다는 점을 아홉 쪽에 걸쳐 자세히 되짚었다. 그로부터 몇 주 후에 몬태나 회의론자는 모델3가 험난한 길을 걷게 될 거라고 경고하는 내용이 담긴 분석자료를 또다시 발표했다.

## 21장

## 진동

캘리포니아주 프리몬트에 있는 테슬라의 거대한 조립공장 뒤에는 해발 600미터가 넘는 험준한 산맥이 웅크리고 있다. 나무라곤 찾아볼 수 없던 산이 습한 겨울이면 에메랄드빛으로 변하면서, 공장의 밝은 흰색 페인트칠이나 세련된 회색 테슬라 글자와 극명한 대조를 이루었다. 리처드 오르티스Richard Ortiz는 예전 공장에서 20여 년간 근무했는데, 그 시절에는 허름하기 짝이 없는 건물이었다. 오르티스는 어릴 때부터 자동차 공장에서 일하는 것이 꿈이었다. 그의 아버지도 자동차 공장에서 일하고 싶어 했다. 하지만 그가 고등학생이 될 무렵에 아버지의 꿈은 물거품이 되었다.

제너럴모터스는 오르티스가 태어나기 4년 전인 1962년에 공장을 세웠다. 소비자와 가까운 거리에서 차와 트럭을 생산해 배송비를 줄여보겠다는 전략이었다. 공장 덕분에 수많은 중산층 가정의 삶이 몇 대에 걸쳐 대물림되었다. 그런데 1980년대에 흐름이 급변했다. 도요타를 비롯한 일본 자동차 브랜드가 진출해서 업계 경쟁이 치열해진 데다, 수년간 부실 경영이 쌓이면서 자동차 품질도 크게 떨어졌다.

1982년에 제너럴모터스는 프리몬트 공장도 포함해서 몇몇 공장을 폐쇄하기로 결정했다. 실적이 가장 저조한 데다, 전미자동차노조United Auto Workers, UAW의 영향을 받아서 노조 입김이 세다는 것이 프리몬트 공장의 폐쇄 이유였다. 여러 세대를 거치는 동안 노사 갈등이 끊이지 않아서 당시 작업자들이 황갈색 프리몬트 공장을 '전함戰艦'이라고 부를 정도였다. 작업자들은 제너럴모터스 경영진을 주무르려고 병가를 내거나 작업속도를 일부러 늦추고 맹렬한 파업을 벌이는 등, 수단과 방법을 가리지 않았다. 일일 결근율은 20퍼센트에 육박했다. 공장을 닫을 무렵 제너럴모터스 시스템에 등록된 작업 고충은 6,000가지가 넘었다.

오르티스는 10대 시절부터 UAW의 막강한 영향력을 잘 알고 있었다. 학교 과제를 하려고 UAW를 설립한 월터 루터Wlater Reuther의 일대기를 읽은 덕분이었다. 그뒤로 그는 UAW 지부장을 꿈꾸게 되었다.

그러다가 1984년에 공장 폐쇄를 면할 기회가 열렸다. 도요타는 점차 거세지는 보호무역주의의 위협에 직면해서 미국 본토에 공장을 확보하려고 나섰다. 마침내 제너럴모터스와 도요타가 생산공장을 공동으로 사용하는 방안을 고려하기 시작했다. 제너럴모터스는 도요타의 전설적인 제조 시스템을 전수받고 싶었지만, 도요타는 현지 노동자들과 함께 작업해도 문제가 없을지 불안했다. 결국 이들은 프리몬트 공장을 재가동하기로 합의하고 제너럴모터스에서 근무했던 작업자들을 대거 불러들였다. 프리몬트의 근무 환경은 많이 달라졌다. 우선 공장 이름을 누미New United Motor Manufacturing Inc., NUMMI로 바꾸고 제너럴모터스와 도요타가 공동 소유권을 가졌다. 도요타는 현지 작업자들을 자기네 방식대로 재교육하려고 본국에서 교육 담당자 수백 명을 데려왔다. 그들은 지속적인 발전, 사람에 대한 존중심, 표준화된 작업을 매우 강조했다. 또한 관리자는 당장 눈앞에 보이는 문제만 해결하려 들지 말고 긴 안목으로 가장 바람직한 결정을 내려야 했다. 작업은 움직임을 가능한 최소화하는 방향으로 설계했으며, 다음 작업이 60초 이내에 시작된다고 가정하고 조립라인을 일정한 속도로 운행했다. 작업 중에 결함이나 문제가 발견되면 작업자가 직접 천장에 길게 매달린 줄을 당겨서 라인 가동을 중단시켰다. 핵심은 처음부터 제대로 작업해서 차량 운행 중에 뒤늦게 말썽이 생기지 않도록 하라는 것이었다.

이론적으로는 아무런 문제가 없었지만, 하루 생산량이 정해져 있어서 관리자가 느끼는 압박감이 극심했다. 고위 관리자는 원칙대로 행동해야 했다. 1991년에 관리자들은 일관성이 깨지고 있다고 판단하고, 품질에 집중하라는 격려 문구를 현수막과 단추로 제작했다. 현수막은 공장 곳곳에 걸고 단추는 직원들에게 일일이 나눠주었다. 그해에 이 공장은 우수한 차량 품질을 인정받아 J.D. 파워어워드 J. D. Power Award를 수상했다.

오르티스는 1989년에 고용되었다. 노조 활동 경력이 길지 않아서, 용접 훈련을 받았는데도 일이 고되기로 악명 높은 도장 작업장에 배치되었다. 하지만 거기서 일하는 동안 프리몬트 공장 바깥세상에 눈을 뜨게 되었다. 작업자 교육을 매우 중시하는 도요타의 경영방침을 지켜보면서 사업을 대하는 폭넓은 안목도 키웠다. 실제로 일본 도요타시를 방문한 경험은 좋은 밑거름이 되었다. 그는 UAW에서 어떻게 행동해야 하는지도 파악했기에, UAW 지부위원 자리에 올랐다. 지부위원은 노조계약이 잘 이행되도록 관리하는 직책이라서 큰 영향력을 지니고 있었다. 가족도 누미에 취직할 수 있게 도와주었고, 집도 마련하고 가정을 이루었다. 무엇보다 아버지가 자신을 자랑스러워해서, 무척 좋았다. 지인과 친지들은 "아버지가 종일 네 얘기만 하신다"며 그를 치켜세웠다.

그로부터 20여 년이 지났고, 2006년에 그는 이곳을 떠났다. 권모술수가 난무하는 사내 분위기에 몹시 실망했고, 아내 형상을 오른팔에 문신으로 새길 정도로 아내를 사랑했지만, 이제 부부 사이가 크게 틀어진 탓도 있었다. 아내와 헤어지고 나서 충돌 수리 자격증을 따기 위해 관련 교육을 이수했다. 이래저래 그에게는 운이 좋은 시기였다. 2008년부터 2009년은 자동차 업계가 침체기였다. 제너럴모터스는 파산 절차와 구조조정을 거치면서 누미 공장의 공동 경영에서 손을 뗐다. 도요타는 제너럴모터스 없이 홀로 공장을 운영할 만한 재정 여건이 안 된다며 2010년에 철수를 선언했다. 이런 결말은 공장 근로자들에게 쓰라린 고통을 안겼다. 많은 사람이 노동조합 수뇌부에게 모든 책임을 돌렸다. 도요타는 공동 운영을 결정한 순간부터 평생 고용을 보장했지만, 그 약속은 물거품이 되었다. 5,000명에 가까운 근로자들의 평균연령은 45세, 평균 근속연수는 13.5년이었다. 오르티스도 가족이 새 일자리를 찾느라 힘겨워하는 모습을 지켜봐야 했다.

테슬라가 프리몬트 공장을 인수한 건 2010년이었다. 당시에는 생산량이 많지 않은 데다 공장 자동화를 추진하고 있어서, 수천 명의 작업자가 필요하지 않았다. 게다가 오르티스는 개인적인 기억들이 아직 머릿속에 생생해서 그곳으로 돌아올 생각이 없었다. 몇 년 뒤 그는 사고로 머리를 부딪혀서 망막박리를 겪었다. 의식이 돌아왔을 때 눈이 보이지 않았고, 앞으로 영영 시각장애인이 될지 모른다는 불안감이 엄습했다.

수술 후 회복 과정이 너무도 힘들었는데, 한 번에 몇 시간 동안 특정한 자세로 머리를 기울이고 있어야 했다. 다행히 경과가 좋아서 시력도 되찾았다. "수술 후 의식이 돌아왔을 때 눈이 다시 보이더군요. 그때까지 내가 겪은 모든 시련은 아무것도 아니라는 생각이 들었어요."

2015년 12월, 사고 후 다시 생활에 적응해나가던 중 아들을 옆에 태우고 공장 근처를 지나가게 되었다. 그때 아들이 "아빠는 여기 지원해볼 생각 없어요?"라고 물었다. 그날 밤에 오르티스는 인터넷으로 지원서를 제출했다. 이번에도 시간은 그의 편이었다. 그 무렵 테슬라는 모델X 생산량을 늘려야 하는데 일손이 매우 부족한 상황이었다. 오르티스는 오랜만에 다시 공장으로 출근하게 되었다.

공장에 가보니 많은 것이 달라져 있었다. 건물 구조 말고는 예전 모습이 하나도 없었다. 어두침침한 구석도 거무스름했던 벽도 더는 없었다. 바닥은 흰색 페인트로 칠해져 있었고, 모든 것이 밝고 생동감 넘쳤으며, 창도 모두 새것으로 교체되어 있었다. 사원 교육 담당자는 테슬라가 자동차 업계에 혁명을 일으키고 있다면서, 예전과 비교할 수 없을 정도로 우수한 품질의 자동차를 만드는 데 주력한다고 설명했다. 그 말을 듣고 '그게 바로 자동차 제조업에 종사하는 노동자들의 꿈이잖아'라고 생각했다.

오르티스는 일반 조립라인에서 일하게 되었다. 점차 공장 환경이 집에 와 있는 것처럼 편안하게 느껴졌다. 그는 일을 빨리 배우는 편이었고 갈수록 어려운 업무에 배정되었다. 그러나 그가 기억하기에 당시 급여는 그리 넉넉하지 않았다. 제너럴모터스와 도요타가 공동으로 공장을 운용할 때 이미 시급 27달러를 받고 있었는데, 테슬라는 시급이 고작 21달러였다. 또한 주변 환경이 깨끗하고 다들 긍정적인 결과를 기대한다고 말하지만, 분위기가 왠지 모르게 가라앉아 있었다. 주변 동료들은 모두 불안감을 안고 지내는 것 같았다.

그는 당시에 모르고 있었지만, 그가 프리몬트로 돌아왔을 무렵에 테슬라는 위기를 겪고 있었다. 모델S를 둘러싼 찬사가 쏟아지자 모델S에 거는 테슬라의 기대치가 한껏 높아졌다. 일론 머스크는 3세대 자동차의 미래를 운운하며 투자자들의 마음을 사로잡았다. 하지만 그가 제시한 약속은 모델S와 모델X가 계획대로 잘 풀릴 때만 가능한 일이어서, 현실성이 턱없이 부족한 공략이었다.

오르티스가 테슬라 공장에 들어오기 한참 전부터 문제의 씨앗이 뿌려져 있었다. 과거 피터 롤린슨 팀은 모델S 작업을 언제 중단하고 디자인을 넘겨주어서 공장 생산을 시작해야 하는지 파악하는 데 어려움을 겪었다. 모델X 작업도 그때와 똑같이 혼란스러웠다. 모델S의 경우에는 외부 압력이 거세서 다른 방도가 없었다. 그때는 테슬라의 자금 사정이 매우 심각했다. 수익을 창출하려면 모델S 생산이 급선무였다. 그러다 2014년에 테슬라의 입지가 확 달라졌다. 모델S를 향해 격찬이 쏟아졌고, 2013년에는 한동안 현금 수익이 눈덩이처럼 불어났다. 머스크도 어깨를 쫙 펼 수 있었다. 아니, 이때 그의 자만심이 고개를 들었는지도 모른다. 그는 모델X가 이보다 더 큰 반응을 불러오면 좋겠다고 생각했다. 엔지니어들과 생산팀은 가끔씩 호손에 있는 프란츠 폰 홀츠하우젠의 디자인 스튜디오를 구경했다. 사람들은 그곳에 가면 참신한 아이디어가 마구 샘솟는다고 여겼다. 공급업체의 생산 차질이나 공장의 한계에서 나타나는 우려는 금세 심각한 문제로 이어졌다.

머스크는 시간 제약을 핑계로 대는 걸 참지 못했다. 그는 제시한 시간 안에 특정 부품을 완성할 수 없다고 하면 그 말이 실제로 맞는지 알아보려고 깊이 파고들었다. 각각의 경우를 놓고 보면 머스크가 옳을 때도 있었다. 이를테면 "이 공급업체가 속도를 더 높이지 못하는 이유라도 있나?"라고 되묻는 식이었다. 하지만 불가능한 일을 해내라는 요청이 증가하고 차량 생산 일정이 전례 없이 빠듯하게 죄어들자, 곳곳에서 결함이 생겼다.

일단 앞 유리가 다른 자동차에 비해 월등히 커서 공급업체를 찾느라 전 세계를 돌아다녀야 했다. 그러다 남미에서 겨우 테슬라의 요구사항에 맞춰줄 수 있는 업체를 찾아냈다.

2열 좌석도 큰 문제였다. 차량 충돌을 견디려면 일정한 하중 요건을 충족해야 했다. 일반적인 차량은 대부분 좌석 네 모서리를 볼트로 바닥에 고정했고, 좌석 벨트는 차량 구조를 지지하는 기둥에 연결되어 있었다. 하지만 머스크는 모델X의 3열 좌석으로 올라타고 내리기가 힘들지 않아야 한다고 못 박았다. 그러려면 2열 좌석은 제 위치에서 그냥 붕 떠 있는 것처럼 보여야 했다. 또한 머스크는 차량 입구부터 3열 안쪽까지 좌석마다 천장에서 아래로 내려오는 거추장스러운 안전띠를 설치하는 것도 원하지 않았다. 이런 요건을 다 들어주려면 자체 기둥으로 바닥에 부착할 수 있도록 특수 설계된 좌석이 필요했다. 이런 디자인을 현실로 구현하는 일은 생각보다 몹시 까다로웠다.•

하지만 이런 고충은 후면 접이식 차 문에 비하면 아무것도 아니었다. 2011년 후반에 이미 피터 롤린슨이 머스크에게 경고했으나, 머스크는

---

• 머스크는 결국 외주업체가 가져온 좌석에 만족하지 못하고 내부 공장에서 직접 좌석을 생산하라고 지시했다. 하지만 좌석을 만드는 건 비용이나 시간이 많이 드는 일이었고, 또 다른 공장을 지어야만 했다.

다 잊어버린 지 오래였다. 2015년 봄에도 여전히 테슬라는 뒷문이 비행 중인 새의 날개처럼 위로 열리게 만들 방법을 찾느라 고군분투하고 있었다. 유압 문제로 차 문에서 새는 물이 승객들에게 곧바로 피해를 줄 정도였기에 검수를 통과하지 못했다. 자율주행 차량으로 업적을 쌓아 세간의 이목을 끈 MIT 연구원 스털링 앤더슨Sterling Anderson을 모델X의 프로그램 관리자로 채용했는데, 그는 혼자 조용히 새로운 차 문을 설계했다. 테슬라 팀이 고민하던 유압식보다 덜 복잡한 전기기계 시스템을 적용한 문이었는데, 머스크가 보더니 꽤 마음에 들어 했다. 이렇게 해서 차 문 디자인은 막판에 또다시 변경되었다.

 차 문 디자인을 이렇게 뒤늦게 변경하자니 위험 부담이 너무 컸다. 문에 맞춰 차체도 변경해야 하고 금형도 새로 만들어야 하는데, 그러려면 부품을 생산할 장비를 세팅하는 데 3개월이 걸리고, 차체와 금형 생산에도 족히 9개월은 필요할 터였다. 하지만 테슬라에는 일 년이라는 시간 여유가 없었다. 바로 몇 개월 후에는 모델X 생산에 들어가야 했다. 늘어난 생산 수요를 처리하려고 패신의 혁신적인 카트 시스템에서 실질적인 조립라인으로 전환하려는 참에 이 모든 일이 일어난 것이다. 자동차가 완성되려면 아직 한참 멀었는데, 또다시 시간에 쫓기게 되었다. 공식적인 생산에 들어가기 전에 예전 도구를 사용해서 최종 실험용 SUV의 초기 버전을 몇 대 완성했다. 말할 것도 없이 그렇게 완성된 차는 여기저기가 벌어져서 눈 뜨고 봐주기 어려울 지경이었다. 하지만 팀에는 다른 선택권이 없었다. 2015년 9월 말에 모델X 생산을 기념하는 행사가 예정되어 있었고, 그날 고객들에게 넘겨줄 SUV 차량 10대를 어떻게든 완성해야 했다.

차량은 뒷방으로 옮겨서 분해했다. 이렇게 해야 디자이너와 엔지니어들이 수작업으로 SUV를 재조립할 수 있었다. 부품은 다시 만들어야 했다. 작업자들은 칼을 들고 도어실을 일일이 잘라서 완성했다. 밤낮없이 2주간 매달리고 나서야 첫 번째 SUV를 겨우 완성했다. 행사 전날 아침까지도 자동차마다 크고 작은 말썽이 많았다. 최종 예행연습은 그야말로 엉망이었다. 자동차 문 대부분에서 문제점이 발견되었다. 소프트웨어 개발자는 노트북 앞에 머리를 들이대고 앉아서 차 문이 열리지 않는 이유를 찾기 시작했다. 머스크는 이런 마당에도 침착함을 유지하며, 팀원들에게 일단 행사 준비에 최선을 다하고 실질적인 문제점은 나중에 해결하자고 말했다.

행사가 시작되자, 머스크는 그의 시그니처 복장을 갖춰 입고 나타났다. 벨벳 재킷과 청바지, 그리고 광이 나는 구두를 신고 있었다. 평소대로 프레젠테이션을 시작하면서 테슬라가 무엇을 하고 있고 왜 그렇게 하는지 설명했다. "어떤 종류의 자동차도 전기자동차로 생산할 수 있다는 걸 증명하겠습니다. 로드스터를 통해 누구나 좋아할 만한 전기 스포츠카를 생산할 수 있다는 걸 보여드렸죠. 세단 전기자동차도 만들 수 있다는 걸 입증했습니다. 오늘은 SUV도 가능하다는 걸 확인해 드리겠습니다." 그가 말을 마치자 테크노 음악이 흘러나왔고 SUV가 무대 위로 등장했다.

무대 뒤에 있던 팀원들은 차 문을 공개하는 순서가 되자 모두 숨을 죽였다. 이전에도 모터쇼를 진행해봤지만, 이번처럼 심장이 떨린 적은 없었다. 만약 차 문이 제대로 작동하지 않으면 지금껏 고생한 모든 것은 물거품이 될 뿐만 아니라 하루아침에 해고될지도 모를 일이었다. 그런데 다행히도 차 문은 아무 문제 없이 작동했다.

이렇게 또 한 번 아슬아슬하게 위기를 넘겼지만, 2012년에 모델S 생산을 개시했다고 축하하던 때와 다를 게 거의 없었다. 머스크가 공개적으로 선언한 생산량을 감당할 준비가 전혀 갖춰지지 않았다. 그는 월스트리트에 테슬라가 2015년 10월부터 12월까지 1만 5,000대에서 1만 7,000대, 그러니까 한 주에 약 1,250대에서 1,400대를 생산하겠다고 큰소리쳤다.

뒷감당은 생산 부문 사장 그렉 라이쇼와 육군 출신으로 2014년에 테슬라에 합류한 생산 부문 부사장 조시 엔사인Josh Ensign의 몫이었다. 머스크가 제시한 목표량을 채우려고 허둥지둥하는 사이에 공장에서는 결함 있는 차량이 나오기 시작했다. 차 문이 제대로 닫히지 않았고, 창문을 여닫을 수 없었다. 주차장은 금세 결함이 발견된 차량 수백 대로 가득 찼지만, 그들은 문제의 원인조차 파악하지 못했다.

오르티스를 비롯한 작업자들에게는 이런 상황이 낯설지 않았다. 테슬라가 이 공장을 새로 페인트칠할 때 도요타의 제조업 정신도 다 지워버린 것 같았다. 오르티스가 보기에 테슬라 관리자들은 장기적인 영향을 헤아리지 않고 눈앞에 닥친 일에만 몰두했다. 모델S를 생산할 때와 마찬가지로 현장마다 작업을 표준화하려는 시도조차 없었다. 각 공정은 그저 주먹구구식으로 진행되었다. 정해진 절차가 없었기에 오르티스는 여러 부품을 제자리에 끼우느라 차체를 몇 번이고 빙빙 돌아야 했다. 그가 예전에 배운 효율성을 따질 겨를이 없었다. 가끔 부품이 맞지 않거나 이상할 때도 있었다. 균열이 발생한 차 문 부품이 가득 담긴 상자를 감독관에게 보여주면, 그중에서 양호한 것을 알아서 찾아보라는 대답이 돌아왔다. 어떤 때는 그런 부품을 그냥 쓰라는 지시를 받기도 했다. 오르티스가 무슨 말을 해도 무시당하기 일쑤였다.

도요타라면 그런 문제가 생겼을 때 생산라인을 멈춰서라도 해결했을 것이다. 하지만 오르티스는 문제를 그냥 보아 넘겨야 했고, 걸핏하면 조립라인의 마지막 단계에서 수리하는 일이 발생했다. 조립라인을 마무리하는 작업자들은 수작업으로 부품을 만들기도 했고, 온갖 손재주를 부려서 어떻게든 문제를 해결하고 부품을 끼워 넣었다. 그러자니 시간이 많이 들뿐더러 작업자들이 말도 못 하게 고생해야 했다. 이런 판국에 오래 버틸 사람은 아무도 없었다. 작업자 부상률이 급증하자, 그제야 임원들이 관심을 보이기 시작했다.

2015년 테슬라의 작업자 부상률은 100명당 8.8명으로, 업계 평균인 6.7명을 넘어섰다. 관리자에 따르면, 가장 큰 부상 원인은 반복적인 움직임이었다. 오르티스는 허리와 팔에 생기는 통증 중에서 적절한 인체공학을 통해 방지할 수 있는 증상을 찾아냈다. 도요타와 달리, 테슬라는 수작업으로 생산할 SUV의 디자인에 시간을 쏟지 않았다. 차량의 2열 좌석은 고객이 카시트를 직접 고정된 끈으로 연결하는 불편을 덜 수 있게 만들었으나, 작업자는 좌석을 바닥에 고정하는 작업을 할 때 몸을 비스듬히 구부려야 했다. 고정용 볼트가 쉽게 풀릴 수 있으므로 수작업으로 볼트를 죄어야 했다.

이런 어려움이 있었지만 작업자들은 직장 동료애로 똘똘 뭉쳤다. 어떻게 보면 테슬라는 이 세상이 틀렸다는 것을 증명하려고 고군분투하고 있었다. 연말이 다가오자 엔사인은 작업자들에게 연간 목표치에 도달하려면 앞으로 21일간 휴일 없이 계속 일해야 한다고 통지했다. 머스크는 우리가 해낼 수 있다는 것을 세상에 증명해 보이자며 직원들을 독려했다. 정말 뭔가 해낼 것 같은 강렬한 이미지라도 보여주자는 얘기였다.

하지만 총생산량은 원래 목표보다 1,000대가량 모자랐다. 반면에 총 판매량은 머스크가 처음에 공략한 범위 안에 진입했는데, 이는 순전히 모델S 덕분이었다. 테슬라는 2015년 마지막 사분기에 SUV를 기껏 507대 생산했는데, 그마저도 12월 말에야 가까스로 완성했다. 일주일 만에 약 238대를 생산할 정도로 직원들이 부리나케 움직여야 했다. 머스크는 6월이면 매주 1,000대를 생산하게 될 거라고 투자자들에게 알렸지만, 경영진은 작업자들이 숨 돌릴 시간이 필요하다며 머스크를 만류했다. 물론 작업속도가 느렸지만 테슬라에 쏟아지던 대중의 관심이 식을까 봐 불안했기에, 머스크는 회사의 성패가 공급보다 수요가 많다는 이미지를 심어줄 수 있냐에 달렸다며 경영진의 조언을 들으려고 하지 않았다. 테슬라가 조금이라도 주춤하는 기색을 보이면 그대로 추락할 것 같았다. 공장 운영을 참아내던 머스크의 인내심은 서서히 바닥을 드러내고 있었다. 열악한 공장 환경은 머스크 눈에 들어오지 않았다. 디자인이 불과 몇 달 전에 결정되는 바람에 조립라인은 난장판이었다. 머스크는 그저 잘 치우고 정리하라는 식이었다.

2016년이 되자 머스크의 급한 성미는 더욱 고약해지는 것 같았다. 솔라시티 투자 건이 위태로워진 탓도 있었다. 매사분기 보고서를 보면, 태양광 업계가 전반적인 침체기였고, 솔라시티의 현금 보유량도 급격히 줄어들고 있었다. 게다가 배우 탈룰라 라일리와 이어가던 두 번째 결혼생활도 곧 종지부를 찍을 듯했다. 머스크는 이미 남들 눈을 피해서 또 다른 배우 앰버 허드와 시간을 보내곤 했다. 하지만 그녀는 이미 배우 조니 뎁과 결혼한 처지였다. 로스앤젤레스에 있는 앰버 허드 부부의 콘도에 근무하는 사람들의 증언에 따르면, 그해 봄 조니 뎁이 해외로 나간 사이에 머스크가 직접 그 콘도를 찾아왔으며, 주로 늦은 밤에 콘도에 와서 이른 새벽에 조용히 떠나곤 했다.• 고위 임원들은 머스크의 수면 습관, 즉 그가 잠이 거의 없는 사람이라는 걸 잘 알고 있었다. 업무 메일도 한밤중에 보내기 일쑤였다. 그는 원래 잠이 많지 않은 체질을 타고난 듯했다. 그런데 허드와 관계가 깊어지자, 그녀와 시간을 보내려고 이미 빡빡한 일정을 더욱 쪼개는 것 같았다. 허드가 호주에서 영화 〈아쿠아맨〉을 촬영하던 시기에는 즉흥적으로 전용 비행기를 타고 호주에 갔다가 몇 시간 만에 다시 돌아왔다. 런던과 마이애미의 나이트클럽에서 허드와 함께 시간을 보내는 모습이 타블로이드 신문에 보도된 적도 있었다. 직원회의에서 호주를 오가는 일이 힘들다고 직접 털어놓기도 했다. 어떻게든 허드를 자주 만나려고 애쓰는 것이 주변 사람들 눈에 훤히 보였다.

오랫동안 머스크를 지켜본 측근은 이렇게 말했다. "그는 정말 잠이 없는 사람이에요. 하루에 두어 시간만 자면 최상의 몸 상태로 일에 집중하죠. 그보다는 시간대가 전혀 다른 장소로 출장이나 여행을 자주 다녀서 문제였죠."

테슬라가 크고 작은 난관을 겪긴 했지만, 테슬라를 계기로 많은 사람이 전기자동차의 가능성에 눈 뜨게 되었다. 또한 기존 자동차 업체만이 자동차를 성공적으로 생산할 수 있다는 고정관념도 극복했다. 실리콘밸리에서 가장 영향력 있는 기업인 애플마저 전기자동차에 관심을 보이기 시작한 것도 이해할 만한 변화였다. 애플은 2014년에 조용히 전

---

• 머스크는 허드가 2016년 5월에 이혼소송을 제기한 후에야 비로소 그녀와 사귀기 시작했고, 그전까지는 친구로 지냈다고 밝혔다.

기자동차 프로그램을 개발하기 시작했다. 경험 많은 개발자를 고용하고 타이탄 프로젝트라는 이름을 내걸었다. 하지만 자동차 개발이 예상보다 매우 험난한 일이라는 점을 곧 깨달았다. 테슬라 주가가 이전 고점에서 하락세로 돌아서고 모델X가 공공연히 문제를 일으키자, 애플 CEO인 팀 쿡은 비집고 들어갈 기회를 포착했다.

테슬라와 애플은 복잡미묘한 관계였다. 머스크는 애플의 업적에 탄복했으며, 애플 출신 경력자를 적극 채용했다. 테슬라 매장은 누가 봐도 애플 매장을 모방한 것이었다. 차량 디자인도 아이폰에서 영감을 얻은 요소가 많았다. 양측 모두 해당 브랜드를 열렬히 추앙하는 팬을 보유하고 있었는데, 그중 일부 팬은 두 회사가 손을 맞잡으면 엄청난 시너지가 발생할 거라고 기대했다. 2015년 초반 애플의 주주총회에 참석한 일부 투자자는 두 회사가 손잡는 모습을 보고 싶어 했다. 그중 한 사람이 쿡에게 "정말 솔직히 말해서 여러분이 테슬라 주식을 사는 순간을 보고 싶네요"라고 말하자 청중석에서 웃음소리와 함께 큰 박수가 터져 나왔다.

애플이 직접 전기차를 개발하고 있다는 초기 증거로는 애플에서 테슬라 임원들을 몰래 빼가려고 시도했다는 점을 들 수 있다. 60퍼센트 급여 인상과 계약할 때 25만 달러의 보너스를 지급한다는 조건이었다. 테슬라가 비웃음을 흘리며 참아내기에는 너무 파격적인 제안이었다. 머스크는 즉각 반격에 나섰다. 그는 공개 석상에서 애플이 빼돌린 인재가 테슬라에는 쓸모있는 일꾼이 아니라고 말했다. 2015년에 독일 신문인 《한델스블라트》와 인터뷰하면서는 "우리끼리는 애플이 테슬라의 묘지라고 농담을 주고받습니다"라고 말했다.

이런 신경전을 벌이던 중에도 머스크는 쿡의 진짜 속내가 궁금했다.

결국 두 사람이 통화할 기회가 생겼고, 쿡은 테슬라 인수를 제안했다. 통화 내용을 전해 들은 측근에 따르면, 머스크도 이 제안이 솔깃했으나 자신이 CEO를 맡아야 한다는 조건을 분명히 제시했다.

쿡도 머스크의 의사에 즉각 동의했다. 음악계 거물인 지미 아이오빈Jimmy Iovine과 유명 래퍼인 닥터 드레Dr. Dre도 2014년에 그들이 운영하던 헤드폰 제조사인 비츠Beats Electronic를 애플에 넘기면서 자신들이 애플에 합류한 것이나 마찬가지라고 여겼다.

하지만 두 사람의 대화 내용을 자세히 전해 들은 예전 측근에 따르면, 머스크는 이 제안을 단칼에 거절했다. 그가 원한 자리는 애플의 CEO였다. 쿡은 스티브 잡스가 세상을 떠난 뒤로 애플의 수장이 되어 전 세계에서 가장 가치 있는 상장기업으로 애플을 키워낸 주인공이었기에 머스크의 요청에 말문이 막혔다.

쿡은 욕설을 내뱉으며 전화를 끊어버렸다.

이런 일이 있어도 머스크는 공장 문제에서 한시도 눈을 뗄 수 없었다. 2008년에 머스크가 사비를 털어서 로드스터를 살려냈듯이, 이번에도 그는 온몸을 내던졌다. 이참에는 프리몬트 공장의 조립라인이 끝나는 지점 부근에 에어 매트리스를 가져다 놓았다. 그러고는 실제로 공장 바닥에서 노숙하며 일했다고 공공연히 떠들고 다녔다.

가장 큰 문제는 모델X의 조수석 창문을 올리고 내릴 때 심하게 끽끽거리는 날카로운 소음이었다. 머스크가 냄새나 소음에 민감하다는 사실을 모르는 사람은 거의 없었다. 그가 공장에 나타나면 카트의 보안 경보기 소리를 끄라는 지시가 떨어졌다. 또한 머스크는 노란색이 싫다며 가능하면 안전선을 노란색이 아닌 붉은색으로 표시하면 좋겠다고 수차례 말했다.* 한번은 늦은 저녁 시간에 모델X 작업자들을 모아놓고 수고가 정말 많다고 격려했다. 직접 말하지 못하고 에둘러 말을 꺼내긴 했으나 그들이 얼마나 큰 희생을 치르고 있는지 잘 안다며, 잠시 말을 잇지 못하는 듯하더니 눈물을 글썽거렸다. 무엇보다도 가족과 함께 시간을 보내기 어려울 거라며, 그 점은 누구보다 잘 안다고 덧붙였다.

그렇게 솔직한 감정을 토로한 순간이 많은 사람에게 위로와 격려가 되었다. 머스크는 다른 직원에게 자신만큼 열성을 다하라고 종용한 적이 없었다. 심지어 오르티스조차 머스크가 나타나면 팀 전체의 사기가 충천한다고 인정했다. 머스크가 공장을 방문할 때면 어김없이 오르티스 자리에서 멀지 않은 곳에 팝콘 기계가 등장했다. 직원들에게 간식을 제공하는 것이었다. 하지만 관리자들은 신경을 곤두세웠다.

직원들을 격려하고 며칠이 지난 후에 공장을 둘러보다가 창문을 붙들고 낑낑거리는 작업자를 발견했다. 끽끽거리는 소음이 참기 힘들 정도로 커서, 또다시 머스크는 짜증이 치밀었다. 그때 근처에서 일하던 시급 노동자가 "제가 이 문제를 해결할 수 있어요"라고 말했다. 도어실을 따라서 절개하면 소음이 없어진다는 것이었다. 머스크가 요청해서 그가 직접 절개해 보였고, 창문을 여닫을 때 나던 소음이 말끔히 사라졌다.

그런데 머스크는 아무도 예상치 못한 반응을 보였다. 공장 총감독은 그렉 라이쇼였으나 당시 그 자리에는 부감독인 조시 엔사인이 있었다.

---

● 하지만 머스크는 공식 석상에서 이 주장은 사실무근이라고 반박했다. 2018년 5월 21일자 트위터에 이런 글이 올라왔다. "테슬라 공장 내부는 사방이 노란색 안전선과 안전 테이프 천지입니다."

21장 진통　**355**

머스크는 "자네가 맡은 팀에 이미 해결책을 아는 사람이 있다는 걸 몰랐어?"라며 불같이 화를 냈다.

엔사인은 그럴 만한 이유가 있었지만 직급이 낮은 사원 앞에서 자초지종을 털어놓을 마음이 없었다. 사실 엔지니어들이 이 방법을 오래전에 시도했지만 단 몇 주 만에 문제가 재발했다. 이런 내막을 전혀 모르는 시급 노동자는 의기양양한 표정을 짓고 있었다. 일부 직원은 그 시급 노동자를 "얼간이"라고 불렀다. 머스크는 좀처럼 화를 삭이지 못했다. "이게 말이 돼? 자기가 감독하는 공장에 해결책을 아는 사람이 있는데, 전혀 몰랐다는 거잖아. 도무지 용납이 안 돼!"

팀원들이 다 쳐다보고 있었기에 머스크와 엔사인의 상사인 라이쇼는 회의실로 자리를 옮겨서 언쟁을 벌였다. 다툼은 금방 끝나버렸다. 엔사인은 해고되었고 라이쇼는 스스로 그만두는 쪽을 선택했다. 모델3 출시가 코앞인데 생산 부문의 수장들이 모두 사라져서 매우 난감해졌다.

몇 주 후, 머스크는 조립라인에서 최초의 모델X를 무결점 상태로 완성했다고 축하하는 자리를 마련했다. 그 행사는 새벽 3시에 열렸다. 이렇게 생산공정을 밀어붙였는데도 테슬라는 사분기 말까지 매주 1,000대를 생산한다는 목표를 달성하지 못했다. 하지만 머스크는 굴하지 않고 하반기에는 5만 대를 생산하거나 전년도 생산량에 견줄 만한 결과를 달성하겠다며 투자자들을 안심시켰다.

모델X 생산을 강행해서 월스트리트가 들춰볼 테슬라 관련 통계자료를 더 쌓았을지는 몰라도, 고객 처지에서는 차량 결함만 늘었을 뿐이다. 이런 상태로 차를 고객에게 넘기면 불평불만이 쇄도할 것이 뻔했다. 테슬라의 미국시장 판매량은 자동차 성능을 평가하는 권위 있는 기관인

J.D.파워의 평가 대상에 포함될 만한 수준이 아니었다. (캘리포니아나 뉴욕주에서는 해당 업체가 승인해야만 J.D.파워가 고객에게 연락해서 평가를 진행할 수 있었기 때문에, 테슬라가 거부하면 J.D.파워의 평가를 차단할 수도 있었다.) 하지만 J.D.파워는 다른 주에서 얻은 자료만으로도 방향성을 설정하기에 충분했다. 테슬라의 초기 품질은 고급 브랜드 중 최악이었을 뿐만 아니라, 업계 전반에서도 가장 낮은 순위를 기록했다. 테슬라를 연구한 자료를 보면, 테슬라보다 전반적으로 결함이 더 많은 기업은 피아트Fiat(세계에서 6번째로 큰 자동차 업체—옮긴이)와 스마트뿐이었다. 당시에는 연구자료에 포함된 수치의 근거가 확실치 않아서 자세한 내용이 외부에 널리 알려지지 않았다.•

결함이나 고장 내역은 매우 다양했다. 외부 바람 소리가 너무 크게 들리거나 차체 판금이 제대로 맞물리지 않는 사례도 있었고, 안전벨트를 사용하기가 불편하다는 지적도 있었다. 하지만 테슬라만의 장점도 있었는데, 대형 스크린이나 전기 파워트레인 성능은 만족도가 높았다. 기본적으로 테슬라는 기존 자동차 업체가 파악하지 못한 부문에서는 경쟁업체보다 크게 앞서갔으나, 수십 년의 경험이 필요한 자동차 제조 부문에서는 성적이 저조했다.

J.D.파워에 접수된 고객 불만이 수두룩했지만, 브랜드 매력도에는 지장이 없었다. 실제로 어떤 경쟁업체도 브랜드 호감도에서 테슬라의 점수를 따라오지 못했다. J.D.파워는 비공개 보고서를 마무리하면서 "판매량이 증가하고 또 다른 유형의 구매자 기반이 형성되면서" 품질과

---

• J.D.파워는 2020년부터 테슬라를 공개 연구 대상에 포함했다.

관련된 초기 우려사항이 "더욱 증가할지 모른다"고 경고했다.

오르티스는 이런 괴리를 이해하고 있었다. 그의 아들이 머스크를 테크 히어로tech hero라고 부를 정도로 팬이었기 때문에 언젠가 머스크의 사인을 받아서 아들에게 선물할 생각이었다. 그렇긴 하지만 테슬라 내부 경영이 위태로운 지경이라는 점도 부인할 수 없었다. 앞으로 UAW에서 공장 노동자들과 야유회를 즐기는 날이 오겠지 하고 생각했다.

여름에 이런 다짐을 시험해볼 기회가 생겼다. 주말에 UAW의 오랜 친구들과 만나자는 비밀스러운 초대를 받았다. 모임 장소에 도착해보니 디트로이트에서 보낸 UAW 주최자들이 기다리고 있었다. 그들은 오르티스에게 테슬라 노조를 만들 건데 참여할 의향이 있냐고 물었다. 사실 그가 아주 오래전부터 꿈꾸던 일이었다. 오르티스는 '어려울 게 뭐 있어. 작업자들은 이미 마음의 준비가 되어 있는 걸' 하고 생각했다. 제너럴모터스 공장을 폐쇄할 정도로 위력을 발휘한 UAW의 영광스러운 시절을 재현하고 싶었다.

"물론입니다. 그게 제 궁극의 목표죠. 저 건물에서 모든 작업자를 끌어낼 작정이에요. 이전 방식을 버려야 하니까요. 대화도 안 통하고, 어떤 주장도 할 수 없죠. 투표도 의미가 없어요. 우리를 인정해주면 바로 작업에 복귀하겠습니다. 그렇지 않으면 그 자리에 그대로 버티고 있을 겁니다." 그는 언젠간 UAW의 지부장이 되겠다는 희망에 부풀었다.

## 22장

## SE-X를 모면하다

　일론 머스크는 처음엔 콤팩트카의 이름을 모델E로 정하고 싶었다. 그러나 차량 모델명의 표기 순서를 S-E-X로 만들 수 없었기에 이 이름을 포기했다. 고위 임원들은 모델명 순서가 S-E-X가 될지 모른다는 말에 박장대소했지만, 포드에서 이미 모델E 상표를 보유하고 있다는 점을 떠올리고 다른 이름을 고민하기 시작했다. 그래서 모델 'E' 대신 3세대 자동차에 적합한 이름인 모델 '3'를 선택하게 되었다. 게다가 'E'와 '3'이 비슷해서 출시 차량 라인업이 S-E-X가 될 뻔했다는 농담도 계속 써먹을 수 있었다.
　이런 일 처리는 애플이 차기 아이폰 이름을 정하는 방식과 딴판이었다. 더그 필드는 애플에서 신형 맥컴퓨터를 개발하는 엔지니어 수천 명을 감독했는데, 테슬라에서는 이전 업무 방식이 하나도 통하지 않았다. 테슬라에 바꿔야 할 부분이 많다는 점을 깨닫는 데 그리 오래 걸리지 않았다. 앞으로 자동차 업계의 대세로 자리매김하려면 모델S나 모델X에서 저지른 실수를 반복하지 않아야 했다. 이제는 회사가 너무 커져서 그의 팀이 저지른 실수가 반복되면 돌이킬 수 없는 위험을 초래할 수 있었다. 대중을 겨냥한 시장에서 제품 출시가 지연되면 해당 기업은 영원히 매장될 가능성이 컸다. 아무튼 필드를 영입한 건 테슬라가 본격적으로 성장할 때가 되었다는 신호였다. 이제 스타트업이라는 타이틀을 벗어던지고 안정된 기업으로 발돋움해야 했다.

필드는 팰로앨토 본사에 적응하는 과정에서 한 가지 문제점을 발견했다. 자동차 생산팀과 기술 전문가 팀의 반목이 심했는데, 이런 폐단은 피터 롤린슨이 있던 시절부터 지금까지 오랫동안 이어 내려온 골칫거리였다. 양 팀 모두 대부분 남자 직원이었다. 자동차 생산팀은 자동차 및 제조업 엔지니어들로서 로스앤젤레스에서 롤린슨과 함께 일하다가 실리콘밸리로 옮겨왔으며, 대개 유럽 브랜드의 자동차 업체에서 경력을 쌓았다. 그래서 몇몇은 영국식 억양이 묻어나왔다. 이들은 정장을 제대로 갖춰 입지 않고, 단추를 편하게 푼 채 넥타이를 매지 않았다. 대다수가 베이에리어 교외인 플레젠튼이나 월넛크리크에 거주하는 4, 50대 남성이었다.

한편 기술 전문가 팀은 모두 J. B. 스트라우벨이 채용한 사람들이었다. 그들은 실리콘밸리의 스타트업 분위기를 풍겼으며, 생산팀보다 한참 어려 보였다. 대부분이 스탠퍼드대학교 동문이었다. 샌프란시스코나 팰로앨토에 거주하고, 티셔츠와 비싼 운동화를 즐겨 착용했다.

이들의 갈등은 시간이 흐를수록 골이 깊어졌다. 자동차 생산팀은 기술 전문가들이 업계에서 힘들게 습득한 내용이나 자동차를 제대로 만드는 방식을 우습게 여긴다고 생각했고, 기술 전문가 팀은 상대방이 엔지니어링 기술은 부족한데 과거의 경험에만 의존한다며 불만을 터뜨렸다. 이들을 지켜본 한 임원은 "두 집단의 문화에서 공통점이라고는 단 하나도 찾아볼 수 없다"고 평가했다.

이런 분위기를 그대로 내버려둘 수 없었다. 사람들이 모델S를 긍정적으로 평가하는 요인을 모두 반영해서 저렴한 비용으로 차를 만들려면 두 집단이 서로 협력해야 했다. 일단 이들의 편견을 해소하는 것이 급선무였다. 오래전에 모델S를 만들던 엔지니어들이 머스크에게 예산 이야기를 꺼내면 머스크는 벌컥 화를 내곤 했다. 그는 엔지니어들에게 비용을 절감하되 가장 좋은 차를 만들어내라고 종용했다. 하지만 이제 필드는 그때와 다른 목표를 달성해야 했다. 테슬라가 누구도 흉내 내지 못할 수준의 차를 만들 수 있다는 건 이미 증명했고, 이제는 대중적인 자동차, 사람들이 일상에서 사용할 수 있는 차를 만들어서 본격적으로 돈을 벌어야 했다. 허황한 뜬구름을 쫓는 기업이라는 이미지를 벗어버리고 시장에서 인정받는 기업으로 성장하려면 다른 방도가 없었다.

필드는 모델3 건으로 팀 회의를 진행할 때 슬라이드를 준비해서 팀원들의 관심을 끌었다. 모델3 출고가는 3만 5,000달러에 맞추되, 한 차례 충전으로 주행거리가 약 320킬로미터가 되어야 하며, 모델S의 고객 경험과 열정에 견줄 만한 결과를 산출해야 했다. 그는 이 모든 조건을 충족하면 "우리 손으로 이 세상을 바꿔놓게 되는 겁니다"라고 말했다.

출고가를 3만 5,000달러에서 시작한다는 말이 핵심이었다. 세단 판매에서 이 가격정책은 매우 유리한 조건이었다. 이 금액이 BMW3 시리즈와 메르세데스C 클래스에서는 최저가인데, 도요타 캠리에서는 최고가였다. 에드먼즈닷컴에 따르면 2015년 미국에서 판매된 신차의 평균가격은 3만 3,532달러였다. 물론 모델3도 모든 옵션을 다 넣으면 출고가가 훨씬 높아져서 회사 수익을 늘릴 수 있었다.

하지만 마틴 에버하드가 AC프로펄전의 티제로를 대중적인 자동차로 탈바꿈시키는 방법을 고민하던 10년 전과 같은 고민거리가 그들의 발목을 잡았다. 바로 배터리 비용 문제였다. 스트라우벨이 기가팩토리를 구상하고 파나소닉과 협력관계를 구축한 건 시작일 뿐이었다. 테슬라는 네바다주 리노 부근에 공장을 건설하면 비용을 거의 3분의 1까지 줄일 수 있겠다고 예측했다. 하지만 이것만으로는 충분치 않았다. 테슬라 팀이 투자수익률을 따지는 데 익숙하지 않았기 때문에 필드는 이들의 의욕을 끌어올릴 방법을 찾아야 했다.

그는 매출자료를 활용해서 도표를 만들었다. 차량 가격이 매출에 어떤 영향을 끼치는지 한눈에 파악할 수 있었다. 차량 가격을 1달러 낮출 때마다 연간 매출이 100대 증가했다. "이것이 바로 1달러의 의미입니다. 이렇게 하면 100가구가 전기자동차를 탈 수 있죠. 도로에서 내연기관 차량이 100대 줄어들고 사람들이 더 안전하고 기분 좋게 모델S를 소유하는 기쁨을 누리게 됩니다." 간단히 말해서 그들의 임무는 모델S에서 반응이 좋은 기능이나 부품을 그대로 유지하고 비용만 줄인 저렴한 버전을 생산하는 것이었다.

비용을 줄이려면 배터리로 제조 효율을 높이는 방법도 있지만, 배터리에 더 많은 에너지를 주입해서 배터리셀 개수를 줄이는 방법도 있었다. 모델S는 18650이라는 리튬이온 배터리셀을 사용했는데, 최고기술책임자인 J. B. 스트라우벨이 이끄는 팀은 이보다 조금 더 큰 배터리셀(21밀리미터×70밀리미터)을 사용하면 내부 용량이 커져서 에너지 저장이 늘어난다고 생각했다. 그들은 에너지 사용량을 25퍼센트 줄이면서 모델S와 같은 주행거리를 달성할 방안을 원했다.

그렇게 하려면 테슬라는 차량의 효율 전반을 개선해야 했다. 필드가 진두지휘하는 생산팀 엔지니어들은 두 가지 방안의 부품 예산을 받았다. 필드는 엔지니어들에게 그들의 결정에 따라 비용은 물론이고 차량의 전기 시스템에 걸리는 부하가 어떻게 달라지는지 생각해보라고 지시했다. 그래서 팀원들은 브레이크 비용을 제시할 때 몇 달러인지 표기할 뿐만 아니라, 가속 및 감속할 때 발생하는 에너지 비용도 함께 표시했다. 차체 아래의 플라스틱 스트립의 경우, 제작 비용은 1.75달러고 설치 비용은 25센트지만, 공기역학을 개선하면 배터리 가치로 대략 4달러만큼 주행거리가 늘어났다. 이 방법은 매우 효과적이었다. 차체 무게를 줄이고 공기역학을 세밀하게 조정했더니, 주행거리가 처음 목표치를 훨씬 웃도는 수준인 540킬로미터까지 늘어났다.

비용을 줄이는 또 다른 방법으로, 모델S에 사용된 고가의 알루미늄 소재 대신 강철 차량 프레임을 도입했다. 다만 차 문은 원래대로 알루미늄 소재를 사용했다. 내부 디자인도 크게 달라졌다. 흔한 계기판을 없애고 중앙에 자동차의 모든 정보가 표시되는 대형 평면 스크린을 설치해서 비용을 대폭 절감했다.

그리고 일반 부품을 사용하되, 부품 개수를 줄여서 훨씬 저렴한 통풍 시스템을 개발했다. 사실 자동차 디자이너라면 누구나 대시보드의 원형 또는 사각형 통풍구를 없애고 싶어 했다. 이 통풍구를 보기 좋게 바꾸면 좋으련만, 여러 해 동안 아무도 성공하지 못했다. 그런데 조 마르달Joe Mardall이라는 젊은 엔지니어가 필드 팀이 원하는 작업을 용감하게 시도했다. 2011년에 테슬라에 합류한 그는 이전에 맥라렌 레이싱에서 경주용 자동차의 공기역학을 개선하는 업무를 맡았었다. 그가 2015년 모델X에 설치된 공기필터 시스템을 개발했는데, 테슬라에서 이 필터가 미세입자를 99.97퍼센트 이상 제거한다고 주장할 만큼 성능이 우수했다. 이제 마르달은 공기 흐름을 통풍구 입구처럼 활용하는 방법, 즉 일반 차량에서 볼 수 있는 거추장스러운 통풍구를 없애고도 공기 흐름을 유지하는 방법을 찾아야 했다. 놀랍게도 그는 눈에 잘 띄지 않아서 내부 디자인을 해치지 않는 슬릿을 대시보드에 만들어서 통풍 효과를 달성했다. 기존의 둥근 통풍구는 자취를 감추었다. 이런 변화는 모델S 때부터 테슬라가 시도해온 방침을 상징적으로 보여주는 사례였다. 바로 소수의 우수한 엔지니어들한테서 까탈스러운 문제를 해결하는 기발한 발상을 이끌어내는 문화 말이다.

비용 절감 말고도 문제가 또 있었다. 2016년 봄 프리몬트 공장에서 발생한 악몽과도 같은 상황은 테슬라의 재정뿐만 아니라 자동차 제작 능력도 한층 개선할 필요성을 보여주었다. 필드는 물론 그렉 라이쇼도 회사를 그만두기 전에 그 점에 동의했다. 모델X 생산을 개시하는 데 가장 큰 걸림돌은 막판에 가서 자동차 디자인과 엔지니어링에 변동사항이 생기는 사태였다. 그러면 공장에서는 바로 차량 생산을 시작할 수 없고, 부품업체와 협력해서 필요한 도구를 구한 다음 테스트를 거쳐야 했다.

자동차 개발자와 공장 엔지니어가 합심하게 만들려고 필드는 팰로앨토 본사와 프리몬트 공장에서 멀리 떨어진 장소에 이들을 모두 불러모았다. 그날은 금요일이었는데, 마침 머스크가 로스앤젤레스에 가고 없었다. 50여 명의 개발자와 엔지니어 들은 머스크에게 알리지 않은 채, 바다가 내려다보이는 샌프란시스코에 자리 잡은 옛 군사기지인 프레시

디오에 모였다. 아름다운 항구의 전경을 즐길 수 있는 곳이었다. 먼저 프란츠 폰 홀츠하우젠이 이끄는 디자인팀과 기술 프로그램 관리자들이 나와서 모델3의 디자인을 보여주며 사용자에게 어떤 경험을 제공하려는 의도인지 설명했다. 모델S와 모델3의 차이점을 보여준 다음, 독일과 일본의 경쟁사 제품하고도 크기나 성능에서 어떤 차이가 있는지 자세히 비교해주었다. 테슬라의 경쟁 대상은 BMW3 시리즈, 아우디A4, 메르세데스·벤츠C 클래스라는 점도 다시 짚어주었다. 이렇게 기본적인 이해를 먼저 쌓고 나서, 오후부터는 자동차를 만드는 계획으로 눈을 돌렸다. 주요 제품 디자인 엔지니어들이 나서서 생산 과정 전반을 설명했다. 그들은 스탬핑 도구와 프레스를 오가는 시간을 줄이기 위해 새로 인수한 금형공장을 활용하는 방안을 제시했다.

  필드는 내용을 정리해서 간단한 비유를 들었다. 우선 엔지니어들은 자신을 농부라고 생각해야 했다. 엔지니어링 작업이라는 밭에 지금 시간을 내어 씨를 뿌려두면 많은 문제를 사전에 방지할 수 있다고 필드는 주장했다. 씨를 뿌리고 나서 기다리다 보면 수확할 계절이 올 테고, 그때가 바로 모델3가 완성되는 시기였다. 사실 테슬라는 처음부터 한 번에 하나씩 처리하지 않고 여러 임무를 동시에 해내려고 했다. 로드스터를 출시할 때처럼 모델S를 선보일 때도 좌충우돌하느라 애로사항이 많았고, 지금도 프리몬트 공장에서 모델X를 생산하는 데 크고 작은 어려움이 따랐다. 필드는 엔지니어들에게 모델3가 출시될 무렵에는 이런 상황이 또다시 반복되지 않아야 한다고 엄중히 경고했다. 또한 어떤 제품을 개발하건 엔지니어는 초반부터 프로젝트에 가장 큰 영향력을 행사할 기회를 쥔다고 언급했다. 하지만 바로 이 시점에 CEO는 프로젝트에 관심을 가장 덜 보이기 마련이었다. 제품이 완성 단계에 가까워질수록 CEO도 촉각을 곤두세우기 때문에, 엔지니어가 절차를 개선하거나 관련 사항을 변경하고 싶어도 쉽게 끼어들 수 없다. 모델X를 진행할 때도 사정은 크게 다르지 않았다. 머스크는 공장에 나와서 생산라인이 돌아가는 광경을 계속 지켜보았고, 수년 전에 정해놓은 엔지니어링과 디자인 사안에 불만을 드러내며 변경을 요구했다. 머스크의 요구를 수용하느라 엔지니어들은 몇 배의 고생을 감수해야 했다.

머스크가 그 모임에 참석해서 이런 내용을 모두 숙지한 건 물론 아니지만, 복잡한 제조 과정에 이전과는 다른 태도를 보이기 시작했다. 폰 홀츠하우젠이 호손에서 모델3의 디자인 회의를 진행했는데, 그 자리에 참석한 관리자들은 수년 전 모델X를 개발할 때와 비교해서 머스크의 말투가 확연히 달라진 것을 느낄 수 있었다. 여전히 모든 과정에 일일이 참견하려고 들었지만, 예전처럼 지나치게 비현실적인 공상만 내세우지 않고 구매와 제조 관리자들에게 그들의 의사결정이 얼마나 큰 영향을 미치는지 자세히 들려주었다. 테슬라에 오랫동안 근무해서 머스크의 예전 모습을 익히 아는 관리자들은 모델X를 만들 때와 달리 머스크가 모델3에는 깊이 관여하지 않는다고 생각했다. 물론 그가 공장에서 보내는 시간은 늘어났지만, 집안 문제와 다른 고민거리들로 마음이 쪼개져 있었다. 그리고 든든한 경영진 덕분에 예전처럼 일일이 참견하고 확인할 필요가 없었다. 필드가 모델3 개발을 잘 이끌어가고 있었다. 한편 프리몬트의 경영팀은 자동차 생산을 둘러싸고 야심 찬 계획을 세우고 있었다. 그들은 모델3 전용 조립라인을 만들고, 품질 개선을 위해 자동화 설비도 더 확충하면 좋겠다고 의견을 모았다. 2017년 연말부터 생산을 시작하되 2018년 여름까지 모델3를 매주 5,000대씩 만들어낸다는 목표도 제시했다. 그런 속도라면 유지보수를 위해 가동을 중단하는 시간을 고려하더라도 소형 차량을 연간 26만대 생산할 수 있는데, 이는 테슬라 역사에서 굵직한 이정표라고 할 만한 발전이었다. 그다음에는 조립라인에 로봇과 자동화 시설을 더욱 증강해서 2020년 기준으로 연간 50만 대 생산을 목표로 잡았다.

그들도 이 계획이 지나치게 부담스러운 목표라는 걸 알고 있었다. 기존 생산공정을 그대로 운영하면서 자동화 설비를 확충하자면 복잡한 데다 많은 시간이 걸리지만, 이렇게 두 단계로 나누어 접근하면 가능해 보였다. 모델3를 출고해서 매출을 늘려야 자동화 설비를 확대하는 데 드는 자금도 충당할 수 있었다.

이런 계획을 차질 없이 밟아 나가려면 모델S와 모델X를 출시할 때 저지른 실수를 반복하지 않아야 했다. 그때는 공장을 가동하면서 거의 동시에 제조라인을 설치하려고 했던 점이 문제였다. 결국 생산라인이 제대로 준비되지 않은 채로 모델X를 생산했다가 수천 대를 다시 작업해야 했다. 주간 생산량을 3배나 늘려서 공장을 가동하는 것만도 힘든데, 거기에 결함이 드러난 차량을 재작업하자니 몹시 지치고 고되었다. 두 가지 업무가 겹치면 회사 전체에 재앙에 가까운 결과를 초래할 수 있었다.

필드가 회사 직원들을 결속하려고 노력했지만, 일부 직원은 각자 살길을 찾고 있었다. 기가팩토리에서 근무하는 J. B. 스트라우벨 팀은 스파크스에서 프리몬트 공장까지 배터리팩을 운송할 방법을 논의하다가 배터리팩으로 구동하는 전기 기차를 개발하자는 구상을 내놓았다. 여기에서 출발해 전기 세미트레일러를 생산하면 비용이 더 합리적이라는 결론에 이르렀다.

팀 전체가 흥분하기 시작했다. 스트라우벨은 아이디어를 실행할 수 있을지 가늠해보자며 프로토타입을 제작하라고 조용히 허가해주었다. 그들은 공장을 오가는 전기 트럭을 몇 대 제작해보기로 했다. 스트라우벨은 자기 방식대로 일을 추진했다. 우선 본인 팀에 전기차로 전환할 만한 대형 휘발유 트레일러 한 대를 구해오게 했다. 그리고 댄 프리스틀리Dan Priestley라는 젊은 엔지니어에게 차량 전체를 완전히 분해한 다음 모델S에 장착하는 배터리팩의 절반만 사용해서 프로토타입을 제작하라고 지시했다. 그의 팀은 시운전을 해보고 슈퍼차저에서 충전도 했다. 다들 순간가속도에 혀를 내두를 정도로 만족스러운 결과를 얻었다. 하지만 이내 걱정거리가 생겼다. 그들은 새로운 것을 개발한다고 주변에 아예 알리지 않았다. 필드 팀이 자동차를 개발하고 스트라우벨 팀은 배터리 공장을 짓기로 되어 있었다. 게다가 머스크는 본인이 깜짝 이벤트를 하면 몰라도 다른 사람이 그러면 전혀 반기지 않았다. 스트라우벨은 새로 개발한 세미트럭이 매우 인상적이기에 모든 것을 용서받을 수 있으리라 여겼다. 그래서 뭔가 보여줄 게 있다며 머스크를 프리몬트 공장 뒤편으로 불러낸 다음 세미트럭을 공개하기로 했다. 스트라우벨 팀이 완성한 차량은 덩치가 커서 움직임이 느린 일반 세미트럭과 달리 놀라운 가속도를 선보였다.

예상대로 머스크는 굉장히 흡족해하는 눈치였다. 하지만 스트라우벨은 기가팩토리에 전념해야 하므로 이 프로젝트는 다른 사람에게 넘기겠다고 선언했다. 사실 머스크에게는 다른 속셈이 있었다. 신차 프로그램을 내세워서 제롬 기옌을 다시 불러들일 생각이었다. 기옌은 모델S를 성공적으로 출시해서 머스크의 신임을 얻었지만, 영업 부문을 감독하다가 심신이 지쳐서 회사를 떠나야 했다.

2015년 8월에 일을 놓은 기옌은 점차 스트레스에서 벗어나는 것처럼 보였다. 미국 전역을 돌아다니며 캠핑을 즐겼고, 가끔씩 테슬라에 남아 있는 친구들에게 오지에서 찍은 사진을 보냈다. 사람들은 기옌이 이렇게 즐거워하는 모습은 처음 본다며 놀라워했다. 머스크가 다시 돌아올 의향이 있냐고 물었지만, 그는 선뜻 대답하지 않았다. 막상 돌아온다고 해도 그가 설 자리가 남아 있을지 알 수 없었다. 필드가 이미 모델3 개발을 감독하고 있었고, 영업 및 서비스 부문은 존 맥닐이 맡고 있었다. 기옌이 돌아와도 어떤 업무에 투입될지 알 수 없었다.

하지만 머스크의 막판 설득에 그의 마음이 조금 흔들렸다. 기옌은 테슬라에 합류하기 전에 세미트럭을 개발한 적이 있는데, 머스크의 말을 듣고 '이 새로운 자동차라면 테슬라가 전에 없던 새로운 시장을 개척할 수 있지 않을까?' 하고 생각했다. 마침내 그는 마음을 고쳐먹고 2016년 1월 테슬라에 복귀해서, 주변의 관심이나 방해를 받지 않고 편안하게 프로젝트를 감독했다. 이렇게 해서 그해 겨울에는 모델X를 생산할 준비만으로도 눈코 뜰 새 없이 바빠질 텐데, 거기에 신차 프로젝트를 한 가지도 아닌 두 가지나 추진해야 하는 상황이 되었다. 기업 경영 차원에서는 매우 부담스러웠지만, 틈새시장을 벗어나 자동차 업계를 선도하는 기업이 되려면 이 정도 유연성은 갖춰야 했다.

2016년 3월 바람이 산들산들 부는 저녁에 일론 머스크, 더그 필드, 존 맥닐을 포함한 고위 경영진은 테슬라 디자인 스튜디오에 마련된 무대 뒤편에 서 있었다. 디자인 스튜디오에는 머스크가 아주 오래전부터 약속한 모델3를 직접 보려고 수백 명의 고객과 테슬라 지지자들이 모여 있었다. 머스크는 트위터에 모델3를 공개한다고 미리 공지했다.

지금까지 단 한 번도 공개한 적 없는 자동차였기에 사전주문을 받으려고 그렇게 한 것이었다.

임원들은 별관에서 소셜미디어 동영상을 통해 미국 전역의 테슬라 매장마다 사람들이 줄지어 기다리는 광경을 확인했다. 1,000달러의 예치금이 들어올 때마다 누계가 표시되는 화면도 계속 예의주시했다. 그들은 화면에 표시되는 수치를 보고 눈이 휘둥그레졌다. 이들이 비공식적으로 예상한 금액을 훨씬 넘어섰기 때문이었다. 테슬라가 로드스터를 처음 선보였을 때는 100명의 구매자를 확보해서 예약금 10만 달러를 확보하는 것이 목표였다. 그 목표를 달성하는 데 채 몇 주가 걸리지 않았다. 모델S를 공개했을 때는 몇 달 사이에 사전예약이 3,000건을 기록했다. 임원들의 예상은 보기 좋게 빗나갔다. 보이지 않는 곳에서 수만 명이 예약을 신청했고, 예약자는 금세 수십만 명으로 늘어났다. 팀원들은 할 말을 잃은 채 바닥에 털썩 주저앉았다. 눈으로 보고도 예약 건수를 믿기 어려웠다. 모델3의 예상 제작률로 짐작해보건대, 그날 저녁에 들어온 사전예약을 처리하는 데만도 몇 년이 걸릴 지경이었다. 경험상 예약자 대다수가 실제로 구매하지는 않는다는 점을 알고 있었지만, 그래도 테슬라에 엄청난 이익이 보장된다는 청신호였다. 필드는 이런 자리에 참석할 기회를 마련해주어 고맙다고 머스크에게 인사를 건넸다.

머스크가 무대에 등장하자 귀청이 떨어질 듯한 환호성이 터져나왔다. 누군가 "당신이 해냈어요!"라고 목청껏 소리쳤다. 오랜 기다림 끝에 모델3가 세상에 나온 것이다. 그 자리에는 로드스터, 지금은 모델X의 소유주이자 테슬라 홍보대사를 자처한 보니 노먼과 파나소닉 임원으로서 파나소닉이 프리몬트 공장에 참여하는 데 큰 역할을 한 요시 야마다도 있었다. 두 사람도 축제 분위기를 만끽했다.

드디어 모델3가 등장했다. 이번에 가장 놀라운 점은 외관 디자인이 새롭지 않다는 데 있었다. 외관은 오히려 모델S와 비슷한 점이 많았다. 모델S를 조금 축소해서 우아한 멋을 한층 살린 것 같았다. 차량 앞부분 콧대가 짧아져서 거북이 같은 느낌도 들었다. 모델3와 모델S의 차이를 잘 모르겠다는 사람이 많았다. 사실 3만 5,000달러에 출고되는 신형 차량이 10만 달러짜리 기존 자동차와 거의 똑같이 생겼다는 것 자체가 하나의 큰 매력이었다. 그날 밤은 화려한 쿠데타의 현장이었다.

테슬라의 많은 임원은 CEO를 잘 관리해본 경험으로 똘똘 뭉쳐 있었다. 다들 CEO의 눈치를 보고 비위를 맞춰야 했다. 머스크는 매주 임원회의를 열었는데, 그 자리에서는 누구라도 머스크에게 호되게 질책을 들을 수 있었다. 그런 난감한 상황을 피하려면 최고보좌관인 COS 샘 텔러Sam Teller와 합심해서 그의 기분을 잘 풀어주어야 했다. 샘은 머스크를 그림자처럼 수행하면서 머스크에게 보고되는 모든 정보의 게이트키퍼 역할을 했다. 머스크를 제외하고 테슬라, 스페이스엑스 그리고 솔라시티의 기밀 금고를 모두 들여다볼 수 있는 몇 안 되는 인물 중 한 명이었기에, 머스크가 일으킨 기업 중 한 곳에 사달이 생기면 즉시 경고를 날릴 수 있었다. 새로운 임원이 채용되면 샘은 딱 한 가지를 당부했다. "문제처럼 보이는 것이 있어도 사실은 문제가 아니라 정상입니다. 머스크는 엉망진창인 문제를 해결하는 데 본인 시간을 다 씁니다. 당신이 문제라고 생각한 사안도 머스크에게는 그리 놀랄 일이 아닐 겁니다. 그러니 굳이 머스크를 찾아와서 호들갑 떠는 일이 없도록 하세요."

J. B. 스트라우벨은 텔러를 구슬려서 머스크와 임원회의를 시작하기

전에 주요 책임자들과 사전 회의를 따로 열었다. 그렇게 하면 임원들이 먼저 의견 차이를 조절한 다음 머스크에게 일관된 하나의 의견을 제시할 수 있었다. 한동안은 이 방법이 효과가 있었다. 하지만 머스크에게 사전 회의를 들키고 나서 사정이 달라졌다. 예상대로 머스크는 사전 회의를 원치 않고 당장 중단하라고 지시했다. 그는 사람들이 자기가 없는 곳에서 음모 꾸미는 것을 용납할 수 없었다. 서로 싸우더라도 자기가 보는 앞에서 행동하기를 원했다. 머스크는 의사결정 권한을 남에게 내줄 마음이 전혀 없었기에, 사람들이 자신을 찾아오기 전에 미리 결정 내리는 처사를 싫어했다.

이런 일이 벌어지긴 했으나, 모델3를 공개하기 전에 머스크는 매우 기분 좋은 얼굴로 테슬라 본사에 나타났다. 임원들은 머스크 집무실에서 멀지 않은 통유리 회의실에 모여 있었는데, 예상을 압도적으로 웃도는 예약 건수를 보고 입이 떡 벌어졌다. 그러나 흥분과 놀라움은 곧 긴장감으로 바뀌었다. 다들 혹시나 하는 마음으로 염려했던 예상이 적중했다. 머스크는 모델3 생산속도를 높이겠다고 선언했다.

몇 달간 머리를 맞댄 끝에 2017년 연말에 생산을 시작하기로 계획을 잡았다. 그러려면 먼저 새로운 조립라인을 설치해서 시범 가동하고 각각의 워크스테이션이 몇 초 간격으로 일사불란하게 작업을 완료하는지 제대로 확인해야 하는데, 그 또한 여러 달이 걸리는 작업이었다.

2015년 늦가을에 디팩 아후자가 퇴사하고 제이슨 휠러Jason Wheeler가 CFO 자리를 이어받았다. 휠러는 이 계획에 따르면 2018년 매출이 2016년 대비 두 배가 되리라고 예측했다. 또한 2017년에 처음으로 테슬라가 흑자를 기록한다면서, 2016년 매출액은 2억 5,890만 달러, 2018년 매출은 9억 달러로 추산했다. 2020년은 머스크가 일 년 안에

50만 대를 생산하겠다고 공약한 해인데, 휠러는 그렇게 되면 357억 달러의 총수익에 순수익은 21억 9천 달러라고 예측했다. 계획대로 잘 풀리면 테슬라는 하루가 다르게 급성장할 테고, 이 모든 것은 모델3 덕분이었다.

그런데 머스크는 갑자기 뭔가 부족하다는 생각이 들었다. 기존 계획대로라면, 본격적인 생산에 들어가더라도 사전예약 건을 처리하는 데만 몇 년이 걸릴 것 같았다. 이렇게 밀린 예약을 다 처리하고 나면 테슬라의 판매 제품은 이미 구식 취급을 받을 가능성이 짙었다. 또한 사전예약자가 이렇게 많다면 전기자동차의 잠재수요가 무궁무진하다는 뜻이어서, 이 상황을 지켜본 경쟁업체들이 전기자동차를 개발하려고 두 팔을 걷어붙일 것이 분명했다.

머스크가 직접 입 밖으로 꺼낸 적은 없지만, 많은 사람 눈에는 테슬라의 현금 잔고가 바닥을 드러내어 그가 이렇게 서두르는 것처럼 보였다. 모델X가 지연되면서 손실이 눈덩이처럼 불어났다. 3월 말 현금 보유량은 15억 달러였지만, 법인카드로 회전한도대출을 받아서 그만큼도 유지한 터였다. 만약 대출을 받지 않았더라면 현금은 거의 바닥을 드러냈을 것이다. 몇 년 전에도 테슬라의 금고는 텅텅 비다시피 했는데, 지금도 이런 속도라면 연말 무렵 또다시 금고가 빌 것 같았다. 모델X 생산을 늘리지 않으면 투자자들에게 자금을 더 받아내야 했다.

모델3 생산을 늘리느라 비용을 쏟아부은 탓에 회사 재정은 악화일로였다. 테슬라가 매주 5,000대를 생산한다는 목표를 하루라도 빨리 달성해야만 필요한 현금을 확보해서 사업을 유지할 수 있었다. 하지만 내부에서는 계획을 앞당기는 것이 과연 현명한 선택인가를 두고 의견이 분분했다. 이미 모델X의 조립라인에서 참담한 실패를 경험했기에 조심스러울 수밖에 없었다. 특히 필드는 계획을 앞당기면 안 된다고 필사적으로 반대했다. 스트라우벨도 기가팩토리가 수요를 제때 충족할 수 있을 만큼 속도를 더 낼 수 있을지 모르겠다고 우려했다.

하지만 머스크는 꿈쩍도 하지 않았다. 그는 이미 결정을 내렸고, 다른 임원들의 의견에 귀 기울일 마음이 전혀 없었다.

필드는 이런 변화에 대해 할 말은 있었지만 입을 열지 않았다. 대신 팀원들을 따로 모아놓고 향후 대책을 논의했다. "여러분은 이제 전혀 다른 기업을 위해 일하는 겁니다. 모든 것이 변했습니다."

그렉 라이쇼와 조시 엔사인이 떠난 후로 생산팀은 머스크에게 바로, 영업팀은 존 맥닐에게 업무를 보고하는 방식으로 바뀌었다. 관리자들은 아무런 완충장치도 없이 번덕스럽기 이를 데 없는 CEO를 직접 대면해야 했다. 제조 담당 엔지니어인 셴 잭슨Shen Jackson이 3교대를 실시하면 매주 5,000대 생산을 2만 대로 늘릴 수 있다고 하자, 머스크는 그것도 느리다며 생산속도를 더 높여야 한다고 대꾸했다. 그는 처음 계획을 6개월 정도 앞당겨서 이듬해 여름에는 모델3 조립에 들어가려고 했다. 게다가 지금까지 잡아놓은 계획과는 비교도 되지 않을 정도로 생산속도를 높이려 했다.

생산팀은 일부 워크스테이션에서 발생하는 병목현상을 해결할 방안을 제시했다. 한 번에 여러 대를 제작하되 완충장치를 마련하자는 내용이었다. 중요한 워크스테이션이 다운되어도 해당 라인을 중단하지 않고 다음 단계 작업자가 계속 고강도 작업을 진행하게 하면 되었다. 합리적인 생각이었지만, 머스크는 승인하지 않았다. 엔지니어링이 완벽하다면 그런 상황이 발생할 리 없다는 얘기였다.

몇몇 관리자가 이의를 제기했다. 도장 작업장 관리자는 머스크를 직접 찾아가서 그의 계획이 불가능하다고 소신을 밝혔다. 그러자 머스크는 다른 일자리를 알아보라며 그를 해고해버렸다. 많은 사람이 이런 식으로 일자리를 잃었다. 그제야 사람들은 쫓겨나지 않으려면 의구심이 들어도 발설하지 말아야 한다는 사실을 깨달았다.

공급업체도 우려의 목소리를 내기 시작했다. 파나소닉 경영진은 일정이 확 당겨져서 매우 놀라는 눈치였다. 여전히 네바다주에 세운 공장에서는 새로운 문제점이 쏟아져나왔다. 전력 공급이 불안정했고 제조업이 낯선 지역이라서 인력을 확보하고 교육하는 데도 시간이 걸렸다. 그렇다고 해도 머스크는 아주 단호했다.

5월 4일에 그는 제 손으로 안전망을 치워버렸다. 주주들에게 서한을 보내고 분석가와 화상회의를 진행하면서, 생산 계획을 앞당겨 2020년이 아닌 2018년 한 해 동안 50만 대를 제작하고 2020년에는 100만 대를 생산하겠다고 공지했다. 한마디로 정신이 아찔해지는 수치였다. 기자들에게 질문할 시간이 돌아오자, 오랫동안 자동차 업계를 취재한 CNBC 기자 필 르보Phil LeBeau가 좀 더 자세히 설명해 달라고 요청했다. "그게 생산 목표치인가요, 궁극의 목표인가요? 아니면 그냥 가설을 제시하신 겁니까?"

머스크는 2018년에 50만 대 이상 생산하고, 해마다 생산량을 50퍼센트가량 늘려서 2020년에는 100만 대를 달성하겠다고 대답했다. 물론 "개인적으로 가장 바람직한 상황을 예상한 겁니다"라고 덧붙였다.

머스크는 2017년 7월 1일에 대량 생산을 시작할 수 있도록 공급업체에 만반의 준비를 하라고 지시했으며, 투자자들에게도 이 점을 공지했다. 회사로서는 여러 사안에 대처해야 하므로 이 날짜에서 몇 달이 더 지나야 비로소 최대 역량을 가동할 가능성도 있다고 인정했다. "2017년

말까지 모델3의 대량 생산을 확정하려면, 2017년 중반으로 날짜를 잡고 사내 작업자와 외부업체를 최대치로 가동해야만 2017년 연말까지 생산량을 맞출 수 있을 겁니다. 후반기에 모델3를 어림잡아 10만 대에서 20만 대 생산하기로 목표를 잡고 있습니다."

고객들에게도 한마디 조언을 남겼다. 주문하려면 지금 바로 하라는 말이었다. "지금 주문해도…… 5년쯤 지나야 차를 받게 되는 건 아닌지 걱정하지 마세요. 지금 주문해야 2018년에 차를 받을 확률이 높습니다."

이렇게 머스크는 생산 계획을 온 세상에 공표했다. 이제 모델3를 생산하느라 테슬라 공장은 정신없이 돌아갈 테고, 대략 일 년 후에는 도로 위를 질주하는 모델3를 심심찮게 보게 된다는 주장이었다. 그렇게 주사위는 이미 던져졌다.

## 23장

## 방향 전환

    2016년 5월 초 토요일 오후 4시 30분 무렵이었다. 오하이오주에 사는 40세 남성 조슈아 브라운이 모델S를 몰고 게인즈빌 남쪽 고속도로를 달리던 중 반대편에서 질주하던 세미트레일러와 정면충돌하고 말았다. 당시 모델S는 시속 120킬로미터로 주행하고 있었는데, 충돌하던 순간에도 속도가 전혀 줄지 않았다. 차체는 순식간에 트레일러 아래에 빨려 들어갔고, 차량 지붕이 처참하게 잘려나갔다. 그 지경이 되었는데도, 차는 멈추지 않고 배수로로 들어가서 철조망 울타리를 두 개나 뚫고 나간 뒤 전신주를 들이받더니 시계 반대 방향으로 돌아서 한 주택의 앞마당에 멈춰 섰다. 브라운은 즉사했으나, 트럭 운전사는 다치지 않았다. 경찰 조사에서 트럭 운전사가 오른쪽으로 길을 열어주지 않았다고 진술했으나, 가장 먼저 떠오르는 궁금증은 해소되지 않았다. 브라운은 장애물이 하나도 없는 직선 도로를 달리고 있었건만 왜 거대한 트럭을 발견하고도 멈추거나 속도를 낮추지 않았을까? 차가 멈추지 않은 걸로 미루어보아 테슬라가 선보인 고급 기능에 치명적인 오류가 있을지도 모른다는 의견이 나왔다.

경찰이 충돌사고를 조사하자면 여러 달이 걸리는데 테슬라가 발 빠르게 데이터를 회수한 덕분에, 운전 보조용 소프트웨어인 오토파일럿이 사고 당시에 작동하고 있었다는 사실을 알게 되었다. 서쪽 해안 도로를 40여 분 달리는 내내 브라운은 오토파일럿 기능을 사용했다. 브라운이 운전대를 직접 잡은 건 7번이었고, 그 시간을 모두 합치면 25초였다. 이렇게 해야만 오토파일럿 시스템에서 차가 운행되는 상황을 운전자가 통제하고 있다고 인지할 수 있었다. 운전자에게 운전대를 잡으라고 안내를 보낸 시간 간격은 최대 6분이었다. 주행하는 동안 이런 안내 또는 경고에 사용한 시간은 총 2분이었다. 시스템에서 브라운이 운전대를 잡는 움직임을 마지막으로 인지한 건 충돌하기 2분 전이었다. 그래서 충돌할 때 오토파일럿 시스템이 차를 멈추려는 시도조차 하지 않았던 것이다.

사고가 발생한 시점은 머스크에게 상당히 불리하게 작용했다. 바로 몇 주 전에 공개한 모델3가 호평을 얻어서 차량 생산에 필요한 자금을 확보하려고 총력을 기울이던 때였다. 또한 머스크는 솔라시티 CEO인 사촌 린던과 손잡고 당시 경영난에 허덕이던 솔라시티를 살릴 방안을 조용히 알아보고 있었다. 솔라시티는 사업성에 강한 의문을 제기하는 공매도자들 때문에 오래전부터 경영이 난항을 겪는 상태였다. 머스크의 오랜 노력이 마침내 모델3로 결실을 맺으려는 참이었는데, 이렇게 세 가지 일이 한꺼번에 겹치자 테슬라 처지가 매우 곤란해졌다.

머스크는 여러 해 동안 테슬라와 스페이스엑스를 경영하면서 솔라시티 CEO도 맡았다. 여러 역할을 동시에 해내는 건 결코 쉬운 일이 아니었다. 특히 2008년에 테슬라와 스페이스엑스가 같이 흔들렸을 때는 정말 힘들었다. 겨울이 지나고 2016년 봄이 되자, 머스크의 복잡한 재정 구조가 더욱 위태로워졌다. 아슬아슬한 재정 여건은 이미 오래된 일이었다. 모델3가 공개되고 테슬라의 앞날에 희망의 빛이 비쳤지만, 모델X를 생산하느라 몇 달간 고비가 이어졌고 테슬라의 주머니 사정도 급격히 나빠졌다. 그 사이 솔라시티 사업은 더욱 휘청거렸다.

2016년 초반에 테슬라 CFO를 새로 맡게 된 제이슨 휠러는 토요일 아침 이른 시간에 머스크의 전화를 받고 깜짝 놀랐다. 수화기 너머로 들려오는 배경 소음으로 짐작건대 머스크는 비행기를 타고 어디론가 이동 중인 것 같았다. 하지만 그가 내리는 지시사항은 더없이 분명했다. 테슬라 이사회 임원 7명을 긴급 소집하라는 것이었다. 더욱 놀랍게도 머스크는 휠러에게 테슬라가 솔라시티를 인수하면 외부에 어떻게 비칠지를 놓고 사업 제안 문구를 작성해보라고 일렀다. 주어진 시간은 48시간뿐이었다. 당시에 휠러는 모르고 있었지만, 머스크는 레이크 타호에서 주말 내내 린던 리브와 솔라시티 문제를 논의했다. 솔라시티가 위기에 봉착했다면 머스크가 건설한 제국도 안전할 리 없었다. 그는 사촌과 머리를 맞대고 솔라시티를 살리기 위해 현금을 확보할 방도를 한 달 가까이 고민했고, 결국 2월 초 테슬라 CFO에게 연락하게 된 것이다. 2015년 연말 기준으로 회사 금고에는 3억 8,300만 달러가 남아 있었다. 그동안 회사 운영에 도움이 된 리볼빙론 중 하나에 솔라시티가 월평균 1억 1,600만 달러의 잔액을 유지해야 한다는 조항이 걸려 있었다. 이 조항을 지키지 못하면 솔라시티는 즉시 채무불이행 상태가 되고, 다른 부채까지 줄줄이 채무불이행 상태가 되면 회사 재정을 외부에 공개해야만 했다. 솔라시티가 지급 능력을 유지하는 데 심각한 위협이 되는 형국이었다. 게다가 솔라시티의 재정 구조는 테슬라와 서로 긴밀히 얽혀 있어서 솔라시티가 채무불이행 상태가 되면 테슬라도 추가 대출을 받기가 어려워지는 터라, 모델X 출시가 지연되거나 모델3 출시에 드는 비용이 더욱 늘어날 우려가 있었다.

모델3를 준비하면서 불필요한 부담을 감수해야 하는 상황이 이어지자, 휠러는 더욱 불안해졌다. 그는 구글에서 재무 담당 부사장을 지내다가 몇 달 전에 테슬라로 옮겨온 터였다. 디팩 아후자가 머스크 곁에서 힘들게 7년을 보낸 뒤에 퇴사를 선택했고, 후임으로 채용된 사람이 휠러였다. 그가 이끄는 팀은 솔라시티 인수를 둘러싼 세부사항을 정리해서 보고서로 작성하느라 주말 내내 숨 돌릴 틈 없이 일했다.

결과물은 그리 만족스럽지 않았다. 누가 봐도 솔라시티는 밑 빠진 독이었다. 두 회사가 합병하면 테슬라의 부채가 거의 두 배로 늘어나서 많은 투자자가 위험 신호로 해석할 가능성이 컸다. 휠러는 이사회에서 발표할 프레젠테이션의 제목을 이카로스 프로젝트로 결정하고, 각종 수치를 입력했다. 요약하면 이번 거래는 테슬라의 주가에 악영향을 미칠 거라는 내용이었다. 이사회는 프리몬트 공장이 모델X 생산을 확대하는 데 줄곧 어려움을 겪고 있다는 점을 감안해서 지금은 합병하기에 적기가 아니라고 판단하고 합병 건을 보류했다.

하지만 5월 무렵이 되자 모델3의 공개를 앞두고 기대감이 커졌고, 테슬라에 필요한 자금을 확보하기 위해 월스트리트로 향하는 분위기가 무르익기 시작했다. 예약금을 거는 고객이 늘면서 머스크의 심기도 한결 편안해졌다.

차량 생산량을 계속 늘리려면 테슬라는 자금이 더 필요했다. 고위 임원들은 하나로 똘똘 뭉쳐서 머스크가 원하는 금액보다 두 배는 더 필요하거니와, 그 정도 자금을 확보해야 머스크가 지금 요구하는 시급한 일정을 맞출 수 있다고 주장했다. 그러나 머스크는 그렇게 많은 자금을 끌어들일 생각이 추호도 없었다. 그러려면 본인 소유의 주식에 물타기를 해야 하는데, 그건 또 별로 내키지 않았다. 결국 5월 18일에 테슬라는 14억 달러를 확보하기 위해 주식을 매각했다.

그로부터 2주도 채 지나지 않았는데, 비공개로 열리는 테슬라 이사회 분기별 회의에서 머스크가 솔라시티 인수 건을 다시 언급했다. 이번에는 이사회 임원 중 다수가 솔라시티의 성공 여부에 관심을 보이며 그 제안을 열린 마음으로 받아들였다. 이사회는 테슬라에서 솔라시티 인수 가능성을 평가하고 자문해줄 고문관을 채용해도 좋다고 승인했다.

사실 머스크를 제외한 몇몇 이사회 임원은 테슬라와 솔라시티를 하나로 합치는 방안을 수년간 여러 차례 논의해왔다. 초기 투자자인 안토니오 그라시아스도 그들 중 한 명이었다. 그럴 만도 한 것이 두 회사가 손을 맞잡고 업무를 추진하는 사례가 계속 늘고 있었다. 2015년에 CTO인 J. B. 스트라우벨이 새로운 사업을 제안했는데, 바로 일반 가정용과 상업용 대형 배터리팩을 판매하는 방안이었다. 낮에 에너지를 생산해서 밤에 사용하고 싶어 하는 태양광 고객들에게 상당히 솔깃한 구상이었다. 사실 2006년에도 이사회에 이런 태양광 사업을 추가하자고 제안했다가 거절당한 일이 있었는데, 그때는 솔라시티라는 기업이 등장하기 전이었다. 테슬라 이사회 임원인 머스크 동생 킴벌은 당시에 다른 이사들의 시야가 좁다며 그들을 몹시 원망했었다. 그러다가 2015년 초반에 와서 태양광 사업 건이 새로운 관점으로 재조명되었다. 테슬라 이사회는 스파크스에 들어설 기가팩토리 건축 현장을 둘러보러 나갔고, 그 자리에서 머스크와 스트라우벨은 파나소닉과 협력해서 배터리 셀과 배터리팩을 수백만 개나 생산할 계획을 논의했다. 어마어마한 부지만 봐도 이것이 얼마나 큰 사업인지 가늠할 수 있었다. 테슬라가 배터리팩을 직접 생산해서 태양광 패널 시스템의 부품으로 공급하려면 고객 경험 전반을 꿰뚫고 있어야 했다. 그라시아스를 포함한 이사회 임원들은 테슬라의 그런 변화가 전력 저장 사업이라는 새로운 시대로 이동한다는 의미라는 걸 잘 알고 있었다.

합병 검토를 승인받은 지 채 한 달도 되지 않은 6월 20일에 머스크는 특별이사회를 소집했다. 이번에는 프리몬트 공장에서 이른 오후에 만나자고 했다.

합병 여부를 논의하는데, 또다시 CFO인 휠러가 우려를 드러냈다. 합병하면 향후 테슬라가 대출을 받을 때 더 높은 이자를 감당해야 했다. 컨설턴트가 작성한 메모를 보면 여러 문제가 대두되었는데, 그중에는 제임스 차노스를 비롯한 공매도자들의 움직임이 테슬라 주가에 영향을 미칠지 모른다는 내용도 있었다.

이사회는 투자자들 앞에 나서서 두 회사가 합병하는 이유를 설명할 사람으로 로빈 덴홈Robyn Denholm 이사를 지목했다. 그녀는 호주의 대형 통신업체인 텔스트라Telstra에 최고운영책임자COO로 합류했다가 나중에 CFO로 승진한 인물이었다. 그라시아스는 솔라시티의 투자자 겸 이사였고 다른 임원들도 솔라시티와 이래저래 얽혀 있었지만, 로빈은 아무런 인연이 없었다. 테슬라가 솔라시티 인수에 얼마를 투자할지 논의할 시점이 되자 머스크가 특정 금액을 제시했는데, 그 정도면 외부인도 충분히 이해할 만한 액수였다. 머스크는 또 "내가 협상에서 빠지는 게 좋겠어"라고 말했지만, 실은 그것도 협상 전략이었다.

머스크와 그라시아스는 이사들이 마음 편히 논의하도록 자리를 비켜주었다. 남은 사람들은 솔라시티 가치를 28억 달러로 잡고, 1주에 26.5달러에서 28.5달러 정도가 적절하다고 결론 내렸다. 테슬라는 신속하게 솔라시티 대표에게 정식 서한을 보냈고, 이튿날 뉴욕 증시가 마감된 이후에 테슬라 홈페이지에 합병을 제안하는 글을 올렸다.

"테슬라의 사명은 언제나 지속 가능성에서 출발합니다. 이제 큰 그림을 완성할 시기가 되었다고 생각합니다. 테슬라의 고객은 환경오염을 유발하지 않는 자동차를 운전할 것이며, 테슬라의 배터리팩을 사용하면 에너지 효율을 한층 더 높이는 데 보탬이 될 것입니다. 그러나 우리는 더욱 지속 가능한 에너지원인 태양을 간과할 수 없습니다."

투자자들은 즉각적으로 확실한 반응을 보였다. 솔라시티 주가가 15퍼센트 상승했다. 지난 12개월간 60퍼센트 이상 하락하던 것과는 매우 대조적인 양상이었다. 한편 테슬라 주가는 급락해서 회사 가치가 33억 8,000만 달러나 떨어졌다.

솔라시티 인수합병과 테슬라가 비틀거린다는 소식을 듣고 CNBC는 즉시 제임스 차노스를 찾아갔다. 오후 뉴스 도중에 '긴급 속보'라는 자막과 함께 제임스 차노스의 인터뷰가 보도되었다. 그는 "테슬라가 뻔뻔하게도 솔라시티의 구제금융을 시도하고 있습니다. 이는 최악의 기업 지배구조를 보여주는 사례입니다"라고 혹평했다. 물론 차노스도 이해관계가 얽힌 장세였다. 테슬라가 스스로 불리한 거래에 뛰어들었고 솔라시티 주가는 급등했다. 차노스처럼 솔라시티의 몰락에 돈을 건 투자자들에게는 불리한 소식이었다.

그런데 공매도자 말고도 다른 데서 나쁜 뉴스가 흘러나왔다. 테슬라의 자문사인 에버코어Evercore에서 투자자들이 시장을 파악할 때 사용하는 업계 내부의 부정적인 분석 동향을 수집하기 시작했다. 제이피모건체이스의 분석가는 "현재 자세한 설명이 없으므로 브랜드, 고객, 채널, 제품 및 기술 시너지를 분석하는 데 어려움이 있다"고 기술했다. 오펜하이머Oppenheimer 분석가는 "이런 합병이 가능해 보이긴 하지만 매우 힘든 과정이 될 것이며, 관련된 재정 위험이 한두 가지가 아니다"라고 결론 내렸다. 모건스탠리의 애덤 조나스가 가장 부정적인 의견을 내놓았다. 조나스는 테슬라 초창기부터 관심이 많아서 런던을 떠나 미국으로 돌아온 사람이었다. "테슬라의 가장 큰 가치는 긴 세월 투자자들과 쌓아온 신뢰일 것이다. 어떤 거래든 불발되더라도 기업지배구조에 투자자들이 의문을 품을 수 있다는 측면에서 '자국을 남길' 수 있고, 투자자들이 요구하는 테슬라의 자본가치가 달라진다."

이렇게 시장에서 맹공격을 받는 와중에 설상가상으로, 미국연방고속도로안전관리국National Highway Traffic Safety Administration이 플로리다주에서 발생한 중대한 사고를 지금부터 조사한다고 발표했다. 안전관리국은 기업에 치명상이 되는 거액의 리콜을 강제할 권한을 지닌 규제기관이다. 안전관리국이 처음으로 테슬라의 오토파일럿 기능에 우려를 표명하자, 테슬라 시스템을 부정적으로 평가하는 언론 보도가 잇따랐다. 《포춘》 기자인 캐럴 루미스Carol Loomis는 사고가 발생하고 11일 후에 자금을 조달했는데 그때 이 충돌사고를 언급하지 않은 이유를 캐물었다.●

---

● 머스크는 이 문제가 "테슬라 가치에 중요한 사안이 아니다"라며 테슬라의 행보를 옹호했다. 그는 《포춘》과 인터뷰하며 이렇게 말했다. "귀찮더라도 계산을 좀 해보세요. 당신도 이런 계산은 안 해봤을 겁니다. 전 세계에서 매년 자동차 사고로 100만 명 넘게 사망합니다. 만약 테슬라의 오토파일럿 기능이 대중화되었다면 절반가량은 목숨을 건졌을 겁니다. 대중을 오도하는 기사를 내기 전에 딱 5분만 시간을 내서 제대로 계산해보기 바랍니다."

이런 우려가 공개 주식을 감독하는 강력한 규제기관인 미국 증권거래위원회의 관심을 끌었고, 테슬라는 이 기관의 까다로운 심사 대상이 되었다.

머스크는 오토파일럿에 쏟아지는 비판을 막아내느라 급급했다. 그래서 머스크는 물론 테슬라 이사회도 솔라시티를 인수하려는 계획이 시장에서 얼마나 큰 반발을 일으켰는지 제대로 파악하지 못했다. 덴홈은 테슬라의 최대 주주로서 수십억 달러의 지분을 관리하며 인수거래의 승인 여부에 막강한 영향력을 행사할 기관 투자자들이 퍼붓는 불평과 잔소리에 정신을 차릴 수가 없었다. 최대 기관 주주 중 한 곳인 티로우 프라이스T. Rowe Price는 테슬라가 바로 몇 주 전에 공모를 하면서도 인수합병 가능성을 공개하지 않았다고 매우 불쾌해했다. 테슬라의 글로벌 투자 담당 부사장인 제프 에반슨Jeff Evanson도 상당한 역풍에 시달렸다.

킴벌은 솔라시티 거래 안을 공개한 이후에 테슬라 주가가 급락한 사안을 거론하면서 친구에게 문자로 "솔직히 말해서 상장기업이라는 개념이 정말 마음에 들지 않아"라고 불평했다. 머스크와 킴벌은 사기업인 스페이스엑스를 운영하기가 훨씬 마음 편하다며 한숨을 내쉰 적도 있었다. 하지만 두 사람의 속내가 외부에 알려진 게 이번이 마지막은 아니었다.

솔라시티 인수합병 건이 시장만 뒤흔든 건 아니었다. 테슬라 사내에서도 거부 반응이 심했다. 예전에도 위험을 감수하기로 결정한 적이 있지만, 항상 더 큰 목표를 추구하는 과정에서 위험을 감수한 선택이었다. 외부 사람들이 보기에는 지나치게 감상적일지 몰라도, 오랫동안 회사 경영에 관여한 임원들은 환경보호라는 테슬라의 사명, 즉 공해를 줄이고 지구환경을 개선하는 데 도움이 되는 전기자동차를 출시한다는 목표를 적극 지지했다. 2016년으로 접어들면서 일부 임원은 주가가 앞으로 더 오를 희망이 없다고 낙담했다. 그렇지만 그들은 지금까지 오랫동안 CEO와 함께 테슬라를 이끌어왔고 개인적으로 많은 희생을 치렀으며 그가 다소 변덕스러운 행동을 하더라도 다 감싸주는 강한 유대감이 있었다.

하지만 이번에는 다른 반응이 나왔다. 머스크가 노골적으로 자기 이익만 챙기려고 드는 것처럼 보였다. 오랫동안 테슬라에 몸담은 한 관리자는 이렇게 말했다. "일론이 위험을 감수하는 일이 잦았지만 대체로 바람직한 의사결정이었어요. 하지만 이번에는 어이가 없는 행동을 하더군요. 그 회사를, 그 사업을, 하필 그 브랜드를 누가 인수하겠어요? 솔라시티를 구제하려는 의도라고밖에는 달리 설명할 길이 없죠."

글로벌 투자 부문 책임자인 에반슨은 테슬라 이사회 임원에게 테슬라 경영진 내부에서도 솔라시티 인수합병 건을 지지하지 않는다고 슬쩍 알려주었다. 그는 이메일에 "회사 안팎으로 야단법석입니다. 고위 임원들은 그저 입을 꾹 닫고 따라가야 하는 처지입니다"라고 분위기를 묘사했다.

테슬라와 솔라시티는 머스크가 회장에다 최대 단일 투자자라는 공통점이 있었지만, 기업 문화는 사뭇 달랐다. 일례로 제품을 판매하는 기본 방식부터 판이했다. 머스크가 온갖 영업 기술을 동원해서 구매를 강권하는 방식을 매우 싫어해서, 테슬라 매장은 영업장소라기보다는 교육센터에 더 가까웠다. 하지만 솔라시티는 영업사원이 집집을 찾아다니거나 고객지원센터 직원이 전화로 잠재고객에게 구매를 강권했으며, 실적에 따라 영업사원에게 수당을 지급했다. 테슬라는 같은 부서에서 영업사원끼리 경쟁하는 분위기를 지양했으며, 솔라시티처럼 수당도 지급하지 않았다. 이런 차이는 영업 실적에 고스란히 반영되었다. 최근 12개월간 영업사원에게 지급한 수당을 비교하면 솔라시티가 1억 7,500만 달러인 데 반해 테슬라는 고작 4,000만 달러였다.

그밖에도 사소한 부분에서 차이가 컸다. 머스크가 직원들에게 거창한 직함을 남용하기를 좋아하지 않아서, 테슬라는 업무보다 직함에 관심이 더 많은 지원자는 채용하지 않았다. 하지만 솔라시티는 다른 기업에 비해 낮은 급여를 보상이라도 하듯 직함을 남발하다시피 했다. 두 기업 모두 미국 내 직원 수는 1만 2,000명가량으로 비슷했으나, 솔라시티에서는 68명이 부대표 직함을 달고 있었고 평균급여가 21만 4,547달러였다. 테슬라에서는 부대표 직함을 사용한 사람이 29명이었고 평균 급여는 27만 4,517달러였다.

게다가 테슬라 엔지니어링 팀은 솔라시티에서 넘어올 인력을 살펴보고 이맛살을 찌푸렸다. 테슬라 에너지 부문의 엔지니어링 관리자인 마이클 스나이더Michael Snyder는 솔라시티의 엔지니어링이 평균 이하라고 판단하고 머스크를 찾아가서 그들이 10점 만점에 고작 2~3점 수준이라고 토로했다. 또한 자신이 면접관이라면 단 한 명을 제외하고 모두 불합격시킨다고 딱 잘라 말했다. 머스크는 "솔라시티 직원은 대부분 내 보낼 예정"이라며 그를 안심시켰다.

2008년에 파산 직전까지 몰렸으나 위기를 극복하고 승승가도를 달린 모델S와 모델X의 전성기에 많은 직원을 채용하던 시절과 비교해서 확실히 달라진 모습이었다.

이런 변화를 감당하기 위해 머스크는 2006년에 로드스터에서 모델3로 나아가려고 테슬라의 경영철학을 제시한 것과 비슷한 방식으로, 이번에도 향후 테슬라 행보를 자세히 설명하는 글을 블로그에 남겼다. 특히 월스트리트에서 제시하는 부정적인 전망을 보란 듯이 뒤엎어주겠다고 호언장담했다.

이번에 올린 글의 제목은 "마스터플랜, 속편"이었다. 여기서는 자신과 동생, 그라시아스가 수년간 고심해온 생태계를 좀 더 명확히 묘사하는 데 주력한 것 같았다. 이 점에 관해 그는 "매끄럽게 통합되어 외관이 보기 좋은 배터리형 태양열 지붕을 만들어서 각 가정이 필요한 에너지를 스스로 저장 및 활용하게 한 다음, 전 세계에 보급하고 싶다. 주문, 설치, 서비스가 모두 휴대전화 앱으로 한 번에 가능한 편리한 시스템을 구축할 것이다"라고 적었다.

솔라시티를 사들일 때 유리한 점만 언급한 것은 아니었다. 그는 자동차 사업의 미래상을 제시했다. 모델3 이후에 소형 SUV와 새로운 종류의 픽업트럭을 생산한다는 계획이었다. 이번 SUV는 모델Y라고 불렀는데, 크기는 모델X보다 작고 모델S와 같은 새시로 제작했다. 이밖에도 상업용 세미트레일러를 구상했다. 머스크는 앞으로 로봇 택시가 등장하면 구태여 자동차를 소유하지 않게 될 터이므로, 테슬라가 애써 모델3보다 더 저렴한 자동차를 개발할 이유가 없다고 기술했다. 언젠가 테슬라 자동차를 소유한 사람이 "테슬라 전화 앱의 버튼만 누르면 자기 차를 로봇 택시로 활용할 수 있는 시대"가 올 것이다. 그러면 "근무시간이나 휴가 중에 가외 수익을 창출할 수 있죠. 이렇게 벌어들인 돈이 월 단위 대출 상환액이나 자동차 리스 비용을 충당하고도 남을지 모릅니다."

머스크다운 상상력이었다. 실리콘밸리가 여러 세대에 걸쳐 꿈만 꾸던 미래형 자동차를 거리낌 없이 테슬라의 미래상으로 제시한 셈이었다. 그런데 머스크가 말하면 왠지 더 그럴듯하게 들렸다. 제너럴모터스는 테슬라처럼 자체 자율주행차 프로그램을 마련하기 위해 샌프란시스코에 있는 스타트업인 크루즈Cruise를 인수한다고 3월에 발표했다. 인수 가격이 무려 10억 달러를 넘었다는 사실에 많은 사람이 놀라워했다. 머스크는 그가 그리는 미래를 위해 투자 비용을 어떻게 감당할 참인지 언급하거나 구체적인 일정을 제시하지 않았다. 사실 그럴 필요가 없었다. 머스크가 무언가를 선언할 때는 믿을 만한 역사적 근거가 있었다. 10년 전에 그가 전기로만 구동하는 초고급 세단과 소형 자가용을 출시하겠다고 했을 때 다들 터무니없는 소리라고 일축했다. 하지만 지금의 테슬라를 보면 더는 머스크의 말을 함부로 무시할 수 없었다.

그런 점을 더욱 강조하려는 듯이 머스크는 테슬라가 지금껏 거의 사용하지 않은 방법을 들이밀었다. 바로 수익이 아닌 급성장에 초점을 맞춰 노력을 기울이는 전략이었다. 덩달아 수익도 가파르게 상승세를 보였다. 11월에는 7월부터 9월까지 2,200만 달러의 흑자를 기록했다고 발표했는데, 이때는 테슬라 역사에서 두 번째로 흑자를 기록한 사분기였다. 비싼 차종에 속하는 모델X를 배송한 건수가 증가해서 큰 도움이 되었지만, 2013년과 마찬가지로 캘리포니아주 같은 지역에서 배출가스 규제 목표에 도달하지 못한 경쟁업체에 판매한 크레디트도 수익에서 큰 몫을 차지했다. 경쟁업체들이 테슬라의 크레디트를 사지 못했더라면 따로 벌금을 물어야 했을 것이다.

그다음에 머스크는 자신이 가장 잘 구사하는 방식으로 투자자들을 설득하려고 나섰다. 테슬라와 솔라시티의 합병에 동의하게 만들려면 매력적인 미끼가 필요했다. 그는 솔라시티가 앞으로 새로운 종류의 태양광 패널을 만들 계획이라고 밝혔다. 패널로 지붕 위를 덮지 않고 패널 자체가 지붕을 대체한다는 구상이었다. 회의에 참석한 투자자들이 믿기 힘들다는 표정을 짓자, 그는 솔라시티 대표인 피터 리브와 J. B. 스트라우벨에게 이렇게 메모를 전했다. "주요 투자자들이 최근 들어 솔라시티에 부정적인 반응을 보였어. 통합 상품이 어떤 형태인지 직접 눈으로 확인할 수 있게 해줘야 해. 말로만 설명해서는 안 되고 투표 전에 시각자료를 보여주며 설득해야 해." 지난 10월 유니버설 스튜디오에서 유명한 텔레비전 드라마 〈위기의 주부들〉에 등장한 지붕을 활용해서 자신의 구상을 설명했다. 당시 태양광 패널이 실제로 작동하지는 않았지만, 그게 중요한 핵심은 아니었다. 머스크는 지붕을 매력적으로 바꿔주겠다고 약속했다. 몇 주 뒤에 주주들은 솔라시티 인수 건을 승인했다.

머스크는 오토파일럿에 쌓인 인식을 개선하려고 부단히 노력했다. 오토파일럿은 2014년에 처음 발표하고 2015년 후반에 출시했는데, 당시 큰 관심을 모으며 미래 자동차 기업으로서 테슬라의 위상을 크게 높여주었다. 구글을 비롯한 여러 기업이 노력을 기울인 덕분에 완전 자율주행 기술은 진보를 거듭했고, 그만큼 사람들의 관심도 집중되었다. 머스크는 오토파일럿이야말로 이 신기술을 본격적으로 도입 및 활용한 사례라고 자신 있게 강조했다.

테슬라는 근본 기술을 모빌아이Mobileye라는 부품 공급업체에서 가져왔다. 모빌아이는 도로 위 물체를 식별할 수 있는 카메라 시스템을 개발한 기업이었다. 테슬라 팀은 이 시스템의 경계를 확장해서 스마트 소프트웨어를 완성했다. 사용자가 차선 유지와 적절한 크루즈 컨트롤 등 여러 시스템을 한꺼번에 켜면 차량이 차선을 유지하고 앞차와 일정 거리를 유지하면서 주행했다. 하지만 플로리다에서 발생한 충돌사고로 알 수 있듯이, 이 소프트웨어는 완전무결하지 않았다. 가끔씩 도로에 존재하는 위험 요소를 인식하지 못할 때가 있어서, 운전자가 항상 전방을 주시해야 한다는 지침을 제공했다. 그렇긴 해도 사용자들은 전반적으로 매우 만족스럽다고 평가했다.

오토파일럿 소프트웨어 팀 책임자는 모델X의 최종 개발에 톡톡히 기여한 스털링 앤더슨이었다. 이 팀에서는 사용자가 오토파일럿에 참여하도록 유도하기 위해 여러 아이디어를 제시했다. 운전대에 적용되는 토크를 계속 추적해왔고, 운전자가 운전대를 잡고 있는지 감지하는 센서를 만드는 방법도 연구 중이었다. 머스크는 처음에 시스템을 다소 매끄럽지 못하게 만들거나 자동차가 운전자에게 잔소리를 늘어놓는다는 느낌을 주는 변화를 달가워하지 않았다. 하지만 플로리다주에서 충돌 사고가 발생한 후에 태도가 달라졌다. 오토파일럿 프로그램을 변경해도 좋다고 승인했을 뿐만 아니라, 운전대를 놓아버릴 때 흘러나오는 경고를 운전자가 계속 무시하면 오토파일럿 기능을 아예 차단하라고 지시했다. 더 나아가 그는 다양한 추가 기능을 갖춘 차세대 시스템을 개발하려는 욕심도 부렸다.

그해 가을에 개발 결과를 발표할 시기가 다가오자, 앤더슨은 머스크가 평소처럼 지나친 공약을 또 내걸까 봐 겁을 내는 눈치였다고 한다. 모든 작업이 끝나고 이제 머스크가 나서서 온 세상에 완전 자율주행을 보장하는 오토파일럿의 신규 버전을 소개하는 일만 남아 있었다.

앤더슨은 영업과 마케팅 부문 책임자인 존 맥닐에게 걱정거리를 솔직하게 털어놓았다. 엄밀히 말해서 운전대 앞에 앉아서 도로 상황을 지켜보며 언제라도 필요하면 바로 개입할 수 있는 운전자가 없어도 시스템이 스스로 차를 제어할 수 있을 정도는 아니었다. 하지만 테슬라의 법무팀과 홍보팀은 머스크와 힘겨루기에서 이미 승기를 빼앗겼다. 이들은 작년 내내 운전자가 운전대를 계속 잡고 있어야 한다고 강조했고, 테슬라가 공식적으로 진행하는 모든 발표에 이 내용을 포함하려고 갖은 애를 썼지만, 정작 머스크는 귀를 기울이지 않았다. 한번은 텔레비전 기자들을 차에 태울 기회가 있었는데, 머스크가 차에 올라타서는 곧장 오토파일럿 기능을 작동하고 운전대에서 손을 떼어버렸다.

10월은 머스크가 새로운 하드웨어를 발표할 시기였다. 그는 이를 모든 자동차에 탑재할 예정이며 구매자가 업그레이드하면 향상된 기능이 제공된다고 설명했다. 그러고는 또 한 번 앤더슨이 걱정하던 일을 저질렀다. 시스템의 하드웨어가 자율주행을 충분히 감당할 수 있다면서, 2017년 연말쯤에는 로스앤젤레스에서 뉴욕까지 완벽하게 자율주행하는 차량을 선보이겠다고 공약한 것이다. 그는 고객들이 신차를 구매할 때 완전 자율주행 기능을 추가할 수 있으며, 해당 기능이 출시되는 즉시 차량에 설치해주겠다고 약속했다. 물론 관련 규정에 따라 승인이 필요할 수 있다는 점은 슬쩍 언급하고 넘어가버렸다.

몇몇 엔지니어는 그의 발표를 듣고 인상을 찌푸렸다. 막상 그들은 머스크가 예측하는 기술이 불가능하다고 생각했다. 그냥 어깨를 으쓱이며 '어쩌면 가능할지도 모르잖아'라고 대수롭지 않게 넘기는 사람도 있었다. 사실 이전 시스템에서 그렇게 많은 기능을 얻어내리라고는 기대하지 않았다. 머스크와 함께 일하면서 가장 신나는 부분이 바로 이런 점이었다. 그는 이곳까지 그들을 끌고 오다시피 했고, 다른 자동차 업체라면 감당하지 못했을 장애물도 모두 치워버렸다.

하지만 머스크의 측근은 그의 발표를 가볍게 여기지 않았다. 그가 원하는 대로 일정을 추진하기가 상당히 어렵다는 점과 그 일정을 지키지 못하면 누군가에게 반드시 책임을 물으리라는 점을 잘 알고 있었다. 그의 약속은 예전에 없던 새로운 획을 긋는 행동이었다. 과거에는 무모한 계획으로 사람들을 놀라게 했다면, 지금은 그야말로 불가능을 가능으로 만들겠다고 큰소리치는 모습을 보였다.

2017년으로 접어들면서 앤더슨과 휠러가 테슬라를 떠났다. 휠러는 분석가와 진행한 마지막 화상회의에서 디팩 아후자가 다시 CFO로 복귀한다는 소식을 전하고, 조만간 테슬라에 여러 고비가 닥칠지도 모른다고 암시하는 듯한 말을 남겼다. 휠러는 머스크에게 해고되기 전에 이렇게 말했다. "디팩이 과거에 이곳에서 재직하던 시절에는 파산하기 직전이었죠. 그밖에도 디팩이 겪은 모든 일을 생각해보면 그는 좋은 위치에 선 겁니다."

휠러의 우려와 달리 새해가 밝자 머스크의 도박이 성과를 거두는 것처럼 보였다. 우선 2017년 1월에 미국연방고속도로안전관리국은 테슬라의 오토파일럿 기능을 6개월간 조사하고 나서 "설계나 성능에서 어떤 결함도 찾지 못했"다고 발표했다. 정부 측 발표에는 다소 이해하기 어려운 부분이 많았지만, 테슬라 측 자료를 검토한 결과 '오토스티어링'을 설치한 후에 충돌사고율이 40퍼센트 가까이 감소했다고 설명했다. 정작 테슬라 팀은 40퍼센트라는 숫자가 어디서 나왔는지 몰라서 어리둥절해했다. 이렇게 오토파일럿에 온통 관심이 집중되면서 완전 자율주행차라는 머스크의 꿈은 월스트리트를 또다시 흥분시켰다. 안전관리국의 발표 당일에 모건스탠리의 애덤 조나스는 테슬라 주가가 25퍼센트 상승해서 주당 305달러를 기록할 전망이라는 내용의 연구보고서를 발간했다. 실제로 주가가 그만큼 급등한다면 테슬라 가치가 포드나 제너럴모터스를 뛰어넘게 되므로 또 한 번 놀라운 이정표를 세우는 셈이었다. 머스크는 테슬라가 단순한 자동차 업체로 머물지 않는다는 점을 강조하기 위해 공식 명칭에서 '모터스'를 삭제해버렸다. 몇 년 전 애플이 공식 명칭에서 '컴퓨터'라는 표현을 지워버린 것과 같은 논리였다.

그해 2월에 머스크는 플로리다주 케네디우주센터에서 로켓 하나를 발사했다. 그 발사기지는 나사에서 최초의 우주비행사를 달에 보낸 곳이었다. 이 발사체는 케네디우주센터에서 쏘아올린 최초의 상업용 로켓으로 기록되었다. 스페이스엑스와 더불어 수년간 고생한 끝에 로켓 회사로 향하는 머스크의 꿈이 점차 자리를 잡으면서 새로운 관심사로 떠오르기 시작했다. 그는 2015년에 로켓 하나를 회수했는데, 우주에서 재사용할 수 있는 로켓을 개발하는 과정에서 이룩한 매우 중요한 단계였다. 2016년에는 바다 한가운데 바지선을 띄워놓고 또다시 로켓 회수에 성공했다. 스페이스엑스는 상장기업이 아닌 데다 테슬라에 비해 수익이 보잘것없었기에, 머스크는 스페이스엑스의 자금을 구하느라 잠시도 쉴 수 없었다. 하지만 화성에 가서 살 수 있다는 이야기는 많은 사람의 호기심을 자극했다. 〈아이언맨〉의 토니 스타크가 현실에 등장한 것 같았다.

투자자들은 테슬라를 둘러싼 장밋빛 전망을 반가워하는 눈치였다. 주가도 크게 상승하기 시작했다. 2017년 봄에 테슬라는 상상조차 할 수 없다고 여겨지던 일을 해냈다. 바로 포드를 제치고 제너럴모터스에 이어 미국에서 두 번째로 시장가치가 높은 자동차 기업으로 우뚝 올라선 것이다. 그리고 몇 주 후에 제너럴모터스도 제치고 당당히 1위를 거머쥐었다. 한때 자동차 부품을 판매하고 연간 수익도 전혀 내지 못하던 기업이었는데, 이제는 100년간 미국 자동차 업계를 대표한 기업들, 역사상 가장 큰 수익을 기록한 대기업을 모두 제쳐버렸다. 투자자들은 미래를 향한 머스크의 이상이 제너럴모터스나 포드의 전망보다 훨씬 성공 가능성이 높다고 확신하게 되었다.

공식 석상에서 머스크는 기쁨에 도취한 모습을 보였다. 트위터에는 공매도자들을 신나게 공격하는 글을 자주 올렸다. 앰버 허드는 인스타그램에 머스크와 함께 찍은 사진을 공개했다. 이는 타블로이드 신문에서만 홍밋거리로 언급하던 두 사람 관계를 공개적으로 인정하는 행동이었다. 머스크가 호주의 한 저녁식사 자리에서 키스 마크가 있는 수표를 들고 환하게 웃는 모습이 포착된 적도 있었다.

모델3가 홍행하고 유명 배우의 연인이라는 사실이 공개되면서 머스크도 유례없이 높은 인기를 누렸다. 2017년 초반에는 유명 인사의 인지도를 나타내는 인기도 순위에 처음으로 이름을 올렸다.

세간의 관심이 쏟아지자 그의 삶도 크게 달라졌다. 우선 그는 유명 인사와 자유롭게 데이트를 즐겼다. 고위 경영진에게 강한 인상이라도 심어주려는 듯이 사무실에 연인을 수시로 데려왔다. 머스크가 회의를 주재하는 동안 허드가 근처에 앉아서 기다리거나, 생일을 축하하려고 케이크를 가져오기도 했다. 새로 당선된 미국 대통령 도널드 트럼프는 머스크에게 주요 자문위원회에 합류해 달라고 요청했고, 실제로 여러 사안을 놓고 머스크의 의견을 묻곤 했다. 관계자에 따르면 트럼프가 머스크에게 나사와 관련해 조언을 구한 적이 있는데, 그때 "나사를 다시 위대하게 만들고 싶소"라고 말했다고 한다. 사실 그해 겨울에 트럼프와 친분이 있다는 이유로 고객들에게 거친 항의를 듣거나 외면당한 CEO들이 적지 않았다. 허드 역시 공화당 출신 대통령과 새로 친분을 맺으려는 머스크의 행보를 못마땅하게 여겼으며, 가끔씩 거세게 불만을 토로했다. 테슬라 직원들이 보기에는 이런 분위기 또한 머스크에게 조만간 새로운 변화가 생길 수 있다는 작은 신호였다.

명성을 얻으니 불편한 점도 생겼다. 머스크의 모든 행보에 사람들의 관심이 쏠렸고, 머스크가 밖에 나가기만 하면 낯선 사람들이 주변에 몰려들었다. 한동안 실리콘밸리에서 소파에 웅크리고 잠을 청하던 사람이었는데, 그런 그가 샌프란시스코 힐스버러에 19만 제곱미터가 넘는 부지를 2,300만 달러에 사들였다. 그곳에는 드 기뉴 코트De Guigne Court라고 알려진 100년 된 저택이 있었다. 샌프란시스코만의 멋진 전망이 한눈에 내려다보이는 곳이었다. 파티를 열거나 조용히 저녁식사를 즐기기에 안성맞춤이었다.

투자자들은 새로운 열정을 보였지만 테슬라 내부에는 우려의 목소리가 끊이지 않는 이유가 있었다. 프리몬트 공장과 기가팩토리는 둘 다 일정에 한참 뒤처진 상태였다. 머스크는 이유를 조사해보라고 지시했고, 몇몇 사람은 파나소닉 때문에 일정이 지연되었다고 주장했다. 일리가 있는 부분도 있고 그렇지 않은 부분도 있는 것 같았다. 테슬라 팀은 거의 초창기부터 매우 공격적으로 일정을 밀어붙였다. 하지만 생산 계획을 속도감 있게 밀고 나간다고 해도 업무 자체가 쉬워지는 것은 아니었다. 모델S의 모든 문제가 생산공정이 시작될 무렵에야 해결되었던 것처럼, 모델3를 생산할 시점이 코앞인데도 기가팩토리는 아직 설계 단계에 머물러 있었다.

오랫동안 머스크의 자산을 관리해온 골드만삭스의 댄 디스Dan Dees는 이렇게 작업이 지연되면 문제가 생길 수 있다며, 만일을 대비해서 자금을 확보하라고 머스크에게 엄중히 경고했다. 2008년과 2013년에 고비를 겪은 경험은 뼈아픈 교훈을 남겼다. 어떤 식으로든 일이 지연되면 테슬라처럼 재정 기반이 약한 기업은 모래성같이 금방 무너질 수밖에 없었다.

한편, 알리바바와 스프린트 등의 지분을 보유한 일본의 기술 전문 대기업인 소프트뱅크SoftBank에서 대규모 벤처캐피털 펀드를 새로 조성하고 있었다. CEO인 손정의는 1,000억 달러가량을 거머쥐기 직전이었다. 이 정도 자금이라면 실리콘밸리의 투자 규칙은 물론 세상마저 완전히 바꿔놓을 승자를 직접 선정하는 일도 가능했다. 100년 전만 해도 민간시장에서는 상상할 수 없었던 막대한 규모의 자금력이었다.

골드먼삭스에서는 머스크와 손정의가 만나면 좋은 결과가 나오리라고 기대했다. 오라클 공동 창업자인 래리 엘리슨이 중개인으로 낙점되었다. 그는 실리콘밸리에 있는 손정의의 자택에서 멀지 않은 곳에 살고 있었고, 두 사람과도 이미 잘 아는 사이였다. 테슬라 초창기에 로드스터를 매입해서 입에 침이 마르도록 칭찬하기도 했고, 그동안 조용히 테슬라 주식도 적잖이 사들인 인물이었다.

3월에 조립라인을 내려다볼 수 있는 프리몬트 공장 2층 회의실을 식당으로 꾸몄고, 외식업체가 와서 소규모 인원이 즐길 수 있는 스테이크를 준비했다. 머스크와 엘리슨이 참석했고, 손정의에 이어 사우디아라비아 국부펀드 운영자이자 조만간 소프트뱅크 이사로 취임할 야시르 알 루마얀Yasir Al-Rumayyan이 등장했다.

머스크, 엘리슨, 손정의, 알 루마얀이 운용하는 금액을 모두 합치면 수천억 달러가 넘었다. 한 가지 다른 점이 있다면, 나머지 셋과 달리 머스크의 자산은 대부분 비유동성 자산이었다. 이들은 모두 성공하기만 하면 인류의 미래를 바꿀 수도 있는 내기에 뛰어들려는 야심을 품고 있었다. 이들의 내기가 실패한다면 막대한 손실이 발생할 수도 있었다. 음식이 나오자 이들은 테슬라를 사기업으로 전환하는 방안도 포함해서 여러 가능성을 구체적으로 논의했다.

머스크와 킴벌이 일전에 말했다시피, 스페이스엑스처럼 사기업이었다면 행보가 훨씬 수월했을 것이다. 하지만 테슬라 같은 거대한 기업을 사기업으로 돌리는 건 생각만 해도 아찔한 일이었다.

그는 거의 일 년간 조용히 그 점에 대해 깊이 생각했다. 2013년에 자신의 이름을 내건 컴퓨터 회사를 사기업으로 전환한 마이클 델Michael Dell과 당시 전환 과정을 도와준 델의 변호사에게 조언을 구했다. 테슬라 가치가 증가하고 있어, 그의 고민이 깊었다. 현재 주가가 약 250달러이므로 현재 회사 가치에 프리미엄 20퍼센트를 더해서 총 600억 달러를 손에 쥐어야만 했다. 거래 상대를 만족시키고 경쟁 입찰자를 따돌리기 위해 프리미엄을 붙이는 것이 일반 관행이었다.

손정의는 평소처럼 케이블 니트 스웨터를 입고 나타났다. 포도주를 몇 잔 마신 뒤에 머스크에게 하나의 기업에 집중하기도 어려운데 굳이 여러 기업을 동시에 운영하는 이유를 물었다. 태양광 시스템에 얽매이지 말고 자동차에만 집중하는 편이 낫다는 취지였다. 머스크가 이따금 고속 운송 터널을 만들고 심리로 제어할 수 있는 컴퓨터를 개발하겠다고 언급하는데, 이 또한 부질없다는 뜻이었다. 직접적인 독설은 아니었지만, 머스크는 이미 심기가 불편했다. 또한 손정의는 테슬라를 인도로 옮기는 방안을 거론했는데, 머스크도 특정 시점이 되면 그래야 할지도 모르겠다고 대꾸했다. 하지만 "지금 당장 신경 써야 할 일이 한두 가지가 아닙니다"라며 대화를 도중에 끊었다. 머스크는 상대방이 소프트뱅크의 미국 내 사업과 테슬라를 연결해보려는 의도가 아닌지 의심하기 시작했다.

이렇게 대화를 나눠보니 두 사람은 서로 잘 맞지 않았다. 상대를 존중하는 마음은 있지만, 자기주장이 강한 데다 각자 향후 행보가 분명하고 누군가 의구심을 제기하면 그 사람이 틀렸다는 걸 증명해야만 직성이 풀리는 점이 꼭 닮았다. 소프트뱅크에서 자금을 받으면 분명 여러 조건이 따라붙을 터였다. 손정의는 거액을 투자하고 경영에 직접 관여하는 투자자로 익히 알려져 있었고, 머스크는 그런 식으로 외부 투자자에게 휘둘리기를 원치 않았다.

그들은 나중에 다시 논의하기로 하고 식사를 마무리했다.\* 당분간은 테슬라가 기존대로 상장기업으로 남을 것 같았다. 주식시장의 기대치는 한껏 높아졌고 머스크는 이 장세를 이용해서 자금 확보에 주력했다. 실제로 그해 봄에 또 한 번 투자를 유치했다. 주식시장을 통해 자금을 확보하면, 손정의에게 투자를 받을 때만큼 제약이 많지 않았고 무엇보다 머스크의 지배력이 위협받지 않는다는 장점이 있었다.

테슬라의 장래에 훨씬 더 긴박했던 상황은 저녁식사 자리를 마련한 장소 바로 한 층 아래서 윤곽을 드러내고 있었다. 그곳에서는 노동자들이 모델3를 조립할 준비를 서두르고 있었다. 공식적인 생산에 들어가는 7월 1일까지 몇 달도 채 남지 않은 시점이었다.

---

* 두 사람은 몇 차례 더 만날 기회가 있었다. 그중 한번은 손정의가 시차에 적응하지 못해서 꾸벅꾸벅 조는 모습을 보였다.

### 24장

# 지옥에 떨어진 일론 머스크

7월 마지막 금요일에 테슬라의 프리몬트 공장 회의실에서 기자회견이 열렸다. 뒤편에 앉아 있던 한 기자가 머스크에게 "요즘 이런저런 문제들로 힘들고 지쳐 보이는군요. 지금 심정이 어떠신지 궁금합니다" 하고 물었다. 머스크는 모델3 생산체제의 시작을 공식화하는 자리에서 수십 명의 기자를 마주한 채 불편한 의자에 25분째 앉아 있었다. 몇 주 전에 이미 트위터를 통해 공식적인 생산에 들어간다고 공지하고, 첫 차의 출시 일자를 2017년 7월 6일로 못 박았다. 또한 다음 달이면 모델3가 100대 완성되며, 9월에는 1,500대 이상 생산한다고 글을 남겼다. 12월이면 모델3 생산량이 월평균 2만 대까지 늘어나게 된다고도 덧붙였다.

확정된 사항은 그것뿐이었다. 일단 그날은 직원들과 테슬라를 적극 지지하는 고객들이 마음껏 즐거워할 이유가 충분했다. 저녁에 모델3 서른 대를 처음으로 고객에게 넘기고 이를 축하하는 자리가 마련되었다. 머스크가 처음으로 목표를 제시한 10년 전을 돌이켜보면, 그야말로 꿈만 같던 시간이 실현된 것이다. 엄청난 희생과 끈기는 물론 적잖은 운이 따라줬기에 이런 순간이 가능했다.

특별한 날인데도 그날 오후 기자들의 질문에 답변하는 머스크의 얼굴은 그리 밝지 않았다. 그는 기자들에게 테슬라가 적어도 6개월 이상 "제조공정 때문에 지옥 같은 나날을 보내게 될 것"이라고 말했다. 생산라인의 고질적인 문제를 해결하고 나서 연말까지 매주 5,000대라는 생산 목표를 달성할 계획이지만 정확한 날짜는 알 수 없다고 덧붙였다. 하지만 내년 말쯤이면 매주 1만 대를 생산해내리라고 확신했다.

그는 홍수, 토네이도, 화재, 선박사고 등이 "전 세계 어디서든" 발생할 수 있고, 그로 인해 생산 계획이 차질을 빚을 수 있다고 말했다.

하지만 그 자리에 모인 사람들은 테슬라가 신차를 출시할 때마다 힘겨워한 사실을 누구보다 잘 알고 있었다. 연간 로드스터 600대를 생산하다가 갑자기 모델S 세단을 연간 2만 대 생산했고, 또다시 모델X라는 SUV 차량을 연간 5만 대 생산하는 등, 남들이 상상조차 하기 힘든 성장을 일구어냈다. 그리고 이제 모델3를 50만 대 생산하겠다는 새로운 목표를 제시한 것이다. 머스크는 "좀 힘든 여정이 될 수도 있습니다"라고 말했다. 하지만 현실은 이 발언보다 훨씬 더 냉정하고 가혹했다.

지금 심정이 어떠냐는 질문에 그는 잠깐 말을 멈추더니 이렇게 대답했다. "오늘 같은 날에는 제가 좀 더 힘을 내야겠죠. 지금 여러모로 생각할 것이 많아서 표정 관리를 못 했네요. 죄송합니다."

직원들은 직접 보고도 믿지 못하겠다는 표정이었다. 무대 뒤에서 머스크의 긴장을 풀어주려고 갖은 애를 썼는데도, 전 세계 언론이 집중된 자리에서 저렇게 우울하게 찌푸린 표정을 보니 다들 기운이 빠졌다. 머리로는 우울한 기분을 헤아리는데, 아무리 애를 써도 침울한 목소리는 바꾸지 못하는 것 같았다. 다소 힘이 빠진 목소리였지만 오늘은 테슬라 역사에서 매우 뜻깊은 날이라며 "회사 창립 이후로 이날을 위해 지금까지 달려왔다"고 축사를 이어갔다.

몇 시간 뒤에 머스크는 평소 모습을 되찾았고, 무대에서 수백 명의 직원과 축하 분위기를 즐겼다. 이번 행사에 발맞춰 관련 기사를 내도록 《모터트렌드》에 미리 시승 기회를 제공했다. 이 잡지는 일 년 전에 제너럴모터스의 전기차 쉐비볼트Chevy Bolt(참고로 볼트는 순수 전기차가 아니라 하이브리드 자동차다)를 극찬한 그 매체다. 예상대로 시승 후기는 차량의 첫인상을 아주 생생하게 묘사하는 것으로 시작했다. "테슬라의 모델3가 드디어 모습을 드러냈습니다. 21세기에 가장 중요한 차라고 할 수 있습니다." 시승 결과, 모델3는 모델S에 비해 성능이나 탑승 경험에서 탁월한 평가를 얻었다. 2년 전 필드 팀이 작업을 시작할 때부터 원했던 바로 그런 평가였다.

기사는 이렇게 끝을 맺었다. "최근에 장기 사용하라고 《모터트렌드》에 제공한 전기차 쉐보레 볼트Chevrolet Bolt를 운전해보았습니다. 운전할수록 '오토모바일 2.0'이라고 부를 만하다는 생각이 듭니다. 가격이 합리적이고 주행거리에 대한 스트레스에서 놓여날 수 있을 뿐만 아니라 승차감도 아주 좋습니다. 이거야말로 자동차 산업의 새로운 시대를 여는 계기가 되겠구나 생각했는데, 그 느낌은 오래 가지 않았습니다. 테슬라의 모델3는 뛰어난 성능, 매력적인 외관, 놀라운 창의성을 두루 갖추고 있습니다. 게다가 슈퍼차저의 안전망까지 제공되죠. 새로운 자동차 시대는 모델3와 함께 시작된다고 봐야 합니다."

이 행사를 계기로 트위터에서는 새로운 주제로 열띤 토론이 이어졌다. 테슬라 주식의 4분의 1은 공매도자에게 묶여 있었는데, 그들은 테슬라가 과대평가되었다고 주장했다. 괴짜 억만장자인 스튜어트 라르의 맨해튼 개인 사무실을 관리하는 로렌스 포시도 '몬태나 회의론자'라는 가명으로 온라인 토론에 합류하며, 몹시 비판적인 글을 블로그에 올렸다. 테슬라가 생산체제 돌입을 자축하는 행사에서 새로운 조립라인을 공개하지 않은 이유를 추궁하고, 연말 무렵이면 테슬라가 자금난에 시달릴 것으로 예측했다.

"한마디로 요약하면, 모델3는 전작인 모델S나 모델X와 똑같은 유전적 결함을 안고 있다. 이 점은 장기적으로 테슬라의 자금이 바닥을 드러내는 요소로 전락할 것이다."

포시가 조립라인을 꼬집은 쓴소리는 틀리지 않았다. 더그 필드가 이끄는 팀이 서둘러 모델3 조립라인을 마무리할 즈음, 공장 직원들은 노동조합 결성에 박차를 가하고 있었다. 리처드 오르티스는 누미에서 20년간 재직하고 프리몬트 공장으로 돌아온 시간제 노동자였는데, UAW를 공개적으로 지지해줄 사람을 조용히 모으고 있었다. 디트로이트의 UAW 본사에서도 오르티스를 도와줄 조직위원들을 파견했다. 그들은 가까운 호텔에 머물면서, 공장 건너편 작은 건물에 사무실을 마련했다. 화이트보드에는 노조 결성에 참여하겠다고 의사를 밝힌 사람들의 이름이 적혀 있었는데, 겨우 두 명뿐이었다. 한 명은 오르티스고, 또 한 명은 누미에서 일했던 호세 모란Jose Moran이었다. 말수가 적은 모란은 캘리포니아주 만테카에서 새벽 3시 25분에 출발해서 96킬로미터를 달려와 야만 주차 공간을 찾느라 허둥대지 않고 새벽 5시 25분까지 출근할 수 있었다. 그는 2016년 여름 UAW에 조직을 돕겠다고 먼저 연락해왔다. 그들은 모란이 노조 활동을 대표할 적임자라고 생각했다.

2월에 UAW가 기술 전문 미디어인 미디엄에 모란의 이름으로 올린 글이 큰 파장을 일으켰다. 미디엄 사이트에는 공지사항을 뉴스거리처럼 포장해서 올릴 수 있어 스타트업 사이에서 인기가 많았다. "이제는 테슬라가 이야기를 들어야 할 시간"이라는 제목 아래 약 750자 길이로 테슬라 공장의 근무 환경을 묘사한 글이었다. 노동자 5,000여 명이 과도한 초과근무로 힘들어하지만 초과근무가 의무사항이라서 피할 수 없고, 작업 중 발생하는 부상도 대부분 예방할 수 있는데 회사 측에서 아무런 조처를 하지 않아서 노동자가 심한 고충을 겪고 있다는 내용이었다. 모란은 이런 사례도 적시했다. "우리 팀에서는 8명 중 6명이 작업하다 크고 작은 사고를 당해서 한꺼번에 병가를 낸 적도 있습니다. 그런가 하면 주변의 다른 동료는 다쳐도 상부에 부상을 보고하면 불평이 많거나 일이 서툰 사람으로 낙인찍힐까 봐 두려워 말을 꺼낼 수가 없다고 토로했습니다." 테슬라가 발전하기를 바라는 마음에 이런 글을 남긴다면서, 노조가 생기면 분명 더 나아질 거라고 주장했다. "많은 노동자가 노조 결성을 두고 이런저런 이야기를 합니다. UAW에 연락해서 도움을 요청한 사람도 있습니다."

머스크는 즉각 대응에 나섰다. 모란이 펼치는 주장의 신빙성을 부정하려고 기즈모도라는 사이트를 통해 이렇게 밝혔다. "우리가 알기로 그 사람은 UAW의 돈을 받고 테슬라에 입사해서 노동조합을 만들자고 직원들을 선동했습니다. 그는 테슬라 직원이 아니라 UAW를 위해 일하는 사람이죠. 솔직히 말해 나는 이런 공격이 도덕적으로 매우 문제가 많다고 생각합니다. 테슬라는 캘리포니아에 남아 있는 마지막 자동차 업체입니다. 아시다시피 이곳은 운영비가 너무 많이 들어서 회사를 유지하기가 쉽지 않습니다. UAW는 2010년에 누미를 죽였고 기댈 곳 없는 프리몬트 공장 근로자들을 나 몰라라 했습니다." 사적으로 직원들에게 보내는 이메일에서는 UAW를 조롱하며 모델3 출시를 기념하는 파티를 열겠다고 공지했다. 또한 프리몬트 시설에 전기 롤러코스터가 들어와서 "공장이 몰라보게 좋아질 것"이라며 미소 짓는 이모티콘을 덧붙였다.

모란은 실제로 테슬라에 재직하는 사람이었기에 그가 UAW에서 급여를 받고 활동했다는 주장은 당사자인 모란과 UAW 모두 인정하지 않았다. 모란과 오르티스는 틈 날 때마다 노동자들에게 전단을 나눠주느라 바빠 움직였다.

7월에 모델3를 30대 완성했다고 기념하는 행사가 열렸으나, 여기에는 숨은 진실이 있었다. 이 30대는 프리몬트 공장 내부에 새로 마련한 조립라인에서 생산한 것이 아니라, 테슬라 직원들이 수작업으로 완성했다. 프로토타입 작업장에서 차체를 용접했고 가까운 도장공장에서 나머지 작업을 끝냈다. 작업 공간이 비좁아서 직원들은 차 한 대에 들어갈 부품을 담은 카트를 이리저리 밀고 다녔다. 이렇게 완성한 차체는 최종 조립이 가능한 곳으로 옮겨졌다. 이 과정을 모두 끝내는 데 며칠씩 걸렸고 작업자들의 피로는 극에 달했다. 하지만 앞으로 몇 달간 사정이 크게 달라질 것 같지 않았다. 우선 조립 과정의 시작인 차체 작업을 진행할 공간이 아직 마무리되지 않았다. 차체 작업장에서 대형 로봇이 프레임 용접을 끝내면 도장 작업을 하고, 그다음에 최종 조립라인으로 작업이 넘어가는 구조였다.

2016년 봄에 엔지니어링 책임자인 더그 필드가 머스크에게 표명했던 우려가 현실로 드러났다. 본격적인 생산에 필요한 모든 장비를 제자리에 갖추려면 아직 여러 달이 더 걸릴 듯했다.

어차피 배터리팀도 준비가 안 된 상태였기에 네바다주 스파크스 작업자들은 안도의 한숨을 내쉬었다. 머스크는 수년 전에 파나소닉과 테슬라의 연결고리 역할을 하고 오랫동안 테슬라의 파나소닉 관리자로 재직해온 커트 켈티에게 책임을 물었다. 이제는 파나소닉도 켈티를 곱게 보지 않았다. 그럴 만도 한 것이, 켈티가 테슬라의 빠듯한 계획표와 기가팩토리에서 발생하는 여러 문제점을 짚어가며 파나소닉과 일정을 조율했는데, 너무 힘들고 스트레스가 많은 일이라서 아무도 켈티의 업무를 부러워하지 않았다. 켈티는 이래저래 머스크하고는 진퇴양난에 처했다고 느꼈고, 결국 테슬라를 떠나기로 마음먹었다. 그래서 7월에 모델3 출시를 기념하는 행사에 참석한 것이 그의 마지막 모습이 되었다. 마틴 에버하드, 피터 롤린슨, 조지 블랑켄십 등 많은 사람이 그랬듯이 켈티도 모든 것을 쏟아부었기에 미련 없이 돌아섰다.

많은 사람이 파나소닉 때문에 지연되고 있다고 말했지만, 사실 주범은 테슬라였다. 공장을 처음 지어서 새로운 생산 시스템을 가동하기란 결코 쉬운 일이 아니었다. 스트라우벨의 핵심 보좌관으로 테슬라의 건축 프로젝트를 총괄하던 케빈 카세커트Kevin Kassekert는 공장에 새로운 부품이 끊임없이 추가되는 중에도 생산라인을 중단 없이 가동하느라 진땀을 흘리고 있었다. 10월 무렵에 머스크는 물론 외부인이 보기에도 테슬라의 생산공정에서 수많은 문제점이 불거졌다. 일단 3사분기에는 모델3 세단을 260대만 생산했다고 보고했는데, 이는 7월 말에 납품한 30대를 포함한 수치였다. 회사는 원인을 알 수 없는 '생산 병목현상' 때문에 이런 결과가 나왔다고 해명했다.

공식 발표문에서는 이렇게 설명했다. "캘리포니아주에 있는 생산공장과 네바다주 기가팩토리의 제조 시스템은 대부분 빠른 속도로 운영할 수 있는 상태이나, 일부 시스템을 활성화하는 데 예상외로 오랜 시간이 걸렸습니다."

며칠 후 《월스트리트 저널》에서 공장의 차체 부문이 운영되지 않았고 그동안 자동차를 수작업으로 생산했다고 보도했다. 테슬라는 이 기사를 강하게 부인했다. "《월스트리트 저널》은 10년 가까이 오해의 소지가 있는 기사로 테슬라를 무자비하게 공격했으며, 그동안 예외인 경우가 거의 없었습니다. 이는 언론이 지켜야 할 진실성의 한계를 저버리는 행위입니다. 이 기사가 예외일 수도 있겠으나, 그럴 가능성은 극히 낮습니다." 하지만 《월스트리트 저널》은 한 발짝도 물러서지 않았고, 이내 다른 언론매체에서도 비슷한 공격성 기사를 쏟아냈다. 주주들은 사기라고 주장하면서 즉각 소송을 제기했다.● 분위기가 이렇게 돌아가자 법무부도 관심을 보이기 시작했다.

테슬라 처지에서 이런 상황은 낯설지 않았다. 늘 그랬듯이, 머스크는 무리한 목표를 선언했다. 그렇게 하면 직원들에게 불가능해 보이는 일을 해낼 만한 동기를 불어넣고, 나아가 투자자들의 환심을 살 수 있다는 계산이었다. 그해 후반기에 또다시 공장에서 자동차 20만 대를 생산하겠다고 호언장담했지만, 3개월 뒤 그가 약속한 수치에서 고작 1퍼

---

● 법원은 머스크가 향후 목표를 언급하면서 다른 가능성을 열어두었기 때문에 그의 발언이 법적 보호를 받을 수 있다고 판단하고 소송을 기각했다. 2018년 8월에 연방지방법원의 찰스 브라이어 판사는 이렇게 판결했다. "기업이 목표를 달성하지 못했다고 해서 연방 증권법으로 처벌할 수는 없다."

센트만을 실현했다. 처음부터 말이 안 되는 목표였다. 머스크는 이따금 매주 5,000대를 생산하겠다는 목표를 연간 생산량에 합산했다. 하지만 10월에는 차체공장을 가동할 준비만으로도 매우 바빴기 때문에 매주 5,000대나 생산하는 건 불가능해 보였다. 2016년에 모델X를 생산할 때도 비슷한 목표를 내걸었다가 실패했다. 하지만 이번에는 생산 결과가 목표에서 크게 벗어나지 않았다.

또 다른 문제는 머스크가 자동화 시스템을 계속 확대하려는 데 있었다. 작업장에는 이미 설치를 앞둔 로봇이 잔뜩 쌓여 있었다. 차체의 특정 부분을 용접하는 등 로봇마다 구체적인 용도가 이미 정해져 있었다. 프리몬트 공장이 협소한데 로봇을 도입해야 조립속도를 끌어올릴 수 있다고 생각했기에, 머스크는 설계할 때 밀도를 높이는 데 주안점을 두라고 지시했다. 그 결과, 모델3 차체 작업장에 로봇이 약 1,000대나 설치되었다. 공간을 최대한 활용하기 위해 일부 로봇은 천장에 거꾸로 매달아야 했다.

기가팩토리도 사정은 마찬가지였다. 차체 작업장은 중단과 가동을 반복하고 있었고, 스트라우벨 팀은 손발이 꽁꽁 묶인 상태나 다름없었다. 로봇이 너무 빡빡하게 설치되어 있어서 엔지니어들이 수리 작업을 하려고 접근하기도 어려웠다. 때로는 수작업으로 배터리팩을 만들어야 해서 파나소닉 직원들의 일손까지 빌려야 했다.

병목현상이 심해지자 파나소닉에서 공급한 배터리셀이 계속 쌓였다. 한쪽에는 조립에 사용할 셀이 담긴 대형 상자들로 발 디딜 틈이 없었다. 배터리팩으로 조립해야 할 셀이 어림잡아 1억 개가 넘었다. 이렇게 수억 달러에 해당하는 자재가 계속 쌓이기만 하면 현금 흐름에 막대한 지장을 가져올 수밖에 없었다.

기가팩토리 문제로 머스크는 노발대발하며, 직접 상황을 해결하겠다고 기가팩토리를 숱하게 들락거렸다. 늘 그랬듯이 직원을 해고하는 데도 거침없었다. 예전에는 직접 나서지 않고 관리자를 통해 해고를 통보했지만, 지금은 공장 안에서 누구를 마주치건 그 자리에서 잘라버렸다. 머스크에게는 어떤 논리나 변명도 통하지 않았다. 그는 자신을 제외한 모든 사람을 맹렬히 비난했고, 그가 무리한 요구를 해서 로봇이 오작동을 일으켰다고 설명해도 들은 척조차 하지 않았다.

테슬라는 처참한 3사분기 실적 발표를 앞두고 있었다. 머스크는 몸이 아프다며 회의실에 불도 켜지 않은 채 몇 시간이고 바닥에 드러누워 있었다. 한 고위 임원이 회의실에서 그를 억지로 끌고 나와 월스트리트와 통화해야 한다며 의자에 앉혔다. 전화가 연결되었지만 머스크의 목소리는 꽉 잠겨 있었다. 오랫동안 테슬라의 가능성을 높이 평가해준 모건스탠리 분석가인 애덤 조나스는 "지금 지옥에 들어가 있어요? 아니, 거긴 도대체 얼마나 뜨겁길래 목소리가 이런 겁니까?"라고 물었다.

"9단계가 가장 최악이라면, 얼마 전까지 9단계였고 지금은 8단계라고 할 수 있죠."

하루는 존 맥닐과 그의 직속 보좌관이 머스크를 진정시키느라 애쓰는 소리가 직원들 귀까지 들렸다. "우리는 이걸 해결할 수 있어"라며 머스크가 고집을 부렸다. 그러고는 "호랑이에게 쫓길 때는 좋은 생각이 떠오르지 않는 법이지"라고 입버릇처럼 말했다.

어느 날, 머스크는 팀원들에게 격려가 필요하다고 생각했는지 기가팩토리 옥상에 관리자 몇 명을 불러서 조촐한 파티를 열었다. 캠프파이어를 하면서 스모어 쿠키를 만들어 먹을 수 있도록 준비하라는 말을 듣고 인프라 개발 책임자인 카세커트는 자신의 귀를 의심했다. 가연성 배터리를 생산하는 공장 옥상에서 캠프파이어를 하겠단 말인가? 그는 정신을 가다듬고 해결책을 고민한 다음, 공장 옥상에 방화포를 깔고 파티를 준비했다.

그날 저녁에 머스크는 위스키를 마시고 노래를 불렀다. 새벽 2시에는 인스타그램에 짤막한 동영상도 올렸다. 게다가 《롤링스톤》 11월호 커버스토리 기사에서 앰버 허드와 헤어진 슬픔을 숨김없이 드러내는 바람에, 많은 사람이 걱정하기도 했다. 상장기업이 된 테슬라를 놓고도 수많은 공매도자가 테슬라의 몰락을 손꼽아 기다린다는 점에 울분을 터트리며 이렇게 말했다. "테슬라를 사기업으로 되돌리고 싶어. 상장기업이 되고 나니 효율이 더 떨어진 것 같아."

늦여름으로 접어들면서, 노조 대표를 꿈꾸는 오르티스와 노조 결성 업무를 맡은 모란의 노력이 결실을 보았다. 캘리포니아 주의회에서 두 사람에게 도움의 손길을 내민 것이다. 8월 말에 오르티스는 테슬라의 시급 직원 3명과 UAW 조직위원들을 모두 데리고 새크라멘토에 있는 주의회 의사당을 찾아갔다. 전기자동차 세금 리베이트에 관한 조항을 관련 법에 추가하기 위해 의원들에게 접근하는 물밑 작업이 방문 목적이었다. 구체적으로 설명하면 테슬라에 "공정하고 책임감 있게" 행동하며 작업장의 안전을 보장하라고 요구하는 행보였다. 이에 테슬라는 그다음 달에 몇몇 직원을 의사당에 보내어 의원들을 직접 만나게 했다. 장비 점검 기술자이자 총책임자인 트래비스 프랫Travis Pratt도 방문단에 끼어 있었다. 프랫은 테슬라에 대한 찬사를 늘어놓으며 자신이 연봉을 13만 달러나 받는다고 덧붙였다.

오르티스는 테슬라에서 보낸 직원들의 발언 동영상을 입수해서 모란에게 전송했다. "여기 나오는 사람들이 누구인지 알아봐 줘.…… 직접 찾아가서 '새크라멘토에서 한번 봅시다'라고 쏘아붙여야 속이 시원할 것 같아."

모란은 직원 명부에 접속해서 동영상에 등장한 사람들을 검색했다. 프랫을 찾은 뒤에는 사진과 직함을 캡처해서 오르티스에게 보냈다. 그는 노조 결성을 추진하는 직원들이 열어놓은 페이스북에 그 자료를 올렸다. "이 사람들이 새크라멘토에 가서 우리가 테슬라의 내부 실정에 대해 거짓말을 늘어놓았다고 주장했습니다. 이들은 테슬라 경영진에서 선택한 사람들입니다.…… 심지어 이 중 한 사람은 작년에 연봉을 13만 달러나 받았다고 증언했습니다.…… 이것만 봐도 테슬라는 상부에서 시키면 죽는 시늉도 마다 않는 사람들은 챙겨주고 정작 고된 일을 도맡는 사람들은 본체만체한다는 걸 알 수 있습니다."

하지만 페이스북에 글을 남기고 나서 생각이 바뀌었다. 특히 프랫이 개인적으로 찾아와서 이렇게 항의하는 바람에 페이스북에 남긴 글을 삭제해야 했다. "아무도 없는 자리에서 솔직하게 나에 대해 어떻게 생각하는지 한번 말해 봐.…… 나는 2급 유지보수 기술자로서 작년에 그만 한 연봉을 받은 거야. 생산 부문에서 일하는 당신네 동료 몇 사람도 그 정도는 받을 텐데. 나는 당신이 잘되길 바라지만 당신과 반대편인 우리 쪽에도 많은 직원이 있다는 사실을 기억하는 게 좋을 거요. 이렇게 다짜고짜 험담하고 들면 당신에게도 이로울 게 없단 말이지."

프랫은 페이스북 게시 글을 캡처해서 테슬라 인사팀에 보내며, 다음과 같은 메모와 함께 얼굴이 붉어진 채 미소 짓는 이모티콘을 덧붙였다. "누군가 우리에게 불만이 있나 봅니다." 회사는 이참에 노조 추진 세력을 완전히 뿌리 뽑을 각오로 오르티스의 행적을 조사하기 시작했다. 몇 달 전부터 인사팀 책임자인 가브리엘 톨레다노Gabrielle Toledano는 머스크와 이메일을 주고받으며 대비책을 논의하고 있었다. 두 사람은 모란과 오르티스를 보안팀으로 발령낸 다음 노동조합원 자격 요건을 갖추지 못하도록 고정급 직원으로 전환할 생각이었다. 그리고 모란이 회사 방침을 어기고 사내 디지털 자료에 접속한 증거도 확보해두었다.

9월 말에 오르티스는 인사팀에서 별도의 요청을 받은 조사관을 만나는 자리에 출석하라는 통보를 받았다. 그는 노조원 신분을 나타내는 티셔츠를 입고 핀을 꽂은 채 나타났다. 페이스북 자료를 눈앞에 들이밀자, 자신이 남긴 글이라고 인정하면서도 프랫이 항의한 직후에 삭제했다며 불미스러운 일을 벌여서 죄송하다고 말했다.

하지만 "이건 회사 직원 명부에 있는 사진인데 도대체 누구한테서 구했습니까?"라는 질문에는 입을 꾹 다물었다. 조사관은 오르티스의 개인 휴대전화를 넘겨받아 살펴보았지만 아무 흔적도 남아 있지 않았다. 바로 며칠 전에 새로 구매한 기기였다.

오르티스의 동료애는 모란을 지켜내기에 역부족이었다. 회사는 이미 모란이 데이터베이스를 검색한 기록을 확보해놓고 있었다. 10월 초에 두 사람에게 처분이 내려졌다. 모란은 가벼운 징계로 끝났지만 오르티스는 해고되었다.

노동조합을 결성하려던 시도는 극적인 결말을 맞았다. UAW 사무실에 놓여 있던 화이트보드에는 한때 노동조합 결성을 지지하던 사람들의 이름이 적혀 있었지만, 다 지워져버렸다. 노조 티셔츠를 입고 공장에 출근하는 대범함을 보이던 사람들도 크게 줄어들었다. 노조 지부장이 되려던 오르티스의 꿈은 물거품이 되었다. 노조 관계자가 디트로이트로 돌아오면 새로 직장을 찾을 수 있도록 돕겠다고 제안했지만, 오르티스는 이제 이스트베이가 고향이나 다름없다며 떠나지 않았다.

해가 바뀌어 2018년으로 접어들자, 제조공장의 어수선한 분위기는 서서히 잊히는 것 같았다. 머스크는 기존의 잘못된 마케팅을 여전히 고수하면서, 디트로이트 기업가들이 꿈에서나 거론할 법한 과감한 일을 두 가지나 시도했다. 그중 하나가 스트라우벨이 구상했지만 기엔에게 넘긴 프로젝트인 배터리 구동식 세미트럭이었다. 한 차례 충전으로 800킬로미터 이상 주행할 수 있다는 장점을 보고 11월에 고객에게 처음으로 선보이기에 안성맞춤이라고 판단했다. 하물며 더욱 흥미로운 광경은 호손 공항 활주로 옆에서 열린 행사의 마지막 순간이었다. 뱀 모양의 헤드라이트를 켠 세미트레일러가 어둠을 뚫고 등장했다. 기존의 로드스터가 호리호리한 남성이라면 이 트럭은 잔뜩 근육을 부풀린 사내처럼 보였다. 폭과 길이가 조금 늘어났고, 매끈한 느낌도 한층 짙어졌다. 비스티 보이즈의 「사보타주Sabotage」가 스피커를 뚫고 나올 듯한 음량으로 울려 퍼지는 가운데 격납고 밖으로 진정한 슈퍼카가 모습을 드러냈다. 스티브 잡스의 시그니처인 '한 가지 더one more thing(스티브 잡스가 프레젠테이션 마지막에 청중의 기대를 한껏 자극하며 뜻밖의 보너스를 안겨줄 때 자주 사용한 말—옮긴이)'에 해당하는 순간이었다. 사람들은 지금껏 테슬라가 개최한 다른 신차 발표회와는 비교할 수 없을 만큼 뜨거운 호응을 보냈다.

테슬라는 모델3를 출시하기까지 수년간 이루 다 말로 표현할 수 없을 정도로 힘든 시간을 보냈다. 북쪽으로 640킬로미터가량 떨어져 있는 생산공장은 그동안 지옥을 방불케 했다. 하지만 이날 밤에 머스크가 선보인 차량은 사람들의 시선을 단숨에 사로잡았다. 슈퍼카의 기능은 자동차광들을 열광하도록 하기에 충분했다. 정지 상태에서 시속 96킬로미터까지 가속하는 데 1.9초밖에 걸리지 않았다. 이 가속도가 사실이라면 지금까지 존재한 차량 중 가장 빠르다는 주장도 있었다. 이런 장점은 테슬라가 지금 불어닥친 폭풍우만 잘 견뎌낸다면 테슬라를 끝까지 믿어준 사람들을 절대 실망시키지 않을 거라고 공언한 머스크의 약속을 든든하게 받쳐주는 버팀목이었다. 머스크는 2020년에 출시 예정인 로드스터 가격이 20만 달러며 5만 달러에 사전예약이 가능하다고 발표했다. 그리고 한정판인 파운더 에디션은 예약금 25만 달러를 내고 주문해야 한다고 덧붙였다.

머스크는 이런 종류의 마케팅을 즐겨 사용했다. 돈을 따로 들여야 하는 광고는 몹시 싫어했다. 작년에 모델S 판매가 둔화하자 영업 부문 책임자인 맥닐은 매출을 회복하려고 페이스북에 광고 내는 방법을 알아보려 했다. 하지만 이런 선택은 이단행위나 다름없었다. 이 시도가 무산된 데는 머스크가 싫어한다는 이유도 있었지만, 회사가 2년 임대계약을 체결하면 현금 납부를 원치 않거나 그럴 여력이 없는 구매자를 유치할 수 있다는 점도 작용했다. 2017년에는 또 다른 소프트웨어 업그레이드를 통해 또 한 번 대중의 관심을 테슬라 자동차로 끌어모았다. 배터리 최대 출력 모드인 루디크러스 모드를 사용하면, 모델S가 정지 상태에서 시속 96킬로미터까지 가속하는 데 불과 2.4초밖에 걸리지 않았다.

머스크는 또 다른 마케팅 전략도 준비해놓았다. 2018년 초반에 스페이스엑스는 팰컨 헤비라는 초대형 로켓을 준비하고 있었다. 50여 년 전에 미국이 우주비행사를 달에 보낸 이후로 세계에서 가장 강력하며, 지구 궤도에 무거운 화물을 실어갈 수 있도록 설계된 로켓이었다. 화물 이송 능력을 증명하기 위해, 머스크는 선홍색 로드스터 한 대를 로켓 화물칸에 실었다. 우주에 도착한 모습을 찍으려고 미리 자동차에 비디오카메라도 설치해두었다. 운전석에는 운전자 대신 우주복 한 벌이 놓여 있었는데, 이 옷에는 스타맨이라고 이름을 붙였다. 테슬라 자동차 이미지를 우주여행에 투영한 역사적인 장면이었다. 여기에는 테슬라가 전기자동차를 만드는 회사로만 머물지 않겠다는 뜻도 담겨 있었다. 머스크는 사람들에게 새로운 미래를 열어주고 싶었다. 그래서 테슬라 역사상 최악의 손실을 기록한 4사분기 손익 보고를 마친 후에 분석가들에게 그 점을 재차 강조했다. "로드스터를 소행성대로 보낼 수 있는 기업이라면 모델3 생산 문제도 분명 해결해내리라고 생각해주시면 좋겠습니다."

투자자들은 그의 말에 수긍하며 기다려주겠다는 태도를 보였다. 그들은 머스크가 또 한 번 불가능해 보이는 일을 해낼 가능성을 지지했다. 투자자들이 보낸 지지는 2017년에 46퍼센트나 급등한 테슬라 주식을 통해 여실히 드러났다. 이렇게 해서 테슬라의 가치는 520억 달러로 껑충 뛰었다.

주가를 확인한 머스크는 이보다 더 거창한 장기 계획을 제시하더라도 주주들은 이해해줄 거라고 이사회에서 말했다. 지난 몇 년간 급여를 받지 않은 머스크에게는 스톡옵션이 실질적인 보상이었다. 스톡옵션은 수백만 달러의 가치가 있을뿐더러 모델S나 모델3를 출시한 이정표와 밀접하게 얽혀 있었다. 이제 새로운 보상안을 협상할 시기를 맞이해서, 머스크는 이사회에 자신을 사상 최고의 연봉을 받는 CEO로 만들 계획을 세우라고 요구했다. 만약 계획대로 연봉이 지급되면 머스크는 전 세계에서 손꼽히는 부자 중 한 사람이 될 수 있었다. 그가 제시한 10년 계획이란 6,500억 달러라는 테슬라의 시장가치를 포함해서 몇 가지 재정적 목표를 달성하면 CEO가 500억 달러 이상을 받는다는 내용이었다. 여기에 따르면 테슬라 가치는 지금보다 6,000억 달러 증가하게 된다. 한마디로 머스크가 제시한 야망은 테슬라의 재탄생이었다. 연간 수백만 대의 자동차를 팔아치우는 기업이라면 그 가치가 다른 자동차 회사보다 수십 배 넘는 것은 당연지사였다.

하지만 그 계획을 선뜻 받아들이기는 어려웠다. 특히나 머스크가 차량 수십만 대를 생산하는 현재 상황도 버거워했기 때문이다. 당시 사정을 잘 아는 사람들의 말을 들어보면, 이사회는 잠재적인 배당금의 액수를 무시하지 못했고 인센티브 때문에 의견이 갈렸다. 하지만 머스크 동생인 킴벌을 포함해서 머스크의 계획을 지지하는 이사들이 많아서 결국 이사회 심의를 통과했고, 2018년 초반에 정식으로 발표되었다.

일부 고위 임원은 상당히 불만스러워했다. 자신들도 회사의 성공에 이바지했으니 더 큰 보상을 받아야 한다고 느꼈기 때문이다.

J. B. 스트라우벨도 머스크의 행보에 상처를 받았다. 테슬라 초창기부터 함께했기에 공동 창업자나 다름없다는 소리를 들어왔기 때문이다. "이 사건이 결정적인 계기 중 하나였어요. 머스크와 스트라우벨 사이가 크게 틀어졌습니다."

스트라우벨은 별 타격을 받지 않았으며, 머스크의 제안이 "위험 부담은 높지만 그만큼 큰 보상을 제공"한다면서 이렇게 말했다. "모든 인간관계가 그렇듯이, 우리는 서로 좋을 때도 있고 나쁠 때도 있습니다. 이보다 더 힘든 일도 겪었지만, 지금까지 그럭저럭 잘 지내고 있습니다."

배당금은 12가지 트랑쉐tranche(금융기관이 개별 대출을 한데 모은 다음 이를 기반으로 재발행한 채권—옮긴이)로 구성되어 매우 복잡했다. 예를 들어 169만 주의 첫 번째 트랑쉐를 받으려면, 테슬라 연간 매출이 2017년

118억 달러에서 200억 달러로 늘어나거나, 조정 이익이 15억 달러가 되어야 했다. 그뿐만 아니라 시장가치도 1,000억 달러로 상승해서 평균 6개월과 30일간 유지되어야 했다. 옵션을 행사하려면 한 주에 350.02달러를 지급해야 했다. 그런데 어디에도 순이익에 관한 조건은 없었다. 지금까지 테슬라는 한 번도 연도 기준으로 순이익 목표를 달성한 적이 없었다. 2분기 연속으로 수익성을 유지한 이력조차 없었다. 당시 기술 업계에는 기존 수익성보다 성장과 주가를 더 중시하는 경향이 있었다.

거래 세부 요건에 따라 주식은 5년간 보유해야 했다. 가장 중요한 점으로, 머스크가 테슬라에서 CEO나 회장 직책을 계속 유지해야 한다는 조건도 있었다. 최근 몇 년간 CEO에서 물러날 가능성을 몇 차례 시사하긴 했지만, 이번에 새로 만든 급여체계는 머스크가 한동안 테슬라를 틀어쥐는 장악력을 한 치도 양보하지 않겠다는 메시지를 고위 임원과 투자자들에게 던져주었다. 일각에서는 맥닐이나, 제조업 전반을 책임졌고 이제는 모델3를 감독하는 필드가 테슬라의 차세대 CEO라고 생각했다. 하지만 바로 다음 달에 맥닐은 차량 공유 스타트업인 리프트Lyft Inc.의 COO로 자리를 옮겨버렸다.

새해가 되었으나 머스크는 통제 권한을 포기하려는 사람처럼 행동하지 않았다. 이제 스파크스가 아닌 프리몬트가 가장 큰 장애물이라는 점이 명확해졌고, 머스크의 초점은 다시 바뀌어야 했다. 이래저래 자금난이 계속되었지만, 세미트럭에 이어 신형 로드스터를 공개해서 테슬라의 현금 보유량이 한결 나아졌다. 그는 자본금을 더 늘릴 마음이 없었다. (이유를 들여다보면 이렇다.) 첫째, 테슬라가 투자자들을 고의로 속였다는 주장이 일어서 법무부가 테슬라의 제조원가명세서를 조사하고 있었다. 테슬라에서 아직 조사 내용을 공개하기 전이었으나, 실정을 잘 아는 사람들은 테슬라가 새로 자금을 확보하려면 결국 조사 내용을 공개해야 할 거라고 입을 모았다. 그렇게 되면 테슬라 처지가 더욱 난처해질 것이 분명했다. 둘째, 머스크는 공개 석상에서 자금은 필요하지 않은 듯 싶을 때 조달해야 한다고 말하곤 했다. 자금이 필요할 때는 조건이 더 까다로워져서 더 큰 비용이 든다는 뜻이었다.

사실 머스크는 공장 가동에 모든 것을 걸어야 했다. 매주 5,000대를 생산하기로 계획해놓은 목표일은 이미 두 번이나 뒤로 밀린 상태였다. 그는 6월 마지막 주까지는 이 목표를 반드시 이루겠다고 마음먹었다.

이렇게 자동화 조립라인과 씨름하는 동안, 몇 달 전에 생산 품질 작업을 위해 아우디에서 영입한 엔지니어 앙투안 아부하이다르Antoin Abou-Haydar가 필드를 비롯한 임원들에게 한 가지 아이디어를 제안했다. 엔지니어링 팀이 모델3 조립 설계를 잘 준비해서 지난 7월과 8월에는 수작업으로 자동차를 비교적 수월하게 생산했다. 그러니 지금 만들고 있는 복잡한 자동화 조립라인을 접어두고 로봇 없이 다시 수작업으로 생산을 시작해보자는 얘기였다.

아부하이다르의 제안은 바로 퇴짜를 맞았다. 머스크는 생산라인에 설치한 로봇에다 에일리언 드레드노트Alien Dreadnought라는 별칭을 붙일 정도로 심혈을 기울이고 있었다. 예전에 팀 왓킨스가 작업자 없이도 기계가 알아서 야간작업을 진행하도록 프로그래밍한 것처럼 소수의 작업자만 투입해서 테슬라 공장을 운영하겠다고 투자자들에게 피력했다. 그는 3층짜리 조립라인을 구상하고 있었는데, 작업자는 중간 라인의 워크스테이션에 있고, 머리 위 라인과 발아래 라인 양쪽에서 자동차 부품을 공급하는 방식이었다. 발아래 라인은 컨베이어 벨트 시스템으로 부품을 공급할 수 있었다. 이렇게 하면 공간과 인력을 대폭 절약할 수 있을 듯싶었는데, 실제로는 타이밍을 제대로 맞출 수 없어 전혀 효율적이지 않았다. 공장 내부도 공간이 심각하게 부족해서, 전함 속을 비집고 걸어 다니는 느낌이 들 정도로 복잡했다.

하지만 봄이 되자 꽉 막힌 흐름을 뚫을 대책을 마련하지 않으면 안 되겠다는 생각이 들었다. 이대로 가면 돈만 낭비하는 셈이었다. 다들 서둘러서 아부하이다르의 제안을 다시 검토하고, 이 계획을 시행하기 위해 로봇 활용도가 낮은 일반 조립라인을 공장에 추가로 설치해서 곧바로 생산에 돌입했다. 머스크는 실수를 인정한다며 트위터에 글을 남겼다. "테슬라가 자동화를 추진하는 과정에서 욕심을 부렸습니다. 정확히 말하면 내 실수입니다. 저도 사람이라서 어쩔 수 없이 이런 과오를 저지르네요."

그렇지만 매주 5,000대를 생산한다는 목표를 달성하려면 손 놓고 가만히 있을 수 없었다. 모델3를 생산할 3차 생산라인을 추가해야 하는데, 공장은 이미 발 디딜 틈 없는 포화상태였다. 품질 검수는 이미 공장 건물 밖에 설치한 대형 텐트 아래에서 시행하고 있었다. 팀원들은 조립라인을 확장하려면 텐트를 더 설치해야 할지도 모른다고 생각했다.

게다가 비자동화 조립라인을 추가하면 원래 계획보다 작업자가 훨씬 더 많이 필요했다. 머스크가 회의 때마다 언급하는 수치는 들쭉날쭉했다. 그는 직원 수를 3만 명 정도로 계획했지만 외주계약 작업자만 이미 4만 명을 넘었다. 예산 발표가 시작되면 머스크는 이따금 초점 잃은 표정을 짓곤 했다. 결국 CFO로 테슬라에 복귀한 디팩 아후자가 나서서 직원을 더 뽑아야 한다고 조심스레 직언했다.

머스크는 선뜻 그렇게 하라고 허가하지 않았다. 별것 아닌 세부사항인데도 테슬라의 비용 구조에 문제가 있다고 인정하는 꼴이라고 여기는지 쉽사리 고집을 꺾지 않았다. 그는 우선 회사 지출을 동결했다. 북미 지역 서비스 및 배송 센터 규모를 대폭 확장하려던 계획도 중단했다. 그는 최대한 빨리 일자리를 줄일 작정이었다.

프리몬트에서 실패를 거듭하자 머스크는 예상 가능한 행보를 보였다. 필드에게 화살을 돌린 것이다. 필드는 자신이 맡은 본래 업무를 충실히 이행했고 모델S의 인기를 모델3의 상승세로 이어나갔다. 그러나 공장은 어수선했다. 주변 사람들이 말리는데도 아랑곳하지 않고 생산을 서두른 머스크가 화근이라고 볼 여지도 있었다. 하지만 머스크는 늘 하던 방식대로, 제조공장을 감독하는 필드의 권한을 박탈해버렸다.

필드로서는 불쾌하고 치욕스러운 처우의 시작이었다. 그는 테슬라의 제품을 개발 및 운영하는 데 큰 역할을 했고, 실리콘밸리의 우수한 인재들과 경쟁해서 밀리지 않고 모델S를 능가한다는 평가를 받은 자동차를 선보였지만, 그런 공은 하나도 인정받지 못했다. 테슬라 내부에도 그를 헐뜯는 세력이 있었다. 테슬라에 오랫동안 재직한 일부 직원은 필드가 기업적 관점을 도입했고 그가 등장한 뒤로 회사 분위기가 정치적으로 변했다고 말했다. 그렇긴 해도, 머스크가 여러 해 동안 꿈꿔왔다시피 일상적인 운영에서 손을 떼고 제품개발에만 집중하게 되면 필드만큼 테슬라의 차기 CEO로 유력한 사람은 찾아보기 어려웠다.

그해 봄에 머스크는 사실상 공장을 완전히 장악했다. 필드의 책임 권한을 줄인 뒤로도 머스크의 행동은 전혀 달라지지 않았다. 한번은 저녁 무렵 공장에 나타나서 필드가 어디 있는지 찾아서 데려오라며 사람들을 잔뜩 긴장시켰다.

또 어느 날 저녁에는 조립라인을 붙들고 진땀 흘리는 엔지니어들을 회의실에 집합시켰다. 그러고는 문을 벌컥 열고 들어와서 그 자리에 모인 사람들에게 "당신들이 하는 일은 완전 쓰레기"라고 폭언을 퍼부었다. 그런 다음, 한 사람씩 일어나서 회의실을 돌며 자신을 소개하고 "조립라인을 수리하기 위해 도대체 무엇을 하고 있는지" 설명해보라고 했다. 계속되는 머스크의 폭언를 견디지 못한 엔지니어 한 사람이 회사를 그만두겠다고 말한 뒤 자리를 박차고 나가버렸다. 머스크는 그의 뒤통수에 대고 버럭 고함을 질렀다. 또 다른 회의에서는 그동안 못마땅하게 여기던 관리자를 지목하며 "어제 당신을 해고한 줄 알았는데 아직도 여기 있는 거요?"라고 쏘아붙였다.

바로 이 무렵에 머스크는 공장을 둘러보다가 가동이 중단된 조립라인을 발견했다. 직원들이 길을 방해할 때마다 자동 안전 감지기가 작동해서 가동이 중단되었다고 설명했는데, 이 해명이 오히려 머스크의 화를 돋우고 말았다. 저속 라인은 위험이 거의 없지 않냐면서, 머스크는 조립라인에 있는 자동차 앞부분을 자기 머리로 들이박기까지 했다. "이렇게 부딪혀도 다칠 일 없잖아. 안 그래? 조립라인이 계속 돌아가게 그냥 내버려둬." 선임 엔지니어링 관리자가 끼어들어서 일종의 안전 대책으로 설계된 보안장치라고 설명했지만, 머스크는 "썩 꺼져"라고 고함칠 뿐이었다. 머스크를 오랫동안 알고 지낸 직원들은 그 광경을 지켜보며 초창기에도 자주 겪었던 비슷한 상황을 떠올렸다. 머스크가 불같은 성미를 감추지 못하는 데다 특히 답답한 소리를 하면 참아주지 않는다는 걸 모르는 사람이 없었다. 차이가 있다면 예전에는 머스크가 해고한 사람들한테 다 그럴 만한 이유가 있었다. 테슬라는 최고만을 인정했고 가장 힘든 길을 자처했다. 관리자들은 머스크가 내뱉은 가시 돋친 말을 무용담처럼 늘어놓았다. 한번은 머스크가 한 관리자에게 노발대발하더니 두개골을 열어서 '패배 failure'를 뜻하는 영어단어의 머리글자인 'F'

를 두뇌에 새겨주고 싶다고 말했다. 모델X 때문에 프리몬트 공장에 발목이 붙잡혔을 때도 붉으락푸르락하며 이렇게 말했다. "지금 여배우와 침대에서 뒹굴어도 시원찮을 판에 조립라인에서 당신들 보모 노릇이나 하고 있으려니 한심해 죽겠군."

그러나 오랫동안 머스크를 지켜본 직원들조차 요즘에는 그가 언제 화를 터트릴지 도무지 예측할 수 없었다. 사무실 문을 닫고 고위 임원들에게만 소리를 지르던 예전과 달리, 지금은 주변에 직급이 낮은 직원들이 있어도 아랑곳하지 않고 노발대발하는 일이 늘었다. 회사 규모가 너무 커진 탓에 정확히 누구에게 책임을 물어야 하는지 파악하기 힘들어서인지 그냥 허공에 대고 고함을 치는 것 같았다.

어쨌거나 필드는 더는 못 참을 지경에 이르렀다. 모델3와 크로스오버 차량으로 차기 작품인 모델Y의 개발을 감독하려고 테슬라에 영입되었는데, 그렉 라이쇼가 떠난 뒤로 제조시설 운영까지 떠맡아서 스트레스가 이만저만이 아니었다. 게다가 최근에는 사실상 강등되었고, 그후로도 머스크가 필드 팀원 한 사람 한 사람에게 면박을 주며 팀을 해체 위기로 몰아가는 상황을 지켜봐야만 했다. 남겨질 팀원들이 버림받았다고 느낄까 봐 그만두겠다는 말도 쉽사리 꺼낼 수 없었다. 하지만 이제는 더 견딜 수 없었다. 어머니는 이미 돌아가셨고 아버지 건강마저 좋지 않았다. 아이들도 곧 대학을 졸업할 시기였다. 테슬라 공장을 돌보느라 가족과 시간을 많이 보내지 못해서 몹시 후회스러웠다.

팀은 필드가 휴가를 떠났다는 공지를 받았지만, 많은 사람이 그가 영원히 떠났다는 사실을 알아차렸다. 회사가 필드의 퇴사를 공식 발표하자, 사람들은 필드가 정말 떠나버렸다는 냉혹한 현실을 실감했다. 필드를 포함해서 지난 2년간 퇴사한 부사장 또는 고위 임원만 최소 50명이었다. 솔라시티와 합병한 뒤에 테슬라에서 솔라시티로 자리를 옮겨서 거창한 직함을 얻은 관리자들이 수두룩한 점도 이들이 퇴직을 결정하는 데 적잖은 영향을 주었다. 많은 언론사에서 필드의 퇴임 소식을 머리기사로 앞다투어 보도했다. 유명한 자동차 제조사의 엔지니어링 수장이 사임한다는 사실은 대단한 뉴스거리였다. 당연히 머스크는 이런 언론 보도를 언짢아했고 테슬라 홍보팀이 나서서 보도 수위를 낮추라고 언론매체를 압박했다. 자동차 전문매체인《잘로프닉Jalopnik》은 이렇게 농담조로 정정 기사를 내보냈다. "테슬라 측 대변인이 필드는 테슬라의 수석 엔지니어가 아니라 차량 수석 엔지니어이므로 정정해 달라고 요청했습니다. 하느님이 한 분이듯, 테슬라의 수석 엔지니어는 일론 머스크 한 사람뿐이라는 거죠. 그리고 테슬라의 차석 엔지니어는 J. B. 스트라우벨입니다."

스파크스에 있는 스트라우벨 팀은 점차 호전되는 상황을 실감했지만, 그런 변화에는 대가가 따랐다. 배터리팩 생산속도가 매주 3,000개 수준을 돌파했고, 한번은 시간당 생산속도가 한 주로 계산하면 5,000개를 기록한 것으로 추정되기도 했다. 그러나 최고점에 도달하는 것과 매일 그 속도를 유지하는 것은 별개의 문제였다. 이렇게 작업을 서두르다 보니 자재 낭비가 심각했다. 자동화 생산 과정의 걸림돌을 아직 다 해결하지 못한 터라, 자동화 과정에서 걸핏하면 배터리셀이 손상되었다. 품질관리 책임자인 브라이언 너터Brian Nutter가 생산공정의 문제점을 파악해서 작성한 보고서는 최근에 생겨난 애로사항을 해결하는 작업이 두더지게임처럼 정신이 하나도 없는 과정임을 여실히 보여주었다. 플릿퍼 스테이션이 말썽을 부려서 배터리셀이 계속 찌그러지는 결함이 발생했고, 다른 곳에서는 배터리셀 사이에 접착제를 너무 많이 발라서 사용 부적합 판정이 나왔다. 그런가 하면 생산라인 하나는 냉각 튜브가 부족해서 가동이 중단되었다. 또 자동화 오류가 발생해서 수리 선반이 제대로 움직이지 않아 배터리 모듈이 한곳에 잔뜩 쌓였다.

그해 봄에 머스크는 분석가들을 대상으로 공개 화상회의를 진행하며 1사분기 실적이 형편없는 이유를 설명했다. 화상회의가 시작되고 30분쯤 지났을 때 월스트리트의 한 분석가가 모델3의 매출총이익 목표를 6~9개월 정도 미룬 것 같던데 과연 언제쯤 이 목표를 달성할 수 있겠냐고 질문했다. CFO가 대답하려는 순간, 머스크가 끼어들어서 몇 달 안으로 그 사안을 해결할 테니 "별것 아닌 일로 호들갑 떨지 말라"고 으름장을 놓았다. 이에 분석가가 테슬라의 자금 문제를 건드렸다. 그의 발언이 길어지자, 머스크가 또다시 끼어들었다. "멍청한 질문은 따분하니 그만하죠. 다른 이야기로 넘어갑시다." RBC캐피털마켓 RBC Capital Markets의 분석가는 예약고객을 늘리는 전략이 구매를 유도하기 위해 모델3의 세부 옵션을 결정하는 데 어떤 영향을 미쳤는지 궁금해했다. 여기에 머스크는 대답하는 대신 유튜브 방송을 진행하며 전화로 질문을 받는 소매 투자자를 언급하면서 "그런 질문은 유튜브로 해결하세요"라고 내질렀다. 그러고는 "질문이 하나같이 답답하네요. 들어주기가 힘들 지경입니다"라고 불평을 늘어놓았다.

이런 오만한 태도가 투자자들에게 좋은 점수를 딸 리 없었다. 단 20분 만에 테슬라 주가는 5퍼센트 이상 하락했다. 그날 화상회의를 둘러싸고 많은 사람이 수군거리는 분위기는 아주 불길한 기운을 자아냈다. 사람들이 몹시 불쾌해하는 반응을 보니 엔론이 무너지기 직전의 모습이 생각난다고 말한 사람도 있었다.

## 25장

## 사보타주

2018년 5월 27일 일요일 새벽 1시 24분에 테슬라에 재직하는 기술자 마틴 트립Martin Tripp이 CNN, 로이터, 폭스뉴스, 비즈니스인사이더에 다음과 같은 내용의 이메일을 보냈다. "테슬라에 근무하고 있으므로 이 내용은 익명으로 처리해주시기 바랍니다. 저는 모든 부서와 생산 단계의 일일 생산 진행 상황, 수치, 고장 및 폐기물 비용 등을 확인할 수 있습니다. 일론 머스크는 대중과 투자자들에게 여러 번 터무니없는 거짓말을 늘어놓았습니다. 제가 테슬라에 입사한 건 기업의 사명에 동감했기 때문이죠. 하지만 실상은 아주 딴판이며 매우 실망스럽습니다." 여기에 더해 트립은 테슬라가 모델3를 매주 5,000대 생산하기로 잡은 목표와는 한참 동떨어져 있으며, 머스크가 생산량을 하루빨리 끌어올리려고 아주 위험한 방법을 시도한다고 주장했다.

트립이 비즈니스인사이더의 뉴스 제보함에 보낸 이메일은 금융 분야 선임 기자인 리네트 로페즈Linette Lopez 눈에 띄었다. 비즈니스인사이더의 스타 기자인 로페즈는 지난해에 테슬라 관련 기사를 몇 차례 썼지만, 그중 하나도 기업의 벽을 뚫지 못했다. 몇 달 전에는 공매도 전문가인 제임스 차노스를 인터뷰하면서 테슬라를 어떻게 생각하는지 물어보았다. 차노스는 머스크가 투자자들을 구슬리는 능력이 그의 최대 장점이라고 평가했다. "머스크는 항상 가까운 미래를 운운하며 최고의 아이디어를 제안하죠. 문제는 지금 시점에 아이디어를 실행하기에는 부족한 점이 많다는 것입니다. 이는 사실 매우 심각한 한계입니다. 게다가 머스크는 지키지도 못할 약속을 남발하고 있습니다. 갈수록 허풍이 심해지는 것 같아요. 그런 태도는 상당히 불길한 징조라고 봅니다."

로페즈는 트립의 메일을 읽고 그날 오전에 바로 답장을 보냈다. "귀하의 이메일 내용에 대단히 관심이 많습니다." 그 무렵 캘리포니아에서 400킬로미터 이상 떨어진 프리몬트 공장 옆에 노동자들이 대형 천막을 치기 시작했고, 그녀는 기가팩토리 내부에 문제가 많다는 트립의 주장을 본격적으로 조사하기 시작했다. 테슬라 경영진 상당수는 매주 5,000대라는 이정표를 달성하면 공매도자들이 입을 다물 테고 회사의 재정 기반이 안정되면서 압박도 크게 줄어들 거라고 생각했다. 공장이 폭발하기 직전까지 최대한 가동해서라도 부품을 모두 준비하고 사분기 마지막 날인 6월 30일까지 계획한 목표량을 채우면 장애물이 다 사라질 거라고 기대했다. 테슬라에 오랫동안 몸담으면서 모델S와 모델X의 생산공정을 처음부터 경험했거나 일부라도 관여해본 사람은 이렇게 정신없이 매달려 일하게 만드는 방식이 낯설게 느껴지지 않았다. 머스크는 모델3를 생산할 때도 같은 절차를 되풀이했다. 달성하기 어려운 마감 일자를 마음대로 정해놓고, 목표일을 맞추지 못하면 그제야 생산공정을 개선하고 비용을 절감할 방안을 조사해서 일정을 조정하는 식이었다.

트립이 로페즈에게 공개한 문서는 이런 방식에 말도 안 되는 거액의 비용이 들었다는 내용이었다. 로페즈는 약 일주일 뒤인 6월 4일에 "테슬라 내부 문건 입수, 모델3 생산에 엄청난 양의 원자재와 현금이 투입되고 있는데도 생산 현장은 악몽 그 자체"라는 제목의 기사를 발표했다. 제보자의 실명은 밝히지 않았지만 트립이 제공한 테슬라 내부 문서를 근거로 제시하며 기가팩토리에서 상당한 폐기물이 발생하고 있다고 지적했다. 배터리팩과 드라이브 유닛을 만드는 데 사용할 원자재의 40퍼센트가 그냥 버려지거나 재작업이 필요한 상태로 남아 있다는 말이었다. 그래서 지금까지 무려 1억 5,000만 달러의 비용이 발생했으나, 테슬라는 이를 완강히 부인한다고 지적했다.

테슬라는 즉시 파장을 덮기 위해 해명자료를 발표했다. "새로운 제조 공정을 추진하다 보면 흔히 있는 일입니다. 초반에는 모델3를 생산하는 과정에서 폐기물 발생률이 높았습니다. 이는 우리 계획에 이미 포함된 단계이며, 생산 과정에서 지극히 정상적인 일입니다."

실제로 테슬라는 이전부터 이 문제를 세심하게 주시하고 있었다. 배터리 생산에서는 누구보다 앞서가고 있었고, 자동차 업계에서 유례없는 길을 개척하는 중이었다. 시장에 새로 진입한 다른 기업들도 테슬라처럼 폐기물이 발생하는 문제를 겪고 있었다. 스트라우벨도 이 부분을 깊이 고심한 끝에 전기자동차 배터리를 재활용하는 방안을 연구하는 스타트업에 자금을 지원하기로 마음먹고 있었다.

며칠 후 로페즈는 기가팩토리에 등장한 새 로봇이 여전히 100퍼센트 작동하지 않는다는 트립의 제보를 받고 후속 기사를 발표했다. 몇 주 전에 머스크가 로봇 군단이 자동차 생산량을 한 주에 5,000대 이상으로 끌어올리는 혁혁한 공을 세웠다며 트위터에 남긴 글을 정면으로 반박하는 기사였다.

2008년에 펑 저우가 테슬라의 현금 보유량이 거의 바닥난 사실을 외부에 유출했을 때하고는 상황이 달랐다. 이번 사태는 테슬라의 제조 과정에 여전히 허점이 있다는 소문을 부추겼으며, 한 주에 5,000대 생산이라는 목표를 달성하지 못할 수도 있다는 우려를 키웠다. 익명의 내부자가 또 어떤 주장을 해올지 마냥 지켜볼 수 없는 형국이었다. 머스크 팀은 곧바로 내부 고발자를 추적하기 시작했다.

트립은 테슬라에서 근무한 기간이 길지 않았다. 전년도 9월 무렵, 기가팩토리 근무 인원을 6,000명 이상으로 늘릴 때 신규 채용된 수많은 직원 중 한 명이었다. 그는 시급 28달러를 받고 일하기로 계약했다. 2018년 초반에는 동료들과 원만하게 지내지 못해 경고를 받았다. 눈치가 없어서 손해를 자초할 때가 많았다.

테슬라 보안팀이 한창 범인을 물색하는 동안에도 트립은 이메일을 통해 공장 상황을 우려하며 머스크와 스트라우벨을 거론했다. "테슬라 직원 중에도 걱정하는 사람이 매우 많다는 점을 꼭 말씀드리고 싶습니다. 올해 남은 기간에 폐기물을 처리하는 데 드는 비용은 어림잡아 2억 달러가 넘습니다. 그보다 더 충격적인 건 불량품이 발생해도 놔둘 공간이 전혀 없다는 점입니다."

6월 10일 일요일 새벽 3시 22분에 머스크가 나서서 폐기물을 1퍼센트 미만으로 줄이는 방안은 "사실상 현실성이 없다고 할 정도로 매우 힘든 목표"라고 반박했다. 하지만 트립은 조금도 동요하지 않았다. 지금껏 머스크가 내뱉은 공허한 약속들과 다를 것이 없다고 맞섰다. 테슬라 보안팀이 기사에 인용된 자료에 접근 권한이 있는 사람들을 추려낸 다음 최근에 자료를 열람한 기록을 확인하는 데는 단 며칠밖에 걸리지 않았다. 그들은 트립이 범인이라는 사실을 밝혀냈고, 그는 해고되었다.

트립을 쫓아낸 뒤로도 머스크는 마음이 놓이지 않았다. 6월 17일 일요일 밤늦은 시각에 전 직원에게 또 다른 배신자가 있을지 모르니 주변을 잘 살펴보라고 경고하는 이메일을 발송했다. "이번 주말에 매우 불미스러운 일이 있었습니다. 우리 직원이었던 사람이 회사 운영을 두고 사보타주를 감행해서 막대한 타격을 입혔습니다."

트립의 본명은 거론하지 않았지만, 머스크는 그 직원이 승진에서 배제된 데 앙심을 품었으며 구체적인 사보타주 행위의 범위는 여전히 조사 중이라고 밝혔다. "단독 소행인지 아니면 회사 내부에 공모자가 있는지 알아보고 있습니다. 물론 외부 조직이나 단체와 협력했을 가능성도 배제하지 않고 조사할 생각입니다. 다들 아시겠지만, 테슬라가 무너지기를 바라는 기업이나 단체는 아주 많습니다. 월스트리트의 공매도자들은 이미 수십억 달러의 평가손실을 입었는데도 포기하지 않고 테슬라 주가가 하락하기만을 기다리고 있습니다. 그들은 앞으로 더 큰 손실을 볼 겁니다."

머스크와 트립은 사적으로 팽팽한 대결 구도를 유지했다. 트립은 머스크에게 맞서기를 두려워하지 않았지만, 이 싸움을 지속할 만한 경제력이 없었다. 수요일 즈음 테슬라는 트립이 기가바이트 분량의 자료를 훔치고 회사에 관한 거짓 진술을 퍼트렸다는 취지로 소송을 제기했다. 한편, 두 사람은 아침이 밝은 줄도 모르고 밤새 이메일로 공방을 이어갔다. 트립은 이렇게 으름장을 놓았다. "두고 봅시다. 지금껏 대중과 투자자들에게 거짓말을 해온 대가를 톡톡히 치르게 될 겁니다."

"나를 위협해봤자 당신 처지만 더 불리해질 텐데."

"나는 위협한 적 없습니다. 그저 당신이 곧 겪게 될 일을 미리 알려준 것뿐이죠."

"남에게 억울한 누명을 씌웠으면 부끄러운 줄 알아야지. 본인이 얼마나 끔찍한 인간인지 알기나 해?"

"나는 타인에게 누명을 씌운 적이 '결코' 없어. 당신이 수백만 달러에 상응하는 폐기물을 만들어내고 안전 문제를 은폐하고 외부인과 투자자들에게 거짓말을 해왔다고 직접 문서로 작성할 때 아무도 끌어들이지 않았단 말이야. 안전사고를 일으킬 수 있는 차가 도로를 달리게 내버려두다니. 그게 사람이 할 짓이야?"

이런 부정적인 보도는 머스크와 테슬라가 오랫동안 기다려온 이정표에 먹구름을 드리울 것만 같았다. 테슬라는 프리몬트 공장의 운영 상황을 긍정적으로 보도하는 기사를 얻으려고 기자들을 불러서 공장 내부를 직접 둘러보게 했다. 머스크가 공장 한가운데 멈춰서서 자신에게는 강한 확신이 있다고 피력했다. 한때 공장 바닥에서 잠을 청할 때도 있었지만, 그런 건 하나도 고생스럽지 않았다. "저는 예감이 아주 좋습니다. 모든 일이 술술 풀리고 있죠. 걱정할 게 하나도 없어요. 지금 포드에 가보세요. 거기는 시체 안치소나 다름없을 겁니다."

팀원들이 실패할지 모른다고 경고했는데도 모델3 생산 계획을 앞당긴 이유를 묻자, 그는 이렇게 대답했다. "저는 평생 사람들한테 또 다른 새로운 것이 가능하겠냐는 질문을 받았죠. 사람들은 로켓을 착륙시키는 건 불가능하다고 했어요."

머스크가 기자들에게 공장을 안내하는 동안 홍보 책임자인 사라 오브라이언Sarah O'Brien도 기자들 곁을 지켰다. 애플의 커뮤니케이션 책임자 출신인 그녀는 서른일곱의 젊은 나이에 테슬라의 홍보 부서에서 40명이 넘는 직원들을 거느리고 있었다. 머스크와 함께 일한 지 2년쯤 되었는데, 퇴근 후에 두 번이나 실신할 정도로 몹시 지쳐 있었다. 그녀의 업무는 보통 새벽 5시에 시작해서 밤 9시가 되어야 끝났고 주말에도 거의 쉬지 못했다. 그녀의 애플워치에 수시로 머스크의 트위터 메시지 알람이 떴기 때문에 잠시도 긴장을 늦출 수 없었다.

2014년 이후로 머스크가 트위터에 올리는 글이 갈수록 늘었다. 2018년 여름 기준으로 반년 사이에 1,250개가 넘는 글을 남겼다. 다양한 주제로 하루에 6번 정도 트위터에 글을 남긴 셈이었다. 고객 불만을 처리하고 언론을 비판하고, 공매도자들과 설전을 벌일 때가 많았다. 5~6월에는 1월에 비해 트위터 글이 7배나 늘어날 정도로 열변을 토했다. 인생에 대한 질문을 받을 때면 늘 어두운 답변을 내놓곤 했는데, 트위터에도 가끔씩 그런 글을 남겼다. "현실에서는 높은 곳을 오르다가 끝도 없이 아래로 추락하는 일이 반복되며 견디기 힘든 스트레스와 싸워야 합니다. 하지만 사람들은 높은 곳에 올라가는 이야기에만 관심을 보이고, 아래로 추락하거나 스트레스에 짓눌리는 경험은 듣고 싶어 하지 않습니다." 원래 잠이 거의 없는 체질이라 수면제를 복용하는 등 잠을 늘이려고 애쓰는 모습도 엿보였다. "포도주를 조금 마시거나 레코드판으로 음악을 듣거나, 암비엔Ambien(수면제의 일종—옮긴이)을 먹거나…… 이런 게 바로 잠드는 데 특효약이지!"

상황은 매우 암울했지만, 한 줄기 희망도 보였다. 그는 트위터에 올릴 만한 인공지능 관련 말장난을 검색하던 중 자신이 찾던 것과 비슷한 농담을 한 클레어 엘리스 부셰Claire Elise Boucher라는 신예 가수를 알게 되었다. 그라임스Grimes라는 예명으로 활동하던 그녀는 당시 서른 살이었다. 머스크가 먼저 대화를 신청했고 두 사람은 곧 사귀기 시작했다.

한편 매주 5,000대를 생산하겠다는 목표가 실현을 눈앞에 두고 있었다. 7월 1일 이른 아침에 공장 작업자들은 전날 밤에 목표를 달성해서 자축 행사를 준비하고 있었다. 생산라인을 추가하고 작업 인원을 늘린 덕분에 공장 자동화로도 해내지 못한 업적을 달성했다. 그들은 그 주간에 5,000번째로 생산한 모델3의 후드에 기념 사인을 했다. 하지만 머스크가 동생 결혼식에 참석하려고 리스본으로 떠난 뒤였다. 머스크는 전 직원에게 이메일을 보내 노고를 위로했다. "이제야 우리가 진짜 자동차 회사가 된 기분입니다."

하지만 축하 현장이 되어야 할 순간은 일론 머스크와 테슬라의 역사에서 가장 치욕적인 망신거리로 전락하고 말았다.

## 26장

## 트위터에 불어닥친 허리케인

프리몬트 공장에서 테슬라 직원들이 지친 몸을 이끌고 생산 이정표를 달성할 무렵, 머스크는 동생 킴벌의 예식 시간에 딱 맞춰 포르투갈에 도착했다. 결혼식을 핑계 삼아 한동안 미뤄두었던 휴가를 즐길 생각이었다.

사실 지난 몇 달간 친구들이 함께 시간을 보내자고 여러 차례 연락했지만, 그는 공장을 비울 수 없다며 한사코 거절했다. 이제는 전 여자친구가 되어버린 앰버 허드 때문에 심란한 마음을 공식 석상에서 거리낌 없이 드러내는 태도도 친구들이 보기에는 몹시 안타까웠다. 그라임스라는 새 여자친구가 생겼지만, 굳이 말하자면 머스크와 아주 잘 맞는 타입은 아니었다.

그가 쌓아 올린 놀라운 업적은 부인할 여지가 없었으나, 그동안 머스크는 이를 만끽할 시간을 내지 못했다. 이제는 공장의 병목현상이 서서히 풀리고 있었기에, 공장에서 생산이 지체된 문제만큼이나 심각한 또 다른 사안으로 눈길을 돌렸다. 바로 고객에게 자동차를 배송하는 일이었다. 5년 전 당시, 공장 문제는 해결되었는데 모델S를 제대로 배송하지 못해서 테슬라가 파산 위기까지 갔었다. 이번에도 테슬라는 4,750대보다 훨씬 많이 배송해야 했다. 그렇게 해도 손익분기점을 겨우 넘겼다. 이런 목표를 세운 건 흥행을 거두어서 인정받기보다는 하루빨리 현금을 확보해서 공급업체에 밀린 대금을 결제해주기 위해서였다. 하지만 차량 배송 말고도 할 일이 많았다. 샌프란시스코 외곽에 있는 조립공장 하나로는 부족했다. 제너럴모터스 같은 기업과 경쟁하려면 세계시장에 진출해서 매출을 대폭 늘려야 했다.

휴식을 갖느냐와 영업에 다시 집중하느냐는 상충하는 고민거리였다. 그렇긴 한데 머스크는 마음이 딴 데 가 있었다. 그는 공개적으로 엄청난 수모를 당하기 일보 직전이었다. 본인 평판이 훼손되고, 테슬라가 대표적인 전기차 제조사라는 이미지를 굳히는 데 차질을 빚을뿐더러, 그가 그동안 내내 두려워한 불상사가 벌어질 수도 있었다. 바로 테슬라 경영권을 빼앗기는 사태 말이다.

머스크는 트위터에 자주 글을 남겼는데, 여기서 큰 사달이 나리라고는 아무도 생각하지 못했다. 그는 수시로 소셜미디어를 확인하려는 강박에 사로잡혀 있었는데, 사회관계망서비스SNS를 애용하는 사람들이 흔히 보이는 현상이었다. 예전에도 SNS에서 몇 차례 실수를 저질렀다. 일례로 몇 달 전에는 만우절 농담으로 테슬라가 파산했다고 암시하는 글을 남겨서 사람들을 놀라게 했다. 약 일 년 전에 테슬라 주가가 포드사를 추월했을 때는 머스크가 의기양양해져서 트위터를 통해 공매도자들을 사정없이 공격했다. 그래서 트위터를 이용하는 머스크 반대자들이 앙심을 품고 테슬라를 긍정적으로 보도하는 최신 기사가 나오면 흠집 내기에 바빴다. 요번에 마틴 트립이 문서를 유출한 사건이 발생하자, 머스크는 곳곳에서 사람들이 자신을 겨냥해 음모를 꾸미는 것만 같았다. 이렇다 할 증거는 없었지만, 그는 공매도자인 제임스 차노스가 배후에 있다고 짐작했다.

이번에는 지구 반대편에서 벌어진 사건에 관심을 보였다. 태국에서 소년 축구단이 물에 잠긴 동굴에 갇힌 사고였다. 구조대원들이 아이들을 구조하는 장면을 전 세계가 숨죽여 지켜보았다. 그때 누군가 트위터를 통해 머스크에게 개입해 달라고 촉구했다. 처음에는 거절했지만, 며칠 사이 마음을 바꾸고 아이들을 구조하기 위해 미니 잠수함을 설계하겠다고 밝혔다. 물론 태국에서 작업 중인 구조대원들이 그런 식의 도움을 바라는지는 확인된 바 없었다. 어쨌거나 머스크는 노력했다고 트위터에 흔적을 남겼다.

테슬라 팀은 머스크가 중국 정부 관계자들과 만나는 자리를 준비하고 있었다. 중국에서 테슬라 공장을 가동하게 된 일을 축하하는 모임이었다. 이런 행보는 테슬라의 이미지를 크게 개선하고, 틈새시장을 공략하는 기업에서 주류 자동차 기업으로 발돋움하는 계기가 될 수도 있었다. 하지만 머스크는 다른 일에 정신이 팔려 있었다. 그는 전용 제트기를 타고 중국으로 향하는 길에 태국에 잠시 들러서 동굴 구조 현장을 급히 찾았다. 그리고 현장에서 찍은 사진과 함께 트위터에 글을 올렸다. "방금 제3 동굴을 직접 방문하고 돌아오는 길. 미니 잠수함은 언제든 투입할 준비가 되어 있음. 로켓 부품으로 제작했으며, 실종된 아이들의 축구팀 이름을 따서 와일드 보어Wild Boar라고 부름. 나중에 필요할 수도 있으므로 이곳에 두고 감. 태국은 자연환경이 환상적임." 이 글은 7월 9일에 올렸는데, 그때는 한창 구조 작업을 진행하던 중이었다. 다행히 구조 작업은 나중에 성공적으로 끝났다.

머스크의 행동은 이 사건을 보도하는 기사마다 어김없이 다루었으며, 큰 화젯거리가 되었다. 7월 10일에 축구팀 아이들이 모두 구조되어, 많은 사람의 가슴을 뭉클하게 했다.

머스크는 "아이들이 무사히 구조되었다니 정말 다행임. 훌륭한 구조팀에게 축하를 전함"이라고 트위터에 글을 남겼다.

머스크가 언급한 미니 잠수함은 구조 작업에 동원되지 않았다. 구조대 총책임자인 나롱삭 오소타나콘은 기자들에게 이런 구조 작업에 미니 잠수함까지 투입하는 건 실용적이지 않다고 말했다. 그때 머스크는 중국에 머무르고 있었다. 부셰는 오소타나콘의 인터뷰를 전달하면서 언론 보도가 머스크에게 부정적으로 돌아서고 있으니 조심하라는 메시지를 보냈다. 머스크는 회사 직원에게 연락해보았다. "내가 상하이에서 지금 막 눈을 떴는데, 무슨 일이 벌어진 거야?" 직원들이 오소타나콘이라는 인물을 조사하는 동안, 최고보좌관인 샘 텔러의 이메일이 먼저 도착했다. "사고가 발생한 곳 지사인데, 이 작자가 그동안 우리 측 연락을 무시했습니다."

머스크는 그를 가만히 두어서는 안 되겠다 싶어서, "총력을 다해 이 사람이 내뱉은 말을 철회하게 만들어야 합니다"라고 답신했다.

하지만 분위기는 갈수록 적대적으로 변했다. 며칠 뒤에 구조 현장에서 활동한 영국의 잠수전문가인 버논 언스워스Vernon Unsworth가 CNN 인터뷰에 등장했다. 머스크의 미니 잠수함 이야기가 나오자, 머스크의 행보는 일종의 '쇼'라며 "그런 게 구조 현장에서 도움이 될 리 없지 않냐'고 반문했다. 더 나아가, 그는 머스크가 "동굴 입구도 어떻게 생겼는지 모른다"며 "미니 잠수함은 본인 엉덩이에나 쑤셔 넣으라"고 원색적인 비난을 퍼부었다.

인터뷰 영상은 트위터에서 빠르게 퍼져나갔다. 7월 15일 무렵 머스크는 머리끝까지 화가 나서 트위터에 언스워스를 공격하는 발언을 잇따라 남겼다. "당신은 불쌍한 소아성애자야. 이건 당신이 자초한 일이야." 또 다른 트위터 사용자가 머스크더러 언스워스를 공격하며 소아성애자라는 표현을 썼다고 이의를 제기하자, 머스크는 "그 작자는 소아성애자가 틀림없어. 내 이름을 걸라면 걸 수도 있어"라고 응수했다.

이 때문에 트위터에는 후폭풍이 아니라 5등급 허리케인이 불었다. 주가가 3.5퍼센트 급락해서 20억 달러의 손실을 보았다. 테슬라의 최대 투자자 중 한 명인 베일리기포드의 제임스 앤더슨James Anderson은 다른 인터뷰에서 이 사건을 "안타까운 일"이라고 언급하며 테슬라가 "잡음 없이 회사를 운영할 필요가 있다"고 지적했다. 머스크가 실제로 언스워스를 가리켜 소아성애자라고 했는지 확인하려고 주요 언론사에서 테슬라 홍보팀에 질문 공세를 퍼부었다. 회사 측은 BBC부터 기즈모도까지 스무 곳 이상의 언론사 톱기사를 면밀히 지켜보았다. 한 측근은 실태를 분석하고 나서 이렇게 정리했다. "언론이 계속 머스크의 트위터를 주시하고 있다. 어떤 보도에서는 머스크가 블룸버그와 인터뷰하면서 트위터 발언 수위를 낮추겠다고 말한 지 불과 일주일 만에 이런 '사달'이 났다고 지적했다." 수많은 투자자와 분석가는 이렇게 입을 모았다. "테슬라의 주요 사업에 관심이 집중되어야 하는데 머스크의 행동이 자꾸만 방해한다는 우려가 최근 그의 트위터 발언 때문에 더욱 확산하고 있다."

로이터는 테슬라 이사회가 딜레마에 직면했다고 논평했다. "트위터 논란을 일으킨 CEO를 해고하면 투자자들 사이에서 신뢰가 무너지는 위기를 자초할 수 있다. 비상장기업인 우버에서 CEO 트래비스 칼라닉Travis Kalanick을 쫓아낸 사건과는 다른 문제다. 자본금이 절실히 필요한 상장기업에서 CEO를 해고하는 사태는 기업의 종말을 초래할 수 있는 심각한 문제다. 이사회는 머스크의 회장 또는 CEO 직위를 박탈할지 고려해야 한다."

이튿날인 7월 17일 이른 아침 시각에 32세의 COS인 텔러가 나섰다. 그는 이제 사과할 때라며 머스크를 설득했다. 그동안 이사회 임원인 안토니오 그라시아스, CFO인 디팩 아후자, 과거 이혼소송을 맡았던 법률고문 토드 마론 등, 머스크가 존중하는 모든 사람에게 물어보았더니, 다들 공식적으로 이 일을 사과해야 하며, 트위터를 그만두어야만 "회사 대내외적으로 바람직한 행보를 다시 이어갈 수 있을 것"으로 생각하더라고 전해주었다. 심지어 그는 미리 작성해둔 사과문까지 보여주었다. "솔직하게 실수를 인정하고 직원들과 회사의 사회적 책임을 중시하는 태도를 보이면 다들 CEO를 더 존중하고 따를 겁니다."

대략 1시간 후에 머스크가 입을 열었다. "나도 곰곰이 생각해봤는데, 그 제안은 별로 마음에 들지 않아." 테슬라 주가가 내려가기 무섭게 공식적으로 사과하면 치사하고 비겁한 행동으로 비칠 우려가 있다며 "지금 우리가 너무 예민하게 구는 것 같아" 하고 고집을 피웠다.

하지만 그날 밤늦은 시각에 생각을 바꾸고, 트위터에 글을 올렸다. "화가 나서 하지 말아야 할 말을 했습니다. 언스워스가 부당한 주장을 하고, 특히 미니 잠수함을 나의 성행위 대상으로 묘사해서 화가 치밀었습니다. 그 잠수함은 곤경에 처한 학생들을 도와주려는 선의로, 다이빙 팀장이 정해준 세부 지침에 따라 제작한 것이었습니다."

바로 그 무렵 트위터에는 몬태나 회의론자가 실은 투자 관리자인 로렌스 포시라는 사실이 유포되기 시작했다. 테슬라를 지지하는 사람들도 로렌스 포시의 개인 정보를 트위터에 퍼트렸다. 초창기에 로드스터를 구매한 뒤로 테슬라의 투자자 및 전파자 역할을 자처해온 보니 노먼은 자신이 모은 정보를 머스크와 마론에게 전달하곤 했다. 한번은 포시가 몬태나주의 자택 사진을 블로그에 올렸는데, 이름을 밝히지 않은 테슬라 투자자 그룹이 이 사진을 메타데이터로 수집해서 자택 위치를 파악했다는 소식을 이메일로 알려왔다. 사진 덕분에 포시의 정체를 밝혀낸 것이다. 노먼은 "그들은 별로 똑똑하지 않습니다"라는 이메일 제목을 보고 "웃음이 터져나왔다"라고 말했다. 포시가 전형적인 바람둥이이자 유명한 억만장자인 스튜어트 라르 밑에서 일하는 인물이라는 사실이 드디어 밝혀졌다.

7월 6일 새벽 1시 22분에 머스크는 답장을 보냈다. "우와, 정말 흥미로운 사실이군요." 머스크는 라르가 누구인지 알고 있었다. "그 사람은 모델S 초기 모델을 구입한 고객이에요. 그때 내 번호를 용케 알아내어 스토킹을 시작했죠. 술에 취해서는 나의 가상머신VM에 장문의 메시지를 남겼어요. 내가 그와 가까워질 마음이 없다고 하니 몹시 화를 냈죠."

머스크는 곧바로 라르에게 연락을 취했다. 포시에 따르면, 머스크는 한 가지 분명한 경고를 날렸다. 포시가 계속 블로그에 테슬라 관련 기사를 게시하면, 정식으로 고소를 진행하고 라르도 끌어들이겠다는 엄포였다. 바로 다음 날 포시는 블로그를 접겠다고 밝혔다. "이번 싸움은 일론 머스크가 이겼습니다. 자신을 비평하는 사람의 입을 제대로 틀어막아버렸죠."

트위터 폭풍이 불어닥치자 테슬라 임원들은 몸을 바짝 웅크렸다. 6월

말에 단 한 주 모델3를 5,000대 생산하겠다는 목표를 달성했지만, 머스크가 약속한 대로 그 포부를 실현하려면 매우 힘든 사투를 벌여야 한다는 점을 증명하고 있었다. 사실 생산이 지연된다는 건 매출이 이 사업을 유지할 수 있을 만큼 오르지 않았다는 뜻이었다. 6월 말 기준으로 테슬라의 현금 보유량은 22억 4,000만 달러까지 줄어들었다. 이제는 매출을 늘릴 뿐만 아니라 비용을 줄이기 위해 서둘러 허리띠를 꽉 졸라매야 했다.

사정이 얼마나 심각한지 보여주는 한 가지 변화가 있었다. 테슬라는 몇몇 공급업체에 이미 결제한 대금 일부를 환급해 달라고 요청했다. 머스크가 언스워스와 한창 언쟁을 벌이던 주간에 이런 요청을 하기 시작했는데, 2018년에 회사에서 수익을 내는 데 조금이라도 보태려는 의도였다. 담당자는 "이번 요청은 테슬라의 지속적인 운영에 필수 사안"이라며 즉각적인 할인이나 환불이 가장 확실하게 도움이 된다고 설명했다.

몇몇 공급업체는 안 그래도 테슬라에 대한 우려가 커지던 참이었는데, 이런 요청을 받고 곧장 경계 태세에 돌입했다. 자동차 업체가 구사하는 이런 전술은 그들 처지에서 처음 겪는 일이 아니었다. 제너럴모터스가 파산하기 직전에도 이런 요청을 이미 경험했다.

테슬라의 심각한 재정 기반은 머스크에게 가장 큰 스트레스였다. 한번은 애플이 보유한 2,440억 달러의 활동자금에서 도움을 받을 수도 있겠다는 생각이 스쳤다. 이러니 저러니 해도 애플이 자동차 개발에 쏟은 노력은 허사였다. 몇 년 전에 테슬라가 재정 위기를 겪을 때 애플 CEO인 팀 쿡과 인수 가능성을 논의했지만, 머스크가 허세를 부리는 바람에 대화가 빨리 끝나버렸다.

이번에는 공손한 태도로 쿡에게 만나서 거래 가능성을 논의해보자고 제안했다. 애플이 대략 600억 달러에 테슬라를 인수할 수 있다면 아마 관심을 보이리라고 생각했다. 쿡이 원래 제시한 금액의 3분의 1에 불과한 규모였다. 양측은 만날 시기를 정하려고 몇 번의 조율을 거쳤다. 하지만 당시 내막을 잘 아는 내부인에 따르면, 쿡은 관심이 별로 없었는지 일부러 만남을 미루는 듯한 인상을 남겼다. 대신 모델3 작업을 방금 끝낸 더그 필드를 다시 애플에 채용해서 애플의 자체 차량 프로그램에 투입했다.

8월 7일 머스크는 로스앤젤레스에 소유하고 있던 다섯 채의 저택 중 한 곳에서 아침을 맞이했다. 그날 《파이낸셜타임스》는 테슬라가 조용히 추진하던 한 가지 변화를 대대적으로 보도했다. 사우디아라비아의 국부펀드가 테슬라 지분 20억 달러어치를 인수해서 단숨에 최대 주주의 반열에 올랐다는 내용이었다. 기사를 본 머스크는 서둘러 공항으로 이동해서 네바다주에 있는 기가팩토리로 날아갔다. 다급한 중에도 트위터에 의미심장한 글을 남겼다. "테슬라를 한 주에 420달러 받고 사기업으로 전환할지 고민 중. 자금 확보됨."

언제나 그랬듯이 머스크는 제대로 준비하지도 않고 검토도 받지 않은 채 또다시 글을 올렸다. 이 때문에 테슬라의 지지자나 반대자 할 것 없이 수천만 명의 사람이 머스크의 트위터를 반드시 챙기게 되었다. 한 줄밖에 안 되는 이 글은 거대한 후폭풍을 일으켰지만, 머스크는 여기에 대처할 준비가 전혀 되지 않았다.

월스트리트에서는 즉각적인 반응이 나왔다. 이미 상승세인 주가는 급등했다. 기가팩토리에 도착한 머스크는 들뜬 기분을 감추지 못한 채

공장 관리자들에게 420이라는 숫자가 무얼 뜻하는지 맞춰보라고 했다. 그러더니 420이 마리화나를 가리키는 은어라며 껄껄 웃었다.

머스크는 별생각 없이 트위터에 사기업 전환을 고려하고 있다고 밝혔지만, 원래는 테슬라가 정식으로 나스닥에 미리 연락했어야 했다. 이런 태도는 주식시장에서 요구하는 예의가 아니라 규칙이었다. 사기업 전환처럼 주가에 심각한 변동을 가져올 가능성이 있는 상황이 발생하면 해당 기업은 관련 보도가 나가기 적어도 10분 전에 증권거래소에 통지할 의무가 있었다. 이렇게 해야만 투자자들에게 새로운 뉴스를 받아들일 시간을 주기 위해 해당 기업의 주식거래를 중지할 수 있었다. 하지만 테슬라가 증권거래소에 아무런 연락도 하지 않은 상태에서 머스크의 트위터 글이 큰 반향을 일으켰다. 나스닥 관계자들은 정신없이 테슬라에 연락해서 해명을 요구했다.

하지만 그래봤자 아무 소용없었다. 테슬라의 홍보 책임자 역시 아무것도 모르는 채로 뒤통수를 맞은 것이나 다름없었다. 그는 최고보좌관인 샘 텔러에게 "트위터 글이 사실인지 알려 달라"고 요청했다. 기자들도 아우성이었다. "충격적인 트위터 메시지! 농담일까, 사실일까"라는 기사도 있었다. 머스크에게 직접 이메일을 보내어 "단순한 장난입니까, 진심입니까?"라고 물어본 기자도 있었다. 트위터에 글이 올라온 지 35분 후에 CFO인 디팩 아후자가 나섰다. 그는 "일론, 직원들과 잠재적 투자자들에게 당신의 논리와 생각을 부연해서 설명해야 할 것 같습니다. 이 점에 동의하시리라 생각합니다. 제가 (홍보 책임자인) 사라 오브라이언과 (법률고문인) 토드 마론을 불러서 블로그 초안이나 직원들에게 보낼 이메일 초안을 작성해볼까요?"라고 머스크에게 메시지를 보냈고, 머스크는 아주 좋은 제안이라며 승인했다.

머스크는 여느 때와 다름없는 하루를 보내고 있었다. 그날의 하이라이트는 실리콘밸리의 고위 임원들과 저녁식사를 하는 자리였다. 자유로운 시간을 틈타 머스크는 트위터에 글을 몇 차례 더 올렸다. 첫 번째 글을 올리고 불과 한 시간 후에. "나에게는 지금 결정적인 의결권이 없다. 또는 사기업으로 전환해도 주주들에게 결정적인 의결권을 쥐여주지 않을 생각이다. 이 두 시나리오는 모두 가능성이 없다." 20분 후에 또다시. "만약 테슬라를 사기업으로 전환하더라도 지금 투자자들이 한 사람도 빠짐없이 계속 테슬라와 함께해주면 좋겠다. 특수 목적 펀드를 만들어서 누구나 테슬라 곁에 남을 수 있게 조처할 테다. 피델리티는 이미 이런 방식을 활용해서 스페이스엑스에 투자하고 있다." 첫 번째 글을 올린 지 두 시간 뒤에는 이런 부가 설명이 등장했다. "모든 주주가 그래도 남아 있기를 바란다. 사기업이 되면 회사 운영이 좀 더 순조로울 테고 문제도 줄어들 것이다. 공매도자들의 부정적인 선전에서도 완전히 해방되겠지."

바로 다음 날 증권거래위원회는 조사에 착수했다.

소프트뱅크의 손정의와 머스크는 만나서 아무런 성과를 내지 못했다. 반면에 사우디아라비아 측은 2017년 3월에 프리몬트 공장에서 머스크의 친구이자 테슬라 투자자인 래리 엘리슨이 주선한 저녁식사에 참석한 이후로 머스크와 줄곧 연락을 주고받았다. 2018년 7월에도 여전히 공매도자들과 갈등을 겪던 어느 날 사우디에서 회의를 요청했다. 머스크는 테슬라의 2사분기 실적 발표를 하루 앞둔 7월 31일 화요일 저녁에 그들을 잠깐 만났고, 앞으로도 꾸준히 수익을 내겠다고 약속했다. 이날은 트위터가 인터넷에 퍼지기 일주일 전이었다. 텔러와 아후자도 그 자리에 있었다.

　돌이켜보면 사우디 측과 머스크가 나눈 대화는 다르게 해석될 여지가 충분했다. 사우디 측은 공개주식시장에서 테슬라 총지분의 5퍼센트 가까이를 사들였다고 밝혔는데, 이는 지분을 공개해야 하는 기준에 조금 못 미치는 규모였다. 사우디 측 자금 관리인인 야시르 알 루마얀과 머스크는 일 년 전에 저녁식사를 함께하며 테슬라의 사기업 전환 가능성을 논의한 적이 있었다. 당시 머스크는 구체적인 거래 조건을 언급하지 않았다. 상대방은 자국에 테슬라의 자동차 공장을 짓고 싶어 했다. 중동의 여러 국가가 수년간 경쟁하던 사안이어서, 그들이 먼저 선점하려는 심산이었다. 머스크에 따르면 알 루마얀은 30분 정도 대화를 나누고 나서 머스크에게 결정권을 넘겨주었다. "사기업 전환 거래 조건을 자세히 알려주시오. 조건이 합리적이라면 사기업 전환은 충분히 가능한 일이오."

　머스크는 생각해보겠다고 대답했다. 2사분기 결과를 발표한 다음 날인 목요일에 주가가 16퍼센트 상승해서 테슬라의 시장가치는 596억 달러를 기록했다. 이런 상승세가 계속되면 사기업으로 전환할 시기를 놓칠 수도 있다는 생각에 걱정이 앞섰다. 증권시장이 마감된 후에 그는 이사회에 한 가지 공지를 보냈다. 머스크는 공매도자들이 테슬라를 '폄하'하는 발언을 퍼붓는 데 진절머리가 났다. 테슬라 브랜드는 이들의 공격에 적잖은 피해를 보았다. 그는 하루라도 빨리 주주들에게 사기업 전환 가능성을 알리고 싶었다. 이번 제안의 유효기간은 단 30일이었다. 한 주에 420달러를 제시하면 테슬라 가치는 총 720달러가 되었다. 그날 주식시장 마감을 기준으로 20퍼센트의 프리미엄을 추가해서 산출한 규모였다. 20퍼센트 인상해서 계산하면 한 주에 419달러가 되지만,

420달러를 제시하면 자신의 여자친구가 활짝 웃어줄 거라고 생각했다.●

더 나아가, 그는 이튿날 밤에 소집한 이사회 긴급회의에서 기존 투자자들에게 기회를 열어주고 싶다고 말했다. 테슬라를 사기업으로 전환한 뒤에도 계속 투자자로 남기를 원하는 사람들은 받아주고, 그렇지 않은 투자자의 주식은 도로 사들이겠다는 계획이었다. 보니 노먼처럼 소규모 개인 투자자는 오랫동안 머스크를 열렬히 후원해왔기에 그들과 인연을 계속 이어가고 싶은 심정도 당연했다.

이사회의 일부 임원이 회의적인 태도를 보였지만, 이사회는 이번 거래와 관련해서 몇몇 대규모 투자자에게 머스크가 직접 연락해도 좋다고 승인했다. 머스크는 투자자들의 의향을 알아보고 나서 이사회에 보고하겠다고 말했다.

긴급 이사회가 끝나고 월요일에 머스크는 사모펀드 운용사인 실버레이크Silver Lake의 CEO 이곤 더반Egon Durban에게 연락했다. 실버레이크는 래리 엘리슨도 투자하는 기업으로 실리콘밸리에서 두각을 드러내고 있었으며, 2013년에는 델테크놀로지스 창업자인 마이클 델이 250억 달러 규모의 차입매수를 통해 자사를 사기업으로 전환하는 작업에 참여했다. 더반은 현재 테슬라 투자자들이 한 사람도 빠짐없이 그대로 남아주리라고 기대하는 건 유례없는 일이라고 꼬집었다. 또한 남은 주주가 300명 미만이어야 한다고 지적했다. 테슬라는 기관 투자자만 800명이 넘었고, 테슬라 투자자라는 자부심을 안고 매년 주주총회에 참석하

---

● 나중에 머스크는 420달러로 결정한 건 여자친구를 고려한 장난이었으며 "중대한 사유"가 아니었다고 SEC에 시인했다.

는 소규모 개인 투자자는 일일이 다 셀 수 없을 정도였다.

다음 날 아침, 더반의 경고가 아직도 귓가에 쟁쟁한데 머스크는 또다시 폭탄에 가까운 글을 트위터에 올렸다.

하지만 테슬라를 운영해온 방식을 돌이켜보면 이번 행동도 그리 놀랍지는 않았다. 그는 항상 무언가를 발표하고 나서 뒤늦게 실행 방법을 알아보는 식이었다. 문제는 그가 상장기업의 CEO 겸 회장이기에 테슬라를 두고 한 그의 발언이 큰 비중을 차지한다는 데 있었다. 사업 관련 사안을 발표했다가 뒤늦게 거짓으로 드러나면 기소도 할 수 있는 범죄로 간주되었다. 트위터에 성급하게 사기업 전환을 언급한 데다 세부사항도 충분히 검토하지 않은 터라, 사실 여부를 두고 의혹이 일었다. 대개 이런 사안은 세심하게 검토한 후에 변호사가 작성한 문구를 사용해서 발표하기 마련이었다. 하지만 테슬라는 이미 발표된 내용을 추후 검토하는 팀을 허둥지둥 꾸리는 참이었다. 트위터에 공개되고 일주일 후에 이사회는 사기업 전환을 고려하기 위해 별도의 위원회를 구성한다고 밝혔다. 2009년에 테슬라에 합류했으며 짧게나마 솔라시티 CFO 경력을 지닌 브래드 버스Brad Buss가 위원장을 맡았고, 솔라시티 인수를 주도한 로빈 덴홈, 시카고 언론인 출신의 린다 존슨 라이스Linda Johnson Rice도 위원회에 합류했다. 라이스는 작년에 이사회 임원이 거의 다 머스크 최측근이라는 지적에 따라 새로 이사회에 합류한 인물이었다. 세 사람은 변호인단을 꾸리고 자문위원을 물색하기 시작했다.

머스크는 자신이 초래한 사태를 수습하려 했지만, 그럴수록 상황이 더 꼬였다. 그는 블로그에 거래의 세부사항은 아직 논의하지 않았으며 때가 되면 다 결정될 거라고 글을 남겼다. "아직 실행하기에는 이릅니다. 사우디 측과 계속 이 문제를 논의할 겁니다. 물론 다른 투자자들하고도 의견을 조율할 겁니다. 나는 테슬라의 광범위한 투자자 기반을 유지하는 것이 매우 중요하다고 생각합니다." 아직 구체화되지 않은 단계에서 일찍 공개해버린 점도 변명했다. "테슬라 최대 주주들과 유의미한 대화를 이어가는 유일한 방법은 사기업으로 전환하고 싶은 나의 바람을 솔직하게 밝히는 거라고 생각합니다. 하지만 주요 투자자들에게만 관련 정보를 알려주는 건 옳지 않다고 봅니다. 이런 정보는 모든 투자자와 동시에 공유해야 맞는 것 같습니다." 그리고 "자금 확보"라는 표현을 사용한 이유는 7월 말에 만난 사우디 측 투자자가 "이번에 테슬라의 사기업 전환 거래를 지원하겠다고 의사를 표명"했기 때문이라고 밝혔다.

"최종 제안이 제시되면" 테슬라 이사회에서 검토하고, 이사회가 승인하면 주주에게 투표 기회를 주겠다는 말로 글을 맺었다.

하지만 이 블로그 때문에 월스트리트는 더 큰 혼란에 빠졌고, 테슬라 주가는 곤두박질쳤다. 머스크가 이번 실수는 극복하지 못할 수도 있다는 소문이 돌았다. 《뉴욕타임스》 비즈니스 칼럼니스트로서 큰 영향력을 행사한 제임스 스튜어트James Stewart는 미성년자 성범죄로 유죄 판결을 받아서 명예가 크게 실추된 금융전문가 제프리 엡스타인Jeffrey Epstein이 머스크의 지시를 받고 테슬라의 회장 후보 명단을 작성하고 있다는 소식을 들었다. 하지만 이 얘기는 아무도 믿을 수 없는 불확실한 시기에 흘러나온 뜬소문이었다. 엡스타인에게 직접 연락한 스튜어트는 8월 16일 맨해튼에 있는 엡스타인 자택에서 그를 인터뷰했다. 엡스타인은 인터뷰 내용을 공개하되 '익명'으로 처리해 달라고 요청했다. 스튜어트는 그가 뭔가 숨기는 듯한 인상을 받았다.

《뉴욕타임스》는 머스크에게도 해명을 요청했다. 엡스타인 이야기를 전해 들은 머스크는 분통을 터트렸다. 그러고는 워싱턴DC에서 활동하는 유능한 홍보 컨설턴트로서 머스크와 관련된 언론 보도를 검토하기 위해 영입된 줄리아나 글로버Juleanna Glover에게 이렇게 전달했다. "엡스타인은 이 지구에서 가장 추악한 인간이야. 자기가 테슬라에 근무하고, 더군다나 나와 잘 아는 사이라서 사기업 전환에 참여하고 있다고 《뉴욕타임스》에 말했다는군. 나에 관한 '우려사항'을 조목조목 열거하면서 정작 자기 이름은 익명으로 처리해 달라고 요청했어. 이 사악하고 비열한 인간 때문에 온몸에 소름이 돋을 지경이야." 그는 엡스타인의 주장을 정면으로 반박하려고 직접 《뉴욕타임스》에 전화를 걸었다. 하지만 막상 전화가 연결되자 무려 한 시간이나 최근 몇 달간 자신이 얼마나 고생했는지 푸념을 늘어놓았다. 모델3를 출시하느라고 동생 결혼식에 참석하지 못할 뻔했고 본인 생일도 공장에서 보냈다는 하소연이었다.

이 통화를 토대로 해서 "일론 머스크가 테슬라 사태로 인해 개인적으로 매우 힘든 시기를 보내다"라는 제목의 기사가 등장했다. 인터뷰 내내 격해진 감정을 숨기지 못하고 "몇 번이나 목이 메었다"는 표현이 기사에 들어 있었다. 좀처럼 잠을 이루지 못해 수면제를 복용하는 통에 이사회 임원들이 머스크를 걱정했으며, 수면 장애 때문에 밤늦은 시각에 트위터에 매달리게 되었다고 해명하는 내용이었다.

이 사건만으로도 아주 시끄러웠는데, 부셰가 얽힌 인간관계에서 또 다른 잡음이 생겨났다. 대중에게 거침없이 불만이나 푸념을 늘어놓기로 유명한 래퍼 아젤리아 뱅크스Azealia Banks가 컬래버 음악 작업을 하면서 부셰와 신경전 벌인 경험을 인스타그램에 공개했다. 부셰를 기다리느라 며칠 로스앤젤레스에 있는 머스크 저택에 조용히 머물렀는데, 머스크가 강력한 환각제에 취한 채로 트위터에 글을 올린 것 같더라고 말했다.• 기자가 더 자세히 설명해 달라고 하자, 뱅크스는 머스크가 큰 파란을 일으킨 트위터 글을 날린 후 주말에 그의 집에 함께 있었는데, 그가 사태를 수습하느라 진땀을 흘리더라고 말했다. "머스크가 주방에서 투자자들에게 도와 달라고 애걸하는 걸 봤어요. 바닥에 납작 엎드려서 그들에게 도움을 청하고 있었죠. 스트레스에 짓눌려서 얼굴이 온통 벌겋더군요."

머스크는 그냥 빨리 끝내버리고 싶은 마음이 굴뚝같았기에 홍보 컨설턴트에게 이렇게 불평했다. "아니, 저 사람들은 다른 기삿거리가 하나도 없나? 이제 뉴스에서 내 이야기는 그만 듣고 싶어."

작년 한 해 동안 머스크를 가까이서 지켜본 사람들은 그의 행동에 마음을 졸여야 할 때가 많았다. 특히 이번 사건은 머스크를 우려하는 목소리에 더욱 불을 지폈다. 《뉴욕타임스》 인터뷰 기사가 나가고 하루 만에 주가가 9퍼센트 가까이 하락했고, 투자자들은 경악을 금치 못했다. 월스트리트 분석가들은 테슬라를 긍정적으로 평가하는 의견을 모두 거두어들이고, 대신 테슬라 주가가 과대평가되었다는 견해를 내놓았다. 머스크 최측근들로 채워진 테슬라 이사회는 상당히 난감한 처지에 놓였다. 이번 사태를 눈감아주었다가는 책임을 추궁당할 가능성이 컸다.

토요일에 화상회의가 열렸다. 머스크와 킴벌은 로스앤젤레스에서 접속했다. 킴벌은 모습을 드러내지 않고 뒤에서 홍보 업무를 지원하고 있었다. 머스크는 소액 투자자를 기존과 같이 유지하고 싶은 바람이 실현되지 못할 수도 있다고 말했다. 실버레이크에 모여 있던 고문들과 골드

---

• 사실 직원들은 오래전부터 머스크가 마약에 취한 건 아닌지 의심하곤 했다.

만삭스 관계자들은 수치 자료를 붙들고 씨름하고 있었다. 머스크가 세운 주요 가설 중 하나는 테슬라가 사기업으로 전환하더라도 대주주들이 테슬라를 버리지 않을 거라는 생각에서 출발했으나, 이는 순진해 빠진 기대일 뿐이었다. 머스크는 규제 요건에 따라 뮤추얼펀드에서 테슬라 지분을 줄일 수밖에 없다는 점을 뒤늦게 알아차렸다. 계획대로라면 주주의 3분의 2는 머스크를 계속 따라와주어야 했다. 피델리티와 티로 우프라이스는 합쳐서 2,000만 주를 보유하고 있었는데, 이런 대주주가 머스크에게서 돌아서면 그들의 주식을 사들이는 데 한 주에 420달러를 내야 했다. 달리 말해서 머스크의 계획을 실행하려면 80억 달러를 더 확보해야 했다.

이 부분은 단순한 자금 문제가 아니었다. 테슬라 내부에서도 거센 반발이 일었다. 일부 직원은 휘발유 자동차를 없앨 목적으로 전기차 회사를 세웠는데, 이제 와서 외국 대형 원유 공급업체의 자금을 받는다면 말이 안 된다고 생각했다. 한편, 사우디 측도 이 거래가 진행되는 방식에 불만을 품었다. 사실 그들은 아직 공식적으로는 아무런 제안도 하지 않은 터였다. (나중에 자금 책임자인 알 루마얀은 정부 측 변호사들에게 머스크와 자금거래를 하기로 동의한 적이 없다고 진술했다.) 고위 임원들도 사기업 전환을 놓고 의견이 갈렸다. 특히 머스크의 행동이 회사의 주요 직위를 맡기기에는 불안하다는 의견이 많았다. 머스크의 자문팀은 사우디를 대신할 다른 대형 투자자를 물색하기 시작했고, 그 범위에 폭스바겐을 끼워 넣었다. 그들은 수요일에 300억 달러의 자금을 확보한다는 계획을 머스크에게 제출했다. 하지만 그만큼 큰 규모를 제공하는 신규 투자자라면 분명 회사 운영 방식을 놓고 발언권을 요구할 것이 분명했다. 머스크는 늘 이 부분을 우려했다. 테슬라를 사기업으로 전환하는 가장 큰 목적이 바로 외부 영향을 제한하는 데 있었기 때문이다. 게다가 투자자 목록에 폭스바겐이 포함된 점도 그는 못마땅했다.

다음 날, 즉 머스크가 트위터에 사기업 전환 의사를 밝힌 지 16일째 되는 날에 테슬라 이사회 임원들이 프리몬트 공장에 모였다. 기업고문과 법률고문도 몇 명 와서 여러 옵션을 제시하고 회의실을 빠져나갔다. 남아 있던 이사회 임원들은 죄다 머스크를 쳐다보았다. 머스크가 어떻게 생각하는지 먼저 확인해야 했다.

머스크는 그동안 모은 정보를 다 고려한 끝에 사기업 전환을 보류하겠다고 선언했다. 테슬라를 상장기업으로 남겨두겠다는 말이었다. "제 생각에 앞으로 몇 개월, 아니 몇 년간 테슬라의 가치는 몰라보게 높아질 겁니다. 사기업이 투자자 누구의 후원을 받건 감히 비교할 수 없을 만큼 말입니다." 그는 다음 날 이메일을 통해 "이번이 아니면 앞으로 영원히 기회는 없다고 생각합니다"라고 소감을 밝혔다.

이렇게 해서 테슬라 역사에서 가장 힘든 두 번의 위기 중 하나가 매듭지어졌다. 머스크는 트위터 글을 철회하는 선에서 끝맺고 싶었겠지만, 이미 빠져나갈 구멍이라고는 거의 찾아볼 수 없는 심각한 풍파를 자초했다. 트위터에 글을 남겼을 때 이미 회사 자금을 확보했으며 투자자들을 오도하지 않았다는 점을 SEC에 증명해야 했다. 머스크를 포함해서 테슬라 이사회 임원들은 조만간 조사실에 출석해서 증언해야 했다. 샌프란시스코에 있는 SEC 사무실은 신속하게 움직였다.

이 와중에 머스크가 트위터 활동을 재개했다. 앞서 《뉴욕타임스》와 전화 통화를 하며 머스크가 격한 감정을 드러낸 일을 계기로 여성 창업자가 공식 석상에서 눈물을 보이는 태도가 합당한지 토론이 벌어졌다.

이를 지켜보던 머스크가 8월 28일 오전 8시 11분에 트위터에 글을 남겼다. "《뉴욕타임스》 기사를 보면 내 목소리가 조금 갈라졌다고 나옵니다. 그게 전부예요. 눈물을 흘리진 않았습니다." 그러자 사람들은 조소하는 댓글을 달았다. "일론, 당신이 이렇게 사실관계를 밝히고 진실을 옹호하는 데 열성적인 사람인지 미처 몰랐네요. 누군가를 소아성애자로 몰아붙일 때 그랬더라면 더 좋았을 텐데요." 그러자 머스크는 이렇게 반박했다. "나를 고소하지 않고 넘어간 그 작자가 좀 이상하다고 생각해보지는 않았습니까? 무료 변론도 받을 수 있었는데 말입니다."

그 무렵 언스워스도 변호사를 두고 있었는데, 변호사에게 이메일을 확인해보라는 연락을 받았다.

이번 트위터 글이 또다시 언론의 관심을 끌었다. 특히 버즈피드 기자인 라이언 맥Ryan Mac이 호기심을 느끼고 8월 29일 머스크에게 직접 이메일을 보냈다. 둘은 몇 차례 이메일을 주고받았다. 그다음 날 머스크는 "비공개 요망"이라는 이메일을 받고 기자에게 태국 관계자들과 직접 통화해보라면서, "이 멍청한 자식아, 소아성애자들을 변호하는 짓은 이제 그만둬"라고 경고했다. 머스크는 더 위험한 발언도 서슴지 않았다. "(언스워스는) 영국 출신의 나이 많은 독신인데, 30~40년이나 태국을 돌아다니고 그곳에 살았어. 주로 파타야 비치 근처에 머물다가 나중에 치앙라이에 가서 12살 소녀를 신부로 얻었지. 사람들이 파타야 비치에 가는 이유는 딱 하나야.• 동굴 탐험이나 하려고 가는 곳은 절대 아니지. 분명 다른 목적이 있어. 치앙라이는 아동 성매매로 유명한 지역인데, 언스워스가 동굴 다이빙을 할 줄 안다고 주장했는지 몰라도, 그는 동굴

---

• 사실 언스워스는 어린 신부를 얻지 않았다. 그의 오랜 태국 여자친구는 당시 40세였다.

구조팀에 소속되어 있지도 않았고, 실제 구조팀도 언스워스와 상종하려 하지 않았어. 내 생각에는 아마 …….."

그러고는 이렇게 덧붙였다. "제발 그 자식이 나를 좀 고소하면 좋겠네."

맥은 보도하지 않기로 합의한 적이 없었다. 그는 기자와 인터뷰 대상자가 정보를 교환하기 전에만 보도하지 않는다는 조건에 합의할 수 있다는 언론의 오랜 전통을 고수했다. 사실 보도나 공표를 하지 않는다고 비슷하게라도 언급한 적이 없었다. 버즈피드에서는 맥이 취재한 내용을 9월 4일에 보도했다.

머스크는 또다시 상황이 불리하게 돌아간다는 걸 즉각 알아차렸다. 홍보 자문을 맡은 글로버는 워싱턴DC 정계에서 활동하고 있었는데, 정치에 정통한 환경운동가 제프 네스비트Jeff Nesbit가 보내온 이메일을 머스크에게 전달했다. 그는 머스크가 트위터에 남긴 심각한 글이 테슬라에 타격을 줄 수 있다고 우려하면서 도움을 주고 싶다고 밝혔다. "이런 글이 한두 개라도 더 늘어나면 이사회에서 불신임 투표가 진행될 것이 불 보듯 뻔합니다."

머스크는 자신도 "사태가 매우 심각하다"는 걸 알고 있다고 답장했다. 버즈피드에서 언스워스를 조사하도록 유도할 생각이었으나 자신이 "너무 어리석었다"고 인정했다.

글로버는 머스크에게 제대로 된 인터뷰를 해서 "제정신이 아닐 거라는 온갖 억측을 잠재우자"고 제안했다. 대중 앞에 머스크를 다시 세워놓고 결단력 있고 익살 넘치며 자신을 돌아볼 줄 아는 사람이라는 이미지를 만들 계획이었다. 그러자 머스크는 코미디언 조 로건Joe Rogan이 진행하는 팟캐스트에 출연하고 싶다고 말했다. 텔레비전 프로그램 〈피어팩터〉의 진행자 출신이며 현역 스탠드업 코미디언이자 종합격투기 대회 UFC 해설자인 로건은 사상가, 학자, 연예인은 물론이고 극단적인 견해를 고수해서 대다수 언론이 쉽게 건드리지 못하는 사람들과도 과감하게 인터뷰를 진행했다.

이틀 후에 자리가 마련되었다. 글로버는 로건의 인터뷰가 여러 시간 걸릴 수 있다며 이렇게 귀띔했다. "조는 중간에 자꾸 끼어들지 않고 마음껏 이야기하게 해줄 겁니다. 그는 재미있는 사람이죠. 그리고 팟캐스트는 미국연방통신위원회Federal Communications Commission, FCC 규정이 적용되지 않기 때문에 방송 중에 비속어도 가리지 않을 겁니다." 그는 현재 진행 중인 SEC 조사 건을 질문하면 어떻게 답변할지 변호사들과 미리 상의했다. 또한 글로버는 언스워스 관련 질문이 나오면 제발 아무 말도 하지 말아 달라고 당부했다. "제발 부탁드려요. 태국 잠수부 이야기가 나오면, 그동안 이미 충분히 고생했으니 더는 언급하지 않겠다고 대답하세요."

인터뷰 생방송은 유튜브 스트리밍으로 공개되었고, 시차 때문에 서부 해안 지역에는 밤늦은 시간에 방송되었다. 머스크는 "화성을 정복하라Occupy Mars"라고 쓰인 검은색 티셔츠를 입고 밝은 표정으로 등장했다. 여러 의미에서 로건은 머스크에게 딱 맞는 사람이었다. 우선 로건은 머스크가 우주여행에서 터널 건설까지 다양한 관심사를 마음껏 이야기하도록 분위기를 조성했다. 이슥해지자 두 사람은 위스키를 마시기 시작했다. 세 시간에 가까운 인터뷰가 끝날 무렵, 로건은 마리화나 담배에 불을 붙이면서 머스크에게 마리화나를 해본 적이 있냐고 물었다. 머스크는 웃으면서 "한 번쯤 시도해보긴 했죠"라고 대답했다. 로건은 "주주들 때문에 하고 싶어도 못 하겠네요?"라고 되물었다.

두 사람이 인터뷰를 진행한 곳은 캘리포니아주 스튜디오였다. 머스크가 "마리화나는 합법이죠?"라고 묻자 로건은 "물론이죠"라며 머스크에게 담배를 쥐여주었다. 둘의 대화는 더욱 활기를 띠었다. 로건은 사회 발전에 발명가가 어떤 역할을 하는지 궁금하다며 니콜라 테슬라가 100만 명쯤 된다면 이 세상이 어떻겠냐고 질문했다. 머스크가 세상이 훨씬 빨리 발전할 거라고 대답하자, 로건은 맞는 말이라면서 일론 머스크 같은 사람은 백만 명이 아니라고 덧붙였다.

그때 머스크가 휴대전화를 확인했다.

"여자들한테 문자 메시지라도 왔나 보죠?"

"아닙니다. 친구들에게 메시지가 왔네요. 마약을 피우면서 뭐 하냐고 하네요."

바로 다음 날 《월스트리트 저널》 토요일판이 나왔는데, 대마초를 손에 들고 자욱한 연기에 파묻힌 머스크의 모습이 앞표지에 등장했다. 머스크와 테슬라가 앞날에 드리운 짙은 안개에서 어떻게 빠져나올지 걱정스러웠다.

## 27장

## 큰 파도

망가질 대로 망가진 이미지는 한동안 회복하기 어려울 듯싶었다. 하지만 머스크는 거기에 연연할 겨를이 없었다. 2018년 3사분기가 어느새 3주밖에 남지 않았다. 23일 안에 테슬라를 구해낼 방안을 찾아야만 했다.

3개월 전 머스크는 모델3를 한 주에 5,000대나 생산한다는 원대한 목표를 달성했다. 하지만 생산한 차량을 판매하지 못하거나 생산율을 지속하지 못하면 그런 성과는 금방 무의미해질 터였다. 그는 테슬라가 반드시 흑자를 낼 거라고 호언장담했지만 그동안 수많은 약속을 지키지 못했기에, 배송에 유독 집착하기 시작했다.

8월 무렵에 테슬라의 현금 보유량은 16억 9,000만 달러까지 감소했다. 이 수치는 기업 운영에 필요한 최소 금액이나 다름없었다. 머스크는 3사분기까지 10만 대를 배송하라고 강하게 압박했다. 10만 대면

2017년 총판매량에 맞먹는 규모였다. 배송은 고사하고 프리몬트 공장에서 그만 한 물량을 생산할 수 있을지도 불투명했다. 공장에서는 아직도 결함 없이 차량을 생산해내는 것조차 힘겨워했다. 특히 연초에 도장 작업장에서 몇 차례 화재가 발생해서 생산 과정에 어려움이 가중되었다. 이사회 임원인 안토니오 그라시아스는 해결책을 찾으려고 갖은 애를 썼다. 영업팀은 도장공정에 가장 손이 많이 가는 빨간색 모델의 가격을 인상했다.

머스크의 계획대로 진행하려면 9월 후반에는 차량 60퍼센트가량의 배송을 끝내야 했다. 고객에게 차량 넘기는 시기를 세심하게 조율했고, 실제로 고객에게 인도한 뒤에야 해당 차량을 '판매'한 것으로 간주했다. 동부 해안으로 배송할 차량은 배송기간이 길다는 점을 고려해서 해당 사분기 초반에 미리 제작했다. 서부 해안으로 배송할 차량은 그다음에 제작했다. 해당 사분기 수익에 포함하려면 둘 다 사분기 완료 전까지 무슨 수를 써서라도 배송해야 했다. 테슬라 내부에서는 이 과정을 '파도타기the wave'라고 불렀는데, 한번에 모든 고객에게 차량을 배분하는 방법이라는 뜻이었다. 하지만 이번에는 처리할 물량이 너무 많은 데다 시간이 부족해서, 실패하면 거대한 파도에 테슬라가 무참히 휩쓸릴 우려가 있었다.

이 방법에는 또 다른 문제점이 있었다. 사분기 목표의 달성 여부, 곧 회사의 성패를 9월 말에 가서야 파악할 수 있었다.

머스크는 이 부분에서 적잖은 스트레스를 받았다. 그런데 골칫거리가 또 있었다. 그는 사기업 전환 자금을 확보했다고 주장한 문제를 SEC가 조사하면서 사분기 말 성과에 유달리 관심을 보인다는 점을 포착하고, 그들이 사분기 말 성과에 따라 조사 결과를 결정지을 가능성이 있다고 짐작했다. 이번 사분기는 SEC의 회계연도가 마무리되는 시점이었다. 머스크의 변호인단은 그가 로건 쇼에 출연하고 채 몇 시간도 지나지 않아서 소송을 피할 가능성이 어느 정도인지 알아보려고 정부 측 변호사들을 만나러 갔었다. 양측이 원만하게 합의하면 SEC는 월말에 조사를 마무리하고 테슬라에 부과할 벌금을 SEC의 연말 정산에 합산할 수 있었다.

하지만 로건 쇼에 출연한 뒤로도 머스크의 관심은 온통 배송에 쏠려 있었다. 그는 프리몬트 공장의 본인 책상을 3킬로미터 떨어진 테슬라 배송센터로 옮겨놓고, 밤늦은 시각에 미국 전역의 테슬라 관리자들과 통화했다. 프리몬트 배송센터의 정문은 7년 전 조지 블랑켄십이 처음 만들어놓은 고객 맞이 매장처럼 보였다. 하지만 센터 뒤 널찍한 공간은 마치 조립공장처럼 한편에는 고객들이 줄을 서고 다른 편에는 차량이 줄지어 늘어서 있었다. 미국 전역에 마련된 배송센터는 다 이렇게 생겼는데, 지금 테슬라가 겪는 문제의 중심지나 다름없었다. 2013년에 1달러의 수익을 달성하려고 갖은 애를 썼을 때와 마찬가지로 자동차 생산은 그저 문제의 절반일 뿐이었다. 생산된 차량을 배송하는 방대한 업무 역시 테슬라는 익숙하지 않았다. 예약금을 걸어놓은 고객들이 많았는데도 매출로 전환되지 않아서 2013년에 회사가 거의 무너질 뻔한 시련은 엄청난 충격으로 다가왔다. 그래서 이번에는 배송 사태로 회사가 위기에 처하는 일을 막기 위해 전 직원이 소매를 걷어붙였다.

하지만 머스크가 손수 파놓은 악몽 같은 상황에 모든 직원이 휘말려 들어갔다. 애초부터 불가능한 일을 해내겠다고 큰소리친 것이 화근이었다. 2월에 존 맥닐이 사장에서 물러나기 전에 맥닐 팀은 연말까지 엄청난 양의 배송을 완수하기로 계획을 세웠다. 하지만 작업이 워낙 방대하고 비용도 많이 들어서 미국 전역의 매장 및 배송센터를 3배로 늘려야 했다. 한편 더그 필드와 J. B. 스트라우벨은 2018년 상반기 생산량을 최대한 늘리는 데 집중하고 있었다. 그래서 머스크는 영업팀과 배송팀 계획을 시행할 여력이 없다고 판단하고, 다른 해결책을 찾으라고 지시했다. 맥닐이 미국시장 매출 담당자로 영입한 댄 킴Dan Kim이 나서서 온라인 영업 절차를 조정하기 시작했다. 그는 (매장 의존도를 낮추고) 사이트나 스마트폰 앱을 통해 매출을 늘리려고 시도했다.

이제 테슬라는 2013년도의 그 테슬라가 아니었다. 2013년에는 모델S를 판매하려고 보니 결코 만만치 않았다. 제대로 입증되지 않은 기술로 스타트업 제조사가 만든 차량은 소비자 마음을 쉽사리 열지 못했다. 하지만 모델S가 시장에서 성공을 거두면서 모델3에 대한 우려도 잦아들었다. 한편 일부 구매자는 기존 차량을 처분해서 구매자금을 확보하는 데 다소 도움이 필요한 듯 보였다. 킴은 고객지원센터를 강화하고 사내 영업팀이 적극적으로 나서서 거래를 성사시키도록 격려했다. 로드스터나 모델S를 판매할 때 모든 예약고객이 실제 구매자가 될 줄 알고 믿었다가 낭패를 보았기에 그런 실수를 다시 반복하지 않을 생각이었다.

케일 헌터Cayle Hunter는 2018년 10월에 입사해서, 라스베이거스에 있는 사내 영업팀과 배송팀을 총괄했다. 그의 사무실은 스트립에서 멀지 않은 이전 솔라시티 사무실이었다.• 그밖의 소규모 팀들은 프리몬트나

---

• 머스크는 솔라시티를 2016년에 인수하고 나서 솔라시티 사업을 더욱 확장하겠다고 공개적으로 선언했지만, 그럴 만한 시간이나 자원이 거의 없었다. 사실 태양광 사업의 남은 부분마저 이제는 모델3를 생산 및 배송하는 데 조력하는 방향으로 활용했다.

뉴욕에 있었다. 이들의 업무는 차량 구매거래를 마무리 짓는 일이었다. 이들은 우선 모델3에 환불 가능한 예약금 1,000달러를 걸었던 고객 50만 명의 목록을 완성했다.

헌터는 입사 후 8개월간 우수한 실적을 기록했고, 그가 이끄는 팀은 35명에서 225명으로 늘어났다. 처음에는 구매고객을 찾아내기가 어렵지 않았다. 테슬라 초기 모델에 예약금을 걸고 구매한 고객들을 가장 먼저 공략했다. 이런 고객들은 끌어들이기에 쉬웠다. 왜 테슬라 차량을 또 구매해야 하는지 설득할 필요가 없었고 언제쯤 모델3를 받게 될지 알려만 주면 충분했다. 초반에는 신차 받는 시기를 안내하는 차원은 영업활동이 아니라고 생각했다. 2018년 1사분기와 2사분기의 매출 목표는 상당히 부담스러웠지만, 시간이 흐르면서 부담감이 줄어들었다. 공장의 생산 물량이 할당량을 채우기에 턱없이 부족했기 때문이다.

하지만 여름 무렵에 상황이 달라졌다. 머스크가 프리몬트 공장의 복잡한 문제를 해결한 뒤로 생산량이 부쩍 늘어났다. 헌터 팀은 그동안 별다른 노력을 들이지 않고 테슬라 차량을 구매하고 싶어 하는 고객에게 구매를 안내하는 정도의 업무를 소화하다가 매우 힘든 영업활동을 본격적으로 시작하게 되었다. 고객에게 연락할수록 상대방의 거부 반응이 점차 강해지는 것 같았다.

2016년에 차량 공개가 성공한 이유 중 하나는 머스크가 모델3 가격을 3만 5,000달러부터 시작한다고 약속했기 때문이다. 하지만 2018년 8월에 공개된 실제 출고가는 약속과 판이했다. 가장 저렴한 버전이 4만 9,000달러였고, 최고급 성능을 갖춘 버전은 6만 4,000달러까지 치솟았다. 예약자가 확 줄어든 점으로 짐작건대 예약자 대다수가 3만 5,000달러라는 가격에 호감을 느낀 것이 분명했다. 일부 예약자는 그 가격조차 상당히 부담스러워했다.

업셀링을 시도해볼 만한 고객도 있었다. 헌터 팀은 3만 5,000달러 버전은 1년 더 기다려야 할지도 모르지만, 당장 전기차를 받아낼 방법이 있다고 운을 뗐다. 그리고 이번에 차를 구매하면 연방세 7,500달러를 공제받을 수 있는데, 이런 혜택은 내년 1월부터 폐지된다고 안내했다. 기존 휘발유 차량처럼 주유소를 들락거릴 필요가 없어서 차량 유지비가 훨씬 적게 든다는 점도 강조했다. 이런 전략에 마음을 여는 고객도 있었지만, 대체로 반응이 예전만 못 했다. 이 무렵 머스크는 헌터 팀에게 6만 5,000달러를 기꺼이 지출할 의향이 있는 고객을 집중 공략하고 지시했다.

하지만 그럴 만한 여유가 있는 사람은 많지 않았다. 해가 바뀌고 상황은 더 어려워졌다. 마음이 급한 고객들은 이미 차를 구매한 뒤였다. 그렇다고 모델3를 3만 5,000달러에 팔아서는 이익을 남길 수 없었다. 머스크는 "그 가격에 팔면 1대를 배송할 때마다 회사는 1,000달러가 넘는 손실을 봅니다. 테슬라의 3사분기 수익 전략은 하나입니다. 고급 차량이 시장에 차고 넘치도록 만드는 것이죠. 고급 차량이 많이 팔릴수록 수익 마진도 커질 테니까요"라고 말했다.

머스크가 바라는 대로 차를 살 사람이 있다손 치더라도, 관건은 공장에서 목표량 10만 대를 다 생산할 수 있느냐였다. 설령 10만 대를 생산한다고 해도 그 많은 물량을 보관할 장소가 마땅치 않았다. 배송 업무라는 큰 파도를 잘 넘으려면 우선 인력부터 확보해야 했다. 다행히 전국 배송센터의 임시 파견업무에 직원 4,000명이 자원했다. 하지만 엉뚱한 데서 발목이 잡히고 말았다.

해당 사분기 초반에 머스크는 태국 소년 축구팀 구조와 테슬라의 사기업 전환에 온통 정신이 팔려 있었다. 일부 선임 관리자는 CFO인 디팩 아후자가 배송에 필요한 자원이 있는데도 이를 막아서고 있다는 인상을 받았다. 그래서 이번 사분기에 테슬라가 또 한 번 흑자를 기록하려고 도전하는 것이 맞는지, 아니면 이사진이 다음 사분기 매출을 높이려고 사전 준비를 하는 것인지 의문스러웠다. 그러다가 9월에 머스크가 프리몬트 배송센터에 나타났다. 이 걸음은 배송이 테슬라의 최우선 업무라는 뜻이었다.

각 배송센터에 추가 인력을 배치하더라도 배송센터 현장에는 자동차의 슬롯 수가 이미 정해져 있었고, 슬롯마다 시간 단위로 예약이 잡혔다. 3개월간 영업일과 영업시간을 꽉 채워 가동한다고 가정할 때 미국 전역에서 3사분기에 사용 가능한 슬롯은 총 10만 개였다. 그런데 해당 사분기 후반이 되어서야 차량이 각 배송센터에 도착한다는 점이 문제였다. 그렇게 되면 최종 마감일까지 수천 대의 물량을 몰아서 배송해야 했다. 그들은 주차장, 철도 야적장, 쇼핑센터 등 공간만 있으면 어디든 모델3를 쌓아두어야 했다. 공매도자들이 이를 눈치채고 소셜미디어에 사진을 올리면서 결함 있는 재고를 숨기는 것 아니냐고 주장했다.

그들의 말도 일리가 있긴 했다. 고객에게 배송하기 전에 수리부터 해야 할 차량이 한두 대가 아니었다. 머스크는 밤늦은 시간에 캘리포니아주 남부의 마리나 델 레이에 있는 주요 배송센터 한 곳에 전화를 걸었다. 그 지역 고객들이 소셜미디어에다 전기차에 대한 불만을 토로했고, 그 때문에 머스크의 심기가 상한 것이었다. 그는 차량 결함을 호소하는 볼멘소리가 또다시 귀에 들어오면 지역 센터 직원들을 해고하겠다고 으름장을 놓았다. 헌터의 상사인 킴은 페인트 결함을 바로잡을 때까지 차량 출고를 중단시켰다. 제롬 기옌이 그렇게 하면 회사가 얼마나 손실을 입는지 알기나 하냐고 말해도 아랑곳하지 않았다. 킴은 마리나 델 레이로 직원들을 파견해서 차체 패널 작업을 손보고 페인트 문제를 해결하게 했으며, 일손을 거들 외부업체를 고용했다.

그때까지 영업팀과 배송팀은 공장 작업팀처럼 머스크에게 시달리지 않고 비교적 편안한 시절을 보내고 있었다. 하지만 이제 사정이 달라졌다. 머스크는 전국 영업 책임자들을 불러 모아서 야간 화상회의를 진행했다. 이런 회의는 주로 머스크의 일정에 맞춰 열렸기에 대서양 연안 지역의 영업 책임자는 한밤중에 회의에 참석하는 불편을 감수해야 했다. 하지만 그보다 더 무서운 건 머스크가 암암리에 압력을 행사하며 내리는 이러저러한 지시사항이었다. 지시대로 해내지 못하면 잘릴 각오를 해야 했다. 그해 여름 머스크가 핸드오프 절차를 서두르던 중 헌터도 비슷한 위기를 경험했다.

머스크가 "라스베이거스 책임자도 연결되어 있나요?"라고 물었다. 헌터를 찾는 것이었다. "오늘 차량 인수 약속에 총 몇 명의 고객이 서명했습니까?" 헌터에게 아주 중요한 순간이었다. 그날 헌터 팀은 모델3를 구매한 1,700명의 고객에게 차량 인수일자를 확정해주었기에, 아주 자랑스럽게 머스크의 질문에 대답했다.

하지만 머스크는 전혀 만족하지 못한 눈치였다. 이튿날 결과를 두 배 이상 늘리라고 지시하며, 그렇게 하지 못하면 자신이 직접 나서겠다고 덧붙였다. 또한 자동차 인수 날짜를 결정할 때 고객에게 직접 전화로만 연락하고 있다고 들었는데, 당장 그만두라고 지시했다. 전화로 이야기하면 시간이 오래 걸리는데 과연 누가 좋아하겠냐며, 고객에게 문자로 안내해야 더 빠르고 확실하다는 얘기였다. 그는 당장 내일부터 고객에게 전화로 안내하다가 적발되면 헌터를 즉시 해고하겠다고 윽박질렀다.

그 말에 헌터는 등골이 서늘해졌다. 아내와 아이들이 라스베이거스로 따라와서 이제 겨우 짐 정리를 마쳤건만, 머스크는 불과 24시간 이내에 말도 안 되는 일을 해내라고 요구하며 만약 해내지 못하면 해고를 각오하라고 닦달이었다. 고객에게 문자를 보내려면 수백 대의 업무용 휴대전화가 필요했지만, 영업팀에는 그런 장비가 하나도 없었다. 그렇다고 영업사원에게 개인 휴대전화로 문자를 보내라고 할 수도 없는 노릇이었다. 게다가 회사에서 고객 접점을 추적하고 의사소통에 오해가 발생하는 일을 미리 방지하려고 영업 기회를 추후 관리하는 시스템을 이미 활용하고 있어서, 이 시스템을 우회할 방안을 찾아야 했다.

헌터는 다른 관리자들과 밤새 머리를 맞대고 의논한 끝에 컴퓨터에서 문자 메시지를 발송하는 소프트웨어를 활용하기로 했다. 고객에게 복잡한 구매 관련 서류를 일일이 설명해주는 과정은 과감하게 생략했다. 어차피 구매할 때 그 서류를 작성하고 서명을 받아야 했다. 사람들이 줄을 서서 차를 받으러 오는 광경을 머스크가 원한다면, 무슨 수를 써서라도 그렇게 해주어야 했다. 그들은 우선 고객에게 차를 가지러 오는 시간을 통보했다. 예를 들면 "신형 모델3를 가지러 금요일 오후 4시에 방문해주시겠습니까?"라고 안내 메시지를 발송했다. 헌터는 고객이 답장을 보내기도 전에 방문자 목록에 해당 건을 입력해버렸다. 약속한 시간에 차를 받아가지 못한 고객은 다음 4분기까지 기다려야 차례가 돌아온다고도 안내했다. 모델3가 눈앞으로 다가오자, 고객들은 구매 절차를 마무리하는 데 필요한 개인 정보를 적극 제공했다. 헌터 팀은 차량을 배송하기 48시간 전에 구매 양식을 모두 작성해 달라고 요청했다.

그들은 고객 목록을 펼쳐놓고 미국 전역의 출고센터에서 차량을 인도받을 시간을 임의로 배정했다. 이렇게 해서 이튿날 오후 6시까지 5,000건의 예약을 마무리했다. 헌터는 팀원들을 모아놓고 노고를 위로했다. 눈물이 터질 것 같았지만 팀원들 앞이라 꾹 참아야 했다. 이 작업 때문에 하마터면 해고될 뻔했다는 말은 차마 꺼낼 수 없었다. 팀원들은 그저 수많은 고객에게 배송 일정을 안내하는 일이 시급한가 보다라고만 생각했다. 그날 밤 헌터는 전화로 머스크에게 배송 일정을 모두 통지했다고 보고했다.

머스크는 "정말 놀랍군" 하고 짤막하게 대답했다.

시큰둥한 머스크의 반응과 달리 이 성과는 매우 큰 업적이었다. 일부 선임 관리자는 해당 사분기에서 가장 뜻깊은 순간이었다고 평가했다. 하지만 기뻐하고 있을 겨를이 없었다. 당장 다음 불을 꺼러 가야 했다. 배송센터마다 차량이 가득 들어차자, 머스크는 고객 집까지 모델3를 직접 배송해주면 좋겠다고 말했다. 그러나 팀은 이미 원격으로 판매를 마무리하는 시스템을 마련한 상태였다. 텍사스를 비롯한 몇몇 주에서는 관련 법을 내세워 테슬라 매장이 들어서지 못하게 막고 있었으므로 법망을 우회하려면 다른 방법이 없었다. '갤러리'를 방문한 고객이 차량을 구매하고 싶어 하면 회사에 직접 연락하게끔 안내했다. 그러면 라스베이거스 등 다른 지역에 있는 영업사원이 나서서 구매거래를 마무리할 수 있도록 거들었다. 그들은 구매고객 집으로 관련 서류를 모두 보내준 다음 이틀 이내에 서류를 작성해서 재송부하도록 안내했다. 이렇게 서류 절차가 끝나면 남부 캘리포니아에서 텍사스로 차량을 배송했다. 그런데 판매속도가 점점 빨라지자, 헌터는 아직 구매자도 나타나지 않았는데 텍사스로 차량을 배송하기 시작했다. 배송 트럭이 텍사스주에 진입할 무렵이면 구매자들이 보낸 수표가 자기 손에 들어오겠거니 생각하고 일종의 도박을 한 셈이었다. 타이밍이 맞지 않으면 배송된 차량을 다시 회수하는 비용은 헌터가 부담해야 했다. 이렇게 현장에서 절차를 밟아 처리된 배송량은 그리 많지 않았다. 이제 머스크는 3사분기에 2만 대를 직접 배송한다는 목표를 세웠다. 이론상으로는 배송센터를 확장할 필요가 없어서 그만큼 비용을 아낄 수 있을 듯 보였는데, 실제로는 고객에게 일일이 차량을 배송할 인력을 대거 확보해야 한다는 부담이 있었다. 2만 대를 일일이 고객 집까지 배송하려고 준비하기란 사실상 불가능에 가까운 일이었다.

온라인 구매 절차를 개선하려고 고심하던 댄 킴은 아마존이나 우버 출신 영업사원들에게 도움을 요청했다. 배송 상품을 추적하거나 단기 아르바이트생을 고용해본 경험을 참고할 생각이었다. 한편 머스크는 차량 배송 트럭을 잘 가려서 트럭에 무엇이 실려 있는지 보이지 않기를 원했다. 킴과 수석 디자이너 프란츠 폰 홀츠하우젠은 서둘러 해결책을 찾기 시작했다. 하지만 곧 머스크가 원하는 대로 하려면 시간과 비용이 너무 많이 든다는 사실을 알게 되었다. 그래서 킴은 직원들이 직접 차량을 고객 집까지 몰고 가서 자동차 열쇠를 넘겨주고, 우버나 리프트 서비스로 회사에 돌아오는 방법을 제안했다. 자동차 업계에서 자택 배송은 매우 이례적인 서비스였기에, 일부 구매자는 의아하게 생각하는 것 같았다.

배송을 빨리 처리할 방법이 또 있었다. 기존에는 구매고객에게 신차의 성능을 설명하자면 한 시간이 걸렸지만, 킴은 차량 인도 소요시간을 5분으로 단축하려 했다. 차량 설명은 교육 동영상으로 대체했다. 일부 직원은 한시라도 빨리 회사로 복귀하려고 고객 집 앞에 도착하기도 전에 우버나 리프트 차량을 호출해두었다. 하지만 호출한 차량이 모델3 배송 차량보다 먼저 도착해서 구매자의 집 문을 노크하기라도 하면 난감한 상황이 벌어질 수 있었다.

이렇게 사분기가 끝나는 순간까지 전력 질주했지만, 한 가지 실수가 선명하게 드러났다. 배송센터로 보낼 물량이 계속 늘어나는 바람에 배송 트럭이 얼마나 필요할지 제대로 파악하지 못했다. 트럭운송 업체들은 테슬라의 요구를 감당할 여력이 부족했으나, 테슬라 관리자들은 차량이 나오는 대로 계속 트럭에 싣기만 하면 된다고 생각했다.

한번은 야간 화상회의가 진행되던 중 고객 경험 및 운영 책임자로 최근에 영입한 케이트 피어슨Kate Pearson이 발언을 했다. 그녀는 13년간 주방위군 공급망을 감독한 경력도 있었고, 월마트에서 전자상거래 사업 부문 부사장으로 재직하다가 테슬라에 합류했다. 회사를 운영한 경험이 풍부하고 각종 수치 자료에 해박한 사람이지만, 지금은 머스크에게 달갑지 않은 소식을 전해야 했다. 이번 사분기에 10만 대 배송이라는 목표를 달성할 수 없다는 얘기였다. 당시 진행 속도로는 8만 대 정도에서 그칠 것 같았다.

머스크는 무조건 어떤 수를 써서라도 목표를 달성해야 한다고 채근했다. 그로부터 며칠이 채 지나지 않아서 피어슨은 축출되었다. 머스크는 밤늦은 시각에 화상회의로 관리자들을 모아놓고 상관에게 아부할 줄 몰라서가 아니라 "업무에 대한 근본적인 무능력" 때문에 피어슨을 해고했다고 말했다. 하지만 머스크가 그녀를 용납하지 못한 진짜 이유는 그녀가 자신이 듣고 싶지 않았던 대답을 들려주었기 때문이었다. 그가 원한 대답은 "최선을 다하겠습니다"였다. 관리자들은 이미 머스크에게 현실을 있는 그대로 보고하면 안 된다는 점을 잘 알고 있었다.

또 한번은 중견 임원 하나가 2년간 꾹 참아오다가 더는 못 버티겠다며 사표를 던졌다. CFO인 아후자는 영업 관리자 한 사람을 잃고 싶지 않았기에 그를 설득하려고 노력했다. 하지만 머스크의 반응은 무척 대조적이었다. 불같이 화를 내며 프리몬트 배송센터에서 사표를 낸 관리자를 찾아낸 다음, 그에게 온갖 욕설을 퍼부으며 당장 나가라고 소리쳤다. "지금처럼 중요한 시기에 사표를 던지다니, 나도 그런 직원은 필요 없어!" 당시 그 모습을 지켜본 사람들은 머스크가 길길이 날뛰었다고 회상했다. 머스크는 주차장까지 따라가서 폭언을 퍼부었다. 사안이 매우 심각한 데다 사내에 파다하게 소문이 나버려서, 이사회는 머스크가 그 사람을 세게 밀쳤다는 주장의 진위를 조사해야 했다.

직원을 밀쳤다는 주장이 머스크의 혐의 목록에 추가되었다. 그의 변호사들은 SEC와 협상하느라 경황이 없었다. 그런데 머스크가 형세를 어렵게 만들었다. SEC와 테슬라 양측은 9월 26일에 합의를 이뤘다고 생각했고, SEC는 이튿날 이를 공식 발표하려고 준비 중이었다. 그런데 다음 날 아침 일찍 머스크의 변호사가 SEC에 전화를 걸어서 머스크가 마음을 바꿨으니 없던 일로 하자고 통보했다. 머스크는 합의가 되면 스페이스엑스 운영을 위해 부채시장에 접근할 때 안 좋은 영향을 미칠지도 모른다고 생각했다.

화들짝 놀란 SEC는 법원으로 달려갔다. 증권시장이 마감된 뒤에 머스크가 테슬라의 사기업 전환에 필요한 자금을 확보했다고 발표한 것은 투자자들을 속인 처사라며 소송을 제기했다. SEC 측 변호인단은 머스크가 두 번 다시 상장기업을 경영하지 못하게 해 달라고 요청했다.

이런 호소는 테슬라 경영진에서 머스크를 영원히 축출하려는 시도였다. SEC에서 소송을 제기했다는 소식이 전해지자, 투자자들은 경악했고 테슬라를 비방하던 사람들은 회심의 미소를 지었다. 테슬라 주가는 12퍼센트 곤두박질쳤고, 공매도자들은 약 14억 달러의 평가이익을 얻었다.

월스트리트 분석가들은 머스크가 없는 테슬라는 어떨지 오래전부터 궁금해했다. 머스크가 과연 테슬라 주가에 프리미엄 효과를 창출하는가를 놓고 의견이 분분했다. 머스크가 제시하는 큰 그림이 없어도 대출기관이 계속 테슬라에 돈을 대줄지 의문스러워하는 사람도 많았다.

하지만 SEC와 겪는 분쟁이 머스크에게 유리한 면도 있었다. 그는 테슬라가 무너지면 자신이 큰 타격을 입지만 그만큼 SEC에도 악영향을 미친다는 점을 알고 있었다. SEC가 기업을 제재하면 그 기업의 주주가 타격을 받게 되고, 결국 SEC도 피해를 볼 수밖에 없었다. 그래서 SEC는 권력을 최대한 휘두르려 하지 않았고, 상황을 예의주시하던 수많은 사람이 SEC에서 금지 조치까지는 가지 않으리라고 짐작했다. 그들은 단지 머스크를 적절히 통제하고 그가 앞으로 경거망동하지 않도록 새로운 안전망을 마련해주기를 기대했다.

목요일인 이튿날, 머스크 변호인단은 합의를 거부하는 머스크를 달래려고 무진 애를 썼다. 연예인 투자자 마크 큐반Mark Cuban까지 동원해서 협상을 받아들이도록 설득해보았다. 억만장자로 댈러스 매버릭스 농구팀 구단주인 큐반도 정작 내부자 거래 혐의로 기소되어 5년째 SEC와 공개적으로 대결을 벌이고 있었다. 그런데도 큐반이 나서서 궁지에 몰린 기업 CEO에게 고집을 꺾지 않으면 앞으로 수년간 힘겨운 법정다툼을 벌이게 된다고 경고하는 웃지 못할 상황이었다. 사실 법정소송을 이어가기보다는 합의하는 편이 훨씬 나은 선택이었다. 머스크는 사우디 측과 구두로 합의한 터라, 거래 액수를 표시한 서면계약서가 있어야 한다는 SEC 주장이 옳지 않다고 생각했다. 중동에서는 구두계약으로 사업거래를 진행하는 것이 원칙이었다. 그뿐 아니라 머스크는 스페이스엑스에 있는 본인 지분 수십억 달러를 활용하면 사기업 전환이 가능하리라고 믿었다.

그러나 저녁 무렵 머스크는 다른 선택권이 없다는 현실을 받아들이고 한발 물러섰다. 변호인단은 금요일 아침에 SEC에 연락해서 예전에 논의하던 거래를 재개하자고 제안했다.

이제 결정권은 SEC에 넘어갔고, 테슬라는 처분을 기다려야 했다.

3사분기가 거의 끝나갈 즈음 테슬라가 무모한 매출 목표를 달성하려다 보니 불가능하다는 점이 명확해졌다. 평소와 달리 머스크는 트위터에 도와 달라는 글을 남겼다. 테슬라를 줄곧 지지해준 고객들을 향해 "차량 배송을 좀 도와주십시오"라고 호소했다.

오랫동안 테슬라 주식을 보유했으며 테슬라의 성공을 누구보다 간절히 고대하던 보니 노먼은 은퇴 후 오리건주에 살고 있었는데, 이런 형국에 가만히 있을 수 없었다. 그녀는 포틀랜드 배송센터로 달려갔고, 다른 사람들도 다른 지역의 배송센터를 찾아갔다. 그들은 고객에게 신차 작동법을 알려주고 전기자동차가 생활에 얼마나 편리한지 적극 홍보했다. 덕분에 배송센터 직원들은 산더미 같은 서류 작업을 할 수 있었다. 머스크는 그라임스로 알려진 뮤지션이자 새로 사귄 여자친구인 클레어 부셰와 함께 프리몬트 배송센터를 지켰고, 이사회 임원인 안토니오 그라시아스도 두 사람과 함께했다. 킴벌은 콜로라도주 볼더 매장에 모습을 드러냈다. 그야말로 손에 땀을 쥐게 하는 시기였다. 머스크는 가까운 지인과 친구 들에게 둘러싸여 좀처럼 볼 수 없던 행복한 표정을 지었다. 그 모습을 지켜본 한 관리자는 "대규모 가족행사 같았어요.…… 머스크가 가장 중시하는 것, 그러니까 회사를 향한 충성심이 증명된 시간이었죠"라고 회상했다.

이런 지원이 테슬라에는 꼭 필요했다. SEC와 거래가 성사되기 직전에 마음을 바꿨던 머스크의 변호인단은 다시 최종 합의를 위해 제자리로 돌아왔다. 이들은 SEC가 제시한 새로운 조건을 결국 받아들였다. CEO 자리는 그대로 유지하되 원래 제안대로 2년이 아닌 3년간 회장 직함을 포기하는 조건이었다. 또한 머스크에게 부과된 벌금은 이전보다 두 배로 늘어난 2,000만 달러였다. 테슬라도 따로 2,000만 달러의 벌금을 물고 이사회 임원을 2명 늘리기로 합의했다. 머스크가 외부에 의견을 표명할 때 이를 감시하는 방안도 마련했다. 이제 머스크는 테슬라의 사전 승인 없이 중요한 정보를 트위터에 공개할 수 없게 되었다. "자금 확보됨"과 같은 글은 반드시 변호사에게 먼저 검토를 받아야 했다.

당사자들이 동의했고, 9월 29일 토요일에 이 내용을 발표했다. 합의가 발표된 후 증권거래소 개장 첫날에 투자자들이 내쉰 안도의 한숨이 월스트리트 전역에 들릴 정도였다. 주가는 하루 만에 17퍼센트 치솟았다. 일 년 가까이 테슬라 주가가 출렁이던 것에 비하면 단 하루 만에 이룬 엄청난 변화였다. 공매도자들은 15억 달러의 평가손실을 입었고, 머스크는 쾌재를 불렀다.

사분기 최종 배송 결과를 도표로 정리해보니 목표치에 바짝 근접해 있었다. 완료된 배송량은 총 8만 3,500건이었다. 이 결과는 월스트리트의 기대치를 크게 웃돌았지만, 10만 대라는 사내 목표에는 15퍼센트

못 미쳤다. 또한, 고객 경험 총책임자인 케이트 피어슨의 예상이 사실상 적중한 결과였다. 물론 피어슨은 그렇게 예측했다는 이유로 이미 해고되었지만 말이다. 3사분기 마감일을 맞추지 못해서 아직 배송해야 할 차량이 1만 2,000대나 남아 있었다.

머스크의 목표에는 한참 못 미치지만 그래도 대단한 성과였다. 회사를 흑자로 전환해준 것만으로도 충분했다. 물론 헌터 팀더러 업셀링에 주력하라고 지시한 점과 CFO인 아후자가 공급업체에 대금 결제를 미룬 방침이 흑자를 기록한 결정적 요인이었다. 회사의 미지급금, 즉 공급업체 등에 내주어야 할 돈이 2사분기보다 20퍼센트, 전년도와 비교하면 50퍼센트나 늘어났다.

이렇게 테슬라는 공급업체를 이용해서 흑자를 달성했다. 사실 이 방법은 자동차 업체들이 흔히 사용하는 속임수이자 새로운 권력의 상징이었다. 공급업체로서는 억울한 측면이 있었지만, 자동차 업체는 10월에 최종 수치가 발표되면 투자자들에게 성공적인 기업이라는 이미지를 각인할 수 있었다. 실제로 테슬라는 3억 1,200만 달러라는 사상 최대 이익을 발표하며, 테슬라의 적자를 예상한 월스트리트 분석가들을 깜짝 놀라게 했다. 이 기세가 다음 사분기까지 그대로 이어져서 1월에 처음으로 연속 흑자를 기록하게 되었다. 머스크는 투자자와 분석가들이 모두 연결된 통화에서 남다른 자신감을 드러냈다. 그는 2019년 초반 3개월 동안 약간의 수익을 내고 "추후 사분기마다" 흑자를 이어가리라고 전망했다. 테슬라가 상장기업이 되고 8년이 지나서야 투자자들은 머스크가 오래전에 약속한 수익을 누리게 되었다.

머스크는 몇 달째 모델3의 가격 옵션에 집착하고 있었다. 세상에 하나뿐인 칵테일을 만들듯이, 온라인에서 여러 관련 요인을 바꾸고 또 바꾸었다. 소형차 구매자의 성향은 모델S 구매자와 큰 차이를 보였다. 우선, 어떤 옵션을 선택하느냐에 따라 고급 세단보다 가격이 수만 달러나 낮아졌다. 생활상의 특성도 달랐다. 모델3 소유주는 매일 사용하는 차량을 원했다. 자동차 구매자금을 마련하려면 기존 중고차를 처분해야 하는 경우도 많았다. 머스크는 영업 인력을 대거 고용하지 않고 댄 킴에게 온라인 프로그램을 활용하라고 지시했다. 구매자가 원하는 대로 옵션을 직접 구성할 수 있는 프로그램이었는데, 사용법이 어렵지 않았다. 그야말로 원스톱 쇼핑으로 차를 사게 해주는 서비스였다.

또한 머스크는 킴에게 배송팀을 구성하라고 지시했다. 관계자에 따르면 머스크는 3사분기에 고객 직배송 서비스를 통해 배송률 20퍼센트를 달성하라고 요구했지만, 이 목표는 4사분기에 가서야 실현되었다. 이런 배송 서비스도 결국에는 비용을 절감하려는 차원이었다. 머스크는 수익을 내는 데 강한 집착을 보였다. 직원들 앞에서 어떻게 하면 오프라인 매장을 모두 폐쇄할지 방안을 내보라는 말도 거리낌 없이 쏟아 냈다.

머스크는 관리자들에게 "이번 겨울에 허리띠를 바짝 졸라매야 한다"며 비용은 최대한 줄이고 생산을 가능한 늘리라고 닦달했다. 그는 테슬라가 규모를 더 키워야 한다고 입버릇처럼 말했다. 이렇게 머스크가 비용 절감에 관심을 쏟기 시작할 무렵, 영업팀은 2019년 첫 사분기의 모델3 주문량이 줄어드는 현상을 발견했다. 테슬라가 큰 성공을 거둔 탓에 1월 1일부터 완전 전기자동차 구매자에게 제공되는 연방세 공제 혜택이 7,500달러에서 3,750달러로 줄었고, 그해 중반 무렵에는 1,875달러까지 내려갔다. 연말이면 혜택이 완전히 폐지될 것이 분명했다. 달리 말해서 모델3 가격이 안 그래도 부담스러운데 6개월 단위로 오르는 셈이었다. 그래서 이 기간은 테슬라가 모델3 가격을 어떻게든 낮춰야만 하는 시기였다.

라스베이거스에 있는 헌터 팀은 2018년 마지막 3개월 동안 남아 있던 예약고객을 구매자로 전환해서 사분기 배송 기록을 경신했다. 연말이 가까워질수록 비싼 제품을 원하는 구매자는 줄어들고 3만 5,000달러짜리 모델을 기다리겠다는 고객이 늘어나서 회사 사정은 더욱 어려워졌다. 팀은 일 년을 잘 마무리하고 제대로 쉬고 싶은 마음이 굴뚝같았다. 일부 팀원은 테슬라를 떠날 계획이었다. 팀의 목표를 달성했지만, 그것이 마지막 임무였다. 머스크는 비용을 줄이는 동시에 모델3의 고가 버전에 관심을 보일 만한 얼리어답터를 찾아서 유럽과 중국 진출에 집중할 생각이었기에, 헌터를 비롯한 직원 상당수를 해고할 예정이었다.

한마디로 테슬라에 변화의 시기가 찾아든 것이었다. 머스크의 첫 이혼소송부터 시작해서 각종 법률 문제를 도맡아온 토드 마론은 스타트업을 계획하고 있었다. CFO인 아후자도 다시 테슬라를 떠나려고 했다. J. B. 스트라우벨은 아직 싸움을 포기하지 않았지만 일단 지칠 대로 지친 심신을 달래줄 휴가가 절실했다.

SEC가 거래 당시 제시한 조건에 따라 테슬라 이사회는 2명의 임원을 새로 맞이했다. 래리 엘리슨은 테슬라의 오랜 투자자이자 오라클의 공동 창업자였고, 로빈 덴홈은 솔라시티 인수 작업을 거들었고 사기업 전환 시도에도 참여했었다. 그가 머스크의 뒤를 이어 회장 직책을 맡았다. 하지만 직함과 관계없이 여전히 머스크가 실질적인 경영권을 장악하고 있었다. 머스크는 회사 홈페이지에서 자신의 직함이 지워졌다고 트위터에 언급하며, 자신도 어쩔 수 없는 변화라고 둘러댔다. "이제

나는 테슬라에서 아무것도 아닌 사람이야. 지금까진 뭐 아무렇지도 않네." 하지만 CBS의 시사 프로그램인 〈60분60 Minutes〉과 인터뷰하면서는 SEC를 향해 노골적으로 불만을 드러내며 자신의 소셜미디어 메시지를 정기적으로 검토해주는 담당자를 따로 두지 않았다고 말했다. "이 점은 분명히 해둡시다. 나는 SEC를 존중하지 않습니다." 그는 트위터에서 SEC는 '공매도자 배를 불러주는 위원회Shortseller Enrichment Commission'의 약자라고 비꼬았다. 과연 덴홈이 머스크에게 제대로 된 고삐를 맬 것인가라는 질문은 순식간에 꼬리를 감추었다. 머스크가 배송센터 직원을 밀쳤다는 주장을 이사회에서 조사하기로 한 방침도 흐지부지되었다. 2018년 연말에 디자인 스튜디오에서 소형 SUV인 모델Y를 공개하는 행사가 열렸는데, 머스크는 이 자동차가 모델3의 매출을 앞지르리라고 전망했다. 이날 행사에서 덴홈은 지지자와 고객들을 마주한 채 첫째 줄에 서서 머스크를 열렬히 응원했다. 기자가 머스크의 트위터 사용을 어떻게 생각하냐고 질문하자 "제가 보기에는 현명하게 활용하고 있습니다"라고 대꾸했다.

 연방세 공제 혜택이 종료되면서 인상된 가격을 상쇄하기 위해 테슬라는 모든 차량 가격을 인하하기로 결정했다. 모델3 가격은 4만 4,000달러~4만 6,000달러였다. 여전히 처음 약속한 3만 5,000달러보다 월등히 비쌌다. 테슬라는 이런 가격 조정이 투자자들의 마음을 누그러뜨릴 줄 알았는데, 큰 오산이었다. 투자자들은 오히려 가격 인하를 수요가 둔화하고 있다는 의미로 해석했으며, 지칠 줄 모르는 성장 말고는 믿을 구석이 하나도 없는 데다 아직 비용을 줄일 방안도 못 찾고 허둥대는 테슬라에 매우 불길한 징조로 여겼다. 그래서 차량 가격 인하를 발표한 당일에 주가가 7퍼센트 가까이 하락했다.

1월에 투자자들 앞에 나선 머스크는 테슬라 전기차에 관심이 쏟아지고 있으니 걱정하지 말라며 좌중을 안심시켰다. "문제는 개인의 경제력입니다. 쉽게 말해서 전기차를 사고 싶지만 돈이 없는 거죠. 전기차를 바라는 열망과는 관련이 없습니다. 계좌 잔액이 부족할 뿐이에요. 다시 말해서 가격을 조금 낮추기만 하면 전기차 수요는 어마어마하게 늘어날 겁니다." 자신의 주장을 반박하는 우려의 목소리를 잠재우려고 트위터를 통해 모델3를 선박에 적재해서 처음으로 유럽에 배송 중이라는 소식을 전했다. "2019년에는 대략 50만 대를 생산하겠다"고도 덧붙였다. 그러나 바로 몇 시간 뒤에 연간 생산율로 50만 대를 뜻한 것이라며 총 배송 물량은 여전히 40만 대로 예상된다는 글을 추가로 남겼다.

SEC는 합의를 통해 바로 이런 식의 무책임하고 으스대는 처사를 미연에 방지하려고 했던 것인데, 이처럼 머스크는 제멋대로 행동했다. 규제 당국은 〈60분〉 인터뷰가 방송된 시점부터 이미 머스크가 합의를 진지하게 여기지 않는 것 같다는 의혹을 품었다. 머스크가 마지막 트위터 글을 남긴 다음 날, 규제 당국은 테슬라에 트위터 글을 사전에 검토하고 승인한 담당자가 있냐고 문의했다. 예상대로 테슬라에서는 사전에 검토한 사람은 없고, 트위터로 전송한 후에 변호사가 글 내용을 명확하게 바로잡도록 조언했다고 응답했다. 이에 대해 머스크는 이미 올린 글을 반복하는 내용이어서 사전 승인이 필요하지 않으리라 생각했다고 해명했으나, SEC는 믿어주지 않았다. 2월 말에 SEC는 합의를 위반한 머스크를 법정 모독으로 제재해 달라고 법원에 요청했다.

그야말로 2018년 여름이 반복되는 느낌이었다. 문제는 여기가 끝이 아니라는 거였다. 며칠 뒤에 머스크는 테슬라가 비용 절감을 위해 대다수 매장을 폐쇄한다고 발표했다. 그래야만 예전에 약속한 대로 모델3

를 3만 5,000달러에 고객에게 제공할 수 있다는 말이었다. 사실 온라인 판매(에만 거의 의존하는 형태)는 그가 오래전부터 바라던 방식이었지만, 난생처음 전기차를 구매하는 고객을 대상으로 온라인에서 판매한다는 발상 자체가 험난한 고생길을 예고하는 행보였기에 팀원들은 실망하는 기색을 감추지 못했다.

이론상으로는 매장을 폐쇄하면 비용을 손쉽게 줄일 수 있을 듯이 보였다. 하지만 테슬라는 전 세계에서 수백 개 매장을 임대 및 운영하고 있었다. 매장 임대계약 액수는 총 16억 달러였고, 대다수 계약이 만기되려면 몇 년을 기다려야 했다. 매장의 불만 꺼놓는다고 비용 절감 효과가 나타날 리 없었다. 얼마 후 열린 콘퍼런스에서 터브먼 센터Taubman Centers Inc. CEO인 로버트 터브먼Robert Taubman은 테슬라의 "대차대조표에서 알 수 있듯이 앞으로도 수많은 임대인에게 막대한 임대료를 내야 하는 형편"이라고 지적했다. 로버트가 소유한 부동산에도 덴버를 포함해서 8개의 테슬라 임대 매장이 들어와 있었다.

그동안 머스크가 선을 넘는 행동을 하거나 무모한 계획을 밀어붙여도 투자자들은 너그럽게 눈감아주었다. 테슬라가 막대한 현금을 소비하긴 해도 그동안 인상적인 성장 궤도를 그려왔기 때문이다. 하지만 4월에 이르러 투자자들은 인내심이 한계에 다다랐고 테슬라에도 더는 환상을 품지 않았다.

테슬라 매출은 가파르게 하락했다. 이전 사분기와 비교하면 연초 3개월간 무려 31퍼센트나 감소했다. 이런 손실을 메꾸기 위해 테슬라는 미국시장에서 구매자를 찾아 나서는 동시에, 모델3를 앞세워 유럽과 중국시장을 빠르게 파고들었다. 4월 중순에 테슬라는 최저가로 약속한 3만 5,000달러를 조용히 철회하고 3만 9,500달러를 내세웠다. 카탈로

그에는 없지만 고객이 매장을 직접 방문하거나 전화로 문의하면 3만 5,000달러에 구매할 수 있다고 주장했으나, 매장이 마련될지 알 수 없는 상황에서 그런 주장은 무의미했다. 4월에 테슬라 역사상 최악의 사분기 손실이 발생했고, 2사분기에도 적자가 이어질 것 같았다. 일단 머스크는 어떻게든 버틸 방도를 찾아야 했다. 유럽에서 모델3가 출시되면 테슬라의 매출을 공고히 다지는 데 도움이 될 듯싶었다. 2013년 첫 사분기에도 사실 캘리포니아에서 배출가스 목표를 달성하지 못한 경쟁업체에 크레디트를 판매한 덕분에 수익을 낼 수 있었다. 그처럼 이번에는 유럽의 테슬라 관리자들이 나서서 피아트크라이슬러오토모빌스와 매출을 합산하는 거래를 조용히 협상했다. 크라이슬러로서는 유럽연합의 새로 생긴 엄격한 배출 관련 규정을 위반하면 부과되는 벌금을 피할 수 있었다. 이 거래는 2019년 봄에 발표할 계획이었는데, 향후 몇 년간 20억 달러가 넘는 가치를 창출할 것으로 보였다. 테슬라에는 가뭄의 단비 같은 변화였다. 그리고 머스크는 아직 중국시장이 남아 있다며 스스로를 위안했다. 그해 후반기부터 중국에서 차량 생산이 시작될 예정이었다.

그런데도 아직 자금이 더 필요하다는 점은 부인할 수 없었다.

회사 기반은 매우 불안했다. 몇 주 전만 해도 먼 미래까지 계속 수익을 낼 거라고 호언장담했으나 지금은 불필요한 위기를 자초해서 비틀거렸고, 현금 보유량은 또다시 바닥을 드러내고 있었다. 월스트리트의 인내심도 한계에 도달해서 6월 주가가 178.97달러라는 최저치를 기록했다. 연초 주가에 비하면 반 토막 난 셈이었다. 공매도자들은 상반기에만 50억 달러가 넘는 평가이익을 누린 것으로 추정되었다. 이 금액은 2016년부터 2018년까지 3년간 발생한 평가이익을 모두 합산한 것과 비슷한 규모였다.

　일찍이 테슬라의 잠재력을 알아보고 오랫동안 테슬라를 지지해온 모건스탠리의 분석가 애덤 조나스조차 머스크에게 크게 실망했다. 투자자들과 사적으로 모인 자리에서 조나스는 테슬라가 더는 성장을 거듭할 수 없으며 '부실 신용 및 구조조정'으로 이어질 우려가 크다고 경고했다. 쉽게 말해서 파산 가능성이 상당히 높다는 뜻이었다. 실제로 테슬라는 부채가 100억 달러에 육박했는데, 수년 전 솔라시티를 인수하며 받은 타격도 부채가 증가한 중대한 요인이었다. 회사가 성장을 이어나가면서 현금을 늘리고 투자자들에게 근사한 매력을 유지했더라면 더할 나위 없이 좋았겠지만, 지금은 투자자들과도 관계가 불편했다. 당장 막대한 자금을 조달하지 못하면 "전략적 대안을 시도"해야 하는데, 이 말은 은행과 만나서 회사 매각이나 합병을 논의해야 한다는 뜻이었다. 회사 주식의 4분의 3은 공매도자들 손에 넘어갔고, 부채는 1달러에 85.75센트로 하락했다. 이런 현상은 대출업체들이 테슬라에 빌려준 돈을 받지 못할까 봐 전전긍긍한다는 신호였다.

　설상가상으로 중국에서 테슬라의 살길을 도모하려던 머스크의 계획은 한발 늦은 듯 보였다. 중국에서 신규 차량 판매가 1990년 이후 처음으로 감소세를 기록했고, 미국과 중국의 관계도 단단히 틀어져 있었다. 지금껏 기나긴 마라톤 싸움을 해오면서 무수한 경쟁업체를 물리치고 비평가들의 입을 틀어막았지만, 결승선을 코앞에 두고 쓰러질지도 모를 형국이었다.

　조나스는 "이 판국에 중국밖에는 믿을 곳이 없다는 건 정말 최악"이라고 평가했다.

## 28장

## 중국 진출

    2019년 1월 어느 추운 날, 머스크는 상하이 외곽에서 진흙투성이 땅을 바라보고 있었다. 정장 위에 코트를 덧입은 그의 곁에는 대학 시절 친구인 로빈 렌과 상하이 시장 잉융應勇이 서 있었다. 그 땅은 테슬라의 두 번째 조립공장 부지였다. 프리몬트 이후에 처음으로 자동차 생산기지를 마련하는 터라, 세 사람은 몹시 들떠 있었다. 활짝 웃는 세 사람의 사진이 전 세계로 퍼져나갔다. 테슬라와 중국 모두 흡족한 거래였다.

    물론 이내 끝나버릴지 모른다는 위험 부담도 있었다. 당시 테슬라는 벼랑 끝에 서 있었다. 모델3가 출시되어 도로를 누비고 다니는 광경을 지켜보노라면 한때 실리콘밸리 기술자 몇 명이서 꿈꾸던 이상이 마침내 실현되었다고 할 수도 있었다. 머스크가 여름 내내 실수와 실패를 거듭하며 불만을 터트리긴 했지만, 풍파 대부분이 스스로 자초한 일이었다. 그런 중에도 이제는 테슬라가 장기적인 수익성을 손에 거머쥐었다. 그렇다고 머스크가 공언한 약속이 모두 실현된 건 아니었다. 모델3가 대중적인 자동차로 자리매김하려면 여전히 가격을 더 낮춰야 했다. 하물며 회사 규모를 확장하려면 자금도 더없이 많이 필요했다. 이 모든 여건을 고려한 끝에 머스크는 중국으로 눈을 돌렸다.

그는 트위터를 통해 여름쯤 공장의 기초공사를 마무리하고 연말에 가서는 모델3 생산에 들어가겠다고 밝혔다. 사람들은 이 공지에 상당한 관심을 보였지만, 이번에도 거의 불가능해 보이는 목표를 제시한 데다 일정표도 현실성이 떨어졌다. 2018년에 고전을 면치 못하다가 이제야 자리를 잡는가 싶었는데 또다시 호언장담을 쏟아내기 시작했고, 중국 공장을 둘러싼 계획도 그중 하나였다.

하지만 그해 봄에 테슬라를 떠나버린 투자자들이 제대로 이해하거나 믿지 못한 점이 한 가지 있었다. 테슬라가 보이지 않는 곳에서 수년간 어떤 노력을 기울였는지 그들은 잘 모르고 있었다.

우선 최고경영진을 보자면, 머스크는 스스로 전 세계에 공표한 목표를 달성하려면 제대로 된 조력이 필요하다는 점을 알고 있었다. 무엇보다도 그가 믿을 수 있어야 하고, 그의 사고방식을 이해하는 사람이 절실했다. 미국에서는 머스크가 원하면 언제든지 공장에 가볼 수 있지만 해외 공장이나 시장은 그럴 수 없으므로, 머스크를 대행하는 역할도 완벽하게 해내야 했다. 그는 대학 시절 친구 중에서 적임자를 찾아보기로 마음먹었다.

펜실베이니아대학교 재학 시절, 그는 물리학 수업에서 1등을 차지하지 못해 안달 난 적이 있었다. 머스크가 직접 회사 임원들에게 들려준 이야기다. 그는 교수를 찾아가서 고민을 털어놓으며 도대체 나보다

물리학을 더 잘하는 사람이 있을 수 있냐고 캐물었다. 교수는 상하이에서 유학 온 로빈 렌이라면 그럴 수 있다고 대꾸했다. 로빈은 단지 교내 1등이 아니라 중국 전체에서 물리학으로 손꼽히며 바늘구멍을 통과하기보다 더 어렵다는 미국 유학 기회를 거머쥔 수재였다. 머스크는 단박에 로빈을 찾아갔다. 두 사람은 아웃사이더라는 공통점이 있어서인지 급속도로 친해졌고, 졸업 후에 캘리포니아주로 함께 여행을 떠났다. 당시 머스크는 스탠퍼드대학교에서 학업을 이어나가려고 했으나, 입학 후 며칠 만에 생각을 바꾸어 스타트업을 창업했다. 한편, 로빈은 스탠퍼드대학교에서 전기공학으로 석사 학위를 받고 야후와 델에서 경력을 쌓은 다음 플래시 드라이브를 생산하는 델의 자회사인 엑스트림아이오XtremeIO에서 최고기술책임자를 지냈다. 그는 믿을 만한 인물이고, 적절한 경력도 갖추고 있었다. 공격적이고 대담한 머스크와 달리, 로빈은 점잖고 내성적이었다. 2015년에 테슬라가 중국에 진출하려다가 한 번 좌절을 겪고 이번에 다시 중국 진입을 시도하면서 로빈에게 총책임자 역할을 맡겼다.

외부에 알려지지 않았지만 로빈과 영업 책임자로 재직하다가 2018년에 테슬라를 떠난 존 맥닐은 테슬라에서 가장 막중한 사명 중 하나를 맡았다. 바로 중국에서 자동차 조립공장 허가를 받아내는 임무였다. 상하이시는 또 하나의 자동차 업체가 들어선다는 사실을 몹시 반기며 두 사람을 뜨겁게 환영했다. 하지만 중국 관련 법에 따르면 현지 기업과 협력관계를 체결해야만 공장을 지을 수 있는데, 이는 머스크 성격상 받아들이기 힘든 조건이었다.

다행히 로빈은 건설 현장과 정부 관계자를 두루 잘 아는 관리자 두 명을 확보했다. 중국에 테슬라 충전망을 구축하기 위해 새로 기용한 톰

주Tom Zhu는 듀크대학교에서 MBA를 밟았으며, 아프리카에서 대규모 건설 프로젝트를 여러 차례 진행한 경험이 있었다. 그런 그가 새로운 생산공장의 건설 현장을 감독하게 되었다. 정부 관계자를 상대하는 업무는 그레이스 타오Grace Tao가 맡았다. CCTV(중국에서 유일한 전국 단위의 텔레비전 방송국—옮긴이) 특파원 출신인 타오는 베이징 주요 인사들을 폭넓게 알고 있어서 중국 정부기관에 대응하는 데 큰 힘이 되었다. 게다가 그녀의 가족이 공산당원 출신이어서 그런지 어떻게 하면 정부 권력을 자신에게 유리하게 활용할 수 있는지 정확히 꿰뚫고 있었다. 주요 지방정부 및 고위 인사 조직도를 만들어서 사무실에 걸어둘 정도였다. 《블룸버그 비즈니스위크》에 따르면 익명을 요청한 몇몇 직원이 그녀가 한 단계만 거치면 시진핑 주석에게 바로 메시지를 전달할 수 있는데, 이는 "중국에서 감히 상상조차 하기 힘든 인맥"이라고 주장했다. 하지만 테슬라는 공식적으로 이런 사실을 확인해줄 수 없다고 밝혔다. 그녀와 함께 일해본 동료들은 그녀를 "정말 부드럽고 편안한 사람이며, 어떻게 정치를 해야 하는지 잘 안다"고 평가했다. 물론 머스크에게 별다른 타격이 있지는 않았다.

2016년에 머스크는 동료들과 함께 베이징으로 이동하던 중 심각한 교통 체증을 겪게 되었다. 차 안에서는 도시의 교통 체증을 빨리 해소해야 한다는 식으로 이야기가 흘렀고, 머스크가 지하에 터널을 파는 방법을 제안했다. 원래 머스크는 기발한 아이디어를 곧잘 냈고, "만약 우리가……"라며 거침없이 상상의 나래를 펼쳤다.• 물론 말도 안 되는 이

---

• 연말 무렵 그는 비슷한 아이디어를 트위터에 올렸다. 보링Boring Co.이라는 또 다른 벤처사업을 시작

28장 중국 진출  **483**

야기를 할 때도 있고, 너무 거창한 사업을 구상해서 몇 년은커녕 평생을 바쳐도 될까 싶게 들렸다. 하지만 그렇게 생각의 틀에 따로 한계를 두지 않는 사람이었기에 지금처럼 중국에 진출할 수 있었다. 협력업체 없이 중국에 진출하는 시도 역시 변호사들이 몇 년간 어림도 없다고 말렸지만, 그는 좀처럼 아랑곳하지 않고 밀어붙였다.

그러다 2017년에 전망이 밝아졌다. 늦여름께 테슬라 공장에 허가가 떨어졌고, 중국 측에서 가을 즈음 서둘러 발표하면 어떻겠냐고 제안해왔다. 그 무렵에 도널드 트럼프 미국 대통령이 무역 긴장이 한창 고조되는 중에 중국을 방문할 예정이라고 관계자가 귀띔해주었다. 하지만 머스크는 아직 거래가 완전히 성사되지 않았다고 지적했다. 모델3 생산에 차질이 생긴 데다, 테슬라 공장을 마련할 자금이 부족했다. 관계자의 말을 빌리면, 머스크는 차라리 이 계획이 무산되는 게 낫겠다고 여기는 듯했다.

2018년으로 접어들어도 큰 진전이 없자, 여기저기서 우려의 목소리가 커졌다. 테슬라가 과연 중국 현지에서 협력관계를 건너뛰고 공장을 마련하겠다는 야심을 정말 실현할지 장담할 수 없었다. 설상가상으로 미국과 중국의 무역 협상은 더욱 꼬여만 갔다. 최종적으로 거래가 발표될 무렵에는 중국이 미국 업체와 협력하는 데 개방적인 자세를 취하는

---

할지 모른다는 얘기였다. "교통 체증 때문에 너무 짜증 나고 괴롭습니다. 터널을 만드는 기계를 만들어서 굴착 작업을 시작해야겠습니다.…… 말로만 끝내지 않고 반드시 행동으로 증명해 보이겠습니다." https://twitter.com/ elonmusk/status/810108760010043392?s=20.

듯이 보였다. 하지만 이는 어디까지나 중국에 유리하다고 판단될 경우에만 해당되는 얘기였다.

최종계약의 다른 조건은 테슬라에 관대한 편이었다. 어떤 면에서는 네바다주의 거래 조건보다 더 낫다고 할 수 있었다. 중국에 기가팩토리를 세울 수 있도록 상하이시 정부는 284만 제곱미터가 넘는 부지에 허가를 내주었다. 여기에는 2021년 4월까지 테슬라가 197억 달러를 투자한다는 조건이 붙었다. 투자액과는 별도로 정치적으로 연계된 중국 은행들에서 우호적인 조건으로 12억 6,000만 달러를 대출받아서 공장 건설에 사용하고, 임금 및 부품비로 3억 1,500만 달러를 따로 지급해야 했다. 쉽게 말해서 테슬라는 중국 현지에서 조달한 자금으로 그곳에 공장을 지을 기회를 얻은 것이었다.

중국이 이렇게 파격적인 조건을 제공한 이유는 테슬라가 중국시장을 원했듯이 중국도 테슬라가 절실했기 때문이다. 중국 정부는 전기자동차 시장을 활성화하고 싶었는데, 테슬라를 끌어들이는 것만큼 경쟁업체를 자극하기에 좋은 방안이 없었다. 중국 자동차 시장은 그전부터 호황기를 누리고 있었다. 2018년에 제너럴모터스는 총매출의 40퍼센트를 중국시장에서 거두어들였다. 달리 말해서 중국이 제너럴모터스의 최대시장이었다. 폭스바겐AG도 중국 고객 의존도가 매우 높았다. 이런 판도에서 중국이 배기가스 규제를 더욱 강화하고 있어 글로벌 자동차 업체들은 전기자동차 출시를 한시바삐 서둘러야 했다.

게다가 여태까지 그들이 출시한 전기차가 테슬라와 달리 모두 실패한 점도 문제였다. 제너럴모터스는 쉐보레 볼트 플러그인 하이브리드를 중단한다고 발표했다. 매출이 계속 부진한 가운데, 2018년에는 미국 시장 매출이 1만 9,000대 이하로 급락했다. 순수 전기차 볼트의 실적은 더 저조했다. 물론 볼트도 점차 개선되었으나, 모델3에 비하면 두각을 나타내지 못했다.

그렇지만 이들도 실수를 통해 교훈을 얻었으며, 이를 악물고 경쟁에 뛰어들었다. 제너럴모터스와 폭스바겐은 하이브리드 자동차가 아닌 순수 전기자동차 개발에 아낌없이 투자하기로 방향을 틀었다. 이는 테슬라의 전략이 모두 옳았다고 암묵적으로 인정하는 움직임이었다. 폭스바겐은 2030년까지 총매출의 40퍼센트를 전기차로 채운다는 목표를 세웠고, 제너럴모터스는 2023년까지 전기차 모델을 20가지 소개한다는 계획을 제시했다. 두 기업 모두 리튬이온 배터리 공급업체를 확보하려고 서두르기 시작했다. 제너럴모터스는 LG화학과 손잡고 오하이오주에 기가팩토리와 비슷한 대규모 배터리 공장을 설립하는 데 23억 달러를 공동투자하기로 결정했다. 폭스바겐은 유럽의 스타트업에 10억 달러를 투자했는데, 이 스타트업은 스웨덴에 자체 공장을 건설하는 중이었다. 테슬라의 스파크스 설비를 마련할 때 참여했던 임원들이 테슬라를 떠나서 만든 기업이었다.

시간이 갈수록 자동차 산업의 미래상은 머스크 손에 달렸다는 점이 분명해졌다. 폭스바겐 CEO인 헤브베르트 디스Herbert Diess는 독일 기자들이 아무리 부추겨도 머스크를 함부로 깎아내리는 말을 내뱉을 수 없었다. "테슬라는 이제 틈새시장이나 공략하는 스타트업이 아닙니다. 우리는 테슬라를 매우 높이 평가하며, 만만치 않은 경쟁 상대라고 생각합니다."

머스크는 예전부터 공정함에 무척 예민하게 반응했다. 물론 다른 사람이 보기에는 그의 행동거지가 공정함과 거리가 멀 때도 있었지만,

일단 자신이 부당한 대우를 받았다 싶으면 어디서도 참지 않고 적대적으로 돌변했다. 그는 이러저러한 불만을 껴안고 있었는데, 여기에는 마틴 에버하드, 디자이너 헨리크 피스커, 언론의 부당한 보도도 포함되어 있었고, 최근에는 SEC까지 추가되었다. 2018년 9월에는 고단한 법정 싸움에 휘말리지 않으려고 SEC와 합의를 보긴 했지만, 여전히 불만스러웠다. 최근에도 SEC가 소송을 걸겠다고 위협해서 자신을 심하게 모욕했다는 생각에 분을 삭이지 못했다.

남아프리카공화국에서 유년 시절을 보내어 그런지 몰라도 머스크는 미국 법원에 독특한 기대를 걸고 있었다. 법적 문제로 머스크와 함께 일해본 사람들에 따르면, 그는 어떤 이유에서인지 판사가 자신과 같은 방식으로 사안을 처리할 거라고 굳게 믿었다. 최근 법정 싸움에서도 SEC와 합의한 문서를 보면, 그는 테슬라의 생산량을 트위터에 공개해도 별문제가 되지 않으며, 더 나아가 미국 헌법에 따라 자유롭게 발언할 권리가 있다고 주장했다. 즉, SEC가 표현의 자유를 억압한다는 얘기였다. 하지만 이런 법정 싸움을 유발한 원인이 바로 그의 경솔한 트위터 글이며, SEC와 합의한 목적이 그런 글을 사전에 방지하는 데 있음을 간과한 주장이었다. 그는 일부 투자자들이 회사의 '계획'이라고 착각하게 만들어놓고 나중에 문제를 제기하면 자신은 그저 개인적 '야망'을 이야기했을 뿐이라며 발뺌하는 재주가 남다른 사람이었다.

그해 봄에 맨해튼 법원은 머스크가 사법제도에 보이는 깊은 신뢰를 보상이라도 하는 듯 그의 편을 들어주었다. 앨리슨 네이선Alison Nathan 지방법원 판사는 정부 측 변호인단이 성급하게 머스크를 몰아세웠다고 질책했으며, 합의서 표현에 모호한 측면이 있다고 지적했다. 판사는 소송 당사자 양측에게 "합리적인 태도"를 유지하라고 조언했다. 법정을 빠져나온 머스크는 결과를 기다리는 기자들 앞에서 기쁨을 감추지 못하며 "대단히 흡족한 판결"이라고 말했다. 월말에 양측은 머스크가 사전 허가를 받아야 하는 트위터 글의 더 자세한 목록을 작성하는 선에서 최종 합의했다. 특히 클라우드가 삭제되어 머스크는 실질적인 싸움에 온전히 집중할 수 있었다.

미래에는 테슬라의 영향력이 확대될지 몰라도, 테슬라의 현재는 모호하고 불안했다. 2019년 초반에 한 차례 위기를 겪고 나서 그해 6월에 열린 연례 주주총회에서 머스크가 무대를 밟기 전에 잔뜩 긴장한 것도 이해할 만했다. 당시 CTO인 J. B. 스트라우벨이 그의 옆자리를 지키고 있었다. 원래 연례 주주총회는 마운틴뷰에 있는 컴퓨터역사박물관에서 성대하게 열곤 했다. 수많은 투자자가 참석해서 오랫동안 만나지 못한 가족을 상봉하기라도 한 듯 즐거워했다. 포드사는 온라인으로 연례총회를 개최하는 등 되도록이면 세간의 이목을 끌지 않으려고 애썼지만, 테슬라는 소액 투자자와 장기 투자자가 모두 즐길 수 있는 자리를 마련했다. 특히 장기 투자자들은 테슬라가 이렇게 대기업으로 성장하는 모습을 오래도록 기다려온 사람들이었다. 머스크는 연례총회에서 차기 자동차에 대해 살짝 귀띔하곤 했다.

하지만 이번 총회는 조금 달랐다. 그는 이제 쌍둥이를 키우는 가장이 된 스트라우벨에 관한 중대한 소식을 발표할 참이었다. 테슬라에서 이룩한 여러 성공작의 주역이며 테슬라에 인생을 거의 바치다시피 한 스트라우벨이 퇴사를 앞두고 있었다.

15년이라는 세월을 함께하면서 두 사람 사이는 점점 소원해졌다. 특히 테슬라가 기가팩토리를 마련하고 운영하는 과정에서 겪은 많은 어려움이 둘 사이를 갈라놓았다.* 머스크는 어느 때보다 엄격하고 고압적인 태도로 완벽에 가까운 품질을 요구했다. 2018년 후반에 스트라우벨은 그동안 한순간도 쉬지 못했다며 긴 휴가를 요청했다. 그러다 잠시 쉴 게 아니라 아예 회사를 그만둬야겠다고 생각했다. 리튬이온 배터리로 자동차를 만들겠다는 목표는 참신하지만 다소 위험한 발상으로 치부되었으나, 테슬라에 합류한 뒤로 전기자동차가 전 세계 미래를 선도하는 주요 산업 중 하나로 자리매김했다. 네바다주에서 배터리 비용을 줄이려고 노력한 일도 처음에는 엉망이긴 했지만 결국 효과가 있었다. 분석가는 모델3의 배터리 비용이 1킬로와트시에 100달러 이하로 떨어졌다고 추정했는데, 이 가격은 자동차 업계가 오랫동안 꿈꾸던 마법의 수치였다. 이 정도는 되어야 전기자동차 생산 비용이 휘발유 차량 생산 비용과 거의 비슷해지기 때문이었다. 스트라우벨은 애초에 의도한 모든 것을 이루어냈다. 그런데 테슬라의 미래를 생각해보니 제조 전문성, 대기업 운영 경험 등은 자신이 챙겨줄 수 있는 사안이 아닌 것 같았다. 이제 테슬라는 스타트업이라고 할 수 없었다. 하지만 스트라우벨은 여전히 스타트업에 남다른 열정을 품고 있었다. 그는 지금이 물러날 때라고 판단했다.

그런데 공식적으로 스트라우벨의 사퇴를 발표하기 직전에 머스크가 마음을 바꾸었다. 그런 발표를 하기에 적당한 분위기가 아니라며 스트라우벨에게 조금만 더 기다려 달라고 했다.

---

- 하지만 두 사람은 여전히 사이가 좋다고 우겼다. 특히 머스크가 이렇게 주장했다. "시간을 되돌릴 수 있다면, 테슬라를 다시금 시작할 때 에버하드, 타페닝, 라이트가 아닌 스트라우벨과 계획대로 가장 먼저 손을 잡을 겁니다. 물론 최종적으로 스트라우벨과 나만 남겠지요. 중간에 너무 힘든 일이 많아서 회사가 정말 무너지겠구나 하고 생각한 적도 있었습니다. 내가 욕심을 많이 부렸어요. 그게 참 후회스럽습니다. 나는 새로운 제품을 만드는 건 좋아하지만 CEO 노릇은 별로 즐겁지 않았습니다. 회사 운영은 다른 사람에게 맡기고 자동차 개발에만 집중하고 싶었습니다. 하지만 내가 원하는 대로 상황이 흘러가지 않더군요."

머스크가 무대에 등장하자 환호성이 터져나왔다. "지난 일 년은 죽을 만큼 힘들었지만 좋은 일도 많았습니다. 고생할 만한 가치가 있었다고 생각합니다." 그는 미국에서 휘발유로 가동하는 고급 브랜드와 경쟁해서 모델S가 압도적인 승리를 거두었다고 발표한 다음,● 기가팩토리의 성공을 거론하기 위해 스트라우벨을 무대로 불러냈다. 두 사람은 한 시간 동안 쏟아지는 질문에 모두 대답해주었다. 시간이 지날수록 머스크의 표정은 조금씩 어두워졌다. 아마 스트라우벨이 떠나게 되었다는 소식을 아직 사람들이 모른다는 사실 때문이었을 것이다. 그는 수년 전 해럴드 로젠과 함께한 운명적인 식사 자리에서 스트라우벨을 처음 만났다고 회상했다. "그때 좋은 대화를 나눴죠"라는 머스크의 말에 어딘가 모르게 어색함이 묻어 있었다.

"그뒤로 지금까지 눈부신 발전을 이루었다고 생각합니다. 솔직히 일이 이 정도로 잘 풀릴 줄은 몰랐죠. 그렇지 않나요?"라고 스트라우벨이 화답했다.

"무조건 실패할 거라고 생각했죠."

"하지만 해야 하는 일이었잖아요"라며 스트라우벨이 끼어들었다. "제 말은 해볼 만한 가치가 있었다는 뜻입니다. 지금처럼 성장할 확률이 희박했어요. 사실 10퍼센트, 아니 1퍼센트도 장담하기 어려웠죠. 그래도 시도할 만한 가치가 있었습니다. 이제 미국 어디서나 전기차가 도로를 종횡무진하는 모습을 보니 감개무량합니다."

---

● 에드먼즈닷컴에 따르면 테슬라의 모델S는 2018년에 대략 11만 7,000대의 판매량을 기록했다. 렉서스 RX의 판매량이 11만 1,000대였으므로 그해 가장 많이 팔린 고급 차량이라는 타이틀은 모델S가 차지하게 되었다.

머스크는 크든 작든 모든 차량의 세부사항에 집착하는 성향을 보였다. 그 집착 때문에 할 일이 자꾸만 늘어나는데도 결국 다 처리해냈다. 그는 초창기부터 테슬라의 크고 작은 잡음을 직접 통제하는 권한을 좀처럼 내려놓으려 하지 않았다. 그 점이 머스크의 리더십을 결정짓는 가장 큰 특징이었다. 프리몬트 공장에서 그랬던 것처럼 중국 공장에서도 침낭을 놓고 잠을 청한 적은 없지만, 최대한 많은 부분에 직접 관여하려고 애썼다. 중국 공장은 톰 주의 지휘 아래 건축이 순조롭게 진행되었다. 머스크는 그를 중국판 제롬 기옌이라고 생각했다. 주는 현지 언론에서 보도할 정도로 관리 방식이 매우 공격적이었는데, 자정이 지난 뒤에도 직원들에게 전화를 걸거나 메시지를 보냈고 걸핏하면 버럭 화를 냈다. 그러면서도 다음 날이면 어김없이 일찍 사무실에 도착했고, 빈자리가 보이면 사진으로 찍어서 회사 채팅창에 올려놓고 빈자리 주인은 어디 갔냐고 물었다. 그는 머스크와 긴밀하게 연락을 주고받아야 한다는 점을 각별하게 인지했으며, 공장 진척 상황을 매일 사진에 담아 머스크에게 전송했고 몇 주에 한 번씩 캘리포니아에 가서 대면 보고를 했다. 업무를 잘 보고해야 머스크의 분노를 피할 수 있고, 그래야 속썩지 않고 테슬라에서 하루하루 버틸 수 있다는 점을 깨달은 것이었다. 물론 머스크가 태평양 건너 저 멀리 있어 자주 참견할 수 없는 것도 큰 이점이었다.

그때까지는 모든 상황이 고무적이었다. 이번에 중국에서 새로 공장을 지을 때는 프리몬트나 스파크스에서 저지른 실수를 되풀이하지 않으려고 노력했다. 우선 더그 필드가 잡은 계획 덕분에 모델3는 이전 차들보다 한결 수월하게 만들 수 있었다. 모델X가 말도 못 하게 복잡해서 발생한 문제점이 다 해결된 것은 아니었지만, 적어도 모델3 생산설비는 어떻게 관리해야 하는지 알고 있었기에 크게 걱정할 부분이 없었다.

또한, 중국 공장에서는 억지로 자동화를 시도하려고 애쓸 필요가 없었다. 미국과 비교하면 중국 현지 노동력이 매우 저렴하기 때문이었다. 물론 9,600킬로미터 이상 떨어진 프리몬트 천막 아래에 있던 조립라인을 그대로 복제할 계획이었지만, 미국은 전 세계에서 가장 노동력이 비싼 나라 중 하나였고, 중국은 저렴한 노동력으로 익히 알려져 있었다. 분석가들은 임금이 대폭 절약되므로 모델3의 수익이 10퍼센트에서 15퍼센트 정도 더 높아질 것으로 전망했다.

중국 정부가 축복이었다는 말은 네바다주와 비교할 때 중국 당국이 더 신속하게 테슬라의 입지를 마련해주었다는 뜻이다. 국영기업이 운영하는 상하이 자유무역 지대 안에 공장을 짓게 되었는데, 해당 기업들이 긴밀하게 협조해주어 건축이 순조롭게 진척되었다. 예를 들어 건축 허가를 받으려면 청사진을 제출해야 하는데 청사진 일부만 제출하고도 허가를 받을 수 있었다. 전력회사에서는 평소보다 두 배 빠른 속도로 건축 현장에 전기를 연결해주었다.

기가팩토리에서 쌓은 경험은 새로운 공장을 설계 및 건축하는 데 고스란히 적용되었다. 스트라우벨의 오른팔인 케빈 카세커트가 네바다 공장을 마무리한 경험을 살려서 건축 전문가들로 팀을 구성한 다음, 지금까지 공장을 세우면서 얻은 지식을 활용해서 세계 어디에든 공장을 지을 수 있게 준비시켰다. 모델3가 모델S에서 출발하되 많은 점을 개선한 것처럼, 공장도 새로 건립할 때마다 더욱 향상시키려는 의도에서였다. 건축 관계자에 따르면, 중국에서 활동하는 팀은 머스크에게 이전 공장을 그대로 복제하지 말고, 중국에서 널리 사용되는 산업 건설 방식이 더 저렴하고 시간도 단축되므로 현지 방식대로 공장을 짓자고 제안했다. 사실 테슬라 공장은 그 자체가 또 하나의 확장 가능한 제품이었다. 머스크의 성장 목표를 달성하려면 연간 수백만 대의 차량을 생산해야 하므로 조립공장을 적어도 두 개 이상 확보해야 했다. 이들은 최초의 유럽 공장을 짓기 위해 독일에 부지를 알아보기 시작했다.

하지만 중국에서도 전기차를 조립하는 데 공장 하나로는 역부족이었다. 부품 확보도 배터리 못지않게 중요한 사안이었고, 세금 혜택을 받으려면 현지에서 부품을 조달해야 했다. 오랫동안 테슬라의 협력업체였던 파나소닉은 중국 진출을 꺼리는 눈치였다.

기가팩토리에서 발생한 문제로, 파나소닉과는 관계가 소원해진 상태였다. 2018년에 머스크가 제멋대로 한 행동도 큰 요인이었다. 특히 라이브 방송에서 마리화나를 피우는 모습을 보여 타격이 컸다. 파나소닉의 한 임원은 그날 사무실로 가던 길에 방송을 보고 상당한 충격을 받았다. "우리 회사 투자자들이 이걸 보면 과연 어떻게 생각하겠어?" 테슬라 주식이 거의 50퍼센트 급락하자, 파나소닉의 일부 인사는 테슬라를 더 노출하지 않도록 제한하려고 이미 물밑 작업을 시작한 것 같았다.

테슬라는 네바다주에 있는 기가팩토리 공장을 축구장 100개 이상의 규모로 확장한다고 발표했지만, 2019년에 공장의 실제 크기는 그에 미치지 못했다. 테슬라와 파나소닉의 거래를 주선한 커트 켈티는 이미 테슬라를 떠났고 스트라우벨도 조만간 퇴사할 예정이어서, 파나소닉과는 관계가 느슨해질 수밖에 없었다. 기가팩토리를 지지해 달라고 파나소닉 내부 인사들을 설득했던 고위 임원 요시 야마다도 정년퇴직을 앞두고 있었다. 머스크는 두 회사의 협력관계를 유지하기 위해 서둘러 요시 야마다를 영입했다. 하지만 시간이 흐를수록, 네바다 공장에 공급하는 배터리 가격을 인하해 달라고 부탁하거나 중국에 또 다른 공장을 짓도록 동의해 달라고 요청하면서 머스크가 파나소닉 사장인 츠카 카츠히로에게 직접 연락하는 일이 늘었다. 그야말로 이미 마음이 떠난 파나소닉의 바짓가랑이를 잡고 늘어지는 모양새였다.

이런 점을 모두 고려한 끝에 테슬라는 파나소닉 도움을 받지 않고 중국 공장을 준비하러 나섰다. 스트라우벨에게 배터리 감독권을 넘겨받은 드류 바글리노Drew Baglino는 다른 협력업체를 물색하기 시작했다. 처음에는 제너럴모터스의 전기차 프로그램에 참여했던 한국 업체인 LG화학이 후보에 올랐다. 하지만 일각에서 또다시 단일 공급업체에 의존하면 위험할 수 있다는 의견이 제시되었다. CATLContemporary Amperex Technology Co. Limited(중국명 닝더스다이)이라는 중국 배터리 제조사도 거론되었다. 애플의 부품업체로 시작해서 현재 세계 최대 규모의 전기차 배터리 제조사로 성장한 기업이었다. 하지만 머스크는 처음에 CATL이라는 이름을 듣고 어림없다는 듯 코웃음을 쳤다. 수많은 경쟁업체에 배터리셀을 공급한 회사와 협력관계를 체결한다는 발상을 선뜻 받아들이기 어려웠을 것이다.

2010년과 2013년에도 머스크는 테슬라가 배터리셀을 자체 개발해야 한다고 입버릇처럼 주장했다. 이번에도 그는 토요일에 임원들을 불러놓고 배터리셀을 개발하라고 지시했다. 바글리노는 개발 프로젝트에 로드러너Roadrunner라는 이름을 붙이고, 개발 실험실을 따로 마련했다.

어쨌거나 연말에는 공장에서 차량 생산에 들어가야 하므로 중국 공장에 부품을 납품할 업체를 찾기는 찾아야 했다. LG화학과 계약을 서두르는 동시에 CATL을 거래 후보에 넣으려고 거듭 시도했다. 9월에 머스크가 중국을 방문했을 때 인공지능AI 콘퍼런스에서 CATL 창업자 쩡위친曾毓群을 소개받았다. 머스크가 알리바바 공동 창업자인 마윈馬雲과 대화를 나눌 때 쩡위친이 옆자리에 앉아 있었다. 머스크와 쩡위친은 금세 친해졌다. 머스크는 쩡위친이 자신과 생각이 비슷한 엔지니어라는 점을 알아차리고, "로빈은 제대로 된 하드코어"라고 평가했다. 테슬라는 CATL과 계약을 체결했고, 더는 파나소닉에 휘둘리지 않았다.

그해 여름 중국에 다녀온 뒤로 머스크는 중국 현지에서 제작 및 판매할 모델3의 잠재력에 큰 기대를 걸게 되었다. 관세가 많이 붙긴 해도 중국시장 매출 덕분에 테슬라의 수익이 적잖이 늘어나고 있었다. 2019년 3사분기에는 매출이 64퍼센트나 증가했다. 유럽시장도 이런 증가세에 한몫했다. 노르웨이에서는 모델3가 현지에 도착하는 즉시 날개 돋친 듯 팔려나갔다. 노르웨이에서 판매가 급증해 1월부터 9월까지 테슬라 수익이 56퍼센트나 증가했다. 차량 배송속도를 높인 덕분에 모델3는 2019년에 노르웨이에서 가장 많이 팔린 자동차라는 기록을 세웠다. 게다가 다행스럽게도, 전년도 미국에서 그랬듯이 모델3의 초기 판매량 대부분이 최고급 버전이었다. 해외로 진출하는 과정에서 다소 매끄럽지 못한 부분도 있었지만, 여름에서 가을로 넘어갈 무렵에는 테슬라의 성장 계획이 전반적으로 순조롭게 진행되는 것 같았다.

2019년 11월 3사분기 수익이 매우 만족스러웠고, 4사분기에도 상당한 수익이 날 전망이었다. 특히 머스크가 1월에 공언한 약속이 실현되었다. 중국에서 테슬라 차량을 생산하기 시작한 것은 믿기 힘들 정도로 놀라운 일이었다. 일이 어찌나 술술 진척되는지 네바다에서 겪은 고생이 무색할 정도였다. 소셜미디어에도 테슬라의 근황이 공개되었다. 1월에 진흙투성이였던 공장 부지 사진에 이어 철근, 선적 컨테이너, 크레인 등이 부지를 가득 채운 모습도 공개되었다. 8월에 거대한 공장 구조가 완성될 무렵 머스크가 중국을 방문했다. 10월에는 정부 허가를 받아 본격적인 차량 생산이 시작되었다.

시제품이 먼저 생산되었다. 테슬라는 산뜻한 시제품 모습이 담긴 사진을 공개했다. 파란색 테슬라 모자를 쓰고 깔끔한 유니폼을 입은 작업자들이 조립라인 끝부분에서 파란색 모델3를 마무리하는 사진도 있었다. 2017년에 모델3 생산을 놓고 홍보가 부풀려진 뒤로 이런 사진은 과대광고 작전으로 치부되기 쉬웠으나, 투자자들은 사진으로 확인해서 조금 안심하는 눈치였다. 반면에 공매도자들은 상당히 힘들어했다. 그럴 만도 한 것이 6월 이후 테슬라 주식으로 입은 손실 추정액이 30억 달러를 넘었다. 하지만 그게 전부가 아니었다. 12월 말 무렵 테슬라는 중국에서 생산한 모델3를 배송하기 시작했다. 차를 가장 먼저 받은 고객은 바로 테슬라 직원들이었다. 한 직원은 공장에서 새 차를 인도받은 자리에서 연인에게 청혼하기도 했다. 주가가 앞으로 계속 오르리라는 기대에 모두가 즐거워했다. 폭스바겐과 도요타에 이어 세계 3위의 자동차 브랜드가 될 날이 머지않아 보였다. 그야말로 눈부신 발전이었다.

이처럼 세계를 놀라게 한 이정표가 마련되고 며칠 후에 머스크는 상하이 공장을 방문해서 공식적인 생산체제 돌입을 축하했으며, 직원이 아닌 일반 고객에게 신차를 인도하는 절차에 참여했다. 공장에서 마련한 무대 위로 머스크가 등장했고, 그 앞에는 직원과 고객 수백 명이 모여 있었다. 테슬라는 이제 결승선을 통과한 주자였다. 소비자가 원하고 경쟁사들이 탐내는 차를 만들어냈을 뿐만 아니라 예전에는 감히 상상도 못 할 규모로 차를 생산해서 수익을 낼 방안도 갖추고 있었다. 일 년 전만 해도 허황한 꿈을 꾼다고 손가락질 받았건만, 이제 머스크는 보란 듯이 승리를 자축했다.

2004년에 마틴 에버하드가 머스크 집 앞에 나타난 뒤로, 테슬라의 성장은 항상 허황한 꿈처럼 보였다. 11년 전부터 지금까지 돌이켜보면, 머스크는 로드스터와 모델S에 개인 재산을 포함해 모든 것을 걸었다가 테슬라를 통째로 빼앗길 뻔한 적도 있었다. 하지만 작은 성공을 맛볼 때마다 조금씩 자신감을 되찾았다. 물론 먼 미래에도 테슬라가 성공을 이어갈지는 아직 미지수였다. 원래 자동차 업계는 변동이 심하기로 악명 높았다. 기존 자동차 업체들은 백 년이 넘는 오랜 세월 동안 강력한 역풍을 고스란히 맞으며 견뎌야 했다. 한때 내로라하던 자동차 업체들이 모두 사라지고 흔적도 찾기 힘들어진 역사를 돌아보면, 테슬라가 지금의 성공을 계속 이어갈지 누구도 장담할 수 없었다.

하지만 적어도 오늘만큼은 아무도 머스크의 성공에 의문을 제기할 수 없었다. 그는 전 세계가 인정하는 전기자동차 업체의 CEO로서 무대에 당당히 모습을 드러냈다. 그가 만든 전기차는 자동차 업계의 주류가 되었고, 자동차 업계는 이제 온통 부러워하는 눈길로 그를 바라보고 있다. 이제 경쟁업체들은 테슬라를 어떻게 따라잡아야 할지 고민에 빠졌다.

스피커에서 흘러나오는 음악 소리가 더욱 커지자 머스크는 양복 재킷을 벗었다. 그는 활짝 미소를 띠우고 어색한 춤을 추며 승리를 자축했다.

잠시 후 가쁜 숨을 고르며 그는 이렇게 말했다. "우리가 이만큼 해냈다면 또 다른 것도 해낼 수 있지 않을까요?"

## 에필로그

　3월 6일에 머스크는 "코로나바이러스에 공포심을 느낀다면 어리석은 짓"이라고 트위터에 글을 남겼다. 하지만 같은 날 애플사는 직원들에게 출근하지 말고 집에 있으라고 지시했다. 신종 바이러스 확산을 막기 위해 수많은 기술 대기업이 이런 행보를 선택했다.

　2020년 초반에 시작된 팬데믹 현상으로 테슬라도 극심한 타격을 입었다. 몇 주 전만 해도 머스크는 중국 상하이를 방문해서 모델3 생산 개시를 자축했고, 일 년도 채 안 되는 짧은 기간에 그런 위업을 달성할 리 없다며 의혹을 제기하는 사람들의 코를 납작하게 만들었다. 하지만 바로 이틀 뒤에 세계보건기구WHO는 서쪽으로 800킬로미터 이상 떨어진 우한이라는 중국 대도시에서 정체를 알 수 없으나 폐렴 유사 증상을 보이는 질병이 발견되었다고 발표했다. 그때만 해도 코로나바이러스는 전 세계에 거의 알려지지 않았다. 많은 사람이 지구 반대편에서 일어난 일이라며 자신에게 직접적인 해가 닥치리라고는 전혀 생각하지 않았다.

　테슬라 주가가 연일 사상 최고치를 경신하고 있었기에 머스크와 함께 자축하는 분위기에 들뜨기는 주주들도 마찬가지였다. 2019년 후반부에 사분기 연속으로 수익성을 기록하고 중국에서도 예상외로 좋은 성과를 거두자, 머스크를 향한 신뢰도가 수직 상승했다. 이런 분위기를 더욱 띄우기 위해 1월 말에 그는 2020년 가을에 마감할 계획이던 소형 SUV 모델Y의 생산 일정을 몇 주 앞당기겠다고 발표했다. 두 곳에서 조립공장이 가동 중이고 독일에 세 번째 조립공장이 건설될 예정이므로, 2020년 즈음이면 연간 생산량이 50만 대를 거뜬히 넘으리라고 전망했다. 이 예상이 그대로 실현되면 2019년보다 36퍼센트나 생산량이 증가하게 되므로, 테슬라의 성장 이야기가 또 한 번 주목받는 계기가 될 수 있었다.

다음 날도, 그다음 날도 주가는 연일 상승세를 보였다. 테슬라 가치가 1,000억 달러를 넘어서면서 폭스바겐을 앞질렀고, 테슬라는 도요타에 이어 세계에서 두 번째로 가치가 높은 자동차 업체로 자리매김했다. 머스크는 회사의 시장가치를 6,500억 달러까지 끌어올리기 위해 12번의 스톡옵션을 받을 수 있는 보상 계획을 마련해두었는데, 이번에 처음으로 스톡옵션을 받게 되었다. 사실 이렇게 빨리 테슬라 가치가 치솟으리라고는 아무도 생각하지 못했다. 가끔 사분기 수익이 발생하긴 했지만 2003년 이후로 일 년 내내 수익성을 유지한 적이 없었다. 하지만 2020년에는 전혀 다른 희망을 품을 수 있었다.

월스트리트 분석가 애덤 조나스는 이렇게 의견을 내놓았다. "기존 자동차 업체는 전기자동차에 '모든 것을 걸기'를 주저했지만,…… 테슬라의 수익성이 입증되면 그들이 주저했던 가장 큰 이유가 제거되었다고 볼 수 있습니다." 그는 오랫동안 테슬라를 긍정적으로 평가해왔지만, 일 년 전에는 테슬라 때문에 무척 마음고생을 했다. 2017년 시장가치 평가에서 테슬라에 밀려난 포드의 CEO 짐 해켓Jim Hackett과 화상회의를 진행하던 중 조나스가 테슬라의 급부상을 언급하며 해켓을 압박했다.

"오늘은 역사적인 날이죠. 테슬라의 시가총액이 포드의 5배 이상을 기록했으니까요. 이 점이 포드사에는 어떤 의미가 있습니까? 주식시장이 포드사에 어떤 메시지를 보내고 있다고 생각하십니까?" 하지만 해켓의 대답은 그다지 중요하지 않았다. 어차피 그는 몇 주 내로 퇴임을 선언할 예정이었다. 포드는 물론이고 제너럴모터스를 포함한 다른 자동차 제조사들도 자동차 업계의 미래에 관심이 많은 투자자들 사이에서 이미 후순위로 밀려났다. 머스크는 자동차 실수요자 중 전기차를 사려는 사람이 거의 없던 시절에 이미 세계를 향해 전기자동차 시대를 열겠다고 선포했고, 그 약속을 현실로 만들었다. 이제 주도권은 완전히 머스크 손에 넘어간 것 같았다.

테슬라를 긍정적으로 평가하는 뉴스가 하나씩 발표될 때마다 장작을 더 지펴서 모닥불을 거세게 피워올리듯 테슬라의 영향력이 커졌다. 모두를 놀라게 한 3사분기 수익을 발표한 지 3개월 만에 주가는 두 배로 뛰었다. 상하이 무대에서 머스크가 춤을 추었더니 그다음 달에 또다시 주가가 두 배로 올랐다. 4사분기 수익을 발표한 뒤에도 연일 주가가 상승했다. 투자자들은 앞으로 전기자동차가 업계를 지배하리라는 예측에는 물론이거니와 자동차 업계의 미래는 테슬라가 주도하리라는 전망에도 내기를 걸었다.

하지만 다소 과장된 부분도 있었다. 바클레이스 분석가인 브라이언 존슨Brian Johnson은 주가 변동을 보면 시장은 테슬라가 '유일한 승자'가 되리라고 예측하지만, 이런 분위기는 1990년대 닷컴 버블을 연상시키는 데다 마틴 에버하드와 마크 타페닝을 포함한 많은 사람에게 큰 타격을 입혔음을 잊지 말라고 경고했다.

이렇게 두 번의 사분기 연속으로 주식시장에서 강세를 유지했지만,

테슬라는 여전히 고질적인 약점으로 고군분투하고 있었다. 머스크의 야망을 실현할 만한 현금이 늘 부족했다. 지금까지는 현금이 필요할 때마다 투자자들을 잘 구슬려서 고비를 넘겼지만 앞으로 업계 분위기가 확 달라지면 어떻게 하겠냐는 의문이 항상 남아 있었다. 그동안 자동차 업계에 호황과 불황이 반복되면서 적잖은 제조사들이 곤욕을 치러야 했다. 대침체Great Recession 기간에 갑자기 현금 보유액이 바닥을 드러내면서 테슬라도 회사 초기에 문을 닫을 뻔한 위기가 있었다. 머스크가 가까스로 돌파구를 찾지 못했다면 테슬라는 영원히 사라졌을 터였다. 그런데 바로 몇 주 뒤에 또 다른 시험이 테슬라를 기다리고 있었다. 테슬라가 사상누각이 아니고 제대로 된 자동차 제조사임을 증명하려면 이 시험을 무사히 통과해야 했다.

2020년 초반에 소형 SUV인 모델Y 생산을 앞당기게 되었다. 프리몬트 공장에 여러 문제가 있었지만 2018년에 회사를 떠난 더그 필드가 신차 개발을 성공적으로 이끌어준 덕분이었다. 모델S 세단과 모델X SUV를 같은 플랫폼에서 생산하기로 계획을 잡았듯이, 모델Y도 디자인의 한 축을 모델3에서 가져올 생각이었다. 하지만 모델X를 생산할 때 납땜 작업과 막대한 비용 때문에 낭패를 보았던 경험을 되풀이하지 않기 위해 소형 SUV를 개발하는 동안 머스크와 최대한 거리를 두려고 노력했다. 어차피 머스크는 기존 차량의 생산체제에 박차를 가하는 데 정신이 팔려서 신차 개발에 관여할 여력이 없었다. 가끔 신차가 언급될 때면 모델Y는 완전 자율주행이 가능할 테니 핸들을 없애야 한다며 특유의 잔소리를 퍼부었다.

머스크가 정신을 차리고 모델Y에 관심을 보일 무렵, 필드 팀은 윗부분이 활처럼 둥근 디자인을 완성했다. 모델3의 부품을 70퍼센트가량 그대로 사용했는데, 모델3에 모자를 하나 씌워놓은 듯이 보였다. 제대로 된 SUV라기보다는 모델3의 패스트백 버전이라고 해도 무방할 것 같았다. 모델3보다 10퍼센트 정도 커졌고 운전자 좌석도 더 높았다. 차량 외관은 모델3와 달랐는데, 해치백 공간을 위해 차량 후면을 더 크고 둥그스름하게 잡았다. 하지만 세련된 차량 내부, 중앙에 놓인 대형 스크린, 빠른 가속 등 테슬라 차량의 기본 특성은 고스란히 갖추고 있었다.

모델Y도 테슬라가 주요 브랜드로 자리매김하는 데 중요한 역할을 했다. 이 차는 트럭이 아닌 승용차 섀시를 기반으로 만든 SUV라서, 이른바 크로스오버 차량 구매자를 겨냥한 제품이었다. 기존 SUV처럼 좌석이 높아서 탁 트인 시야를 확보하고 실내 공간이 넓은 데다, 일반 SUV보다 승차감이 좋다는 장점이 있었다. 크로스오버는 특히 중국에서 가장 빠른 성장세를 보이는 부문이었다. 판매되는 차량 다섯 대 중 한 대가 바로 소형 SUV였다. 머스크는 모델Y가 모델3를 능가하리라는 기대를 품었다.

어느덧 눈 깜짝할 사이 해가 바뀌고 2월이 되었지만, 테슬라의 미래는 예상과 달리 암담해 보였다. 2월 5일이 최악의 날이었는데 주가가 무려 17퍼센트가 떨어졌다. 코로나바이러스 때문에 중국 현지에서 모델3의 생산 일정이 또다시 지연된다는 소식이 중국 전역에 퍼졌기 때문이었다. 중국시장에서 테슬라가 거침없이 성장하리라는 기대감이 부풀면서 브랜드 가치가 단숨에 껑충 뛰었지만, 과학자들이 새로운 바이러스가 매우 치명적이며 전염성이 높다고 경고하면서 중국 경제가 사실상 정체할지도 모른다는 우려가 깊어지고 있었다.

이 소식은 투자자들 사이에서 급속도로 퍼져나갔다. 시간이 지날수록 신종 바이러스가 20여 년 전에 나타났던 사스처럼 중국이나 아시아 지역에만 해당되는 위협이 아니라는 점이 명확해졌다. 테슬라의 고향이라 할 수 있는 캘리포니아에서도 주정부 관계자들이 점차 우려를 나타내기 시작했다. 테슬라 본사가 있는 샌타클라라 카운티에서 이미 확진자가 여러 명 나왔다.

2월 13일에 예상치 못한 발표가 나왔다. 테슬라가 대차대조표를 공고히 다질 목적으로 주식을 매각해서 20억 달러를 확보하겠다고 발표했다. 2007년과 2008년에 큰 고비를 겪으면서 비상금을 미리 확보할 필요성을 뼈저리게 느낀 모양이었다.

그로부터 한 달쯤 지나서 바이러스 확산을 막기 위해 트럼프 대통령이 유럽 여행을 금지하고 NBA 시즌도 중단된 지 채 며칠도 지나지 않은 때였는데, 베이에리어 지방정부가 '자택 대피령'을 선포했다. 이에 따라 주민들은 집에 머물러야 했고, '비필수' 사업장이 폐쇄되었다. 그러자 사업장 운영의 필수 여부를 놓고 논란이 일었다. 바로 그날부터 프리몬트 공장에서 모델Y를 배송할 예정이었기에 많은 사람이 걱정스러운 표정을 지었다.

머스크는 정부에서 뭐라고 하든 개의치 않고 계획대로 밀어붙일 생각이었다. 그날 밤늦은 시각에 테슬라 전 직원에게 매우 강력한 어조로 이렇게 이메일을 보냈다. "나는 일을 계속할 겁니다. 이건 나 개인의 결정입니다. 여러분이 어떤 이유로든 집에 머물고 싶다면 그렇게 해도 됩니다." 프리몬트 공장에서는 기계 돌아가는 소리가 이어졌고, 바로 다음 날 카운티 보안관 사무실에서 테슬라에 생산을 중단하라고 공개적으로 지시했다. 주말에 이르러서 미국 전역에 자택 대피령이 내려졌다. 머스크도 그제야 한 걸음 물러나서 생산라인 가동을 일시 중단한다고 발표하며, 어려운 시기가 닥쳤지만 이 정도는 충분히 이겨낼 만큼 현금을 보유하고 있으니 걱정하지 말라고 밝혔다. 그 무렵 주지사 개빈 뉴섬Gavin Newsom은 미국에서 인구가 가장 많은 캘리포니아주에서는 적극적으로 조치하지 않으면 8주 이내에 56퍼센트가 감염될 가능성이 있다고 경고했다. 모든 면을 고려할 때 테슬라에 이보다 더 큰 위기가 닥칠 가능성도 있었다.

중국 공장은 일시적으로 가동을 중단했다. 프리몬트는 해당 사분기 재고의 상당량이 배송 준비까지 완료한 상태였기에 평소라면 분기 말에 가장 바빴겠지만, 이번에는 사분기가 다 끝날 때까지 공장이 폐쇄되고 말았다.

하지만 힘들었던 2018년에 머스크가 내린 과감한 결정이 예상외로 유리하게 작용해서 마치 그에게 선견지명이 있었던 게 아니냐는 말이 나올 정도였다. 쇼룸을 열지 못하는 상황이 되자 고객 집으로 직접 배송하는 영업팀을 구축해온 머스크의 노력이 예상치 못한 수확을 거두었다. 테슬라의 글로벌 배송이 사분기에 40퍼센트나 증가했다. 분석가의 기대치에는 못 미쳤지만 다른 자동차 업체에 비하면 괄목할 성장이었다. 중국에서 2020년 1사분기에 자동차 업계 매출이 42퍼센트나 급감했지만, 테슬라는 홀로 63퍼센트 성장을 기록했다. 중국 공장을 계속 가동하기만 하면 이런 성장세가 그대로 이어질 것 같았다. 중국 정부도 테슬라를 적극 지원하려는 의지를 보였다. 수백 명의 직원에게 교통편과 기숙사를 제공했으며, 마스크, 온도계, 소독제 1만 개를 확보해주었다. 덕분에 기나긴 설 연휴가 끝나고 막바로 상하이 공장은 가동을 재개했다. 현지 언론은 모델3를 조립하는 과정을 소개하며 테슬라를 긍정적으로 평가했다.

머스크가 과감하게 상하이에 공장을 밀어붙인 것도 지나고 보니 지혜로운 결정이었다. 미국에만 공장을 두었다면 몇 달씩이나 꼼짝없이 가동을 중단할 수밖에 없었다. 업무 처리가 빠르기로 유명한 머스크는 이번에도 직원들의 급여를 삭감하고 재택근무가 불가능한 직원들을 모두 정리해고했으며, 임대인들에게 임대료 인하를 요청했다.

이렇게 백방으로 노력하는데도 공장 폐쇄기간이 길어져서 회사 처지가 곤란해졌다. 최근 주식을 매각해서 자본금을 늘렸지만, 3월 말 현금 보유량은 81억 달러였다. 월스트리트 분석가인 조나스는 회사 운영이 거의 정지되면 매달 8억 달러가 사라지리라고 추정했다. 머스크는 현지 폐쇄 명령이 해제되면 바로 다음 날인 5월 4일부터 업무를 재개할 생각이었다. 하지만 해제 예정일이 다가오자 현지 당국은 바이러스 확산이 여전히 심각하다며 폐쇄기간을 연장했다.

매출 실적이 좋은데도 바로 이런 형편 때문에 머스크는 프리몬트 공장을 폐쇄한 공무원들에게 나쁜 의도가 없다는 걸 알지만 그들에게 분통을 터트리지 않을 수 없었다. 4월 말 분석가들과 통화할 때 그는 이렇게 토로했다. "집에 있고 싶은 사람은 그렇게 하면 되죠. 누가 뭐라고 하겠어요? 집에 있고 싶은 사람을 말릴 이유는 없지만, 집 밖으로 못 나오게 강제로 막다니 말이 안 되죠. 밖으로 나오면 체포하겠다고 위협하는 게 파시스트와 뭐가 다릅니까? 이건 민주주의 방식이 아니에요. 자유를 박탈하는 겁니다. 사람들에게 자유를 돌려줘야 합니다."

그는 직원들에게 조용히 공장 재가동을 준비하라고 지시했다. 현지 정부가 어떤 조처를 내리든 개의치 않겠다는 식이었다. 정부는 여전히 6월까지 운영 재개를 미루라고 강권했지만, 그는 일주일쯤 뒤에 직원들에게 공장으로 출근하라고 지시했다. 미시간주에서는 몇 주 전에 이미 자동차업체들이 공장 운영을 재개했다. 캘리포니아주의 단호한 조처 때문에 테슬라가 미국 내 경쟁업체보다 불리한 상황이었다. 5월 8일에 현지 경찰은 테슬라에 다음과 같은 이메일을 보냈다. "지난주에 테슬라 공장들이 생산라인 가동을 재개해서 앨러미다 카운티 보건 명령을 위반하고 있다는 고발이 여러 건 접수되었습니다."

다음 날인 토요일 아침에 머스크는 트위터와 지방법원을 동원해서 전면전에 돌입했다. 그는 주정부를 고소할 예정이라고 밝히고, 트위터를 통해 카운티 보건 공무원이 "국민의 손으로 뽑은 사람도 아닌 데다 무지하기 짝이 없다"고 공격했다. "내 인내심의 한계는 여기까지입니다. 테슬라 본사와 향후 프로그램을 당장 텍사스 및 네바다로 옮길 겁니다. 프리몬트 생산라인을 그대로 가동할 수도 있지만, 이 또한 앞으로 테슬라가 어떤 대우를 받느냐에 따라 달라질 겁니다. 테슬라가 캘리포니아주에 마지막으로 남아 있는 자동차 제조사라는 점을 잊지 말기 바랍니다."

작업자들은 어찌할 바를 몰랐다. 오랫동안 정성을 바친 회사가 살아남아야 그들의 생계도 보장받을 수 있었다. 하지만 직원 복지에는 손톱만큼도 관심이 없는 공장 환경을 잘 알기에 자신들의 안전도 걱정하지 않을 수 없었다. 생산라인에 근무하는 20대 여성 직원은 "테슬라가 나 같은 일꾼을 안전하게 지키기 위해 현실적으로 뭘 해줄 수 있을지 걱정이 됩니다"라고 털어놓았다. 다른 직원들은 머스크의 야심 찬 생산 목표를 달성하려면 한 달 넘게 발생한 손실을 메꿔야 하는데, 그 과정이 또 얼마나 힘들겠냐며 한숨을 내쉬었다.

몇몇은 회사를 떠나기로 마음먹었다. 지난 몇 년간 모델3 생산량을 늘리려는 일념 하나로 가혹한 작업 일정을 견뎠지만, 이제 더는 버틸 힘이 없었다. "이보다 더 끔찍한 지옥이 과연 있을까?"라고 말할 정도였다. 한시라도 빨리 떠나고 싶은 마음이 굴뚝같았다.

그해 초반 테슬라 주가가 급부상하면서 머스크가 최초로 약 500억 달러의 옵션을 행사할 기회를 얻게 되었다는 점도 사람들 사이에서 화젯거리였다. 테슬라의 시장가치가 일정 기간 평균 1,000억 달러를 유지해야만 169만 주를 확보할 수 있었다. 그 정도 주식이면 즉시 매각할 경우 7억 달러가 넘는 순수익을 얻을 수 있었다. 물론 머스크는 즉시 매각할 의향이 없었다. 10년 보상 계획을 온전히 이용하려면 테슬라의 시장가치가 6,500억 달러를 달성해야 하는데, 시장가치 평가 기준이 매우 까다롭다는 점을 고려할 때 머스크로서는 이번 기회도 가슴 벅찬 성과였다.

'파시스트' 발언 이후에 투자자들이 머스크의 반항적인 태도를 보상이라도 해주는 듯 보였다. 2월에 급락했던 주가가 서서히 오르기 시작했다. 머스크는 코로나바이러스가 딱히 위험하지 않다고 주장하면서 미국을 뒤흔든 정치적 혼선에 제 발로 뛰어들었다. 팬데믹 통제와 경제 활성화 중 어느 것을 더 중시해야 하느냐를 놓고 열띤 토론이 벌어졌는데, 주요 정당 위주로 양편이 팽팽하게 맞섰다. 트럼프는 머스크의 발언을 지지하며 경제 활성화를 강조했다.

판세를 키울 요량으로 머스크는 지방 관료들에게 자신을 막을 테면 막아보라고 공개적으로 부추겼다. 트위터에 공장에서 찍은 본인 사진을 게시하며 공장 가동을 재개한다고 알렸다. 5월 11일자 트위터 글에서 "나는 모두와 함께 이곳을 지킬 겁니다. 누군가 잡아가야 한다면 내가 가겠습니다. 다른 직원들은 절대 못 건드리게 할 겁니다"라고 선언했다.

이렇게 거세게 압력을 넣자, 당국은 주춤하는 기색을 보였다. 결국 며칠 후에 테슬라가 제시한 안전 방침을 인용하며, 공장을 재가동하기로 양측이 합의했다고 밝혔다.

시간이 늦춰진 만큼 생산량을 늘리기 위해 공장은 쉴 새 없이 돌아가기 시작했다. 테슬라 직원들은 강도 높은 업무량에 이미 익숙해져 있었다. 머스크는 이번 사분기가 거의 끝나가고 있으며 지금이야말로 이번 사분기의 승패를 판가름하는 중요한 시기라고 직원들에게 강조했다. "좋은 결과를 얻으려면 6월 30일까지 총력을 기울여야 합니다. 이게 중요한 사안이 아니라면 이렇게 굳이 언급하지도 않습니다."

그렇게 직원들을 다그치고 나섰더니, 다소 도움이 되었다. 월스트리트에서는 테슬라의 매출이 25퍼센트가량 감소하리라고 예측했지만, 테슬라는 9만 630대를 배송했다. 이는 전년도 동일 사분기에 비해 고작 4.9퍼센트 하락한 수치였다. 코로나바이러스로 전 세계가 혼돈을 겪고 있다는 점에 비춰볼 때, 이 정도 하락세는 대단한 성장을 이룩한 것이나 다름없었다. 세계 곳곳의 자동차 업계가 유례없이 침체해 있고 경쟁 업체들이 모두 고전을 면치 못하고 있었기에, 테슬라의 실적이 더욱 돋보였다. 머스크는 이번 사분기에 1억 400만 달러의 수익이 발생했다고 트위터에 공개했다. 이렇게 해서 4사분기 연속 흑자를 기록했는데, 이는 테슬라 역사에서 가장 오랫동안 흑자를 유지한 성과였다. 이번에도 배기가스 크레디트로 벌어들인 4억 2,800만 달러가 수익에 한몫했다.

머스크는 텍사스주 오스틴 외곽에 마련한 부지에 또 다른 공장을 건립한다고 발표했다. 캘리포니아의 테슬라 본사를 아직 다른 곳으로 옮기진 않았지만, 회사의 무게중심은 이미 이동하기 시작했다.

그해 여름에는 상장기업으로 전환한 지 10주년을 맞았는데, 테슬라 주식은 루디크러스 모드에 돌입했다. 6개월 전 중국에 공장을 세우겠다는 공약을 이행해서 신뢰도를 높였듯이, 이번에도 자동차 업계의 신화 같은 존재라는 자신의 입지를 다시 한번 공고히 다졌다. 다른 자동차 업체들이 공장 폐쇄 및 매출 감소로 어려움을 호소하고 있었기에 머스크의 성과는 더욱 두드러졌다. 팬데믹 기간에 집 밖으로 나오지 못한 채 로빈후드 같은 소액 주식거래 앱을 열정적으로 사용한 젊은 주식 투자자들 덕분에 테슬라 주가는 1주에 1,000달러를 넘어섰고 회사 가치가 도요타를 앞지르기 시작했다.

작은 스타트업이었던 테슬라가 이제 전 세계에서 가장 가치가 높은 자동차 제조사로 우뚝 섰다.

주가는 계속 오름세를 보였다. 단 몇 주 만에 테슬라 가치는 도요타와 폭스바겐을 합친 것만큼 상승했다. 머스크는 시장가치 1,000억 달러라는 목표를 달성해서 스톡옵션을 받게 되었고, 곧이어 1,500억 달러와 2,000억 달러라는 목표도 달성했다. 그가 이미 보유한 주식가격만 해도 2020년 초반에 약 300억 달러였으나, 2021년 초반에는 2,000억 달러가 되었다. 블룸버그의 억만장자 지수에 따르면, 머스크는 아마존 창업자인 제프 베이조스를 제치고 전 세계에서 가장 큰 부자가 되었다.

테슬라는 흥분에 휩싸였다. 일각에서는 과대망상이라고 표현하기까지 했다. 이런 분위기는 관련 기업들에 고스란히 전해졌다. 곧 몇몇 스타트업이 상장기업으로 전환했다. 피터 롤린슨이 CEO를 맡고 있는 루시드모터스Lucid Motors도 그중 한 곳이었다. 모델S의 수석 엔지니어였던 그는 2012년에 테슬라를 떠난 뒤로 차세대 고급 세단 개발에 주력했다. 루시드모터스 창업자인 버나드 체도 테슬라 이사회 임원이었지만 배터리 부문을 따로 만들려던 시도가 머스크에게 막히면서 회사를 떠났다.

전기자동차가 각광을 받자, 애플의 자동차 벤처사업도 다시 활기를 띠기 시작했다. 테슬라 수석 엔지니어를 지내다가 2018년에 퇴사한 더그 필드는 애플로 복귀해서 자동차 비밀 프로젝트를 진두지휘하고 있었다.

배터리 전문가인 J. B. 스트라우벨에게도 많은 관심이 쏟아졌다. 그는 전기자동차 배터리 폐기물을 미래형 자동차에 재활용하는 스타트업인 레드우드Redwood를 시작했는데, 이번에 아마존에서 투자를 받게 되었다. 2018년 봄에 기가팩토리에서 발생하는 폐기물을 조금이라도 줄여보려고 애쓰다가 구상하게 된 회사였다. 테슬라에서 모은 재산으로 스트라우벨은 이러저러한 아이디어를 자유로이 시도할 수 있었다. 퇴사할 때 보유했던 테슬라 주식을 하나도 처분하지 않았다면 2021년 초반 기준으로 10억 달러가 넘는 규모였다.

마틴 에버하드도 주주 자격으로 테슬라의 성공을 지켜볼 수 있었다. 머스크와 불화를 겪은 뒤에 《뉴욕타임스》와 나눈 인터뷰에서 주식을 모두 처분하겠다고 밝혔지만, 실은 주식을 약간 남겨두고 있었다.

그는 뿌듯하다는 표정으로 "내가 전 세계에서 테슬라 주식을 가장 오래 보유한 사람이죠"라고 말했다. 그는 로드스터 자동차와 미스터 테슬라라는 차량 번호판도 그대로 지니고 있었다.

머스크는 재산이 테슬라와 스페이스엑스에 거의 다 묶여 있다고 입버릇처럼 말했다. 투자가치가 대거 상승했지만, 2019년 연말 법원 기록에 따르면 머스크의 현금 보유액은 또다시 바닥을 드러냈다. 사실 그는 평생 주식을 담보로 대출을 받아서 자금을 조달했다. 결국에는 지구와 관련된 자선활동은 물론이고 화성 식민지를 개척하기 위해 테슬라 주식을 매각할 생각이며, 60대 후반에 퇴직할 나이가 가까워지면 본격적으로 매각을 시작할 계획이라고 밝혔다. 하지만 머스크가 자진해서 테슬라의 통제권을 내려놓는 모습은 여전히 상상하기 힘든 일이다.

팬데믹 기간에 작업자들을 위험한 일터로 몰아넣은 억만장자라는 비평이 쏟아지자, 머스크는 보유한 주택을 모두 매각한다고 발표했다. "이것은 지극히 개인적인 선택이며, 굳이 많은 사람에게 알려야 할 사안은 아닙니다. 누구든 멋진 저택을 사들이거나 지으면서 행복을 느낀다면, 그건 정말 멋진 일이죠. 하지만 저는 지금 최대한 단순하게 살려고 노력하고 있어요. 감상할 가치가 있는 것들만 남겨둘 작정입니다." 2020년 연말 무렵 그는 스페이스엑스의 우주선 발사시설이 있는 텍사스 남부 보카치카 근처에 주로 머물면서, 2021년부터 가동할 공장의 건설 현장을 돌아보기 위해 베를린과 오스틴을 제트기로 드나들었다.

테슬라의 향후 계획도 이전 여느 때 못지않게 야심만만했다. 조만간 출시할 픽업트럭인 사이버트럭은 머스크가 지금껏 개발한 차량의 시그니처, 즉 머스크가 개인적으로 가장 좋아하는 특징을 다 모아놓은 제품이었다. 일례로 디스토피아를 연상시키는 외관과 방탄 강철, 비산飛散 방지 창문은 상용화하기에 상당히 까다로운 기능이었다.

그렇다고 해도 여전히 머스크의 최대 난제는 배터리 비용이었다. 배터리셀을 직접 제조하려던 계획이 한참 지연될 수 있다는 점은 그도 솔직히 인정할 수밖에 없었다. 하지만 늘 그랬듯이, 머스크는 2020년에도 투자자들에게 로드러너 프로젝트를 통해 배터리셀 제조 및 배터리 케미스트리를 개선해서 배터리 비용을 절반으로 낮추겠다고 약속했다.

그가 추구하는 다음 목표는 불가능에 가까울지라도 자동차 매출로 세계 1위 자동차 기업이 되겠다는 것이었다. 그는 2030년까지 연간 판매량 2,000만 대를 달성할 생각이었는데, 이는 2019년 1위 기업인 폭스바겐의 매출보다 두 배나 높은 수치였다. "나를 가장 괴롭히는 고민거리 중 하나는 우리가 아직 대중적인 차량을 만들지 못했다는 점입니다. 하지만 머지않아 꼭 해낼 겁니다. 그렇게 하려면 반드시 배터리 비용을 낮추어야 합니다." 머스크는 누구나 편하게 탈 수 있는 저렴한 전기자동차를 만들겠다는 목표를 포기하지 않았으며, 언젠가는 3만 5,000달러가 아닌 2만 5,000달러짜리 차를 출시하겠다고 덧붙였다.

테슬라 주가의 상승으로 후끈 달아오른 도취감이 한 가지 실용적인 효과를 가져왔다. 바로 비교적 손쉽게 투자를 유치할 수 있다는 점이었다. 테슬라는 소액 주주가 주식을 선뜻 구매할 수 있도록 5 대 1로 주식을 분할해 수백만 신주를 발행해서 194억 달러를 끌어모았다. 16년간 로드스터, 모델S, 모델3를 출시하며 감내한 손실의 3배에 달하는 규모였다. 이 정도 자금이면 당분간 머스크가 꿈꾸는 목표를 자유롭게 추진할 수 있다. 이 모든 변화는 선순환을 이루어냈다. 투자자들은 성장 가능성을 인정했고 테슬라는 성장에 필요한 자금을 손쉽게 조달했으며, 더 큰 성장이 가능하리라는 기대치는 계속 높아졌다.

머스크를 반대하는 사람들에게는 매우 불편한 형국이었다. 그들은 차량 성능이 안정적이지 않고, 전기차 수요도 꾸준할지 알 수 없다고 주장했다. 또한 머스크가 공언한 약속 대부분이 잘 지켜지지 않았고 오토파일럿 기능도 기대치에 못 미치는 데다 테슬라가 증가 추세에 있는 고객 기반을 제대로 감당할 능력이 없다고 비판했다. 전 세계에서 시장 가치가 가장 높은 기업인 만큼 테슬라에 들이대는 잣대는 더욱 엄격해졌다. 최근 몇 년간 테슬라 매출이 급증하면서 다른 자동차 업체는 큰 타격을 입었다. 하지만 테슬라 차량에 심각한 결함이 발생해서 정부가 리콜을 선언하거나 품질이 나쁜 차량을 출시해서 기존 경쟁업체에 밀려날 가능성도 있었다. 게다가 테슬라는 강력한 구심점 없이 한순간에 무방비 상태로 전락할 것만 같은 위태로운 느낌이 늘 따라다녔다. 비평가들은 거품이 언젠가는 꺼지기 마련이라고 입을 모았다.

제임스 차노스 같은 공매도자들은 테슬라가 실패할 거라던 자신들의 예측이 빗나갔다고 인정할 수밖에 없었다. 특히 2020년에 이들은 380억 달러가 넘는 평가손실을 입었다. 그런데도 여전히 공매도자들은 자신들의 예상이 적중하리라는 예감을 떨치지 못했다. 테슬라는 주식시장에서 가장 공매도 거래가 많은 종목이었다. 2020년 말에 테슬라 주가가 800퍼센트까지 급등하자, 차노스는 이렇게 말했다. "나는 일론 머스크를 만난 적이 없어요. 당연히 말을 섞어본 적도 없죠. 우연히 마주치면 '아주 잘하셨어요. 지금까지는 말입니다.' 하고 말해줄 겁니다."

2021년으로 접어들면서 테슬라가 과대평가되었다는 주장에 힘이 실렸다. 영업연도 내내 수익을 기록한 시기를 포함해서 6사분기 내리 흑자를 기록했고, 다음 해 매출은 더 늘어날 전망이었다. 하지만 머스크 본인도 여러 달 전에 테슬라가 과대평가되어 있다고 인정했다. 분석가들 사이에서도 주가 상승을 두고 의견이 엇갈리는 가운데, 오랜 경력을 자랑하는 조나스는 '희망'이 주가 상승에 적잖은 '영향'을 미쳤을 거라고 평가했다.

로드스터라는 구상은 머스크에게 희망의 등불이었지만, 실행 가능성이 기껏해야 10퍼센트였다. 후속 작품인 모델S는 수많은 기존 차량과 비교해도 전혀 부족함이 없는 전기차를 만들 수 있다는 주장을 앞세운 일종의 도박이었다. 그리고 모델3에는 누구나 일상생활에서 휘발유보다 좀 더 지속 가능한 에너지로 가동하는 자동차를 원하기 마련이라는 그의 신념이 담겨 있었다.

한마디로 머스크는 미래를 향한 꿈을 사람들에게 심어주었다. 그는 다른 사람도 기회만 된다면 자신의 사명에 동참하리라는 가능성에 모든 것을 걸었다. 이제 사람들은 그들의 언어와 신념, 그리고 돈을 쓰는 방식을 통해 머스크와 함께 가기를 원한다고 말하고 있다.

## 작가의 말

일론 머스크가 공장 바닥에서 잠을 청하며 테슬라를 만들어냈다는 소문이 자자하게 퍼졌다. 그의 결단력과 남다른 고집이 회사를 일으키는 데 중요한 역할을 한 것은 사실이다. 머스크가 아니었다면 지금의 테슬라는 존재하지 않을 것이다. 테슬라는 2003년 여름에 실행 가능성이 거의 없는 이상을 품고 출발했지만, 2020년에는 전 세계에서 가장 가치가 높은 자동차 제조사로 자리매김했다. 머스크의 뚝심만으로는 이처럼 단기간에 엄청난 성공을 거두지 못했을 것이다. 이 책에서는 테슬라의 성장 과정을 자세히 다루었다. 이를 위해 예전에 테슬라에 재직했거나 현재 관여하고 있는 사람 수백 명과 인터뷰를 진행했다. 인터뷰를 허락해준 사람 중 몇몇은 기밀 유지 협약서 때문에 익명을 요청했고, 머스크의 심기를 건드릴까 봐 걱정되어서 신분을 밝히지 않은 사례도 있었다. 인터뷰 참여 동기도 사람마다 달랐다. 머스크에게 불쾌한 대우를 받았다는 사람도 있었고, 회사의 성장과 성공에 큰 자부심을 느끼며 테슬라의 내부 이야기를 널리 알리고 싶다는 사람도 있었다.

이 책은 수천 건의 사내 자료, 법원 기록, 동영상, 그리고 20년 가까이 테슬라에 재직한 사람들의 기억을 종합한 결과물이다. 물론 사람들의 기억은 정확성을 보장할 수 없다. 그 점을 감안해서 대화나 주요 사건은 당사자 위주로 재구성했으며, 추가 자료를 조사해서 최대한 정확하게 설명하려고 노력했다. 이 책에서 소개한 사람 중 몇몇은 당시 상황에 직접 관여했거나 관련 기록을 토대로 관여했으리라고 추론했음을 밝혀둔다.

## 감사의 말

감사하게도 수많은 이가 나를 믿고 솔직하게 이야기를 들려주었기에 이 책을 완성할 수 있었다. 그전에 수년간 테슬라를 집중 보도하면서 내가 갈 길을 닦아준 근성 있는 기자들에게도 감사한 마음을 전하고 싶다. 애슐리 반스는 이미 일론 머스크의 전기를 출간했다. 그밖에도 데이나 힐, 로라 콜로드니, 커스틴 코로섹, 에드워드 니더마이어, 앨런 온스만, 수잔 풀리엄, 마이크 램지, 오웬 토머스처럼 테슬라를 둘러싼 주요 사건을 보도해준 언론인들도 빼놓을 수 없다. 그중에도 특히 이 책을 준비하는 동안 나에게 아낌없이 조언해준 마이크 램지에게 감사하다.

개인적으로 수년간 허심탄회하게 도움을 베풀어준 분들에게 크게 빚지고 있다고 생각한다. 《월스트리트 저널》에 내 기사를 낼 수 있어 큰 영광이었다. 맷 머레이, 제이미 헬러, 제이슨 딘, 스콧 오스틴, 크리스티나 로저스, 존 스톨을 포함해서 수많은 선배가 도와주지 않았다면 이 책을 완성하지 못했을 것이다.

저널리스트로 활동을 막 시작했을 무렵, 《디트로이트 프리 프레스》에 자동차 관련 기사를 내기 위해 아이오와주의 정치 지형을 보도하려고 했는데 편집자인 폴 앵거와 랜디 에섹스가 만류했다. 내가 자동차 업계에 대해 알고 있는 지식은 편집자인 제이미 버터스에게 다 전수한 것이라고 해도 과언이 아니다. 우리는 《디트로이트 프리 프레스》와 〈블룸버그 뉴스〉에서 함께 일한 사이다. 그리고 블룸버그에서 만난 톰 자일스, 푸이-윙 탐, 리드 스티븐슨을 통해 실리콘밸리에 있는 기술 전문 기업의 세계에 입문하게 되었다. 디트로이트와 샌프란시스코에서 쌓은 경험은 테슬라를 깊이 연구하고 조사하는 데 큰 도움이 되었다.

　나를 잘 이끌어주고 든든하게 지원해준 에릭 루퍼에게 감사를 전한다. 또한 《더블데이》 편집자이며 인내심과 사려 깊은 태도를 보여준 야니브 소하와 꼼꼼하고 성실하게 사실관계를 확인해준 숀 레이버리에게도 고마움을 전하고 싶다. 오랫동안 나의 글쓰기 코치인 편집자 존 브레처도 나에게 조언과 격려를 아끼지 않은 고마운 사람이다. 또한 동료 작가인 사라 프라이어, 알렉스 데이비스, 트립 미클은 함께 이 책을 쓰면서 정말 가까워진 친구들이다. 마지막으로 이번 프로젝트 내내 변함없는 사랑과 지원을 보내준 가족, 특히 아내 카렌에게 고마움을 전한다.

### 옮긴이 정윤미

경북대학교를 졸업했다. 현재 번역 에이전시 엔터스코리아에서 번역가로 활동하고 있다.
옮긴 책으로는 『위대한 투자자 위대한 수익률』, 『그린 스완: 회복과 재생을 촉진하는 새로운 경제』, 『돈의 흐름이 보이는 MZ세대 경제 수업』, 『경제학 무작정 따라하기』, 『못 파는 광고는 쓰레기다』, 『비즈니스의 거짓말』, 『브랜드인셉션』, 『착한 맥주의 위대한 성공 기네스』, 『조엘 컴의 카칭』, 『컨테이저스 전략적 입소문』, 『혁신의 탄생』, 『리더의 편견』, 『CEO의 글쓰기엔 뭔가 비밀이 있다』, 『사모님 마케팅』, 『미국 명문 MBA 입학에세이 모범답안』, 『지금 당장 손에 넣어라』, 『돈과 인생에 관한 20가지 비밀』, 『12주 작가 수업』, 『생각 터지는 생각법』, 『학습천재가 되는 11가지 공부 비결』 등 다수가 있다.


## 테슬라 전기차 전쟁의 설계자

1판 1쇄 발행 2023년 3월 1일
1판 2쇄 발행 2023년 6월 10일

| | |
|---|---|
| 지은이 | 팀 히긴스 |
| 옮긴이 | 정윤미 |
| 펴낸이 | 최태선 |
| 펴낸곳 | 라이온북스 |
| 등록 | 제313-2005-000221호 |
| 주소 | 14057 경기도 안양시 동안구 벌말로 126 3012-2 |
| 전화 | 02.3142.4364 |
| 팩스 | 02.6442.4364 |
| 이메일 | lionbooks@naver.com |
| 종이 | 타라유통 |
| 인쇄 | 조광프린팅 |
| 용지 | 표지 : 아르떼 190g |
| | 본문 : 백상지 80g |

ISBN 978-89-94643-20-5  03320

- 값은 뒤표지에 있습니다.
- 잘못된 책은 구입하신 서점에서 교환해 드립니다.